过罪化及刑法的限制

Overcriminalization: 
The Limits of the Criminal Law

[美] 道格拉斯·胡萨克 / 著
姜 敏 / 译

中国法制出版社
CHINA LEGAL PUBLISHING HOUSE

导 论

刑法的正当性需要犯罪化理论来进行证明，同时，是否应制定更多的刑法也需要犯罪化理论提供标准。因为笔者较为感兴趣的是阻碍过罪化，因此，在本书中笔者旨在阐明两大核心观点。首先，最明显的是笔者提出了与过罪化问题作斗争的限制刑事制裁限度的理论，这一点甚为重要。此外，我们还需要认识到，除了实现这些目标外，该理论还具有更为广泛的应用。然而，笔者提出的理论由诸多限制刑事制裁的原则而不是由扩展的理由组成。其次，笔者的研究主要是刑法理论和一般法律哲学。该目标不如第一个目标重要。尽管笔者常常抱怨有关犯罪化的学术研究成果少之又少，但笔者还是认为，犯罪化理论的构建还是可以在获得各种学术荣誉的法学家的学术财富中找到研究资源——即使这些资源至今还没有以此目的进行过研究。

专门致力于研究刑法理论的法哲学家们大致可以分成两大阵营。第一阵营由刑法哲学学者构成，他们深谙道德责任方面的知识，并试图将他们的观点用于解决刑事责任的问题。这些学者中的部分学者即使写了整本关于刑法的书，但却连一个案件甚至一个规范都未提及。第二阵营由法学教授组成，他们对规范和各类案件进行了大量的研究，但却不是特别精通刑法哲学。这些法学教授在对哲学的深度讨论上，不会超过他们的观点会如何被威慑与报应的传统所接受的范畴。当然，任何一个法哲学家的著述无非都落于上述两种极端情形之间。然而笔者相信，本书刚好能处于两大阵营中。笔者试图以当下的刑法作为坚实的基点，并以此引申出对当下道德、政策以及法律哲学的讨论。在讨论过程中，笔者也直接借鉴了犯罪学家们所做的实证研究。笔者希望自己所做的努力，能够抓住这些学科所能提供的精华。笔者衷心希望该书对法学学者不会过于哲学化，对于哲学家而言也不要过于法学化。

笔者的第二目标与自己对哲学家和法学者们的相关贡献的引用倾向相关。与笔者在哲学与法律方面有着共同兴趣的学者们都清楚地知道，哲学家们使用的脚注远比法律评论者使用得少。由于笔者的讨论刚好位于这两大阵营的交汇处，最初笔者试图在引用文献的数量上进行折中，但最终笔者的脚注方式还是更受法学者的青睐。文中大量的脚注表明笔者的第二个志向，笔者基于哲学家与法学家的大量思想，对刑法进行了学术研究。

笔者亦知道，对于一本以犯罪化为主题的著作而言，要让其被大家都接受，那也是痴心妄想。包括法哲学在内，哲学已日益成为一门专门学科，其研究者各自的观点往往互不相干。相对次要的问题能够引起学者极大的著作兴趣，而处于核心位置的重要话题（如笔者在该书中论及的问题）却几乎无人问津。学术会议甚至以可以预测的动态呈现：讨论的论点得到发展、提出了诸多异议、反对意见得到捍卫等，然后大家回家并开始新的循环。因独到的研究和创新获益不高，因此大家也不需要研究出结论。但笔者深信，犯罪化主题与别的主题并不相同。即便笔者所提出的问题都尚欠妥帖，但任何理性人都不应当否认这些问题的重要性。笔者希望法律学者们共同填补法律思想自身中的漏洞，而缺失的应受人推崇的理论，能使过多刑法导致过量的刑罚的现状得到缓解。该理论对实践的意义是如此重大，以至于法哲学家如果不能提出一套更合适的理论，那么他们就不能支付对现行理论进行破坏而带来的“高昂”代价。

笔者认为自己采用的方法论甚为普遍。在规范性研究中，如果不运用大量的实践思维，那么没有人能提出取得进步的方式。提出的想象的案件是为了征求读者的判断，而读者对这些案件的回应可用于肯定或否定抽象的原则与理论。这种方法在很大程度上无法避免，笔者在本书中也间或采用了这种方法。但笔者没有采用那些不切实际幻想的案件和过于罕见的案件，这些幻想的过于罕见的案件在法律理论家中有着很糟糕的声誉。读者对于这些极端案件的回应是否有可信度，笔者持怀疑态度。此外，笔者亦旨不在于构建宏大的理论：构建刑法目的和功能的整体理论。① 尽管笔者的研究常常在最一般与最具体之间切换，但对于一般中的各种主义以及具体中的各种主义，笔者都持抵制态度。笔者把自己创设的犯罪化理论称为刑法极简主义，但笔者对该术语的适用更多的是作为一种标语，而非作为刑法的统一的理论名称。笔者构建的犯罪化理论源于报应主义和结果主义传统，但笔者对该理论的演绎既非以自由主义为视角，也非以保守主义为视角。笔者相信单纯适用自由主义或保守主义这种模棱两可的说辞对政治与法律研究并不合适。笔者希望发起针对过罪化的研究，且希望针对过罪化的研究能够对所有不同政治立场的学者都有说服力。欢迎不同观念的读者关注笔者提出的理论。最后，笔者不预测与道德有关的具体路径的真实情况。笔者反对功利主义，但对道德理论的详细内容或基础仍保持中立。

---

① 关于宏大理论构建以及热衷于此理论的法学学者，可参见 R. A. 达夫：“刑法学理论化研究——纪念 25 周年论文集”，载《牛津法律评论》第 25 期，2005 年，第 353 页。

尽管常常提到所谓的哲学中的“实践转向”，但对其前景的调查使笔者相信，大部分学者的学术研究都与实践非常不切合。对那些其专业就是为大家提供理想的识别非正义标准的法哲学家，这种倾向对他们特别不利。若把诸多法哲学家致力于的各种理论讨论运用于解决现实世界中的诸多问题，就会显得抽象与疏离。法律实证主义对各种模式的无止境的修正，就是对该现象最好的阐释。笔者并非希望回到学者们直接参与党派政治的日子，但是我们的研究应当更注重身边的非正义。

推动笔者写作本书的力量来源于先前对毒品禁止的合理性讨论。这些年来，笔者试图用尽一切努力去研究毒品禁止问题：国家对因娱乐消遣而使用毒品者施加刑罚的正当性问题。诚然，除非我们能够知道国家经过怎样的许可才能对任何人因任何事进行惩罚，否则这项任务是无法完成的。若要继续探索前一句话所提出的问题，则会很自然地指向犯罪化理论的发展。笔者依然相信国家缺乏适当的理由对毒品使用者进行惩罚。但在本书中，禁止毒品仅仅是过度犯罪化的一个示例而非主要内容。

笔者相信，在将笔者的理论向许多哲学家与法律理论家阐释后，有关过度犯罪化的问题会得到这些学者的认可。调查者经常会问笔者当该理论被适用于理性人会持不同观点的疑难问题时，情况会如何？很显然，在此笔者不能对这种类似的问题进行详细的阐述。但是笔者充分地相信，对于各种争议观点的利弊讨论都能够囊入笔者所提出的框架之中。如果能够将具体问题应当如何解决的相关问题纳入笔者所构建的框架之中，那么笔者就成功地构建了一套关于犯罪化的可行理论。

如果本书的中心论点正确，那么不公就普遍存在于整个刑事法领域。笔者一直尝试以一种严谨的学术态度来描述这一令人沮丧的事态，但想到不公正已经到了如此的地步，以至于笔者仍然不能掩饰自己的愤怒。刑事司法体制的质量是评价一个政治体价值的重要手段。除发动战争外，一个国家所做的任何决定都不如决定将哪些行为通过刑法予以禁止及该行为应受到多大刑罚重要。但不幸的是，目前与犯罪化有关的决定与规范性原则格格不入，众多法律学者参与并费心创设的刑事司法体制，正被用于实现邪恶和不道德的目的。而在国家的这些暴行之后，法哲学家们（以及大部分美国公众）对此的钝态简直就是一场悲剧。成千上万和我们一样的公民在监狱中度过他们最具创造力的年华——并且笔者必须进一步补充，这亦是在浪费纳税人的钱。对于这些不公正，学者们不应当沉默不言。

学者几乎可以把过罪化的话题放在任何法律与政治哲学语境中进行研究，该话题直接与许多法律、政治以及道德问题相关联。笔者仅想提一个没有予以采用的方面。虽然笔者常抱怨我们的刑事司法体制不公，但并不打算将其在社会经济学中进行讨论。写作一本关于刑法不公的著作，如果不对大部分受到刑罚惩罚的人在经济与社会地位上都处于弱势的事实加以关注，那么写作这样的著述是不可能的。比如人们或许会疑惑，为什么扒手会被大力控诉，而中等收入和高收入逃税者却鲜有被控诉的——即使他们欺骗政府的钱远比扒手盗窃的数额多？该问题非常重要，但在此处，笔者不打算追究这个问题。笔者更急于证明，过罪化造成的不公正影响我们所有人，包括贫穷者与富裕者。

本书的大致思路如下。第 1 章叙述了过度犯罪化理论旨在解决的一般问题，笔者对过度犯罪化现象以及我们缘何应当对其予以关注进行了讨论。过度犯罪化的不良影响不仅局限于笔者所简略提及的那些理由，其最严重影响在于过多的刑事惩罚所带来的不公。第 2 章和第 3 章对过度犯罪化理论进行了讨论与拓展。该理论包含了一系列对使用刑罚的限制。笔者在第 2 章讨论认为刑罚的限制属于刑法本身的内在要求，任何刑事制裁的限度理论都不能使我们忽视这些对刑法进行限制的原则。但笔者在第 3 章提出的对刑事制裁的限制原则与此不同，第 3 章分析的限制原则取决于刑法以外的一套存有争议的规范性理论。这套理论描述了国家在何种情形下允许对不应受刑罚惩罚权进行推翻。在第 4 章里，笔者对犯罪化的其他三种理论进行了质疑，其结论是：笔者的犯罪化理论比其他任何一种理论都更为适当。如果其他犯罪化理论确实如笔者所认为那样存在各种缺陷，那么笔者的理论中的任何问题在笔者的理论中会更容易解决。但笔者也清楚地意识到，本书所提及的许多关键性争议并没有确定结论，还有其他大量的工作需要完成。构建一套原则对刑事制裁的扩张现象进行限制，是一项极其庞大的工程，笔者仅仅是拉开了该工作的帷幕。

目　录

Contents

致 谢

许多刑法学者塑造了我的思维，对我的思想历程产生了极其深刻的影响，我对他们表示最为诚恳的谢意。在此尤其应当提到三位学者的名字：首先，乔治·弗莱彻点燃了我对学习刑法哲学的兴趣之火，我仍然相信其巨作《反思刑法》（*Rethinking Criminal Law*）是上世纪以来刑法理论方面最好的著作。可以毫不夸张地说，我整个学术生涯就是在对最初阅读该书时所发现的问题进行探索。其次，向大西洋两侧的两位最伟大的英美刑法理论家对我个人和专业方面的帮助致谢。米歇尔·摩尔对刑法理论中的几乎每个问题都有着非常精致、周到的论述，我所论证的所有观点几乎都受到这些观点的影响。

此外，摩尔先生在美国许多令人愉快的场合举行了圆桌讨论会，甚至在他的家中。摩尔先生对哲学的讨论充满热情和感染力，我有幸参加了几次这样的精彩讨论会，而我的许多观点在其中得到了验证和改善。我特别对安东尼·达夫表示感谢。即使随便读一读他的书也会发现，我的许多作品都取决于其对于深刻且人道的刑事理论和刑事惩罚哲学的贡献。此外，是达夫先生首次建议我将与犯罪化有关的各种观点汇集为一本连贯的著作，如果没有他的鼓励，我也不会进行这方面的努力。最后，达夫先生一直在帮助举办研讨会和专题讨论会，让来自世界各地的刑法学者汇聚在一起交换意见。对我而言，2006 年 10 月在斯特林大学举行的讨论会是最有价值的一场。在这场讨论会中，达夫先生邀请了十多位名声显赫的学者阅读评论本书手稿的初次草稿。桑德拉·马歇尔（Sandra Marshall）、斯科特·维奇（Scott Veich）、詹姆斯·查默斯（James Chalmers）、鲍勃·沙利文（Bob Sullivan）、罗思·克拉夫特（Rowan Cruft）、维克多·塔多斯（Victor Tadros）以及比亚克·维斯库姆（Bjarke Viskum）对此次研讨会上的手稿作了书面回应。但毫不惊讶的是，在这场讨论会中，最为重要的见解——不论口头还是书面，是由达夫先生本人作出。我无法言表我对这位专业同仁和朋友的感谢。

我在创作本书中得到以下学者的大量帮助，他们都不辞辛劳地阅读了整本手稿的多种版本：休·拉福莱特（Hugh LaFollette），罗格尔·夏尔（Roger Shiner），安德鲁·冯·赫希（Andrew von Hirsch）、安东尼·达夫（Antony Duff）、吉姆·福尔冉（Kim Ferzan）、柯文·米歇尔斯（Kevin Michaels），以及肯·勒维（Ken Levy）。最后两位学者格外仔细，对手稿中的大小问题进行修改并进行斧正。我希望读者能在该书中看到，他们的意见使该书与众不同。我亦收到来自众多学者针对部分手稿所提出的宝贵的修改意见，其中包括索尔·史密兰斯基（Saul Smilansky）和东·雷根（Don Regan）。克里斯·克拉克森（Chris Clarkson）和金伯利·布朗尼（Kimberley Brownlee）对我于 2007 年 1 月在英国社会科学院所作的讲座涉及到的章节准备了书面评论。J. J. 普雷斯科特（J. J. Prescott）对我在密歇根大学法学院作讲座的手稿本作出了回应。已故的乔尔·范伯格对我的分析风格以及尽力进行深层次理论研究的影响是显而易见的。我亦感谢展示本书手稿的许多大学和学院的听众，也包括在罗格斯大学法学部以及密歇根大学法学院参加我刑法理论研究的学生。

最后，我感谢一生挚爱琳达（Linda）对我的耐心、帮助和支持。

第1章　刑法过量分析

在过去的几年里，美国联邦和州刑事司法制度的最显著特征是：实体刑法的巨大扩张和刑罚使用的急剧增长。在本书中，笔者主要就诸多特征中的第一个进行研究：刑法规模和范围的爆炸性扩张。简言之，我们的刑法如今面临的最紧迫问题是：刑法太多。笔者的最终目标在于构建**犯罪化理论**：把具有正当性的刑法与不具有正当性的刑法区分开来的规范性框架。该理论的应用可为扭转颁布太多刑法的趋势提供原则基础。根据笔者简要论及的几个原因，笔者认为过度犯罪化是有害的。但其最重要的原因是第二个特征，即：国家刑罚的急剧增加。笔者认为过罪化是令人无法接受的，主要是因为其会引起太多的刑罚。刑罚的核心问题类似于刑法的核心问题：刑罚太多。笔者之所以说国家施加的刑罚太多，还因为国家施加的很多刑罚是不公正的。刑罚基于不同的理由而不公正。许多学者一致认为，美国如今所施加的刑罚中很多都是不公正的，因为施加的刑罚太过度了——甚至当刑罚是被施加于每个理性人都认为我们的刑法典应该禁止的行为时，亦让学者感受到刑罚过度了。但是，由于更为基本的原因，使大量的不公正刑罚产生。大量的当代刑罚之所以是不公正的，是因为对根本不应该被犯罪化的行为施与刑罚。笔者将对此进行探讨。

本章包括四节。在本部分论述中，笔者将阐明我们为什么需要犯罪化理论。首先，笔者将逐一讨论我们的刑事司法制度的两个不同特征。我们有大量的刑罚及大量的刑法。尽管我们有大量的刑罚和刑法，但如果没有规范性理论来告诉我们哪些刑罚和刑法是正当的，我们就不能确定我们是否有太多的刑罚或太多的刑法。在第 2 章和第 3 章中，笔者将对犯罪化理论进行论证，以帮助解决这些问题。目前，笔者只证明我们所拥有的刑罚和刑法超过了合理的限度，甚至比其他任何时候和任何地方都要多。此种现象为笔者的理论提供了假定的直觉根据。在第 II 节中，笔者研究了这两种现象之间的复杂关系。刑法数量的扩张以明显的方式提高了刑罚的幅度：通过对以前允许的行为施加刑事制裁。但是越多的刑法并不总是直接导致越多的刑罚。越多的刑法之所以引起越多的刑罚是由刑罚程序现实的，该点是法律哲学家经常忽视的。在第 III 节中，笔者提出了许多关于受到质疑的刑法的实例，并且对某些立法机关制定的新类型犯罪进行了粗略的分类。如果要把犯罪化理论适用于每个刑法规范，那么我们就必须明白该理论将被应用的规范的种类。在第 IV 节中，笔者将详细、集中地关注太多的刑法如何引起太多刑罚的具体实例。虽然任何案例都无法完美地代表笔者所研究的趋势，但是笔者选择的例证包含了许多能使我们相信过罪化导致的不公正现象。该章所包含的规范性内容相对较少。但如果该章的论点是合理的，笔者能为规范性工作搭建一个平台：在论述犯罪化理论对于帮助我们扭转太多刑法导致太多刑罚这种趋势的重要性之后，笔者将据此进行规范性的研究。

I. 过量刑罚和过罪化

最终笔者的结论是：今天的美国有太多的刑罚和太多的犯罪。我们已经过度惩罚和过度犯罪化了。说我们有了太多的某种东西，意味着我们有某个标准或某条底线，藉此，我们能够判定其数量是太少、不够还是恰好。对于法律哲学家而言，正义就是判断的标准。然而，捍卫正义原则且论证笔者的立场之前，我们必须基于对正义的追求，清楚地知道我们拥有超过限度的刑罚和数量巨大的刑法。我们有如此多的刑罚和如此多的刑法的事实，对于帮助我们理解当前所面临的规范性工作的艰巨性和紧迫性是至关重要的。理性人应该预见到，如此大规模的刑罚和刑法数量是不可能具有正当性的。

笔者首先将简要叙述美国现今刑罚的范围，因为关于我们的刑法实践之数据已经被当代犯罪学家广泛宣传且相对比较容易理解。监禁率是我们最熟悉的关于国家刑罚规模的衡量标准。在 2005 年，大约有 220 万人被关押在联邦和州的拘留所和监狱中，即每 100, 000 名居民中有 737 名监犯。因此，每 138 名居民中就有一人被监禁。每 20 个在美国出生的孩子中，估计就有一个在其生命的某一时期内注定要在州或者联邦监狱中服刑。[①] 少数族裔不成比例地在监狱中服刑：年龄在 25 岁至 29 岁间的黑人中，12. 6% 被关押在拘留所或监狱中，与之相比，同样年龄段的白人只有 1. 7% 。[②]

尽管监禁率被普遍用于衡量一个社会的刑罚范围，但是一个更好的指标可能是处于刑事司法系统的控制和监管之下的人数——该数据包括了缓刑和假释。政治倾向和国家财政预算对被矫正和监督的人数的影响很小，因为法院必须对被判有罪的人施加某种量刑。我们在评估刑罚量时，会忽视缓刑和假释。该倾向反映出我们对刑罚政策的习惯思维。很多公民处于这样的错误印象

---

① 该数据源自美国司法部司法统计局：《刑事司法统计资料大全》（2005 年），表格 6. 13 和 6. 29。

② 关于刑事司法政策对种族影响之综述，参见迈克尔·东瑞：《恶意的忽视：美国的种族、犯罪和惩罚》，纽约：牛津大学出版社，1995 年。

之下：缓刑和假释是刑罚的宽恕替代方式，而不是刑罚模式或刑罚种类。但无论怎样，处于刑事司法系统的控制和监管之下的人数，在20世纪的最后25年中迅速增长，并且在21世纪的前几年持续增长。在美国，有将近420万的额外人员正处于缓刑状态，784,000人被假释，总计超过700万人。① 这些人如果违反相应的缓刑或假释的法律规定，亦会将被监禁。

理解这些数据规模的方式是将之与其他时期和其他地方的数据进行比较。美国现今巨大规模的刑罚是比较新近的。自1970年开始，监禁率骤然上升。而在1970年前，监禁率达到每10万名居民中有144名监犯。监狱人口的规模从1980年开始几乎翻了两番，这种扩张在美国历史上是空前的。② 从与其他国家的比较中，我们得出了类似的结论。尽管监禁率在很多地方呈上升之势，但到目前为止，美国的监禁率是世界上最高的，甚至比其他任何西方工业化国家高出将近5倍。由于全球范围内大约有800万人在监狱服刑，其中1/4是在美国被拘留或监禁。可能没有任何国家（甚至包括民主国家），曾试图对自身进行控制，然而却对本国公民进行如此大规模的监禁和控制。学者们通常是从社会力量和政治力量的角度，阐述为什么美国比其他国家，特别是比西欧国家，总是更愿意诉诸刑罚。学者通常亦把社会力量和政治力量当做是美国例外主义。③

---

① 该数据源自美国司法部司法统计局《刑事司法统计资料大全》：（2005年），表格6.1。

② 无可否认，对美国历史上高监禁率的一个解释是：精神病患者的制度化远不如以前那么常规。参见伯纳德·E. 哈考特："在关于监禁与犯罪、失业、贫困以及其他社会指标之间的关系之实证研究中，是否应合并精神病住院治疗和监狱人口比率？"（即将公开出版，参见网址 ssrn. com/abstract_ id = 880129）。

③ 关于这样的尝试，参见詹姆斯·Q. 怀特曼：《严酷的正义：刑事惩罚及美国和欧洲之间不断加剧的分歧》，牛津：牛津大学出版社，2003年。

处于刑事司法系统的控制和监管之下的人的数量，仅仅部分地揭示了过度犯罪化趋势中令人担忧的是什么。与西欧国家相比，当代美国的刑罚不仅是司空见惯的，而且亦是非常严厉的。即使在最好的监狱中，监狱生活亦是枯燥空虚的，而且过度的拥挤使监禁的许多方面更加糟糕。监犯被狱警和其他监犯殴打，同性强奸的情况并不少见。[①] 囚犯事实上没有隐私权。[②] 公民不愿意支持刑罚改革，这表明他们欣然接受或者至少默许这些悲惨处境作为判决本身的一部分。举例言之，监狱强奸很可能在社会各界引起讽刺挖苦。监狱外的世界，社会各界亦在表达对性虐待的极端厌恶。[③]

每年有 600,000 到 700,000 的狱犯被释放出狱，但是他们受到的刑罚所产生的负面影响在出狱时并没有终止。罪犯丧失了政治、经济和社会权利。[④] 当前有将近 400 万这样的有前科的罪犯被取消选举资格。此外，几个州将他们视作不具有被选举担任公职或作为评审员的资格。许多被释放的犯人被明确剥夺按照福利和津贴计划而享有的利益。更不用说，释放的囚犯面临的住房和住房困难。随着越来越多的州试图通过要求被告支付审判、监禁和对他们进行监视的费用，来补偿刑事司法系统运行所产生的成

---

① 参见玛丽 · 席格勒：“借助美德之光：监狱强奸与性格堕落”，载《爱荷华州法律评论》第 91 期，2006 年，第 561 页。

② 参见唐纳德 · T. 克雷默编：《囚犯的权利》（第 2 版），科罗拉多州斯普林斯：麦格劳希尔出版社，1993 年。

③ 加利福尼亚州首席检察官比尔 · 洛克耶尔公然开玩笑说他“很想亲自陪同（安然公司主席肯尼斯 · 雷恩）去一间八乘十牢房，在这里他能够和一个文身的家伙同住，这个家伙会说，‘亲爱的，你好，我叫斯皮克’”。参见“调查安然公司”，载《华尔街日报》，2001 年 11 月 30 日，第 A14 版。

④ 参见诺拉 · V. 德默莱特勒：“防止国内流放：限制附带判决结果的必要性”，载《斯坦福法律和政治评论》第 11 期，1999 年，第 153 页。

本，这些犯人一出狱就负有债务。[①] 每种附带结果都会阻碍他们重新融入社会，并且使旋转的正义之门再度旋转。在所有于州法院被判有罪的罪犯中，将近2/3的释囚在3年内被再次逮捕，而且有1/3的释囚因违反假释规定而回到监狱。

几乎所有人都把刑罚视为必要的恶。的确，一定量的刑罚是必要的。但我们所施加的大量刑罚是否确实是实现更大的社会利益（比如减少犯罪）所必要的？在我们极度愤怒从而极度渴望通过刑罚惩罚犯罪前，我们必须明白现在全美国的犯罪也必须保持在不可接受的水平。犯罪使受害者和整个社会付出了沉重的代价，然而如果凭此认为美国的犯罪率很高，因此比其他国家需要更多的惩罚，那么这种立场就是一个谬见。国际犯罪受害者调查表明，自20世纪90年代以来，与其他西方国家的犯罪率相比，美国的犯罪率并不高。虽然其他一些国家也遭受水平大致相当的暴力犯罪，但是暴力犯罪在美国更为普遍。[②]

无可否认，尽管对于原因还没有达成共识，但自1992年以来，犯罪率整体上呈骤然下降之势。[③] 很多外行人认为刑罚数量的增加与犯罪数量的减少之间的因果关系是显而易见的，但几乎没有犯罪学家相信前者对后者有重大影响。大多数犯罪学家得出如下结论：我们的刑事司法系统所实施的政策，包括日益严厉的量刑，只能小部分地解释过去几年里美国犯罪数量急剧下降的原因。对更重的刑罚能发挥重大作用这一论点进行怀疑的最好理由

---

① 参见亚当·利普达克：“社会债务是前罪的最低成本”，载《纽约时报》，2006年2月23日，第A1版。

② 参见富兰克林·E. 齐姆林、戈登·霍金斯：《犯罪不是问题：美国的致命暴力》，纽约：牛津大学出版社，1997年，第61页。

③ 关于不同角度解释的有益调查，参见阿尔弗雷德·布鲁姆斯坦和乔尔·沃尔曼编：《美国下降的犯罪率》，剑桥：剑桥大学出版社，2000年；亦可参见富兰克林·E. 齐姆林：《急剧下降的美国犯罪率》，牛津：牛津大学出版社，2006年。

是：整个西方工业化世界都出现了类似的犯罪减少，但却只有美国大幅增加了刑罚数量。[①] 即使是在美国，那些没有如此大幅度增加监狱人口的司法管辖区，犯罪率也同样程度地下降了。剥夺犯罪能力刑的施加亦不能预防大量的犯罪，因为诸多符合施加长期刑条件的惯犯在犯罪时的年龄，亦趋向于低于大多数犯罪人的年龄。[②] 虽然是初次出现，但这些调查结果可能并不违背常理。社会科学家积累的丰富证据表明，人们之所以守法，主要是因为他们将社会规范内在化，而不是因为他们被逮捕和起诉之恐惧所威慑。[③] 很难看出，我们施加的巨大数量的刑罚对于实现更大的社会利益是否有必要。

如果我们所施加的大量的刑罚不是必要的恶，那么难道这种刑罚还不算恶？按照杰里米·边沁的功利主义观点，所有的刑罚都是一种恶。[④] 然而，虽然报应主义存在巨大争议，但笔者仍赞同报应主义者的观点。整体论之，该当性刑罚不是一种恶。正如笔者将在第 2 章尝试提出的观点那样，该当性刑罚会影响但不会侵犯我们的权利。当人们按照他们该当的方式被对待时，这并不是纯粹的恶。但是，刑罚只有在公正的前提下才是该当的，而笔者的目标是证明我们所施加的大量的刑罚的不公正。当然，任何关于公正和不公正的刑罚理论都必然会产生分歧。假如读者更容易被经济论证说服而不被规范性论证说服，那么读者就应注意：

① 参见迈克尔·东瑞：《犯罪思考：美国刑法文化中的理性与感性》，纽约：牛津大学出版社，2004 年，第 33 页。

② 参见丹尼尔·S. 奈根：《威慑与剥夺资格》，载迈克尔·东瑞编：《犯罪与惩罚手册》，牛津：牛津大学出版社，1998 年，第 345 页。

③ 参见汤姆·泰勒：《人类为什么遵守法律》，纽黑文：耶鲁大学出版社，1990 年。

④ 杰里米·边沁：《道德与立法原理》，伦敦：梅休因出版社，1970 年，第 158 页。

正义原则并不是反对最近监禁率增长的唯一根据。[①] 倾向于按照成本和收益评价社会制度的学者，同样会被美国现在的刑罚范围震惊，因为我们的刑事司法系统的价格标签会使任何纳税人不安。在2003年，联邦和州监狱的成本超过1850亿美元。[②] 当被囚者、他们的家庭及社区的附带成本被计入计算方程时，花费在我们刑罚性政策上的钱可能就是天文数字。很难看出公民由此而享受的社会利益能使这种令人惊愕的资源消耗具有正当性。

在本书笔者进行的论证中，经济考量因素只扮演次要的角色。笔者的中心聚焦于非正义而不是过罪化的成本。尽管如此，我们不应低估经济因素在塑造甚至最终改变我们政策的过程中所体现的重要性。法律哲学家们可能和笔者一样反对非正义，但笔者进一步认为我们刑罚实践的过高成本，将是我们最终刑事司法系统改革的决定性的因素。[③] 但令人惊讶的是，更多的改革尚未发生。值得注意的是，我们的刑事政策似乎不受成本—效益审查的影响。成本—效益审查常规性地适用于许多其他国家制度。当然，在我们的刑事司法系统出现重大改进之前，必须忍受大幅度的经济衰退。

与这些大家熟悉的美国刑罚增长的统计数据相比，很难提出并评估实体刑法增长的参照数据。犯罪化程度（及过罪化程度）在很大程度上发挥着决定刑法的幅度和范围的功能，而且我们没有简单的方式在给定的时间或地点对该变量进行衡量。也就是说，没有统计数据显示某司法管辖区是否或在何种程度上比另一

---

① 参见路易斯·卡普洛和史蒂文·萨维尔：《公平与福利》，坎布里奇：哈佛大学出版社，2002年。

② 该数据源自美国司法部司法统计局：《刑事司法统计资料大全》（2003年），表格1.1。

③ 当立法者知道不同刑罚政策的成本时，他们不太可能更加倾向于判处重刑。参见雷切尔·E. 巴尔科："犯罪管理"，载《加州大学洛杉矶分校法律评论》第52期，2005年，第715页。

个司法管辖区更多或者更少地进行犯罪化。① 在极端情况下，譬如当一个社会的禁令是另一个社会的禁令的一个子集时，这是比较可能的。但在现实世界的所有情况下，不存在单一的犯罪化度量标准。譬如假设一个国家禁止鸡奸但允许饮酒，而另一个国家的法律则正好相反，那么哪个国家的犯罪化程度更大？笔者认为该问题根本没有正确答案，甚至有哪些其他信息可助该问题的解决亦尚不清楚。我们是否可通过计算因为禁令而可能违法的行为人的数量来确定该两个社会谁的犯罪化范围更大？两个社会偏好是否非常重要？这些变量至少能被量化。但这种所谓的解决方案存在的困难是很明显的。现行法律塑造了我们偏好的范围和强度。我们能预期消耗给定物资的人数及人们对消耗物资的渴望强度，而不会受该种行为合法还是非法的影响。

笔者并不怀疑政治哲学家会捍卫人权规范性理论，即一种阐述对于人类繁荣等诸如此类问题而言什么是重要的理论。我们可以辨认出在使用刑法方面具有良好或恶劣记录的州。这些良好或恶劣的记录能反映各州在适用刑法时是否违反我们公民的重要或基本的利益。尽管所有的观点都有争议，但此争议并不是使用这些观点测量给定时间或地点内犯罪化范围的主要障碍。在笔者看来，更大的障碍在于：刑法把某个行为规定为犯罪，却被合理的人权理论反对将这种行为规定为犯罪的情形是非常少的。在对人权的保护中，两个国家可以同样地做得很好（或做得很差），即使其中一个国家比另一个国家制定了更多的刑法。

由于没有一个度量标准来量化犯罪化的程度，刑事法规的绝

---

① 关于测量犯罪化程度的早期研究，参见唐纳德·布莱克：《法律行为》，伦敦：学术出版社，1976年。关于最近的研究，参见杰拉尔丁·奥萨特·摩尔："以成本－收益分析界定过罪化：以刑事版权法为例"，载《美国大学法律评论》第54期，2005年，第783页。

对数量经常被用来作为度量标准的替代物。但刑事法规的数量尽管跟笔者的研究具有明显的相关性，但却是度量犯罪化程度最不好的测量标准。首先，某司法管辖区中不同的法规的数量是否与其所包含的犯罪数量完全一致是不确定的。为了说明犯罪数量与法规数量之间的区别，笔者以现在联邦法典中最经常使用的规范为例，即以与管制药物有关的法律为例。例如笔者直观地怀疑外行人是否会把销售大麻看做一种不同于销售海洛因的犯罪，人们可能自然而然地认为，销售大麻将与销售海洛因违反的是不同的法规。然而事实上，销售大麻和销售海洛因违反的是同样的法规。但假设某司法管辖区颁布不同的法律来禁止其所禁止的各种药物之销售，那么虽然不会产生更多的犯罪化，但法规的数量却会成倍地增加。我们应该认为，相比前者，后者的司法管辖区包含更多的犯罪，或说产生了更多的犯罪化。笔者对此种观点表示质疑。第二种方式虽然创设了更多的法规，但并没有改变被禁止行为的范围。

如果我们把法规的数量看作是与犯罪化程度粗略的近似值，则将会进一步引发更多的困难。令人惊讶的是，似乎没有人准备计算当前美国刑事法规的数量，单凭该事实就足以使人们应保持高度警惕。尽管大多数州的刑法典，在20世纪60年代到70年代，效仿极具影响力的《模范刑法典》，并获得很多成功。但从那以后，各个刑法典的状况却每况愈下。尽管如此，与被描述为语无伦次的混乱东西的《联邦刑法典》相比，这些刑法典要系统化很多。[①] 在联邦法律中，很难扩张其完全没有的结构。作为复杂的技术工具，任何指导者的指南都无法应应对联邦刑法的晦涩难懂。原司

---

① 朱莉·R. 奥沙利文将法典尖刻地描述为“国家的耻辱”。参见朱莉·R. 奥沙利文：“白领犯罪的变化：联邦刑事‘法典’的耻辱—阻碍案例研究的规范”，载《刑法与犯罪学杂志》第96期，2006年，第643页。

法部副总检察长罗纳德·盖纳对联邦刑法的现状作如下描述：

“现今联邦成文法规范在《美国法典》中由50个标题提领。该50多种规范印刷出来，大约有27,000多页。在27,000页中，存在将近3,300个不同的规范，这些规范对违反其规定的行为规定了相应的刑事制裁。在这些规范中，有超过1,200个规范杂乱地混合在标题18中，而标题18被称为‘联邦刑法典’”。[①]

为了改变该种现象，因此作了重大妥协，许多最严重的联邦犯罪不被规定在《联邦刑法典》中，例如主要的间谍犯罪被放在有关原子能管理的法规中。[②] 联邦刑法中的犯罪很难发现，亦很难计算数量。并且几乎在每个月中都会有很大变化，使情况更糟。

比起罗纳德·盖纳的估计，许多学者对联邦犯罪数量的估计远远高于此。一位学者认为，将近300,000个联邦法规是民事或刑事制裁，由多达两百个不同的机构共同努力执行。[③] 新的规范照例采用敷衍的文字，对任何不遵守新法规的人都以刑事检控进行制裁。致使国家管理者在法律规则被破坏时，习惯性地寻求刑事制裁而非民事制裁，这仍是引起争议和不确定性的重要因素。[④] 但无论刑事犯罪的确切数量是多少，该数字必定会在其下降之前上升。刑事法律的制定是相对容易的，但废除则非常困难。较之于被一个深思熟虑的立法行为废除，刑事法律更可能不被使用，

---

① 罗纳德·盖纳：“联邦刑法典改革：过去与未来”，载《布法罗刑法评论》，1998年，第45页、第53页。

② 罗纳德·盖纳：“联邦刑法典改革：过去与未来”，载《布法罗刑法评论》，1998年，第66页、第62页。

③ 该评估归功于斯坦利·阿金和约翰·C. 科菲。参见斯坦利·阿金、约翰·C. 科菲：“‘非法’意味着‘犯罪’吗？——反思美国法律中侵权与犯罪之区别的消失”，载《波士顿大学法律评论》第71期，1991年，第193页。

④ 关于有益的探讨，参见凯斯·霍金斯：《作为最后手段的法律：管理机构中的起诉决定》，牛津：牛津大学出版社，2002年。

因为废除某个刑法规范必须公示，而公示则可能刺激那些希望保留该规范的力量对该规范进行支持。[①] 不管怎样，计算规范的数量往往会低估刑事法律范围的爆炸性扩张。最近刑法的扩张很大部分是由现行法律的修正案引起的（而且正如我们看到的，这种扩张在整个刑事法律之外也是存在的）。因此，我们不能无意义地说，犯罪数量增加了一倍、两倍，或增加了十倍。

尽管在测量犯罪化范围中存在着艰巨的困难，但我们可以通过计算刑法典中的字数或页数说明该扩张趋势。譬如有学者采用这种方法来证明伊利诺伊州刑法典中的扩张。在 1961 年颁布刑法的时候，伊利诺伊州法典所包含的字数不超过 24,000 字，但到 2003 年，该数字膨胀到 136,000 多字。即在短短的 42 年间，数字就增加了 6 倍。诚然，法典的更加冗长并不能证明刑法的范畴就一定被扩大。甚至更多的文字可能表明法律责任的范围缩小了，因为犯罪可能被以更大的明确性进行了限制。因此，规范虽然包含了更多的单词，但却覆盖了更少的行为。相反，在没有增加任何文字的情况下，甚至在没有增加任何新犯罪的情况下，法律责任的范畴可能变得更宽。如果司法机关决定对现有犯罪作扩大解释，那么亦能产生更多的犯罪化。[②] 通过该过程，在根本没

---

① 参见罗特："论废止"，载《哈佛法律评论》第 119 期，2006 年，2209 页。

② State in the Interest of M. T. S 案，609 A. 2d 1266（1992）提供了例子。新泽西州关于性侵犯的规范禁止性侵行为。在规范中，性侵行为是行为人使用身体力量或者强制的方式。该规范被解释为（或被重新解释为）任何非自愿性行为都满足构成要件的要求，从而有效地排除了暴力作为独立的法定要件。

其他新的法定解释例证产生了极其不成比例的惩罚。在**密歇根州诉沃特华**（LC No. 06 - 015110 - FC）中，一项规范规定，无论什么时候，当"性侵犯行为发生在涉及实施任何其他重罪的情况下"，都是一级谋杀的刑事性犯罪行为。该规范被解释为：当男性因引诱已婚妇女从事两厢情愿的性行为，比如通过给她服下奥施康定药片而犯下通奸罪时，可以判处最高刑为终身监禁的判决。密歇根州最高法院裁定，当法定解释产生了荒谬的结果时，应该由立法机关而不是法院决定。

有任何立法行为的情况下，更多的犯罪化亦会随之而来。[①]

事实上，在过去的一个世纪中，下面这个过度犯罪化最臭名昭著的例子就很容易说明该问题。在斯大林统治下的苏联，其声名狼藉的“类推原则”规定：“如果任何对社会有危险的行为，没有被现行法典直接规定，其责任根据和范围应该通过在性质上最类似于它的犯罪的那些有规定的法典条款之应用加以确定。”[②]依照此规定，任何“对社会有危险的行为”都能成为犯罪。正如该例子所表明的，过度犯罪化可以是某个单一规范的结果。但在美国，如此严峻的情况从未发生。[③] 笔者的总体观点是，刑法典中所包含字数的增加，只是犯罪化扩张趋势的明显表征，但只是不完善的衡量标准中的一个判断因素。没有任何数字能够准确反映刑法的规模和范围。[④]

尽管对该现象的量化存在不严密性，但我们仍有很多理由对我们颁布如此多刑法，惩罚如此多的行为之趋势表示担忧。虽然在诸多理由中，只有一个是本书的研究中心，但如果要对过度犯罪化进行全面研究，还是需要对其他几个理由进行分析。但因为研究中心的确定，使笔者只对其他理由进行粗略关注。首先，长期以来学者重点关注的是潜在被告人的行为是否构成犯罪的重要性。不应该强迫公民猜测他们的行为是否处于被禁止的危险边

---

① 现行法律的扩张性司法解释对于过罪化的贡献，导致许多学者要求在对刑事法律的解释中采用从宽原则进行解释。参见圣扎迦利·普赖斯：“作为结构规则的从宽规则”，载《福德姆法律评论》第 72 期，2004 年，第 885 页。

② 参见哈罗德·伯曼：《苏联刑法与刑事诉讼法》（第 2 版），坎布里奇：哈佛大学出版社，1972 年，第 22 页、第 63 页。

③ 关于英美法系中大致的类似物，请参见肖诉 DPP 案，［1962］A. C. 220

④ 因此，一些学者宣称对于过罪化的质疑都患上了“当我看见时我就明知”综合征。参见杰拉尔丁·奥萨特·摩尔：“以成本－收益分析界定过罪化：以刑事版权法为例”，载《美国大学法律评论》第 54 期，2005 年，第 784 页。

缘，而且必须给公民提供实施不会引发刑事责任的行为的公平机会。[①] 然而，由于刑事法律的数量和复杂性，潜在的违法者可能无法获得关于其法律义务的充分通知。[②] 法律的存在主要是为了指导行为，但是这个目标在我们过度犯罪化的情况下会受到破坏。在我们中间，谁能自称理解规定刑事犯罪的规范的语言？譬如是否理解只有在熟练律师的帮助下才能操作的税收法律的语言？而州的其他法律和联邦的其他法律的语言亦和此类似，已变得远非一般人能理解。经常的情况是：专业知识都无助于彻底了解刑法的内容。由于犯罪数量的显著增长，甚至那些把大部分职业生涯用在设法解决刑法中纷繁难懂之处的教授和执业律师，都只是熟悉了让我们困惑的法律的小部分而已。随着这种混淆性和不确定性的增加，规定把对法律的无知作为正当抗辩事由已成为当务之急。但如果每一个人都理解适用于他们的法律，那么这种抗辩事由就是不必要的。[③] 任何理性人都会认为如果真能实现这种期望，那将是最好不过的。

此外，我们日益扩张的刑事司法制度造成了巨大的机会成本浪费。我们花费在犯罪化和刑罚上的巨大资源，难道就没有更好的用处？当最好的犯罪化理论都无法使警察、检察官和法院执行的法律具有正当性时，那么资金和人力应更加迫切地需要从中划

---

① 参见帕帕克里斯托诉杰克逊维尔市，405 U. S. 156（1972）。

② 参见苏珊·皮尔彻：“无认识、自由裁量权与公平告知—直面刑法中的‘明显无认识’”，载《美国法律评论》第33期，1995年，第32页。

③ 参见道格拉斯·胡萨克、安德鲁·冯·赫希：“可归责性和法律认识错误”，载史蒂芬·舒特、约翰·加德纳和杰里米·霍德尔编：《刑法中的行为和价值》，牛津：克拉伦登出版社，1993年，第157页。关于法律内容的合理认识错误是如此普遍以至许多学者认为对法律的无认识应是正当事由而非宽恕事由。参见瑞埃姆牛·瑟戈夫：“正当事由、合理性和认识错误—法律认识错误是否是宽恕事由？其可能是正当事由！”，载《法律和哲学》第25期，2006年，第31页。

拨出来。这些划拨出来的资源可用于我们真正关心的降低税收、改善学校或预防犯罪。[①] 像加利福尼亚这样比较大的州，其刑事司法开支已经超过了公共教育经费。除了那些从“监狱—工业联合体”获益的人之外，每个人都赞同优先顺序已错位的观点。[②]

许多学者认为过度犯罪化最致命的后果是导致对法律尊重的缺失。愚蠢的法律制度会被守法公民忽视或回避，且该种影响很可能延伸到其他法律中。若某一法律被大部分公民认为不公正，当个人因违反该法律而受到惩罚时，人们将认为我们的整个刑事司法系统会导致公众信心的衰退。令人惊讶的是，尽管有充分的证据支持该观点，但过度犯罪化导致法律的普遍不被尊重却难以通过经验加以证实。我们不能通过实验比较仅仅刑法数量不同的两个司法管辖区中受到尊重的法律的数量。但有一点是明确的，即刑罚是通过刑事定罪的污名效应来制止犯罪的。然而，污名是一种消散很快的稀缺资源。如果个体实施的行为很少遭到人们的谴责，且大多数人都会实施这样的行为，那么国家就不能有效地使他们蒙上污名。[③] 而随着刑事责任适用范围的扩大，污名效应将被消耗殆尽，最终亦会导致威慑力被侵蚀。

即使其没有达到定罪和惩罚的最高定点状态，刑法适用范围的扩张亦是令人担忧的。刑法的数量和适用范围为警察提供了更大的逮捕权，譬如在 2004 年，警察的逮捕数量大约是 1,400 万个

---

① 参见亚历山大 · 那塔泊夫：“论执行不足”，载《福德姆法律评论》第 75 期，2006 年第 1715 页。很明显，执行不足现象对于某些犯罪是非常普遍的。例如在过去的六十年间，只有六个人因对国会撒谎而被宣判犯有伪证罪。参见 P. J. 梅托：“伪证罪悖论：对国会撒谎的法律执行不足”，载《奎尼皮雅克法律评论》第 25 期，2007 年，第 547 页。

② 参见乔尔 · 德怀尔：《永恒的监狱机器》，博尔德：维斯特维尔出版社，2000 年。

③ 参见道格拉斯 · 胡萨克：“论‘但每个人都那样做!’作为抗辩事由”，载《公共事务季刊》第 10 期，1996 年，第 307 页。

左右。[①] 逮捕与刑罚有许多共同特征，这些共同特征使后者的正当性难以证成。即使被告人没有被起诉，逮捕的经历也是令人难堪的，并且代价高昂。不正当的逮捕是导致法院认为流浪罪的法律规定违宪的诸多因素之一。在任何过度犯罪化的司法管辖区中，普通公民的生活更有可能被不正当地妨碍。[②]

最后，犯罪化的增加对法治本身而言亦具有破坏性。关于此点，笔者将在本书的许多地方论及。大量的刑法破坏罪刑法定原则的方式有多种，而此时笔者只是提到诸多方式中的一种，而且该种方式亦不是最重要的方式。法学理论家通常把法治解释为：刑事法律应该由立法机关制定，且必须对被禁止的行为进行明确的规定。[③] 然而，如果不思考刑法的界线，并且从非刑事法律的角度审视刑法，那么被禁止的行为是否正当是无法确定的。换句话说，刑法的外在因素对刑法规范的正当性和必要性亦有影响。笔者仅从两个实例出发，说明刑法典之外的因素对确定犯罪内容是否必要以及是否具有重大影响。第一，不作为应承担刑事责任的情况。虽然《模范刑法典》规定“除非根据本法典或者美利坚合众国的其他法律规定构成犯罪或是违法行为，否则任何行为都不构成犯罪”。[④] 随后又规定，当行为人“未履行其他法律规定的应当履行作为的义务”的时候，行为人会因不作为而承担刑事责

---

① 该数据源自美国司法部司法统计局：《刑事司法统计资料大全》（2004 年），表格 4.1。

② 关于未实施的刑事法律如何会对民法尤其是家庭法产生重大影响的精彩讨论，参见希拉里·格林：“不死的法律：历史上未实施的刑事法律在非刑事立法中的运用”，载《耶鲁法律和政策评论》第 16 期，1997 年，第 169 页。

③ 关于对刑法中罪刑法定原则的批评性论述，参见彼得·威斯顿：“刑法中的两个合法性规则”，载《法律和哲学》第 26 期，2007 年，第 229 页。

④ 《模范刑法典》§1.05（1）. s。

任。[1] 合同法和侵权法可能是“另外施加的”义务的来源。结果，非刑事法律领域的扩大亦可能（而且确实可能）扩大刑法的范畴。第二，刑法典中无数的持有型犯罪，比如持有管制药物有关的犯罪。该类犯罪经常是由公共卫生法而不是由刑法典本身规定某种特定药物是否属于管制药物。[2] 因此，非刑事法律的修正案可能（而且确实可能）改变刑法的范畴。尽管还可以举出其他例子，[3] 但是不作为和持有行为的刑事责任，亦足以论证越来越多的犯罪化是如何危害法治本身的。

对于所有这些理由（亦同样包括许多其他理由），过度犯罪化现象使我们大家都受到困扰。由于前述论及的原因亦非常重要，所以笔者并不主张过多的刑罚是反对过度犯罪化的主要理由。过度刑罚和过度犯罪化两种现象之间的关系，是因情况而异的，而且笔者关注的是特定的美国刑法的状况，其特点是明显依赖于监禁。人们能够很容易地想象这样一种政权：在该种政权下，判决普遍不严厉，刑罚通常是非监禁，而且当所实施的犯罪是轻罪时，犯罪的污名效果亦是相当轻微。从笔者集中关注的理由审视，过度犯罪化仍是令人担忧的。即使在这种制度下，反对过罪化现象的其他理由将变得更加充分：例如自由限制原则、焦虑引发源及诱导罪感效果等，都会使犯罪化不仅要考虑刑罚的威慑，而且亦必须慎重考虑这些后果。犯罪化的增加会导致合法的行为，甚至值得称颂的行为受到国家的禁止。这些因素使过度犯

---

① 《模范刑法典》§2.01（3）（b）。

② 参见马库斯·杜博尔：持有范式：“刑事程序分则和警察权力模型”，载安东尼·达夫、斯图尔特·格林编：《界定犯罪：刑法分则论文集》，牛津：牛津大学出版社，2005年，第91页。

③ 迈克尔·T. 卡希尔等：“美国刑法典的加速退化”，载《黑斯廷斯范例杂志》第56期，2005年，第633页。

罪化令人苦恼不堪。

然而，在我们当前的政治形势下，笔者认为过度犯罪化之所以会引起反对，主要是因为其导致太多的刑罚。因此，笔者最重要的质疑不同于笔者已粗略分析过的原因，而在于过度犯罪化后导致的不公正刑罚。这种非正义的主要受害者是蒙受刑法制裁的人，也就是说，过度犯罪化的主要问题是对那些被惩罚之人的影响，而不是对纳税人、守法文化、法治或社会的影响。当被告因为根本不应该引起刑事责任的行为而被判刑时，换言之，当刑罚的施加不符合最好的犯罪化理论时，产生的非正义是最为明显的。如果本书的核心论点是正确的，则按照该标准判断，那么美国现今所施加的许多刑罚都是不公正的。

过度犯罪化经常会引起大量的非正义产生，即使是对于那些因其行为而应该受到某种程度刑罚的人来说也是如此。完善的犯罪化理论应该包括罪刑均衡原则，按照该原则，判决之严厉程度应该与犯罪之严重性一致。当刑罚不成比例，超过罪犯所应承受的程度时就会产生非正义。笔者认为过度犯罪化会经常导致不成比例的刑罚，但该论点也是很难证明的。任何人都不能宣称自己知道应施加的刑罚尺度——如何对实施了某种犯罪行为的具体犯罪，譬如盗窃罪或强奸罪，精确地分配其应承受的刑罚总量。① 由于该原因，除了适用时非常谨慎，法院几乎已经放弃通过运用罪刑均衡原则排除过多刑罚。② 然而无论采取任何合理的措施，如果有效的罪刑均衡原则缺失，则都会导致令人震惊的非正义，而且过度犯罪化进一步促使这些结果的发生。笔者主张无论我们

---

① 关于锚定刑罚尺度中存在的困难之讨论，参见安德鲁·冯·赫希、安德鲁·阿什沃斯：《论成比例量刑》，牛津：牛津大学出版社，2005 年，第 141 - 143 页。

② 参见李荣宰："针对过度惩罚的宪法权利"，载《弗吉尼亚大学法律评论》第 91 期，2005 年，第 677 页。

如何解决刑罚尺度的难题，过度犯罪化会导致不成比例的刑罚几乎是不可避免的。如果笔者的主张是正确的，则太多的刑法导致了太多的刑罚亦是成立的。我们应该关注该现象的主要理由在于：我们应该关注非正义及其受害者。

我们为何导致如此多的刑罚及如此多的犯罪化？该现象出现在正值公众意见支持较小数量的政府干预时，因此，其更加令人困惑。如果我们希望扭转这些有害趋势，我们必须设法理解促使这种现象产生并维持这种现象的力量。合理的解释应该包括两部分：第一，必须认识导致我们面临困境的社会政治因素；第二，必须解释学术研究者对我们所处困境保持沉默的原因。笔者首先简要分析第一个问题，对于学术界保持沉默的问题，笔者将在第 2 章进行分析。

正如笔者所指出的那样，犯罪学家讨论导致我们目前处境的经验性现实。[①] 虽然尚未形成一致意见，但这些研究还是形成了一定规模，值得一提。学者一致抱怨美国刑事司法的政治化程度，[②] 并认为美国刑事司法的高度民主特征，是美国刑事司法诸多最好特征形成的原因，亦是美国刑事司法诸多最坏特征形成的原因。[③] 例如，没有任何其他地方的立法机关会微观管理关于量刑和假释的决定，很少有其他西方工业化国家会选举他们的检察

---

① 旧的社会控制机制已经瘫痪，由此对刑事制裁造成更多的压力。参见大卫·加兰德：《美国大规模监禁：社会原因和社会后果》，伦敦：赛奇出版社，2001 年。

② 相关实例，请参见萨拉·比尔："对此法律必须要做的是什么？影响（联邦）刑法发展的政治、社会、心理以及其他非法律因素"，载《布法罗刑法评论》第 1 期，1997 年，第 23 页；玛丽·戈特沙尔克：《监狱和绞刑架：美国大规模监禁政治》，纽约：剑桥大学出版社，2006 年；萨拉·比尔："新闻媒体对刑事司法政策的影响：以市场为导向的新闻促进惩罚"，载《威廉玛丽法律评论》第 48 期，2006 年，第 397 页。

③ 参见塞缪尔·沃克：《大众司法：美国刑事司法历史》（第 2 版），纽约：牛津大学出版社，1999 年，第 6 页。

官或法官。[①] 学术专家的观点很少受到关注，即使极少数专家会受到关注，但专家的观点亦很可能被忽视。[②] 关于刑事司法，我们倾向于单边主义者的立场：我们既不知道亦不关心其他国家的成败得失，而且我们亦觉得没有必要去与我们意见不一致的国家进行争辩。[③] 此外，美国对死刑制度的特别关注，分散了人们对未达到死刑的严刑实践的注意力。[④] 最重要的是，两个政党都不允许对方获得严厉打击犯罪的美誉。立法者希望被人们认为其在跟有害行为作斗争上有所建树。小报和大众传媒赖以生存的报道是罪犯如何通过法律漏洞和专门技术逃脱罪责。如果政策没有遇到反对是很容易制定的。因为不愿意成为“犯罪休息室”，所以任何重要的组织都不会抗议我们诉诸犯罪和惩罚的努力。[⑤] 除了这些为数不多的随机观察外，笔者建议把异常艰巨的任务，即把导致我们惩罚如此多的人及把如此多的行为犯罪化是否正当化的判断任务，留给社会学家和政治科学家。笔者更加关注从法律哲学家的视角来理解这些原因。在本书的第 2 章中，笔者将努力说

---

① 参见迈克尔·东瑞：《犯罪思考：美国刑法文化中的理性与感性》，纽约：牛津大学出版社，2004 年，第 10 页、第 65 页。

② “刑事司法领域的政策制定者应该更多地关注学术批评。”乔治·弗莱彻：“刑法理论的下降和上升”，载《布法罗刑法评论》第 1 期，1998 年，第 275 页、第 281 页。

③ 欧洲大陆学者写了更多关于过罪化的文章。相关内容参见尼尔斯·亚勒堡：“我们需要什么样的刑法”，载安妮卡·斯奈尔斯编：《警惕惩罚》，奥斯陆：斯堪的纳维亚犯罪学研究委员会，1995 年，第 17 页。

④ 参见德克·凡·其尔·斯米特：《认真对待终身监禁》，海牙：克卢沃国际法律出版社，2002 年。

⑤ 尽管如此，我们不应该很快得出结论，认为美国之所以采用严厉的政策是因为选民要求采取这样的政策。在 2006 年，不到 1% 的美国人将犯罪作为他们的首要政治关切。在这个问题上，政治家们倾向于引导而不是追随公众意见。事实上，大多数公民对于笔者所描述的趋势是非常无知的。他们严重低估了所施加惩罚的范围，在得知判决严厉程度之后青睐于更大程度的轻缓。参见朱利安·V. 罗伯茨等人编：《刑罚民粹主义和公众意见》，纽约：牛津大学出版社，2002 年。

明学者倾向于忽视我们所处困境的原因。

在本书的论证中，笔者对太多犯罪和太多刑罚进行论证时，将经常性地把非法持有毒品罪作为具体例证。[①] 笔者选择这个例子的原因很简单，因为目前毒品犯罪是我们使太多的行为犯罪化及惩罚太多人之趋势的最重要的表征。[②] 一些统计数据已对该论点进行了佐证。在 2004 年，美国有将近 1,745,000 人因毒品犯罪而被逮捕。[③] 这些人之中，大约 82% 是因为仅仅持有毒品行为而被逮捕。[④] 超过 410,000 的毒品犯罪人被关押在全国各地的拘留所和监狱中，该数字接近于 1980 年的监狱人口总数。[⑤] 在美国，将近 1/5 的囚犯是因为非暴力的毒品犯罪而在监狱服刑。[⑥] 该数字已经大幅攀升。在 1986 年，在每 100,000 个美国公民中，大约就有 18 人因毒品犯罪而被监禁。仅仅 10 年之后，该比率就跃升到了 63 人。[⑦] 被宣判犯有贩毒罪的人数大约占所有被判处终身监禁的罪犯的 16%。犯罪化理论是引起我们对毒品犯罪进行重大改革的动力，并且伴随而来的是，将在整个刑事司法制度中引起巨大回响。

---

① 21 U. S. C. §841 (a) (2002)。州法律禁止相同的行为。

② 在美国，毒品犯罪明显扮演了该角色，但是在其他国家，其他的例子可能提供更好的证明过罪化的例证。譬如在英国，反社会行为令（ASBOs）是一种令人不安的发展。这些命令通过使违反那些按照推测不属于刑事命令的条款的行为成为刑事犯罪而扩大刑法的范围。参见安德鲁·斯密斯特、安德鲁·冯·赫希编：《不文明：控制犯罪行为》，牛津：哈特出版公司，2006 年。

③ 该数据源自美国司法部司法统计局：《刑事司法统计资料大全》（2004 年），表格 4. 1。

④ 该数据源自美国司法部司法统计局：《刑事司法统计资料大全》（2004 年），表格 4. 29。

⑤ 该数据源自美国司法部司法统计局：《刑事司法统计资料大全》（2004 年），表格 6. 0001 和表格 6. 56。

⑥ 该数据源自美国司法部司法统计局：《刑事司法统计资料大全》（2004 年），表格 6. 0001 和表格 6. 56。

⑦ 该数据源自美国司法部司法统计局：《刑事司法统计资料大全》（2004 年），表格 6. 30. 66。

其次，笔者将集中关注枪支管制法规。笔者选择该实例的理由非常不同于毒品犯罪。许多学者认为我们的枪支管理制度远远不足以保护无辜的人免受枪支引起的危害，而且他们赞成大规模扩张惩罚枪支所有者的刑法。许多明智的政治家，譬如罗德岛州的前参议员查菲，想要禁止在美国制造、销售及家庭持有手枪。① 该建议并非异端邪说。大约35%的美国公众赞成禁止警察或其他被授权人之外的人持有枪支的法律。② 这些建议如果被立法机关采纳，则会前所未有的导致受到刑事责任追究之行为的数量扩张，因为如今大约40%的美国家庭持有枪支。③

许多热切赞成惩罚非法吸食毒品的刑法规定的公民，强烈反对惩罚持有枪支的刑法规定。反之亦然。很多对针对吸毒者之刑法持批评态度的人认为，国家应该做更多的努力来惩罚枪支所有者。对在这些领域采用刑事制裁的有原则性的保留意见，超越了传统的意识形态分歧。关于国家应该**如何频繁**地诉诸惩罚，自由派和保守派之间事实上并不存在分歧，其意见分歧主要在于国家应该惩罚**哪些行为**。笔者之所以把毒品和枪支管制作为具体例证论证自己的中心论点，是因为运用刑事制裁在一个领域遭到了反对，但可能在另一个领域被广泛重视。我们需要一种犯罪化理论帮助我们通过原则性的方式处理这些极具争议和极具情绪的问题。

---

① 例如，参见尼古拉斯·迪克逊："论美国为何应禁止手枪"，载《圣路易斯大学公法评论》第12期，1993年，第243页。

② 该数据源自美国司法部司法统计局：《刑事司法统计资料大全》（2005年），表格2.65。

③ 参见詹姆斯·杰克布斯：《枪支管制是否有效》，牛津：牛津大学出版社，2002年，第164页。

II. 过罪化导致的非正义

极少有知识渊博的人质疑笔者所描述的这两种趋势。在刑事司法监督体系及刑事实体法显著扩张的情况之下，犯罪人数的增加是毋庸置疑的，即使后一趋势并不能够精确量化。[①] 然而，更难理解的是这两种趋势之间的确切联系。显然，两者关系很明显。随着新罪的制定，越来越多的行为会被追究刑事责任，人们会因为那些在早些时候还被认定为合法的行为而被判罪。因此，越来越多的人面临着被逮捕、被起诉以及被处以刑罚。虽然这个简单而直观的现象能够解释刑罚数量的大幅上涨，但是这个解释是不全面的。在该节中，笔者将对该机制进行更加复杂的阐述，从而让大家明白为什么刑法数量越多就会导致越多的刑罚。笔者认为该机制是令人担忧的，不仅是因为其造成太多的刑罚，而且还因为它对法治造成了极大的危害。

笔者不想夸大所见的情况，所以在开始就介绍一些条件。首先，犯罪化增长的趋势是不统一和不一致的。刑事法律被制定且数量在不断增加；曾经被惩罚的某些类型的行为不再招致刑事责任。美国殖民地运用刑事制裁主要是为了抑制性侵、维护宗教信仰和控制奴隶。[②] 禁止酗酒和各种挥霍行为的犯罪曾经是比较常

---

① 诚然，一些学者确实怀疑刑法已经在规模和范围上显著扩大，尽管其不同意我们的犯罪化判断不符合能被接受的规范理论。对这种怀疑的最好回应，可参见达里尔・K. 布朗：“反思过罪化”（即将出版）。可以查阅 SSRN：http：//ssrn. com/abstract = 932667）。

② 参见塞缪尔・沃克：《大众司法：美国刑事司法的历史》（第 2 版），纽约：牛津大学出版社，1999 年，第 21 页—第 25 页。

见的。[①] 显然，这些被禁止的行为几乎已不复存在。许多“道德”犯罪没有被明确废除，但却很少执行。例如私通曾在 11 个辖区被认为是犯罪，通奸曾在 24 个辖区被认为是犯罪——其中一些辖区仍把后者视为重罪。[②] 一些州依然还保留着反对亵渎的法律，数量也让人吃惊。[③] 尽管在这个国家的大部分地区，卖淫行为会被处以刑事责任，但起诉的数量并不多。尽管如此，许多在几代人之前被广泛执行的犯罪已经完全消失了。[④] 明确废除的犯罪中最引人注目的例子是第二十一修正案，其结束了这个国家维持了 14 年的为人诟病的禁酒令。

此外，最近刑事制裁范围和规模的某些扩张广受欢迎。有一些犯罪的出现很明显是受欢迎的，而且这些犯罪的出现也是近年的事情。例如，在英国直到 1991 年才认可强奸罪也可以发生在夫妻之间。笔者相信仍然有一些区域，其中有一些行为不在刑事制裁的范围中，但确实是有罪的。然而，在大多数情况下，笔者的关注焦点不在于认定还有哪些新的犯罪行为，而是在于找出值得推崇的犯罪化理论不认为其是犯罪，但却被现行刑法规定为犯罪的情况。纵然笔者主要的兴趣在于找到犯罪化理论，从而阻挡这种刑法趋势，但是我们应该牢记我们需要一系列的原则来证成我们现在应该保留的犯罪——同样，也需要证成我们有理由制定法律予以规制的犯罪行为。我们不仅需要判断我们是否已经有太

---

① 参见阿兰·亨特：《控制道德：道德规范的社会史》，剑桥：剑桥大学出版社，1999 年。

② 梅丽莎·J. 米切尔：“评论：清空壁橱：使用日落条款清理杂乱的刑法典”，载《埃默里法律杂志》第 54 期，2005 年，第 1676 页。

③ 参见萨拉·森·比勒：“过罪化的多样性：从道德和标签角度到过度联邦化”，载《美国大学法律评论》第 54 期，2005 年，第 747 页。

④ 布朗提供了大量的这样的例子。参见达里尔·K. 布朗：“反思过罪化”（即将出版）。可以查阅 SSRN：http：//ssrn. com/abstract =932667）。

多的刑法，而且我们也需要判断是否应该增加更多的犯罪。

此外，笔者也不认为刑法的增加是解释监狱人口规模增加现象的唯一的甚至最重要的因素。我们的监狱和拘留所人满为患的最重要的原因是惩罚犯罪的现有的刑罚比以前严重很多。[①] 大约有 132,000 人目前正被终身监禁。这个数字的增长速度远远超过了过去 10 年监狱人口的增长速度。而这群人中大约 28% 的人是没有任何机会被假释或者提前释放的，从而也造成了服刑罪犯平均年龄的显著增加。[②]通过与国际上其他国家比较，量刑最重的是美国。对于类似的情况而言，美国刑法监禁刑的规范是法国或者德国的 5 到 10 倍[③]，而且和其他地方相比，同样的犯罪在美国往往会受到更严重的惩罚[④]。过去的 20 年见证了美国在量刑实践当中的一些创新，而这些创新在世界其他地方并没有发生。最显著的创新——强制性量刑指南，其命运依然不确定。[⑤] 但是每一个显著的变化都增加而不是降低刑罚的严厉程度——针对惯犯的“三振出局”之法、防止罪犯从监狱提前释放的“局势裁判”规

---

① 参见大卫 · M. 兹洛特尼克：“与犯罪作战中的战争：国会对司法量刑自由裁量权的攻击”，载《南卫里公会大学法学评论》第 57 期，2004 年，第 211 页。

② 终身监禁人数的数据来自于亚当 · 利普泰克：“对于更多的犯人来说，生活就意味着在监狱服刑直至死去”，载《纽约时报》，2005 年 10 月 2 日（星期日），第 A：1 版。

③ 参见詹姆斯 · Q. 怀特曼：《严酷的正义：刑事惩罚及美国和欧洲之间不断加剧的分歧》牛津：牛津大学出版社，2003 年，第 57 页。

④ 正如怀特曼所论证的那样：“在美国法律中，驾驶已经越来越多被重新分类为‘扰乱秩序的行为’或‘犯罪行为’，但是在欧洲大陆，情况却刚好相反。”参见詹姆斯 · Q. 惠特曼：《严酷的正义：刑事惩罚及美国和欧洲之间不断加剧的分歧》牛津：牛津大学出版社，2003 年，第 83 页。

⑤ 最高法院作出的一系列判决，使强制性量刑指南的合宪性问题受到了质疑。特别是最近的**美国诉布克尔**，533 U. S. 924（2005）。指南现在仅被认为具有建议性。最近（目前为止）关于“建议性”含义是什么的问题，可参见**丽塔诉美国案**（该案目前还没有索引号）。

则及服刑最低年限的强制性规定，都增加了刑罚的严厉程度。对于持有 672 克可卡因的罪犯，最高法院允许判处其终身监禁而不得假释。[①] 并且最近法院决定，个人可能会因不系安全带驾驶这种微不足道的行为而被判入狱。[②] 这增加了刑事司法系统控制和监督的人数，却不需要通过制定法律增加任何新的犯罪。

最后，规范越来越多不一定会产生更多的惩罚，除非刑事司法系统的其他官员进行配合，否则不能达至这样的结果。没有人仅仅通过阅读刑法典，就能够推断出监狱人数的规模。刑罚率并不会发生变化，除非规范被实际执行。当然，有些犯罪会被公民和政府忽视，即使这些犯罪已经被广泛宣传。1994 年大张旗鼓地通过了的《妇女受暴防治法》就是一个很好的例子。1997 年，因为该法而遭到起诉的人数是零，[③] 即使针对妇女的暴力行为的发生率可能没有变化。禁止提供攻击性武器是另一个例证。最初制定（随后并没有持续存在）这部法律，吸引了广大媒体的关注，但在加利福尼亚州，人们大约拥有 300,000 件攻击性武器，而 90% 的拥有者在该禁令生效之后都没有注册他们的武器。遵守该禁令的比率在克利夫兰、波士顿和新泽西甚至更低——这些地方存在 100,000 到 300,000 件攻击性武器，但是仅仅只有 947 件被注册了，尽管持有者并没有被起诉。[④] 但是，很难找到可靠的数据说明警察和检察官决定是否在整个美国的不同管辖区执行这些法律使用的政策。一些犯罪，比如酒后驾车和熟人强奸，几乎可

① 哈梅林诉密歇根案，[501 U. S. 957 (1991)]。

② 阿特沃特诉拉格维斯塔市，[533 U. S. 924 (2001)]。

③ 美国律师协会：《刑法的联邦化》，1998 年，第 20 页。

④ 参见大卫·科佩尔、克里斯托弗·C. 利特："共产主义、新共和主义与枪支：评禁止携带武器案"，载《马里兰法学评论》第 56 期，1997 年，第 438 页、第 459 页。参见詹姆斯·杰克布斯：《枪支管制是否有效》，牛津：牛津大学出版社，2002 年，第 164 页。

以肯定的是法律规定比昔日更加严格地被执行。逮捕和起诉其他犯罪，像持有毒品犯罪，在不同时期和不同地点的差异很大。然而在总体上，几乎没有证据表明规范执行的降低能抵消越多数量的犯罪导致的越多数量的刑罚。

尽管有这些告诫，但有一点很明显，即越来越多的犯罪化给人一种会导致更多刑罚的直观感受，因为更多的犯罪会扩大应受刑事制裁的行为的类型。惩罚的概率达到前所未有的水平，其中部分原因是被告犯了很多年前不存在的犯罪。① 现在，绝大多数根据联邦法律被监禁的人，都是因为那些在极具影响力的《模范刑法典》中并不禁止的行为而被判刑。事实上，导致近来监狱人口数量增长的大多数犯罪，都是非暴力犯罪。虽然有更多的行为没有被予以处罚，但人们面临的刑事起诉的类型已经扩大。最明显的例子是青少年犯罪②和白领犯罪③，这两种犯罪在过去极少受到刑事司法系统（惩罚）的威胁，直到 20 世纪最后 25 年，才受到刑事司法系统的管制，最近广泛地成为刑事起诉的目标④。此外，现在刑法的扩展已深入到家庭领域，禁止那些一度被视为私人事件的家庭暴力行为。⑤

此外，扩展的共同犯罪原则，惩罚那些在他人犯罪中作用较

---

① 更重要的是，在 1914 年以前，毒品犯罪并不存在。参见大卫 · F. 马斯托：《美国疾病：麻醉控制的起源》（第 3 版），牛津：牛津大学出版社，1999 年。

② 参见富兰克林 · E. 齐姆林：《美国青少年司法》，纽约：牛津大学出版社，2005 年。

③ 参见斯图尔特 · 格林：《撒谎、欺骗、偷盗：白领犯罪的道德论》，牛津：牛津大学出版社，2006 年。

④ 根据怀特曼的观点，免除刑事责任的各种事态都被视为是不平等的，其代表了“对真实的美国理想的表达。”参见詹姆斯 · Q. 惠特曼：《严酷的正义：刑事惩罚及美国和欧洲之间不断加剧的分歧》牛津：牛津大学出版社，2003 年，第 83 页。

⑤ 参见珍妮 · 苏克：“刑法对家庭的干预”，载《耶鲁法学杂志》第 116 期，2006 年，第 2 页。

小的人。最臭名昭著的例子是平克顿原则，该原理让同谋者为他们的同谋所犯下的犯罪承担责任，只要其行为能帮助同谋进一步实施犯罪，且该行为包含在该犯罪的不法计划的范围内即可。[①]因此，由同谋者所犯下的实质性犯罪的数量显著增加，罔顾罪责相当原则和该当性原则。在一个国家犯罪化的各种方式中，如同笔者将要集中论述的其他犯罪和学说一样，把共谋进行犯罪化也是十分熟悉的手段之一。大概 1/4 的联邦起诉都涉及共谋。[②] 然而，许多学者认为该共谋行为被规定为犯罪是没必要的，并且呼吁取消共谋类行为对应的犯罪。[③]

许多新的犯罪以一种非法律人士不能明白的方式扩大了犯罪的范畴。最值得注意的是，最近许多规范都规定了严格刑事责任——通常被定义为包含着一个或多个不需要可归责性或罪过这种实质性构成要素的犯罪。[④] 大多数人没有意识到这些犯罪的存在。即使对那些熟悉法律的人士而言，也会因事实认识错误，包括合理的事实认识错误，如对其行为是否属于刑法禁止范畴的事实认识错误，要对相应的行为承担刑事责任。只要该行为符合某罪的物理维度和精神维度的要求就构成该罪，这样通过该类规范扩大了应受惩罚行为的范围。令许多学者懊恼的是，很少有严格责任犯罪允许被告将应有之注意作为抗辩理由。[⑤] 这些犯罪的增长是

---

① 平克顿诉美国案［328 U. S. 640 (1946)］。

② 参见尼尔·库马尔·凯特尔：“共谋论”，载《耶鲁法学期刊》第 112 期，2003 年，第 1310 页。

③ 参见约书亚·德雷斯勒：《刑法精解》（第 4 版），Lexis/Nexis，2006 年，第 457 页。

④ 一些学者认为，英国现有的犯罪大约有一半满足严格责任的规定。参见 A. P. 斯密斯特、G. R. 沙利文：《刑法：理论和学说》，牛津：哈特出版公司，2000 年，第 165 页。

⑤ 参见杰里米·霍德尔：《犯罪宽恕事由》，牛津：牛津大学出版社，2004 年，第六章。

使安德鲁·阿什沃斯质疑英国刑法已经成为“失败的法律”的主要原因之一。① 该观点同样亦适用于美国。

虽然在许多情况下，对越来越多的犯罪是如何导致越来越多的刑罚进行简单解释就已经非常有说服力了，但对这两种现象之间的关系进行更深层次的分析是有必要的。如果我们能理解在当今的刑事司法体系中权力是如何分配的，那么一个更完整的画卷将呈现在我们眼前。通过调查权力真正所在，就能找到那些在最终结果上能够作出有影响力决定的官员——也就是说，能够决定是否或者在多大程度上给予个人惩罚的官员。笔者认为这些人是警察和检察官。② 道理显而易见，如果公民不被逮捕，那么没有人会面临处罚，而逮捕权几乎完全属于警察。③ 这种权力几乎完全是自由裁量权，只有在特殊情况下，警察才可以被要求作出逮捕。一旦逮捕发生，检察官就是否起诉作出关键的决定。④ 如果检察官继续起诉，其必须确定哪些情况可被指控，是否允许辩诉交易，哪些交易能够被接受。在这些决定中，大多数都没有确切的原则予以指导，而且这些决定不能被复审。⑤ 努力遏制司法自

---

① 安德鲁·阿什沃斯：“刑法是失败的法律?”，载《法学季刊》第 116 期，2000 年，第 225 页。

② 这些答案并不新颖。在 1940 年，杰克逊大法官就声称，联邦检察官“在美国拥有比任何人都多的掌控生命、自由和名誉的权力。”参见杰克逊法官：“联邦检察官”，载《美国司法协会杂志》第 24 期，1940 年第 18 页。在更为当代的处理过程中，还包括对管理机关执行法律职责的讨论。参见安德鲁·阿什沃斯和、迈克尔·雷德梅因：《刑事程序》（第 3 版），牛津：牛津大学出版社，2005 年，第 142 页—第 146 页。

③ 参见马库斯·德克·杜博尔：《警察权力：美国政府家长主义和基础》，纽约：哥伦比亚大学出版社，2005 年。

④ 参见迈克尔·埃德蒙·奥尼尔：“当检察官不起诉：联邦起诉率下降的趋势”，载《圣母大学法学评论》第 79 期，2003 年，第 221 页。

⑤ 参见马克·奥斯勒：其改变一切：“现需要指导性的、以目标为导向的原则指导联邦检察官的自由裁量权”，载《瓦尔帕莱索法律评论》第 39 期，2005 年，第 625 页。

由裁量权已经在很大程度上取得成功——甚至可以说是太成功了，这可以从学术界反对量刑指南的态度上看出来。然而，就像很多学者所指出的，很少有机构能够完全消除自由裁量权。更常见的是，自由裁量权从一个地方转到另一个地方。最终，自由裁量权在更不容易被看到的地方存在着。目前，自由裁量权很大程度上存在于警察和检察官的手中。

要理解自由裁量权机制如何使得更多的法律产生更多的刑罚，需要对刑事程序作出更为详细的分析。如果大多数的被告在审判时坚持认为必须在排除合理怀疑之时才能够被证明有罪，那么我们的刑事司法体系就将不复存在。[①] 我们的许多政策和实践——包括实体刑法本身，被设计用来诱导罪犯放弃审判承认有罪，从而促进诉辩交易的完成。[②] 这些设计基本上完成了预期的效果。大约95%的已经判决的案件都是以认罪结尾的。[③] 如果罪犯知情权得到充分保障，或者他们的辩护人经验丰富且技巧娴熟，许多学者认为通过辩诉交易而达成的犯罪率可能会更高。[④] 尽管无数的法哲学家毕生致力于制定公正的原则用以保护人们免受追诉，但是没有人关心辩诉交易的盛行是如何减弱了他们的原

---

① 参见乔治·费舍尔：《控辩交易的胜利：美国辩诉交易历史》，斯坦福：斯坦福大学出版社，2003 年。

② 参见斯特凡诺·比巴斯：“笼罩在控辩交易阴影下的审判”，载《哈佛法律评论》第 117 期，2004 年，第 2463 页。

③ 雷切尔·E. 巴尔科：“三权分立与刑法”，载《斯坦福法学评论》第 58 期，2006 年，第 1047 页。

④ 在联邦法律中，威廉·斯顿茨认为“概率接近 100%”。参见威廉·斯顿茨：“控辩交易与刑法的逐渐消失”，载《哈佛法学评论》第 117 期，2004 年，第 2548 页、第 2568 页。

则对现实社会所产生的影响。[①] 当被告接受了辩诉交易，就没有规则和原则可以弥补实体刑法上的不公。特别是辩诉交易排除了陪审团宣布无罪的权力——是最重要的由公民对刑事司法体系进行改革而得到的手段。[②]

检察官有多种手段说服被告认罪，并且不断增加的犯罪化为他们提供了最有力的武器。接下来笔者将更详细地分析刑法典创设的许多相对较新的竞合犯罪，这些犯罪设置的目的经常是为了规避获得可信证据的问题。一些刚刚颁布的犯罪的最高刑的严苛程度让人震惊，尽管事实上看起来并不是特别严重。只要这些犯罪包含不同的构成要素，没有规则或原则能自动阻止国家同时对这些犯罪提出多重指控。尽管如此，从非法律人士的直观角度来看，被告仅仅犯有其中一种犯罪。因此，这些犯罪允许检察官叠加犯罪——使被告因为同一行为面对多个指控。显然，如果多个指控被提起，罪犯就会面临更严重的判决。如果被告固执地认为自己是无辜的，检察官就会威胁被告，使被告相信这些判决都可能被施加于其身上。为了用这些威胁来完成他们的目标和引诱罪犯认罪，检察官会在辩诉交易中承诺给被告的刑罚打折——也就是说，会获得远远低于审判时可能被施加的刑期。甚至当被告的行为被判决构成一个犯罪，而其余的指控是无罪，其也可能会被视为没有“承认应负刑事责任”。在这种情况下，与被告如果对该单一的犯罪自己承认有罪而可能被施加的刑罚相比，其可能获

---

① 参见罗素·L. 克里斯托弗：“检察官的困境：辩诉交易与刑罚”，载《福德姆法学评论》第72期，2003年，第93页。克里斯托弗论证了辩诉交易与报复性刑罚理论之间的不兼容性，但是他主张不兼容性主要存在于后者而非前者。

② 参见托马斯·安德鲁·格林：《良心判决：英国刑事审判陪审团》，芝加哥：芝加哥大学出版社，1985年，第1200页—第1800页。

得更长的刑期。[①] 因此，那些理智的被告有很大的动机来进行辩诉交易，并且对小部分指控认罪，用以换取其他犯罪的撤诉。正如我们所看到的，大多数被告会对此进行适度的回应，从而满足自身利益的需要。[②]

当然，宪法中的一事不二罚规定能够保护被告不因同一种犯罪行为受一个以上的刑罚，但这种保护是有限的。首先，立法机构明确规定，联邦最高法院有权对同样的犯罪实施多个刑罚。[③] 在某些情况下——例如毒品犯罪，立法机关通常就会授予司法机关额外的量刑权。此外，什么时候两种犯罪是“同样”的犯罪是由司法决定，因此，这也限制了禁止双重危险原则的保护作用。当立法没有明确规定时，最高法院会继续适用备受争议的**布洛克伯格标准**。该标准规定，有且只有某种犯罪规定了某些事实的证据，而另外的罪没有规定这些事实证据时，才能认定这两个犯罪是不同的犯罪。[④] 该标准使程度较小的犯罪被纳入加重犯罪中，因此，检察官就不能分别以单纯的伤害罪和携带致命武器的伤害罪进行指控。不过，当检察官指控的多种犯罪的构成要素是不同的时候，该标准并不能为被告提供保护。基于这个原因，**布洛克伯格标准**广为学者们诟病。大多数学者都赞成采用一个不那么机械的手段判断公民何时能因同一犯罪而遭受一种以上的刑罚。[⑤]

---

① 参见雷切尔·E. 巴尔科：重组陪审团：“强制性量刑时代刑事陪审团扮演的宪法角色”，载《宾夕法尼亚大学法学评论评论》第 152 期，2003 年，第 33 页、第 98 页。

② 特别是，经验证据证实那些厌恶不确定性的被告，更容易被检察官利用，而且他们更可能认罪。参见乌兹·西格尔和亚历克斯·斯坦：“模糊恶性与刑事程序”，载《圣母大学法学评论》第 81 期，2006 年，第 1495 页。

③ 密苏里诉亨特案 459 U. S. 359（1983）。

④ 美国诉布洛克伯格案，284 U. S. 299（1932）。

⑤ 参见米歇尔·S. 摩尔：《行为与犯罪》，牛津：牛津大学出版社，1993 年；乔治·托马斯：《双重危险的历史和法律》，纽约：纽约大学出版社，1998 年。

然而，目前一事不再罚原则被解释为为检察官提供了巨大的帮助，其使检察官能使用大量的竞合犯罪来保证被告认罪。①

学识渊博的学者并不打算捍卫辩诉交易的公正性。该司法实践被谴责为“从根本上讲是绝对不道德的”、“灾难性的”、“不公平和不合理的”和“令人发指的”。② 辩诉交易之所以能生存下来，是因为没有人知道如果没有它我们的刑罚制度将怎么运作。最明显的不公发生在那些认罪却并没有违反法律的人身上，尽管我们不可能知道这些遭受惩罚的无辜之人占所有指控的确切比例。③ 然而，我们确实知道，辩诉交易包含某些结构特点，这些结构特点能使“想要保护的无辜之人被定罪”④。然而，如果他们被指控的每一个犯罪都能被我们最好的犯罪化理论证明具有正当性，那么许多有罪的犯罪也会得到更轻的刑罚。即使在起诉状中，众多指控中只有一项指控对应的规范超出刑事制裁的合理范畴，那么就会有更多的被告因此而作有罪答辩，从而受到惩罚。这与每一条规范都符合犯罪化标准时比较，会有更多的人作有罪答辩。在起诉书当中，如果有一个罪不符合犯罪化标准且不应该

---

① 《联邦量刑指南》中的“真实犯罪”条款，旨在通过对真实发生的事情而惩罚被告，从而阻止这种结果。在众多案件中，该指南要求汇集与相同损害相联系的多重罪项，防止检察官利用自由裁量权，提出多种指控来增加被告的刑期。参见杰奎琳·E. 罗斯：“令人诅咒的诸多罪名：多重刑罚问题分析”，载《美国刑法杂志》第 29 期，2002 年，第 245 页。实际上《联邦量刑指南》对联邦检察官来说，并非是强制适用的。这使联邦检察官可以通过增加起诉的诉因数量，从而更有可能对被告施加更严重的刑罚。

② 参见罗素·L. 克里斯托弗：“检察官的困境：辩诉交易与刑罚”，载《福德姆法学评论》第 72 期，2003 年，第 96 页。

③ 对于诸多的评估，参见巴里·谢克、彼得·诺伊菲尔德、吉姆德威尔：《实际无罪》，纽约：Signet 出版社，2001 年；参见塞缪尔·R. 格罗斯：“1989 年至 2003 年美国的免罪”，载《刑法与犯罪学期刊》第 59 期，2005 年，第 523 页。

④ 阿尔伯特·W. 阿尔舒勒：“蚊子之力能够吞咽骆驼：比巴斯教授的道德选择分析”，载《康奈尔法学评论》第 88 期，2003 年，第 1412 页、第 1414 页。

被犯罪化，那么认罪的那些人就会遭受更为严苛的刑罚。被告有足够的动机认罪，因为他们会被量刑所威胁——该量刑相较于采用我们最好的犯罪化理论而定的量刑而言，会更加严重。确实，由于长时间的谈判交易，很多被告完全能受到他们应得的处罚——不多也不少。没有人会公开声称知道这种结果，因为很难说明对于某一种犯罪何种程度的刑罚是应得的。然而，如果那些认罪的被告遭受的刑罚与该当性相称，则那些在法庭受审并且作无罪辩护的人肯定（如果被定罪了）都被过度惩罚了。当被告认罪时，如果刑事司法制度能对被告处以与该当性对称的刑罚，那么我们就不应该抑制对这种刑事司法体系的喜爱。即使被告实际违反的规范而带来的刑事制裁被每个人都认为具有合法性，笔者仍然认为过度犯罪化也几乎不可避免地导致不成比例的刑罚。虽然犯罪化理论不会减少因辩诉交易而产生的认罪率，但总体上却会减少其造成的不公正。

当然，即使辩诉交易的做法不被鼓励，更多的刑法也会导致更多的刑罚，威廉·斯顿茨敏锐地分析过这两种趋势之间的联系。在接下来的两个部分，笔者在很大程度上将借鉴威廉·斯顿茨的成果对该问题进行分析。威廉·斯顿茨首先指出："那些研究当代州或联邦刑法典的学者，可能会对这些规范的范围、遭致惩罚的行为的数量感到迷惑不解。"① 犯罪涉及的范围如此广泛，以致几乎所有人都在某段时间或另外一段时间内犯了一种或者多种犯罪；刑法不再区分"我们"与"他们"，也许超过 70% 的成年美国人在其人生的某个阶段都犯下了某种可判处监禁的犯罪。②

---

① 威廉·斯顿茨："刑法的政治病理"，载《密歇根法学评论》第 100 期，2001 年，第 506 页、第 515 页。

② 除了笔者举出的例子，也包括入店行窃和酒后驾驶的行为。参见乔尔·德怀尔：《永恒的监狱机器》，博尔德：维斯特维尔出版社，2000 年，第 188 页。

因此，威廉·斯顿茨称，我们在走向一个“书本上的法律使每个人都可能成为重罪犯的世界”。[①] 太多的刑法产生太多的刑罚，而且其很容易产生比我们现在已经拥有的刑罚更多的刑罚。

笔者在此列举三个例子来解释刑事责任体系的扩大是如何威胁我们所有人的。有很多例子可以用来对此证明，但笔者选择以下例子进行证明，因为这些例子中的罪犯明显是不同的类型。[②] 第一个例子是最为明显的。大约 9,000 万美国人使用过非法药物，如果被发现并被起诉，许多人可能会因此而被送进监狱。甚至在我们最高办公机关的公民，也参与到可能会判重罪的药物使用中。回想过去，乔治·布什就驳回了将频繁滥用可卡因视为“年轻失检行为”的要求。然而，最重要的是乔治·布什并没有倡导用刑事处罚来禁止当代年轻人的这些类似的失检行为。第二，从事音乐盗版的年轻人非常之多，据估计，52% 的年龄在 18 岁到 29 岁互联网用户，通过每月非法下载大约 36 亿首歌曲而犯下该罪。[③] 《1997 年禁止电子盗窃法案》将传播超过价值 1,000 美金受版权保护材料视为一种联邦犯罪，该犯罪可被处以 3 年监禁。[④] 到目前为止，起诉非盈利版权侵权行为已经极其罕见。但

---

① 参见威廉·斯顿茨：“刑法的政治病理”，载《密歇根法学评论》第 100 期，2001 年，第 511 页。

② 额外的例子是，那些误导警务人员的人使得警务人员没有意识到他们的速度有多快，这违背联邦虚假陈述的规定。参见亚历山德·巴克 - 博益丘克：“撒谎者：《模范刑法典》§241.3 和《国家未宣示的虚假陈述法规》如何弥补《美国联邦法典》(18) 的《虚假陈述法》第 §1001 的缺陷?”，载《天普法律评论》第 78 期，2005 年，第 453 页。

③ 参见蒂亚·霍尔：“论音乐盗版和音频家庭录音法”，载《杜克法学与技术评论》，2002 年，第 23 页。

④ Public Law No. 105 - 147, 111 Stat. 2678.

一些学者预测，在未来会有更为激进的执行。① 针对无处不在的犯罪，笔者的最后一个例子是网络赌博犯罪。数以百万计的美国公民用他们的家用电脑在网上赌场下注。法律对这种现象还处于不断变化的状态。在现有的有关规范的规定情况下，在线赌博的行为并不构成任何犯罪，尽管国会定期会提出法案要求对这些行为进行禁止。《2006 年非法互联网赌博执行法案》禁止美国的银行将资金转移到互联网赌博网站，② 并且，这些赌场的行为被《联邦电信法》明确禁止。③ 那些在美国从事经营并且拥有离岸网上赌场的公司包括很多在世界上颇有威望的投资公司：富达、高盛、摩根士丹利以及其他公司等。很难明白为什么这些投资公司不会因为帮助或者教唆这些非法活动而受到惩罚。只有检察官的自由裁量权可以防止刑事责任扩展到主流社会的最高层。正如这些例子所显示，我们没有受到惩罚不是我们对法律的遵守，而是因为我们没有被抓到的运气，或者当权者的自由裁量权没有对我们进行逮捕或者提起指控，或者因为在被起诉时拥有逃避刑事制裁的资源。

斯顿茨认为，实体刑法本身对规定禁止行为及不服从的后果起到的作用甚少，而这些例子正好支持了此观点。甚至可以认为法律主要是“赋予检察官权力的一种工具”。④ 这些规范如同“菜单上的某些菜品，检察官们可如他们自己所想的那样点菜”⑤。检

---

① 参见 · I. 特罗特 · 哈迪：“刑事专利侵权”，载《威廉与玛丽权利法案期刊》，2002 年，第 305 页。

② 31 U. S. C. §5366（2006）.

③ 1961 年的 The Wire Act，将“基于商业目的在州际或者是国外使用有限通讯设施进行通信”的行为规定为非法行为。见 18 U. S. C. §1084（2003）。

④ 威廉 · 斯顿茨：“辩诉交易与刑法的逐渐消失”，载《哈佛法学评论》第 117 期，2004 年，第 2563 页。

⑤ 威廉 · 斯顿茨：“辩诉交易与刑法的逐渐消失”，载《哈佛法学评论》第 117 期，2004 年，第 2549 页。

察官从立法者准备好的菜单上点什么？没有人能够公开地有把握地回答这个问题。同时，概而言之的回答也是很危险的。[①] 斯顿茨承认："在关于检察官最大化了什么的问题上，目前还没有成熟的社会科学文献可以参考，可能是因为解决方式太复杂而不能有效建模。"[②] 在任何情况下，理智的检察官并不渴求对最多数量的人定罪，也不会实践法律所规定的最严苛的刑罚。刑法无处不在，检察官别无选择，他们只能决定哪些犯罪值得执行而哪些犯罪不值得执行。那些有助于检察官执行法律以及追求辩诉交易的因素，主要包括"选民"偏好、法庭习惯、检察官作为一个严苛的或者宽松的交易者的名声，以及自己关于何种判决对于讨论中的犯罪是合适的观点。[③] 显然，这些变量在不同的案件中都不同。不管他们的动机如何，斯顿茨认为："刑事司法体系的真正的立法者"是检察官而不是立法者。[④]

杰弗里·斯坦登针对联邦检察官利用令人迷惑的刑法可以作

---

① 有时，没有人能对自由裁量权所使用的方式进行合理地预期。玛莎·斯图尔特就是一个很好的例子。在2004年，斯图尔特女士被判决对正在调查她出卖伊姆克隆公司股票的政府官员作出了虚假陈述。斯图尔特是在她的股票经纪人告知她伊姆克隆公司的首席执行官也卖出了他在公司的股票情形之后，才卖出伊姆克隆公司股票的。斯图尔特女士声称她并没有进行内幕交易，而她也并不是以该罪名被起诉的。根据联邦检察官所采用的那些新颖的理论，她的无罪声明能够用于帮助她维持她在自己公司，即玛莎斯图尔特全媒体公司的股价。笔者并不是说，检察官或者法官在这个案件中误解了相关法律。主要问题在于，这些法律本身拥有太多的含义，因此，这些法律可能提供巨大的自由裁量权。对于更广泛的讨论，参见埃伦·S. 波德戈拉："何塞·帕迪拉和玛莎·斯图尔特：谁应该被指控犯罪?"，载《宾夕法尼亚州法学评论》第119期，2005年，第1059页。

② 威廉·斯顿茨："辩诉交易与刑法的逐渐消失"，载《哈佛法学评论》第117期，2004年，第2554页。

③ 威廉·斯顿茨："辩诉交易与刑法的逐渐消失"，载《哈佛法学评论》第117期，2004年，第2554页。

④ 威廉·斯顿茨："刑法的政治病理"，载《密歇根法学评论》第100期，2001年，第506页。

出的一系列选择，提出了很好的例子。[①] 假设一个上市公司的高管使用机密信息，在一段时间内交易其所拥有的公司股票，产生了超过 100,000 美元利润，并存入他的私人银行账户。检察官可能会指控其行为，其中就包括邮件欺诈、诈骗、证券违法行为、洗钱及其他一系列行为，在这种情况下，如果要全面考虑，那么检察官可以对该公司高管提出多项指控，可能的刑期从一段时间的监督缓刑到 6 年有期徒刑。这个例子表明，刑事法规的内容不会对检察官有实质的约束作用。他们的起诉决定权，使他们能决定人们是否需要为他们的犯罪负责及在何种程度上对犯罪负责。[②]

令人担忧的是为何授予这么多权力给检察官？可以肯定的是，反对意见不是检察官们没有使用他们的权力惩罚比现在被判入狱人数更多的人。从法哲学家的角度看，答案很简单。这些自由裁量权被理智地使用，但没有被政府的其他部门监督和衡平，那么这也是不符合法治精神的。法治的恶化产生不公，因为在我们的刑事司法体系中，真正权力的施加并不会符合任何学者构建的原则。没有一个学者能够回答如奥利弗·温德尔·霍姆斯这样的法律现实主义者提出的问题：最基本的问题是法律是什么？根据霍姆斯的观点，法律是由“规定法院事实上而非虚假的会做什么的预言”组成[③]。没有采用整个法理学界支持的观点来捍卫自己的立场，霍姆斯清楚地阐明了不懂法律的人所关注的核心问题。霍姆斯认为，知悉法律的专家应该对“一个人如果做出或没有做出某些事情时，法院判决会让其遭受这种损失还是那种损

---

① 杰弗里·斯坦登：“联邦刑法改革的经济学视角”，载《布法罗刑事法学评论》第 2 期，1998 年，第 249 页、第 252 页至 254 页。

② 杰弗里·斯坦登：“联邦刑法改革的经济学视角”，载《布法罗刑事法学评论》第 2 期，1998 年，第 256 页。

③ 奥利弗·W. 霍姆斯：“法律的道路”，载《哈佛法律评论》，1897 年，第 457 页。

失”作出相当准确的预测[①]。但是，在一个掌控他人命运的真正的权力和判决是受自由裁量权支配的体系中，这些预测就会非常不可信。

值得注意的是，刑法理论家们很少抗议这种对罪刑法定原则的侵害，尽管他们热衷于建立一个法治政府而不是人治政府。不管法治的理想意味着什么，似乎都意味着应受惩罚和不应受惩罚的行为之间的区别应该取决于立法机关制定的法律规范的内容。然而，没有人愿意仅仅通过查阅刑法，就冒着风险对谁将会被判有罪作出预测。真正的法律——该法能够将那些会遭致刑罚的行为和那些不会遭致刑罚的行为进行区分，但现在的刑法典却不能做到。即使是那些发誓将忠于法治的警察和检察官，也不能指望其能履行承诺，因为他们没有从立法者那里收到立法者究竟希望他们怎么做的指示。刑法的数量和范围并不能够保证警察和检察官能按照法律规定的那样执行法律，正如斯顿茨所观察的那样：“实体刑法覆盖的领域越大，法律在分配刑事责任时扮演的角色就越小。”[②] 我们已走得太远，从而导致规范在决定谁将承担或不承担刑事责任的关键点上已不起主导作用。因此，可以得出这样的结论：实体刑法本身在我们的刑事司法体系的语境下并不是很重要。[③] 正如斯顿茨直言不讳地说道：“从某种意义上说，刑法根本不是法律。”[④]

---

① 奥利弗 · W. 霍姆斯：“法律的道路”，载《哈佛法律评论》，1897 年，第 51 页。

② 威廉 · 斯顿茨：“辩诉交易与刑法的逐渐消失”，载《哈佛法学评论》第 117 期，2004 年，第 2550 页。

③ 参见道格拉斯 · 胡萨克：“刑法重要吗?”，载《俄亥俄州刑法期刊》第 1 期，2003 年，第 261 页。

④ 威廉 · 斯顿茨：“对质疑刑法病理的回应”，载《密歇根法学评论》第 101 期，2002 年，第 828 页、第 833 页。

侵蚀法治的后果是非常严重的，危害了法学理论家坚持的规范性原则。法哲学家很少讨论警察和检察官的自由裁量权是怎样影响刑罚理论和刑事定罪理论的。[①] 许多学者相信刑事司法应该坚持该当性理论，其中（尤其）包括应坚持上文提及的罪刑均衡原则：施于罪犯身上的刑罚的严重程度，应该与他所犯罪的严重程度相称。该原则是限制法官自由裁量权的重要指导原则。[②] 拥有相似犯罪背景的两个人，实施了相同的犯罪，应该得到类似的处罚。显然，具有相同犯罪背景的被告，受到不同程度的惩罚就违反了犯罪均衡原则。但违反该原则也发生在一些不具有相似犯罪背景的罪犯都被逮捕或者被起诉之时。尤其不幸的是，后一种偏离罪刑均衡原则的情况在今天司空见惯。

对后一种违反均衡原则的情况缺乏抗议，反映了长期以来困扰法哲学家与政府的司法部门的问题。[③] 尽管司法自由裁量权一直是公认的法治的敌人，[④] 但在我们的刑事司法系统中，理论家往往没有将对自由裁量权的合法性审查适用于刑事司法体系当中的其他官员。不仅仅是法官，警察和检察官都应该依法办事。如果在刑事诉讼程序的早期阶段就没有认真对待法治，那么任何确保法官施加相称刑罚的努力都会被削弱。从事后看，法院是最好的能发现违背罪刑法定原则偏差的地方，这种观点是值得怀疑的。因为司法行为是非常公开的，因此，在维护法治方面，法院相比其他刑事司法机构拥有更好的记录，这并不足为奇。

---

① 例外情况参见安德鲁·阿什沃斯、迈克尔·雷德梅因：《刑事程序》（第3版），牛津：牛津大学出版社，2005年，第142页—第146页、第6章。

② 参见安德鲁·冯·赫希、凯·A. 纳普、迈克尔·唐瑞：《量刑委员会及其指南》，波士顿：东北大学出版社，1987年。

③ 参见杰里米·沃尔德伦：《立法的尊严》，剑桥：剑桥大学出版社，1999年。

④ 参见罗纳德·德沃金：《认真对待权利》，剑桥：哈佛大学出版社，1977年，第31页—第37页。

针对毒品的战争，证明过度犯罪化及检控裁量权共同作用，将违背法治原则并侵害犯罪均衡原则。当鲁道夫·朱利安尼在纽约担任联邦检察官时，试图通过设立“联邦日”来将毒品交易者置于一种“不平衡的位置”：“联邦日”是指在一周中任意选择一天，在这一天当中，在街头进行毒品交易的交易者如果被当地警察逮捕，他们会被联邦法院起诉而不是被州法院起诉，从而让其在联邦法院中受到更加严厉的判决。[①] 无论犯罪均衡原则会遭遇多么艰巨的困难，所有有理智的人都不认为，针对同样的犯罪行为，仅仅因为它发生在星期二而不是星期三，该犯罪就更加严重而且应该得到更严厉的惩罚——特别是，已经有特别的通知告知在这天犯罪会受到更长时间量刑的犯罪。笔者并不认为这种严厉的策略会违反法律，相反，笔者认为问题在于该策略遵守的法律本身。

法治与警察和检察官所具有的自由裁量权之间的不兼容性，可以用一种更一般的方法进行阐述。让我们来考虑一个非法律人士可能会问刑法专家的问题：法律应该如何应对那些仅仅使用或者贩卖了少量大麻的人？学者因为不能够回答如此简单的问题而陷入了尴尬的境地，因为他们的刑法知识——甚至说他们在毒品政策上的专业性，都并不能够让他们能够充满自信地回答这个问题。笔者假设非法律人士在询问法律应该如何应对大麻犯罪者时，提出了霍姆斯式的问题，笔者怀疑他们会仅仅局限于法院应该如何针对这些个体进行回答。但是，这并不能够消除笔者脑海当中的许多问题。尽管霍姆斯将法律定义为法官将会做什么的一套预言，但笔者肯定其并不想要贬低我们刑事司法系统当中其他

① 参见萨拉·森·比勒：“过罪化的多样性：从道德和标签角度到过度联邦化”，载《美国大学法律评论》第 54 期，2005 年，第 765 页。

官员的行为。笔者假设霍姆斯仅仅是想宣示法官不能有所作为，除非警察和检察官们已经将案子提交到其面前。此外，通过认定某嫌疑人有罪或者无罪，法官具有释明法律内容的最终职权。然而，外行人应该明白，刑事司法系统在每个阶段是如何回应大麻犯罪者的。犯罪会被抓获吗？会被逮捕吗？会被起诉吗？会被惩罚吗？如果这样，其会接受多重的惩罚？为什么这些学者没办法回答这些如此简单的问题？笔者希望没有人会这样回答：观察到这些问题的仅仅是那些不熟悉刑法细节的学者。该种回答不具有说服力，因为就连那些充分地掌握刑法知识的人，都不能对大麻犯罪者的命运作出非常准确的预测。对这种问题无知的真正原因在于其他因素。①

当然，那些博学的学者可以引用一些数字来证明本文当中已经提到的许多问题。大约有 25,000,000 万的美国人，每个月都使用大麻；每 42 秒就会有一个人遭到逮捕；在 2005 年，因为大麻导致 786,000 人被逮捕，这一数字比 1993 年的两倍还多。② 当然，那些因为大麻犯罪而遭到起诉的人，88% 是以持有大麻的罪名而被指控，而且有成千上万的人被送入了监狱。然而，该数字根本就不能指明有多少罪犯没有被发现，或者说被发现了却没有被逮捕，因为警察更愿意寻找别的方法。逮捕之后又会发生什么？对此人们至少可以期盼刑法知识能够被应用。然而，甚至在这个阶段，预测都是如此纤弱。被捕者最终是否应该被指控，对

---

① 一位学者将这种事态描述为“在‘实践中制造了模糊性’，尽管他们在文义上并没有模糊性。但是，没有被适用的法律在功能上也会呈现出相同的问题。对于国会所认定的不法行为（也是应受制裁的行为），公民对此知之甚少，或者没有注意到。”爱德华·K. 程：“法律的结构和规范行为之谜”，载《西北大学法学评论》第 100 期，2006 年，第 655 页、第 660 页—第 661 页。

② 参见联邦调查局：《美国的犯罪》（2005 年），表 29。

此具有决定意义的变量是不明确的。许多检察官认为，那些低层的犯罪者并不值得指控；另外一些检察官对于起诉却颇富热情。此外，犯罪者可能面临的指控也不容易被确定。对于那些愿意供出在销售链中更高一层的售卖者的被捕者而言，一些检察官通常会为他们提供一个认罪的辩诉交易。至少联邦法律支持通过对那些售卖了特定数量毒品的有罪之人施加最低限度的惩罚，从而消除量刑中的自由裁量权的影响。但是强制性量刑事实上很容易被这些根据事实和控罪进行辩诉交易的机制所规避。[①] 这些规避的发生频率是多少？没有人能够说出确定值。

我们确实知道，诸如管辖地域和种族这些因素深切地影响着大麻使用者或者出售者是否会被惩罚的可能性。我们有“地理正义”法律实践体系。在县与县之间，因大麻而被逮捕的人数的增长呈现出了显著的不一致——20 世纪 90 年代，在圣地亚哥有 20% 的增长，而在华盛顿的金恩县却有 418% 的增长。[②] 目前的数据显示，种族歧视的现象也令人震惊。尽管白人和黑人在他们违法使用毒品的比率上大致相等，但是黑人因毒品犯罪而被逮捕、被起诉、被惩罚的频率要远高于白人，而且黑人所遭受的惩罚的严重程度也高于白人。[③] 最近的研究表明，非裔美国人通常只占大麻使用人数的 14%，但是他们却占因使用大麻而被逮捕人数的

---

① 围绕这些条款的操作手段，已经被斯蒂芬 · J. 舒尔霍夫和艾琳 · H. 内格尔进行了论述：“《联邦量刑指南》下的辩诉交易：规避《指南》及后米斯特雷塔时代的动态发展”，载《西北大学法学评论》第 91 期，1997 年，第 1284 页。

② See Ryan S. King and Mark Mauer: “The War on Marijuana: The Transformation of the Drug War in the 1990s,” (May, 2005), http: //www. sentencingproject. org/pdfs/waronmarijuana. pdf.

参见赖安 · S. 金和马克 · 摩尔；《大麻战争：20 世纪 90 年代毒品战争的转型》，[2005 年 05 月] http: //www. sentencingproject. org/pdfs/waronmarijuana. pdf.

③ 参见杰米 · 费尔纳：“刑罚与偏见：毒品战争中的种族偏见”，载《人权观察》第 12：2 期，2000 年 5 月。

1/3。对于这些不平等，公众似乎并不感到愤怒。公民和政府对于这种明显践踏法治的行为都感到非常得意。然而，很可能毒品战争本可以在很久之前就结束，但是由于自由裁量权的实施，使得郊区白人不被监禁的比率与城市黑人不被监禁的比率相同，从而该战争还未结束。

禁止毒品并不是唯一说明毫无约束地实施自由裁量权是如何践踏法治的唯一例子。尽管治理汽车的法令规定的犯罪不是严重犯罪的典型，[①] 但也能够起到同样的证明作用。[②] 每个人都能够大致了解交通法令的范围和复杂性。新泽西州的相关规定在很多方面都具有典型性，《机动车法》和《交通条令》足足达到 180 页之多。尽管能够相对容易地找到可供适用的规范，但几乎没有驾驶者能够清楚地了解适用于他们之上的众多法规的详细内容。但是广泛的对法律的无知，并非笔者想要强调的主要难题。相反，规范的幅度问题才更具意义。即使对于那些懂法之人，都会发现要想找到完全没有违反规范或者其他规定的驾驶时间，几乎是不可能的。[③] 警察只要尾随司机几分钟，就一定能够找到某些可能的理由将司机拦下。即使那些恰巧对法规内容非常熟悉的人，也不能够预期何种行为可能导致警察将他们扣留。在被拦到路边后，没有人能够预测何种行为会导致其接到传票；如果被传唤了，很难预测其在交通法庭上的表现是否会增加或者减少罚金。

法治是怎样被置于危险当中的？公路上的限速为其提供了例

---

① 许多州都将最典型的交通违法行为解释成一种民事违法行为，而不是解释为轻罪。

② 参见伊利亚·利希滕贝格："警察自由裁量权和交通执法：男性的政府?"，载《克利夫兰州法学评论》第 50 期，第 425 页。

③ 参见大卫·哈里斯："汽车大战：第四修正案遭遇高速公路法遭遇的困境"，载《乔治华盛顿法学评论》，1998 年，第 556 页。

子。在某条高速公路上，驾驶者究竟被允许开多快？高速公路上写的限速基本毫无作用，大多数驾驶人通常都会超速。即使某人的驾驶速度低于限速，他也有可能被传唤，如果某种情况被视为具有了足够的危险。换句话说，司机的命运几乎完全是掌握在交通警察的手里。可能更糟糕的是，少数遵守法律字面意思的驾驶人，可能会将自己和他人置于更高层级的危险当中，因为当驾驶者跟随交通流而不是遵守被告知的限速时，事故才会最小化。很难理解为什么这些事态没有引起那些重视法治（也重视安全）的学者们的强烈抗议。可能因为已经施加的刑罚很小，所以学者就忽略了该问题。在任何情况下，交通犯罪并非笔者想要引起大家注意的现象。更为重要的是，刑法渐渐与交通犯罪在很多重要方面趋于一致。

故笔者想当然地认为，那些教授刑法及将刑罚理论化的人不能够回答笔者从霍姆斯那里所借鉴的简单而且直白的问题。如果对刑法的明知能够让我们对何种行为会遭受惩罚作出可靠的预测，那么可以推论出没有人知道法律。刑法专家并不能够对潜在的犯罪人作出精确的预测，因为这些人的命运根本不掌握在法律手上。真正的刑法，正如霍姆斯所阐述的那样，是由警察和检察官掌握的。警察和检察官拥有很大自由裁量权的观点并不新鲜。新鲜的观点是警察和检察官拥有可以逮捕和起诉任何一个人的权力——这种权力源于成文刑事法规的不断扩展。这些现象的结合——未受审查的自由裁量权与包罗万象的犯罪结合——对法治具有毁灭性。这种结合通过对合理的犯罪化理论认为应超出刑事制裁范围的行为进行禁止，直接导致了太多的刑罚。而且这种结合也间接地导致了太多的刑罚，因为允许检察官进行辩诉交易，主要是通过威胁被告其将会被判处超过该当性的刑罚从而诱导被告认罪而实现的。很多时候，那些行使自己应当被公正审判的权利的被告，在排除合理怀疑之后确实被证明有罪，但对他们的惩罚却超出他们应当承受的刑罚。尽管对那些接受自由裁量权的人确有利益可言，但我们不能认为这种现象的结合能够产生正义。①

在刑法的竞技场上，我们能够做些什么来提升法治？② 笔者不能给出简单的答案。很显然，任何刑事司法系统都不能够或者说不能完全地消除自由裁量权。③ 但是，我们可以期待能够避免那些不考虑法治的自由裁量权。④ 为了达到这个目标，实际的进步必须有所增加，而且我们必须提出有前景的建议，即我们需要贯彻刑法上所谓“明文规定”的原则。⑤ 警察可能会被要求逮捕他们发现的那些罪犯，同时，检察官可能会被要求起诉那些被查清具有严重社会危害性的犯罪——或者为向公众解释为什么他们没有那么做？⑥ 另一种选择是：检察官可能会被要求证明其他类似案件当中在同样的管辖范围内的其他被告被予以同样的对待。⑦

---

① 对于过度犯罪化影响的乐观观点，参见享御·惠更斯：“刑法中的致病和非致病因素”，载《密歇根法学评论》第101期，2002年，第811页。

② 对于可能的解决方案的调查，参见唐纳德·A. 狄普斯：“过度犯罪化、自由裁量权和豁免：可能的退出策略的调查”，载《宾夕法尼亚州立大学法学评论》（即将出版）。

③ 对于这些问题的经典阐述，参见肯尼斯·卡尔普·戴维斯：《自由裁量正义》（第3版），乌尔班纳：伊利诺伊大学出版社，1976年。

④ 可以从我们的欧洲邻国吸取一些教训，其有许多实行强制起诉的规则。关于有用的分析，参见海客·荣格：“刑事司法——以欧洲为视角”，载《刑事法学评论》，1993年，第237页。

⑤ 在2003年9月22日的备忘录中，司法部长约翰·阿什克罗夫特指示联邦检察官：“指控那些最严重的而且已经得到证明的犯罪。”（几种例外的情况除外）对此的相关研究，参见阿米·N. 伊利：“注意：检察官的自由裁量权具有伦理上的必要性—阿什克罗夫特备忘录削减了检察官‘寻求正义’的职责”，载《康奈尔法学评论》第90期，2004年，第237页。

⑥ 参见埃里克·路纳所支持的透明的警察权模式：“有原则地执行刑法典”，载《布法罗刑法评论》第4期，2000年，第515页。

⑦ 参见威廉·斯顿茨：“刑事司法的政治宪法”，载《哈佛法律评论》第119期，2006年，第780页、第838页。

换句话来说，警察和检察官被更多地期待像法官那样行为。然而，显而易见的是，现存法规的数量和范围排除了这些简单解决方法的适用。一个更好的犯罪化理论，能够帮助我们解决这个问题。如果我们不能期待当权者能够解释为什么他们的决定是出于对法规的选择性适用——就像这些禁止毒品使用、音乐盗版和互联网赌博的行为，我们就应该慎重考虑，至少应该首先考虑是否制定给予这些当权者行使自由裁量权机会的规范。

如果不受过度犯罪化的侵害，受原则限制的执行能够帮助我们解救法治问题。然而我们必须承认的是，纵然我们以善意的方式实行最低限度犯罪化理论，也仅仅意味着我们向受原则限制的法律执行方向迈进了一小步。在更大的程度上，社会是“自我监管的”，因此大量警察和检察官的工作，主要是为了应对公民所提供的关于现存犯罪活动的信息。应对犯罪率的不同措施——那些从受害人调查当中而不是从法律当中得出的犯罪率，反映出大多数犯罪没有被报告。例如在2004年，超过57%的关于个人权利和财产所有权被侵害的犯罪，都没有被告知警察。① 符合原则并不能够改善这种情况。如果我们希望能够提升法治，那么犯罪的内容就必须能够为我们提供一种更值得信赖的指示，告知我们哪些人会被惩罚或者不会被惩罚，这样公众必然会更愿意将犯罪告知权力机关。在自由社会中，笔者对于如何改善这种情况没有什么可说的。如果公民们相信刑法是公正的，那么我们可以设想他们会变得更为遵守法律。② 改善实体刑法对于降低不正当的惩罚及提升法治本身都具有重要作用。

---

① 该数据源自美国司法部司法统计局：《刑事司法统计资料大全》（2004年），表3.33。

② 约翰·M. 达利等：《正义、责任与谴责》，Boulder：Westview出版社，1995年。

III. 新设之罪的类型

在过去的一个世纪中，刑法经历了显著的转变。几乎没有刑法哲学家意识到这些发展。一个学者哀叹道："大多数的刑法学者……对于刑法的真实情况所给予的关注实在少得惊人。"① 刑法规范很少被阅读，对于那些赞同将其理论化的学者而言亦是如此。② 实际上，可以负责任地说，没有人系统地研究过刑法典。那些投票赞成这些法律的大部分立法者，承认他们并没有仔细地阅读过这些规范。教授很少将这些规范在课堂上布置给学生，因此，学生也不愿意去研阅这些规范。刑法理论家们依然着迷于那些所谓的刑法总则内容，对刑法所包含的哲学基础而不是刑法本身富有热情。③ 因此，他们进行理论化研究的大部分成果，与他们所支持的法律实体失去了联系。威廉·斯顿茨很敏锐地察觉到刑法已经"不是一个领域而是两个领域，第一个部分包含的是诸多重要的犯罪……第二个部分包含了其他所有的事情。刑法课程、刑法著作以及关于刑法焦点问题广受关注的访谈占据了首要地位。第二重要的才是刑法典。"④ 对于那些从核心犯罪归纳总结刑事制裁的刑法哲学家而言，因为并没有将刑法典当中的原则应用于今天大量的犯罪当中，故他们处于一种剥夺原则的危险当中。

为了理解斯顿茨的观点，我们必须弄清楚其所认为的刑法的

---

① 参见杰拉尔德·E. 林奇："修正模范刑法典"，载《俄亥俄州法学期刊》第1期，2003年，第219页、第224页。

② 威廉·斯顿茨："刑法的政治病理"，载《密歇根法学评论》第100期，2001年，第512页。

③ 见本书第2章第I部分。

④ 威廉·斯顿茨："刑法的政治病理"，载《密歇根法学评论》第100期，2001年，第512页。

两个“领域”的区别。他提供的唯一能够对两个领域进行区分的线索是：第一部分包括了核心犯罪而第二部分没有包括。究竟是什么使一个具体的犯罪成为了刑法核心犯罪的一部分？笔者认为乔治·弗莱彻是第一个主张刑法包含核心犯罪的人。[①] 但不幸的是，他并没有详细地论述此比喻，从而使其依然是一种直觉认识。弗莱彻认为刑法也包含着紧紧围绕其核心的外围。但是如何区别核心和外围？答案是不确定的，因为核心犯罪可能有很多种方式来定义。首先，应该取决于法律历史。核心犯罪应该是那些英美国家的司法管辖区几百年来都包含的犯罪，而且已被享有崇高声誉的《模范刑法典》所吸收。[②] 当然，随着时间的流逝，大多数这种犯罪的构成已经有所发展。例如大多数当代的关于强奸的规范，都处于一种性别中立的状态，而且不适用婚内强奸豁免。[③] 当然，我们不难发现，当代关于强奸的规范也是从早就存在于普通法当中的某种犯罪发展而来。另外，核心犯罪也可以被定义为那些在我们的刑事司法系统当中耗费大量人力物力的犯罪。我们的刑法理论不应该从警察、检察官和法官的实际工作当中脱离出来。据后一种标准，毒品犯罪——甚至更具体的持有毒品犯罪，都应该被纳入刑法核心犯罪的范畴。在现行联邦法律下，超过一半的人因为毒品犯罪而被逮捕或被惩处，这和其他所有犯罪加起来的数量一样多。[④]

---

① 参见乔治·弗莱彻：《对刑法的反思》，波士顿：小布朗公司出版，1978 年。

② 尽管大多数人赞成，但值得注意的是，有影响力的犯罪理论家似乎都比弗莱彻对《模范刑法典》更着迷。参见乔治·P. 弗莱彻：“《模范刑法典》的原理”，载《布法罗刑事法学评论》第 2 期，1998 年，第 3 页。

③ 参见德博拉·W. 邓诺：“为何《模范刑法典》中性侵规定应被替换”，载《俄亥俄州刑法期刊》第 1 期，2003 年，第 207 页、第 213 页。

④ 该数据源自美国司法部司法统计局：《刑事司法统计资料大全》（2003 年），表格 5. 18。

笔者将提出第三个不同的方式，从而依此对刑法核心部分的犯罪与刑法外围部分的犯罪的不同进行区分。笔者认为，应该检视二者被适用之处从而对两者进行区别。① 换句话说，我们必须尝试了解将某些犯罪归入核心部分，而将某些犯罪纳入到外围部分的目的。尽管大部分诸如此类的目的都是能够实现的，但笔者还是认为应对核心犯罪和外围犯罪的差异进行规范性的区别。从正义角度看，核心犯罪是那些具有无论何时都是非常重要的特征的犯罪。例如，实际上所有的学者都强调罪过要件具有重大的规范意义。因此，那些不要求罪过即可施加严格责任的规范就应该被放置在外围犯罪部分。尽管严格责任犯罪亦有着源远流长的历史传统，而且在数量上多于每项实质要件都要求有可归责性的犯罪。那些不在核心犯罪之列的犯罪——就如斯顿茨提到的“另外一些东西”，是那些规范性受到质疑的犯罪。这些犯罪虽缺乏众多理论家认为在施加刑事责任时必须具有的特征，但却满足我们的正义原则。

最后，笔者认为我们应该利用犯罪化原则确证某个犯罪受到刑事制裁的质疑。然而在这个意义上，笔者主要的目的在于了解那些广为刑法理论家忽略的犯罪内容：几乎每个学者都认为，这些犯罪从正义的角度看都是有问题的，因此，这些犯罪应该被置于刑法核心内容以外。我们应该怎样概括这些犯罪？这个任务让人沮丧。大部分用于组织刑法教材的原则——例如，侵害人身犯罪与侵害财产犯罪的区分原则，对这个问题都是毫无帮助的。现行法典也没有提供任何的指导。例如，在联邦法典中，规范是按照字母编排而不是按照某种合理的类别进行编排。人们很少评论

① 进一步的思考，参见道格拉斯·胡萨克：“核心犯罪之外的犯罪”，载《塔尔萨法学评论》第39期，2004年，第755页。

这些位于核心犯罪以外的犯罪，因此，这些对外围犯罪通过缺少概念性的手段进行的分类和评价并不让人感到惊讶。

因为立法机关已经成了每周都会炮制出大量规范的“犯罪工厂”，因此，我们对那些似乎没有列入现代刑法的犯罪可以轻易地举出很多例子。① 每隔几年，总会有一本畅销书，仅愚蠢地列举书本上的法条。② 很多规范，例如联邦政府的很多禁止性规范使用诸如“注意，禁止污染”这种未经授权的口号，看起来非常荒谬。埃里克・路纳列举出几个没有通过他所谓的“大笑测试”的刑法上的例子：

新墨西哥州认为，除确是“由蜜蜂所生产的纯蜂蜜”外，那些声称某种产品当中含有蜂蜜的行为也是犯罪；佛罗里达州把展示畸形动物、出售未经检验的钻石以及出于某种“愚蠢或商业目的”而毁损美国国旗等行为进行了犯罪化；阿纳巴马州规定冒充神职人员是一种犯罪；肯纳塔州禁止在宗教服务当中使用爬行动物；缅因州规定除了允许使用传统的龙虾笼外，使用其他任何工具捕捉甲壳类动物是犯罪；德克萨斯州将骑马旅行或者让动物承担“过重负担”的行为视为一种重罪。此外，加利福尼亚州禁止“三张牌赌博游戏”；并且作为一般性原则，只要是在卡片游戏中作弊的行为亦是犯罪。在伊利诺伊州，在公共高速公路旁边宿营以及出租那些没有明确显示等级的电影的行为都被认定为犯罪。③

最近，路纳增加了更多的例子：

---

① 卡迈克尔・T. 卡希尔：“美国刑法典的加速退化”，载《黑斯廷斯范例杂志》第 56 期，2005 年，第 634 页。

② 相关例子参见彼得・麦克威廉姆斯：*Ain't Nobody's Business If You Do*，洛杉矶：Prelude 出版社，1993 年。此外，在 *http：lawprofessors. typepad. com/statutory* 网站的“规范解释博客”，每周会对“世界上最糟糕的法律”颁奖。

③ 埃里克・路纳：“刑法的过分扩张”，载恩・希利主编：《直接去监狱：对所有事情都予以犯罪化》，华盛顿特区：Cato 研究所，2004 年，第 1 页、第 2 页。

特拉华州对于将香水或者洗涤液作为饮料出售的行为规定了最高可处6个月的监禁；阿拉巴马州将为了“引起同情”而进行自残的行为以及训练狗熊来摔跤的行为视为一种轻罪；内华达州对通过参与任何喧闹的娱乐活动从而干扰做礼拜的行为予以定罪；田纳西州将从飞机上捕捉野生动物的行为视为一种轻罪；印第安纳州则禁止在鸟和兔子身上着色；马萨诸塞州惩罚那些将鸽子从他们的窝当中吓走的行为；德克萨斯州将在猎狗逐兔赛当中使用其他活着的生物作为诱饵的行为视为一种轻罪；同样，弗吉尼亚将在公众场所吐痰规定为一种轻罪；南卡罗来纳州对那些匿名发送下流的或者“暗示性”信息的行为最高可以予以3年监禁。①

罗纳德·盖纳提出了与同样令人惊异的联邦立法的类似例子。那些搅乱联邦土地上洞里泥土的人、在联邦建筑区域内遛狗的人、售卖不同种松脂混合物的人，国会都会对他们施加刑事处罚。② 尽管人们可能会赞同这些例子当中的一个或者多个，但我们很难相信任何站得住脚的犯罪化理论会将这些法律视为具有正当性。笔者坚信这些例子大多数都是过度犯罪化的典范。

无论这些规范是多么有趣，这些规范中的大多数都很少被适用。因此，这些规范必定不会因今日之美国刑事处罚的显著增加而为人诟病。但是，这些法律可能会使我们的刑法变得混乱，同时也会为法治的实现设下种种难题。但是，如果对于适用过多刑法的主要质疑是其导致了太多的刑罚，我们不应该让我们自己也被这些例子弄得心烦意乱。在下文中，笔者希望只引用一些实际

① 埃里克·路纳：“过犯罪化现象”，载《美国大学法律评论》第54期，2005年，第703页、第706页。

② 罗纳德·盖纳：“联邦刑法典改革：过去与未来”，载《布法罗刑法评论》，1998年，第74页。

上被经常适用的具体规范，来对问题进行说明。对此，也将会加剧对学者的挑战。我们不应该仅仅罗列出某些犯罪，而是必须将他们置于某种有意义的分类当中进行分析。除非犯罪化理论将会被逐案适用，否则我们的目的就只能进行一般性的判断，从而分辨哪些犯罪类型包含了不当的刑事制裁。该任务的完成也有助于下一个任务的完成。我们不能满足于某种讥讽；我们必须做好准备，说明为什么立法者不能制定这些规范。在本节的剩余部分，笔者首先要弄清楚这些任务当中的第一项。在后面两章中，笔者将介绍犯罪化的几个限制原则，而且很多类型的法律都违反了这些限制原则。

一旦我们将焦点从刑法核心犯罪转向刑法外围犯罪，我们就欠缺令人熟悉的概念工具，来为立法机关规定的众多新类型犯罪进行分类。① 从历史角度分析，学者们已经将自然犯与法定犯区分开。尽管自然犯和法定犯的界限非常模糊，但这种区分还是很有益。下文笔者将提出法定犯会遭遇的一些规范性困难。②笔者仍然相信，我们可以对这种简单的分类方法进行改进。在下文中，笔者将简要介绍笔者认为是最近才产生的三种新型犯罪：竞合犯、风险预防犯和辅助犯。笔者希望这种分类方法比仅仅区分法定犯和自然犯的二分法，能为分析目的提供更充分的论证。笔者并非认为笔者的分类方法是精确的、新颖的、穷尽的或说二者是相互排斥的。当然笔者也承认，笔者给三类犯罪取的名称是模糊

---

① 人们可能会期望那些精于法律经济分析的理论家，能够进行有用的区别。但是，我们看看最近由斯蒂芬·萨维尔所提出的那些毫无用处的三重主题。史蒂芬·萨维尔认为，有三种类型的犯罪占据了刑法的主要部分："意图造成实质损害的行为"、"不会造成实质损害却被隐藏起来的行为"及"其他行为"。参见斯蒂芬·萨维尔：《法律经济分析的基础》，剑桥：哈佛大学贝尔纳普出版社，2004年，第540— 541页。

② 参见本书第2章第Ⅳ部分。

的，而且也仅仅是进行了松散的定义。这种类型的犯罪的例子无数，且已经存在了几个世纪。一些新的犯罪不能够被纳入这些分类中的任何一类，且很多规范可能会同时被纳入这三类犯罪中。然而，笔者相信这种粗略的分类法，有利于我们理解刑法数量为何呈指数式增加，同时，也有利于我们开始弄清楚刑事制裁合法与非法的区别。尽管这些分类缺乏概念上的精准性，但这些分类却是笔者论证主题的重要基础。

笔者的第一种分类是**竞合犯**。我们的刑法之所以过度犯罪化，是因为我们在不断重复地犯罪化——一次又一次地对同种行为进行犯罪化。正如斯顿茨观察的那样："联邦和州刑法都充斥着竞合犯罪。例如，某个具有刑法意义的事件，经常地会违反半打或更多的刑法禁止性规范。"① 我们知道，社会动态导致了这些臭名昭著的犯罪行为。一种令人动情的悲剧能吸引媒体的关注，政府官员严肃地承诺其将"做些事情"来预防该类似行为在未来再次发生。② 但"这些事情"通常就包括制定一种新的犯罪：时下流行的犯罪就应运而生。当法律禁止某种有害的且具有可归责性的行为，而这种行为在过去并没有予以犯罪化，那么增加这种犯罪到刑法典中是受到欢迎的，而且也是必要的。但是，这种情况并不常见。更典型的是，最先的某种行为已经被禁止，而新的犯罪仅仅是这种犯罪行为更为具体的规定，并施加更严重的刑罚而已。新的规范经常会涉及技术创新的利用，例如电话或手提电脑的使用。而制定规范的目的仅仅在于：被告通过更为新颖的方式实施了已被禁止的犯罪行为而已。然而实际上，几乎没有竞合

---

① 威廉·斯顿茨："刑法的政治病理"，载《密歇根法学评论》第100期，2001年，第507页。

② 在性侵犯背景下对该现象的讨论，参见菲利普·詹金斯：《道德恐慌：现代美国儿童性骚扰者概念转变》，纽黑文：耶鲁大学出版社，1998年。

犯罪是因为媒体对悲剧的广泛报道而产生的愤怒引起的。导致这些犯罪的实际过程还不为人知。很多时候，这些禁止规范的显著增加，仅仅是因为立法者并不知道这些行为已经处于他们的管制范围之内了。不管如何解释，现代法典中确实存在不计其数的竞合犯罪，新的更为具体的规范补充了旧的更为概括的规范。

有学者以伊利诺伊刑法典为例，选出了关于竞合犯罪的很常见的一些例子。尽管伊利诺伊州长久以来就有关于损害财产的犯罪，最近的法律又禁止损害图书馆藏件的行为、禁止损害动物设施的行为、禁止损毁货物集装箱的行为及（因私人爱好）损害无水氨设备的行为；加利福尼亚州一直都有关于一般性攻击的法律规定，但是其又进一步禁止攻击保管人员、学校雇员、陪审员和其他某种类型受害者的行为。其他类似的竞合犯罪，在美国任何一个州中都可以找到，而在联邦法律中，这种现象可能更为普遍。尽管《联邦刑法典》对做虚假陈述进行了一般性规定，即禁止在联邦管辖区域内撒谎。但同时又对不同的特定情况下的撒谎行为进行了令人惊愕的禁止。根据某个学者的统计，大概有 325 条独立的联邦规范，规定了禁止欺骗和虚假陈述的事项。① 这些规范在主体上有很大变化，从一般意义的虚假陈述，例如利用邮件进行的欺诈行为，到具体的令人困惑的虚假陈述，比如在第一次世界大战中，在翻译外国新闻所要求的宣誓书上作虚假陈述。② 国会也制定了大约 100 个有关轻盗窃罪、盗窃罪及挪用公款罪的

---

① 杰弗里·斯坦登："联邦刑法改革的经济学视角"，载《布法罗刑事法学评论》第 2 期，1998 年，第 289 页。

② 杰弗里·斯坦登："联邦刑法改革的经济学视角"，载《布法罗刑事法学评论》第 2 期，1998 年，第 289—290 页。

犯罪[①]。同时，有99条相对独立的规范规定了伪造文书罪和伪造货币罪[②]，而且这些犯罪的刑事惩罚从最小的刑罚到终身监禁。关于竞合犯罪的清单可以无限制地延伸。[③] 如果是有理智的人，其就不会相信设置这些额外的犯罪都是有必要的和正当的。

为什么竞合犯罪会引发质疑？如果行为已经被规定为犯罪，那么很明显这些犯罪不会导致过度犯罪化，刑法的范围也并没有延伸。尽管如此，这些规范的快速增长也导致刑罚的增长。由于竞合犯罪包含了不同的犯罪构成要素，而没有刑法学说或规则要求为了防止国家即使在被告看起来仅犯一种犯罪的情况下同时提出多种指控，应把所有的因素合在一起考量[④]。结果是，检察官可以使用多种犯罪来指控被告从而获得了巨大的权力。[⑤] 因此，正如笔者阐明的那样，竞合犯罪规范的主要作用是允许使用数种指控从而增加刑罚威慑被告。[⑥] 被告因由同一行为所对应的多种犯罪而被指控，相较于一种行为面对一种指控而言，可能会获得更长的刑期。为了使其他指控被撤销，被告更愿意进行辩诉交易并且就某一犯罪认罪。很多学者认可取消竞合犯罪及可能互相冲

---

① 杰弗里·斯坦登："联邦刑法改革的经济学视角"，载《布法罗刑事法学评论》第2期，1998年，第290页。

② 罗纳德·盖纳："联邦刑法典改革：过去与未来"，载《布法罗刑法评论》，1998年，第62页、第75页。

③ 参见艾伦·S. 博得格尔："我们是否需要'Beanie Baby'欺诈条款?"，载《美国大学法律评论》第49期，2000年，第1031页。

④ 可以肯定的是，一些刑法理论家通过论证刑事违法行为具有个别性，从而想阻却这样的结果。相关的例子可参见米歇尔·S. 摩尔：《行为与犯罪》，牛津：牛津大学出版社，1993年；乔治·托马斯：《双重危险的历史和法律》，纽约：纽约大学出版社，1998年。直到现在他们的建议都没有被采用。

⑤ 当然，自由裁量权对于被告而言是双刃剑，既会伤害被告也会为被告带来利益。参见利奥·卡茨的相关讨论："犯罪是否有折扣?"（即将出版）。

⑥ 威廉·斯顿茨："刑法的政治病理"，载《密歇根法学评论》第100期，2001年，第506页、第515页。

突的刑法是刑法改革的重要目标之一。[①]

风险预防犯（或说风险创造犯）是导致刑法大量增加的第二类法条。当然，国家一直禁止任何一种可能直接造成损害的行为——即使这也必须诉诸再次犯罪化。但结果是，为了保护人们免受可能导致损害风险的新方式的侵害，对国家可以走多远并没有限制。风险预防犯是未完成形态犯罪的典型例子。通常情况下，未完成形态犯罪是指并非该犯罪的所有实质构成要素都会产生损害。这些犯罪并不禁止损害本身，而是禁止损害可能性——当实施这种犯罪时，这种损害可能性并没有（通常情况下也并没有）转变为现实危害。[②] 为了规避最终危害的产生，会禁止那些最为间接的危害，这样最容易衍生新的犯罪。

每周都会被制定出来许多新的风险预防犯，它们同时引起广泛的关注。恐怖主义威胁使得全世界的国家，都拥有充分的理由去创制大量的新犯罪来降低恐怖风险。但是，这些例子往往不是受到政治上的指控。在美国，大多数大城市都制定了青少年宵禁令。大约有一半的州禁止在开车的时候接听电话，或者要求电话使用者们使用一些装置以便他们的两只手都能够掌控方向盘。华盛顿特区则走得更远：不允许在开车的时候“阅读、写字、穿戴个人装饰品、和宠物玩耍以及装载没有担保的货物”或者玩电动游戏。这些行为之所以被禁止，是因为其被认为可能会增加汽车事故的可能性。[③] 当然，这些犯罪和现行的法律相竞合。每个州

---

① 凯瑟琳·布里克：“联邦刑法改革：隐性成本、虚幻好处”，载《布法罗刑事法评论》第2期，1998年，第161页、第165页。

② 在某些情况下，危害发生的风险的出现，实际上可以排除未完成形态犯罪的法律责任。例如未遂的刑事责任被既遂犯罪的刑事责任吸收，因此，假如犯罪未遂成功了，则不应施加刑事责任。

③ 参见苏珊·P. 麦克沃伊等：“在导致住院的车祸中手机所扮演的角色：个案交叉研究”，载《英国医学杂志》，（2005年7月）10. 1136/38537。

都已经禁止无规则的、危险的或者轻率驾驶的行为，甚至在交通事故未发生的情况下，也禁止这些行为。如果在开车的时候使用手机或者涂抹口红，不落入这些一般性规定的犯罪内——因为这并不是轻率驾驶或危险驾驶，人们就会质疑制定新的规范的必要性。人们希望增加的规范能为某种具体的行为符合疏忽或危险驾驶行为提供更加具体的宣示。如果某种具体的宣示是不需要的，那么刑法典的这种规范就是在规定禁止产生实质的和不正当的严重损害风险的行为的单纯危险犯。立法机关必须不断地在创设过多具体犯罪和创设太少一般犯罪之间寻求平衡。对于如何最好地完成这个任务并没有确切的准则。

通过风险预防犯所规避的损害不必需包括人身伤害，正如很多类似的新设规范都是为了减轻经济损失的可能性。例如《2002年萨班斯—奥克斯利法案》（Sarbanes - Oxley Act of 2002），其目的是为了和安然丑闻中的白领犯罪做斗争。该法案对于那些保证财务报表真实性，但事后证明这些财务报表是不正确的高管们予以刑事制裁，惩罚那些针对告发公司高层犯罪的揭发者而实施的报复行为；此外，（尤其是）禁止毁损某些类型文件的行为。[①]这些被犯罪化的行为本身并没有危害性，但是，其之所以被禁止是为了降低对无辜方的实质经济损害风险。

那些希望阻止过度犯罪化趋势的学者，将会审慎地对待风险犯罪。当有损害风险之时而不是已导致损害之时，刑事责任的施加更加具有争议。理性的人不会认为所有风险犯罪都会引起质疑。如果我们的刑法只规定惩罚实质损害而不惩罚损害风险，那么我们就会被迫废止犯罪未遂、教唆犯和犯罪共谋这些我们很熟

---

① 参见凯瑟琳·F. 布里克："安然的遗产"，载《布法罗刑事法评论》第8期，2004年，第221页。

悉的为未完成形态的犯罪。现行的法理或令人尊敬的学者，都没有呼吁废除所有这样的犯罪。理论难题在于：如何把风险犯罪进行精确的分类，从而使实害犯和风险犯区分。

R. A. 达夫在此方面的研究卓有成效。[①] 正如达夫所论证的那样，危险犯（或是笔者所称的风险犯罪）有非常多种令人迷惑的种类，每一种都能够引起关于正当性的争议。这些犯罪有可能是完成形态的风险预防犯罪，也有可能是未完成形态的风险预防犯罪；可能是一般性的风险预防犯罪，也可能是特殊的风险预防犯罪；可能是直接风险预防犯罪，也可能是间接风险预防犯罪；可能是显性风险预防犯罪，也可能是隐性风险预防犯罪。“如果相关风险确已发生是构成该罪的必要条件”，那么这种风险犯是完成形态的风险犯，如果某种风险犯“并未规定相关风险的实际发生是构成该罪的必要条件”，那么这种风险犯是未完成形态的风险犯。[②] 因此，由于危险驾驶而导致他人死亡的犯罪是完成形态的风险犯罪，而危险驾驶本身则属于未完成形态的风险犯罪。一种风险预防犯罪可能是一般性犯罪也可能是特殊犯罪，其“取决于其所危害的利益”，或取决于“其对利益危害的方式”。[③] 因此，当某种行为仅创设了风险，或某种风险被创设，这种轻率风险犯罪就属于一般的风险预防犯。然而，因为危险驾驶是增加了他人死亡风险的行为，是属于具体的风险预防犯。

每种区别都很重要，都会引起有趣的理论性和规范性的问

---

① R. A. 达夫：“犯罪化危险”，载安东尼·达夫、斯图亚特·格林编：《界定犯罪：刑法分则论文集》，牛津：牛津大学出版社，2005年，第43页。

② R. A. 达夫：犯罪化危险，载安东尼·达夫、斯图亚特·格林编：《界定犯罪：刑法分则论文集》，牛津：牛津大学出版社，2005年，第55页。

③ R. A. 达夫：犯罪化危险，载安东尼·达夫、斯图亚特·格林编：《界定犯罪：刑法分则论文集》，牛津：牛津大学出版社，2005年，第57页。

题。然而在下文中，笔者将焦点放在达夫最后的两个对比中：直接和间接预防犯、显性和隐性预防犯，因为这些犯罪对笔者创建犯罪化理论具有重要作用。“如果没有其他任何违法的人类行为的干涉，已经被犯罪化了的行为会直接产生相关损害”，那么这种危险犯罪就是直接预防犯。① “如果损害的发生是因为当事人或者其他人的进一步违法行为造成的”，那么这种风险预防犯罪就是间接预防犯。② 引发危害他人生命的爆炸就是一种直接危险犯罪；然而，在公众场合携带致命武器是一种间接危险犯罪，因为只有武器被被告或者其他人不当使用了才会产生损害。“当行为必须实际上造成相关的风险——即某种犯罪规定的这种特殊风险”，那么这种犯罪就是显性风险预防犯③。“如果犯罪没有在定义中明确规定相关的风险（该风险是将这种行为犯罪化的基础），因此，该犯罪的成立不需要行为已创设出该种风险”，那么这种犯罪就是隐性风险预防犯。④ 达夫认为危险驾驶是显性风险犯罪的典范，而持有毒品是隐性风险预防犯的典范。这些犯罪是未完成形态的犯罪，因为在没有伤害到任何人——包括他自己时，行为人能（通常情况下确实）构成这些犯罪。没有人能危险驾驶却不会创设风险，然而，行为人却可以占有非法药物却不产生任何风险。在论证限制刑事制范畴的原则时，笔者将回来对这些犯罪

---

① R. A. 达夫：犯罪化危险，载安东尼·达夫、斯图亚特·格林编：《界定犯罪：刑法分则论文集》，牛津：牛津大学出版社，2005 年，第 62 页。

② R. A. 达夫：犯罪化危险，载安东尼·达夫、斯图亚特·格林编：《界定犯罪：刑法分则论文集》，牛津：牛津大学出版社，2005 年，第 62 页。

③ R. A. 达夫：犯罪化危险，载安东尼·达夫、斯图亚特·格林编：《界定犯罪：刑法分则论文集》，牛津：牛津大学出版社，2005 年，第 59 页、第 76 页。

④ R. A. 达夫：犯罪化危险，载安东尼·达夫、斯图亚特·格林编：《界定犯罪：刑法分则论文集》，牛津：牛津大学出版社，2005 年，第 59 页。

进行区分。[①]

笔者的第三个也是最后一个新型犯罪的类型，可以称之为辅助型犯罪。笔者认为该术语是由诺曼·艾布拉姆斯所提出，但该术语很模糊且不准确，诺曼·艾布拉姆斯也曾为此道歉。在此，笔者大量借鉴他的观点。[②] 大致上，辅助犯罪成为起诉主要或者核心犯罪的替代品，且这些犯罪与核心犯罪或主要犯罪具有间接联系。辅助型犯罪主要是因为被告被认为犯了某种主要或者核心犯罪，但在某些情况下，对主要或者核心犯罪进行公诉不太可能成功或者被认为不被期望这样做，或国家不能证明其实施的核心犯罪，或该犯罪的证据因为是非法取得而不具有可采性，那么辅助型的犯罪就被创设出来了。上述情况也使围绕核心犯罪的辅助犯罪数量增加。由于这些大部分规范既不具有普通法的对等物，也不具有已被大家接受的共识含义，立法者拥有极大的权力按照他们所希望的将其进行扩张性定义。因此，这些规范大量地被冒险地适用于"社会上可接受的、经济上具有正当性的商业行为带来的灰色地带"。[③] 许多这种规范的特征，如可归责性的缺失、举证责任倒置、对不作为施加刑事责任及对避免起诉自由裁量权滥用的隐性信任，使刑法理论学者长期坚持的神圣不可侵犯的基本原则妥协。[④] 这些犯罪远离刑法的核心犯罪，而且似乎不太可能满足犯罪化理论的标准。

---

① 参见本书第 3 章，第 III 部分。

② 诺曼·阿布拉姆斯："新型辅助犯罪"，载《刑法论坛》第 1 期，1989 年，第 1 页。

③ 美国诉美国石膏公司案，438 U. S. 422, 441 (1978)。

④ 安德鲁·阿什沃斯："刑法事业的失败?"载《法学季刊》第 116 期，2000 年，第 225 页。

艾布拉姆斯将辅助犯罪分为几种。[①] 第一种是**派生性犯罪**。该类犯罪被定义为“其构成要素是证明已经实施的或者意图实施的主要危害的证据”的犯罪。[②] 大部分派生犯罪禁止核心犯罪实施后出现的“类似协助”的行为。反洗钱法规就是这样的例子。[③] 在联邦反洗钱法制定以前，被告抢劫了一家银行，并且将他的不义之财存入他的账户当中。结果行为人至少犯下了两个犯罪。正如艾布拉姆斯所说：“使主体受到刑事制裁的行为，实际上仅仅是普通的商业行为。”将这种普通商业行为转换成犯罪行为的是：“正如该规范所规定的那样，参与者明知且事实上也是如此，这些钱是因为某种特定的犯罪活动而产生的。”[④] 艾布拉姆斯的第二种类型是：**执法和信息搜集型犯罪**。这些犯罪是在对核心犯罪进行调查的执法过程中产生的，或者因不能提供可能会引起对核心犯罪进行调查所需信息的情况产生。联邦法规经常规定必须提交指定的表单，或者规定必须保存某种特定的记录。艾布拉姆斯的例子是银行保密法。[⑤] 该法认为，金融机构对于超出特定数额的银行交易没有提交交易报告，这就是一种犯罪。银行雇员可能是按照常规的流程进行，而且其行为是清白的，但该法因他们没有向适当的上级汇报而予以犯罪化。

自艾布拉姆斯开创性的文章问世以来，此类犯罪的数量急剧

---

① 笔者在此所论及的辅助犯罪，除了此两种类型外，艾布拉姆斯认为还有第三种类型，并被他命名为：兜底性犯罪（*catchall crimes.*）。诺曼·艾布拉姆斯：“新的辅助犯罪”，载《刑法论坛》第1期，1989年，第24页。

② 诺曼·艾布拉姆斯：“新的辅助犯罪”，载《刑法论坛》第1期，1989年，第5页—第6页。

③ 18 U.S.C. §§ 1956 - 1957.

④ 诺曼·艾布拉姆斯：“新型辅助犯罪”，载《刑法论坛》第1期，1989年，第8页—第9页。

⑤ 18 U.S.C. §§ 5311 - 5326.

增长。特别是近期通过的法律，纷纷惩戒明知他人犯罪而不举报的行为，譬如他人的虐待儿童、虐待老人、排放危险物质及其他可疑行为等。[①] 这些法律在举报主体、举报内容、举报时间和向谁举报等方面存在很大分歧。此让人联想起普通法中常见的有关包庇重罪的相关的惩戒对重罪知情不报的人的规定。虽然在联邦刑法中此罪名仍然存在，但经过修改后仅惩罚积极隐瞒他人重罪的行为，不包括消极不举报的情形。[②] 然而，最近的许多法规，不仅禁止积极的包庇行为，也惩戒消极不举报的行为。一位学者很关心，这些新增立法与那些坚决抵制将刑事责任强加给未能为需要帮助的陌生人提供合理援助的非善的乐善好施者的刑法规定如何协调的问题。[③]

理论学者对这些辅助型犯罪行为提出严重怀疑。虽然艾布拉姆斯频繁地表明保留意见，但亦承认“很难描述产生这种直觉的确切理由”。[④] 罗纳德·盖纳则不那么保守，且明确反对设置这些辅助型罪名：

“经常情况下适用的基本原理似乎是这样：如果国家不能起诉其想要惩罚的行为，国家将会先犯罪化其想要起诉的行为。国家已从不犯罪化不当的辅助行为延伸到犯罪化那些看起来清白的辅助行为。这些看起来清白的行为不可能独立地引起真正的危害，但是，这些看起来清白的行为可能与合法行为或非法行为有

---

① 参见桑德拉·格拉·汤普森：白领的警察部队：“刑法理论中‘报告责任’规范”，载《威廉与玛丽·比尔权利杂志》第11期，2002年，第3页。

② 参见《美国联邦法规编纂》第18卷第4节。

③ 参见桑德拉·格拉·汤普森：白领的警察部队：“刑法理论中‘举报责任’规范”，载《威廉与玛丽·比尔权利杂志》第11期，2002年，第3页。

④ 诺曼·阿布拉姆斯：“论新型辅助型犯罪”，载《刑法论坛》第1期，1989年，第29页。

关联。这种做法就引起了立法者很少面对的法理问题。”[①]

尽管罗纳德·盖纳的分析很具有说服力，但笔者并不认为盖纳教授真正理解其所指的由辅助型犯罪所引起的“法理问题”的含义。盖纳教授主要考量的应是：对没有危害的行为施加刑罚，会加剧刑事处罚的泛滥，并因此损害公众对法律的尊重，削弱法律的一般威慑力。[②] 尽管很难获得对此观点的可靠的经验证据，但仍有许多学者支持类似的观点[③]。然而，笔者认为不需要经验性的推论去阐述为何犯罪化辅助性行为应遭到反对。笔者认为，虽然这些立法不会损害对法律的尊重，但如果要把这些行为纳入公正的刑法典，那么这些行为对应的新犯罪很难获得正当化根据。如果笔者的观点正确，更多不公正就会发生在被惩罚的不幸个体身上，但一般不会对社会造成不公正。如果艾布拉姆斯和盖纳构建了一套犯罪化理论，就能清楚阐明他们的疑惑。如果每一个犯罪行为都必须通过严格的标准佐证其正当化，那么许多辅助型犯罪行为的犯罪化都将没有理论根据。

笔者提出的对比较新的犯罪行为的分类观应得到特别关注。如果不检视其他犯罪是否符合犯罪化理论，那么我们在判断这些犯罪是否满足犯罪化理论的要件时，就会面临很大压力。从定义看，如果缺乏其所竞合的或辅助的犯罪，一项既定的犯罪就不可能是竞合犯或辅助犯。尽管不太明显，但预防风险的犯罪也是如此。除非其他一些犯罪已对直接且故意引起此种危害 X 的行为进

---

① 罗纳德·盖纳：“联邦刑法典改革：过去与未来”，载《布法罗刑法评论》，1998 年，第 63 页的注释 28。

② 罗纳德·盖纳：“联邦刑法典改革：过去与未来”，载《布法罗刑法评论》，1998 年，第 78 页。

③ 参见保罗·罗宾逊、约翰·M. 达利等：《正义、责任与谴责》，Boulder：Westview 出版社，1995 年。

行了禁止，否则就不会设置新罪禁止产生该种危害X的风险的行为。例如，醉酒驾车罪惩罚的是增加车祸风险的行为、但同时亦惩罚直接故意引起车祸的行为。[①] 关键是如果犯罪化理论是为了帮助抑制过度犯罪化现象，那么正当化理由就不能仅局限于适用于某单个犯罪。在判断既定的犯罪是否具有正当化理由时，我们需要考虑某个地区的法律体系包含的其他法律。这种观点不足以支持所谓整体主义的正当事由观——即与规范性判断必须适用于作为一个整体的刑法典而不能仅适用单个刑法规范的观点不符合。但它确实指出了我们的正当化追问的范围不能太过狭窄。

这三种类型构成了笔者对犯罪行为的粗略分类。如果犯罪化理论不能抑制刑事制裁的扩张，那么我们也仅能根据目前的分类情况构想刑事责任的新类型。可能会发现几种不同的趋势，并且也能提出不同的方案对各种新类型的规范进行分类。特别是，立法者很有兴趣创设适用替代性责任的犯罪，且始终认为制止该类不当行为的最好方式是惩罚实际参与该犯罪行为之外的某些人。已经有许多这样的犯罪，而且我们有理由相信这样的犯罪会越来越普遍。例如在英国，父母会因未能确保其子女按时入学而获罪。[②] 尽管法律规定了抗辩事由，但未尽“应尽义务”并不是抗辩事由。因此，没能尽力确保其子女按时入学却又不存在法律明确规定的抗辩事由的父母，只能怪自己运气不好。[③] 在美国，最近已被国会废除的所谓的《降低美国人自愿服用摇头丸法案》

---

① 然而，提到预防风险的犯罪，处在争议中的犯罪与其他犯罪之间的联系是规范上的而不是概念上的。也就是说，除非满足前述条件，否则就不应当制定规制风险预防的犯罪。笔者在第3章第III节中将这种规范上的条件称为的完全危害要件。

② 《1996年教育法》第444条第5款。

③ 参见杰里米·霍德尔：《犯罪宽恕事由》，牛津：牛津大学出版社，2004年，第256页。

(Rave Act) 就惩罚“在明知或理性人应该知道管制药物会被使用或经销的情况下，却仍然故意进行狂欢活动、跳舞、音乐或者其他娱乐项目的任何人。”① 很难想象那些吸引众多青少年的音乐会会遵守此法。一种观点认为，此法案会促使聚会发起人利用特殊手段确保参加该聚会的人不使用或经销毒品。然而即使聚会组织者会尽全力规避责任，其各种努力都不是正当抗辩事由，更不用说学者对这些替代性责任的例证丝毫没有兴趣。

需要重申的是：虽然笔者对大量新犯罪行为进行的分类并不复杂或别具一格。但一些新犯罪引起了令人头痛的正当性问题，例如，那些规制成年人之间同意的性行为的犯罪，并没有自然而然地落入笔者创设的任何一种类别。更为重要的是：竞合性犯罪、预防风险的犯罪和辅助型犯罪之间的界限模糊不清，许多这些类型的犯罪属于这三种类型犯罪中的每一种类型。以持有型犯罪为例，这些持有型犯罪典型地与禁止使用的犯罪竞合，同时它们的设置是为了预防危害风险而不是危害本身，而持有型犯罪又可被归入辅助型犯罪，因为持有比使用或购买更容易被发现和证明。因此，许多持有型犯罪规范是过度犯罪化现象的极佳例证。

对持有型犯罪的绝对数量和概念上的独特阐述，没有人可与马库斯·杜博尔从教授媲美。根据杜博尔教授的研究，纽约州规定了超过150项持有型犯罪，其中包括从最轻微的违法行为到判处终身监禁的重罪行为②。这些犯罪包括持有玩具枪、涂鸦工具、公共福利卡、信用卡压花机、赌博记录、高利贷贷款记录、淫秽

---

① 众议院第834号议案，§305。

② 参见马库斯·杜博尔：持有范式：刑事程序分则和警察权力模型，载安东尼·达夫和斯图亚特·格林编：《界定犯罪：刑法分则论文集》，牛津：牛津大学出版社，2005年，第91页。

物品、窃听装置和有毒有害物质等。[①] 推定犯有持有型犯罪的人数亦急剧增多。例如，大多数法院认为如果在汽车内发现了毒品和枪支，那么每辆汽车的占有人都是故意持有该毒品和枪支。更有甚之，持有还可能引发对其上游或下游犯罪行为的推定，例如制造、进口或经销等犯罪行为。结合这些犯罪行为的特点，很多法院禁止通常所指的“体内占有”。换言之，持有型犯罪延伸到了禁止已经被被告吞噬到体内的禁止性物质。例如，亚利桑那州规定“21岁以下的人体内含有酒精性的饮料”是违法行为。南达科塔州将“非法控制物质”的定义延伸到包含“转换形态的毒品和物质，即已被吸收进人体的毒品或物质”。[②] 显然，此类犯罪对警察和检察官非常有用，尽管其没有得到刑法理论界学者的支持。

毒品政策及许多持有型犯罪，在过度犯罪化现象的制度化治理中扮演主要角色。新泽西州的毒品犯罪就是很好的例子。除了大家所熟悉的持有毒品罪和经销毒品罪外，新泽西州还禁止持有吸毒用具——此规定被用来惩罚各种各样的犯罪目的，例如储存毒品。[③] 尽管被告可能并不知道持有吸毒工具通常也会被定毒品罪，但仍然会因此获罪。[④] 新泽西州刑法甚至规定，即便买卖双方都知道持有的物品不是毒品，但如果某些相应情形会导致一个有理智的人相信其持有的是毒品，这种持有行为也是犯罪。无论何时，当某种物质物理形态与毒品非常相像，那么这种客观的情形就已得到证明，即已证明被告是属于一个有理智的人应相信其

---

① 参见马库斯·杜博：持有范式：刑事程序分则和警察权力模型，载安东尼·达夫和斯图亚特·格林编：《界定犯罪：刑法分则论文集》，牛津：牛津大学出版社，2005年，第96-97页、第77页。

② 参见大卫．劳伦霍尔德：“在新罕不什尔州，喝一杯啤酒会使青少年被逮捕”，载《华盛顿邮报》，2006年2月5日（周日版），第48页。

③ 《新泽西刑法典》2C：36—1款（2005年）。

④ 参见Posters ‘N’ Things诉美国案，511 U. S. 513（1994）。

持有的是毒品的情形[①]。此种犯罪的刑罚很严厉，且会被处以高达 20 万美金的罚金。

无论最终新型犯罪会出现什么类型，也不管最终哪些类型会被证明有效，笔者希望大家注意到刑法领域的立法程序出现了很严重的错误。因此，笔者直觉认为并推定：构建新的犯罪化理论来抑制刑事法律爆炸式增长是刑法理论研究中最迫切的需要。任何类似的理论都会对立法机关新确立的犯罪施加影响。笔者期望学者能改善笔者上述对犯罪进行的分类，但检验此分类的标准应是：是否能对理解刑法的多样性有贡献？是否能促进该原则对刑事制裁范围的限制？

IV. 过罪化之范例

正如笔者所指出的，没有司法判决可以证明过多的犯罪导致了太多刑罚。首先，通过某个个案是不能对归纳结论进行佐证的。更确切地说，法院审判的案件不是笔者观察的现象的代表，因为绝大多数量刑是依照有罪陈述而进行的。最好的例证是：一个人实施了刑法根本不应该禁止的行为，但却被逮捕并起诉犯有数罪，被告认罪以换取对一项或多项指控的撤销，并因此受到严重惩罚，虽然这种惩罚比直接进入审判所获的刑罚要轻得多。这种情况在美国的司法管辖区内司空见惯，并且每一年都有成百上千件类似的案件发生。如果这种情形并不常见，就不会产生过多的刑法导致过多的刑罚这一现象的出现。尽管用司法案例很难证明笔者所描述的现象，但超越共性关注个性会更加有效。在这一节，笔者将详细叙述特殊案例来帮助大家理解过度犯罪化所产生

① 《新泽西州刑法典》2C：35 条 11（a）（3）（c）（2005 年）。

的致命影响。

这是一个 1998 年 5 月发生在美国新泽西州的案例。苏珊·亨德里克斯和佛瑞德·班尼特来到卡洛斯·罗德里格斯的公寓买可卡因。[①] 他们购买完后立即称重，并分装到小袋子里以便再贩卖。这时，警察冲进了罗德里格斯的公寓。为了销毁证据，[②] 亨德里克斯和班尼特都吞下了其中几袋。几分钟内，亨德里克斯抽搐着晕倒在地板上。警察叫来急救人员对其进行抢救。急救人员问房间里还有没有别人也吞食了毒品，班尼特并没有承认自己也吞噬了毒品。半个小时后，班尼特也倒地抽搐且当场死亡。随后，亨德里克斯死在了医院。

笔者认为，最好的对笔者试图阐明的现象的例证包含了这样的情况：某人实施了法律根本不应禁止之行为。接下来笔者将论述上述例子为何符合此情况。[③] 但现在笔者要指出的是：仅用上文叙述的悲剧性案件就能解释通过刑法对毒品宣战的荒谬之处。许多学者提出禁止毒品是适得其反的，会带来更大的危害而不是减少危害的产生。[④] 然而，除非我们可以确定这些犯罪行为最终预防的危害，否则是很难评价该种主张的。虽然立法者对这种危害的性质没有达成一致意见，但饱受身体和精神上折磨的瘾君子

---

① 新泽西诉罗德里格斯，载《大西洋判例汇编》第 2 辑第 645 卷 1165 页（1994 年）。判决意见里引用了一个相似的案例——新泽西州诉马尔多纳多案，两个案件中的事实很相似，法院判决马尔多纳多“直接分发毒品并处以死刑立即执行”。第 1169 页。

② 新泽西诉罗德里格斯，载《大西洋判例汇编》第 2 辑第 645 卷 1165 页（1994 年）。判决意见里引用了一个相似的案例——新泽西州诉马尔多纳多案，两个案件中的事实很相似，法院判决马尔多纳多“直接分发毒品并处以死刑立即执行”。第 1169 页。

③ 参见第 3 章第 III 节。

④ 参见伊桑纳德尔曼简短而经典的评价：“美国禁毒：代价、后果和替代措施”，载《科学》第 245 期，1989 年，第 939 页。

却正是这些危害行为的受害者。[①] 国家统计局将亨德里克斯和班尼特的死因列为高纯度的可卡因摄入过多。这些统计资料经常被引用来说明非法使用毒品的危害。但当描述了整件事的详情后，这些统计资料并没有证明大量吸食可卡因的危害，相反是更多地展示了禁止可卡因的危害。[②] 显然，如果没有禁止吸毒的制度，亨德里克斯和班尼特根本不会死。具有讽刺意味的是，禁止吸毒想要预防的危害，恰恰是由该规则本身所造成的。

虽然笔者希望上述观点能引起人们对禁毒正当性的质疑，但对该类犯罪进行更深刻的批判必须借助于犯罪化理论的发展和使用。[③] 在下文中，笔者期望用该案例进一步解释过多的刑法造成过多的惩罚。笔者论证的其余部分，不是建立在引起警察逮捕罗德里格斯的行为包含令人怀疑的实施刑事制裁这个论点上。基于即将展开的论点，笔者假定持有和经销可卡因的犯罪是符合犯罪化理论的。

如果让非专业人士对罗德里格斯的犯罪行为定罪，笔者相信他们会认为罗德里格斯犯有经销毒品罪。很明显，根据相关实体法的规定，罗德里格斯犯有此罪。在刑事司法的理想状态下，其应当被处以与其犯罪严重性相当程度的刑罚。然而，在现实世界中，即在过度犯罪化的情况下，罗格里格斯受到许多附加罪名的

---

① 法院尚未对于设置毒品犯罪能否预防的危害这个问题上达成一致意见。参见道格拉斯·胡萨克、斯坦顿皮尔：“我们社会的危机问题之一：美国最高法院裁决中毒品的危害的表象和证据”，载《当前的毒品问题》第25期，1998年，第191页。

② 国家药物滥用研究所列出了25,000起非法使用药物的死亡事故。但是这些死亡事故中的大多数更应当被归因为禁毒而不是吸毒。其中的14,300起死亡是因为肝炎和艾滋病——这些疾病并不是非法使用毒品造成的，而是（几乎完全是）因为对海洛因上瘾的瘾君子共用不卫生的针管造成的。针头交换计划可以避免很多起此种死亡事件的发生。

③ 参见笔者在第2章第1节在罗德里格斯案中对严格责任的讨论。

指控：非法持有管制物品罪、意图经销而非法持有管制物品罪及在距离学区1000英尺范围内经销管制物品罪。但罗格里格斯运气很好，因为其每个行为在联邦刑法中也已被犯罪化，如果根据“双重管辖权”原则，那么联邦和州都可以根据这些罪名进行指控，且不违反“禁止双重危险”原则。所以，罗格里格斯本可能受到两倍于其被指控的犯罪的惩罚，[①] 但联邦政府并没有干涉。因此，笔者将根据上文提出的犯罪分类，把评论限制在州对罗格里格斯的附加性犯罪指控上。

笔者在上文已指出，刑事犯罪数量剧烈增加，而增加的犯罪大致可分为三类：预防风险犯罪、辅助型犯罪及竞合型犯罪。很明显，用来指控罗格里格斯的附加性犯罪涉及这三类犯罪中的每一种。同样很明显的是，大多数毒品犯罪都是为了减少后续（但仍不明确的）可能会被诱发的危害。此外，此类犯罪中的很多犯罪都是辅助性的，这些犯罪的创设旨在为那些会引起禁止毒品犯罪所预防的最终危害的犯罪提供证据。即便不十分清楚最终危害有哪些，也没人会质疑指控罗格里格斯的很多犯罪之所以被创设，是因为导致最终危害的行为的证据很难获得。与持有型犯罪相较，使用毒品更难证明。持有型犯罪是正在进行的（或持续性的）犯罪，而且并不受时间和地点的限制。最后，用来指控罗格里格斯的大多数犯罪都是相互竞合性的犯罪。由于不可能在尚未持有毒品的情况下经销毒品，因此，非法持有毒品罪和经销毒品罪竞合。这种竞合在持有和故意经销之间也同样十分明显。此外，事实上也没有人能在不具备旨在经销毒品而持有毒品这种先行行为的情况下经销毒品。最后，在距离学区1000英尺的领域

---

① 参见乔治·托马斯：《双重危险的历史和法律》，纽约：纽约大学出版社，1998年，第188—194页。

内经销毒品和大多数其他类似犯罪竞合。在一个特定的区域经销毒品意味着（或隐含着）以经销为目的的持有及单纯的持有。因此，对罗格里格斯的指控，包含了笔者前述讨论的新型的三类犯罪中的每一种类型。

此外，学区立法针对该类犯罪关键的构成要素采取的是严格责任：无论是否对学区存在与否及学区与被告所在地的距离具有合理的事实认识错误，该事实认识错误都不能成为被控犯罪的正当抗辩事由。下面两个案例能阐明：在不具有可归责性的情况下，被告是如何被判有罪的。其中一个案件是：被告在公园附近骑自行车也被判有罪，因为法律禁止在距离学区 1000 英尺内以经销为目的持有毒品，即便州法院未能证明其意图是在学校附近贩毒，亦未能证明被告有充分理由明知该公园是学校的财产。事实是这一由教会学校所有的公园已经租给当地政府，并以一般性的娱乐休闲为目的进行常规性的使用。① 另一个案件的被告亦是因相同的法规获罪。虽然该被告是在监狱里经销毒品，但该监狱恰好与一所学校相邻。② 需要特别补充的是：新泽西州并不是唯一规定该种犯罪的州，大多数州都禁止在临近学区的地区持有和/或经销毒品。似乎没有任何一部法律规定被告必须明知或有充分的理由明知其是在禁止区域内持有或经销毒品。③

因此，罗格里格斯被指控的相关毒品犯罪中，有几个罪名涉及新型刑事责任形式。但在通常情形下，罗格里格斯案根本不会面临审判。在该案中，他的处境与反映过多刑法带来过多惩罚现

---

① 新泽西州诉艾弗里，592 A. 2d 205（1991）。

② 新泽西州诉奥尔格，551 A. 2d 1037（1989）。

③ 参见特雷西·贝特曼："对禁止在距离学校规定距离内贩卖或持有管制物品之州立法的注释、效力、解释和适用"，载《美国判例及注释汇编》第 27 期，2000 年，第 78 页。

象的众多案件相比，并不具有更强的说明性。罗格里格斯应被指控每个涉嫌的犯罪，并且其亦被允许通过作有罪辩护而撤销其中的一项或几项指控。很难预想对他的量刑将是何种程度。预估审判结果总是没有意义的，特别是在检察官可能承诺作宽大处理的案件中。而在罗格里格斯案中，只要罗格里格斯愿意说出经销可卡因链条中处于更高环节的人，检察官就可能作宽大处理的承诺。司法意见书没有提供关于罗格里格斯是否知道上述信息的任何线索，亦未说明他是否准备提供相应的信息以换取减刑。

但最重要的是，这些正常的情节并未实现笔者现在论证的目的。因罗格里格斯并不是简单的因上述犯罪行为而被起诉定罪的，而是因为杀人罪，即因其造成了佛瑞德·班尼特的死，所以该案件被上诉到新泽西州的最高法院。① 但是他并不能因为任何常见杀人罪类型定罪，比如不能以长期存在于美国刑法典中的谋杀、误杀或过失杀人罪定罪。罗格里格斯案是依照《1986年完善药品改革法案》对该类型行为创设的一种全新的杀人罪进行起诉和审判的。② 笔者认为创设该新型杀人罪是很可怕的，当然此罪的创设更好地说明了过度犯罪化现象。鉴于笔者会在该节内容的其他部分关注该法条，所以其相关部分值得引述于下：

a. 任何制造、经销或分发表1或表2列举的任何受管制的危

---

① 该观点并没有说明为什么被告没有面临第二项杀人罪的指控，因被告同样造成了苏珊·亨德里克斯的死。

② “确定新增的是杀人罪中的一种，类似于重罪谋杀”，《新泽西州律例注释》对2C：35条第9款（2004）的官方评述。这种新型杀人罪并不是新泽西州所特有的。至少有其他的13个州为经销或制造毒品造成死亡的结果施加严厉的刑事责任。根据两个州的《药物死亡律例》被告会被处以死刑，还有两个州对被告处以无期徒刑。参见新泽西诉罗德里格斯，载《大西洋判例汇编》第2辑第645卷1165页（1994年）。判决意见里引用了一个相似的案例——新泽西州诉马尔多纳多案，两个案件中的事实很相似，法院判决马尔多纳多“直接分发毒品并处以死刑立即执行”。第1175页。

险物质的行为人，都要为注射、吸入或吞食该物质致死承担严格责任，并处一级谋杀罪。

b.（规定行为与结果之间因果关系的）立法不适用于起诉本条规定的罪名。为本条款之立法目的，当满足下述条件时，被告制造、经销或者分配毒品的行为应被认定为导致了他人的死亡：

（1）注射、吸入和吞食毒品是死亡后果发生的前提条件，如果没有上述行为就不会造成死亡的发生；并且

（2）死亡的发生并不包括下列情形：

（a）上述行为与死亡之间的关系并不密切，被告仅需承担其中的一部分责任；或者

（b）死亡取决于另一方与注射、吸入或者吞食毒品相关的行为或者在这种行为的影响下被告仅承担一部分责任。

（c）该款规定，死者故意、明知、轻率或疏忽地注射、吸入或吞食毒品，造成其自身的死亡，或自愿将毒品交由他人处理，不能作为被告抗辩的理由。

（d）此条中的任何内容均不得用作排除或限制起诉杀人罪的理由……

在新泽西州诉罗格里格斯案中，新泽西州最高法院无异议地支持毒品谋杀罪的合宪性，并以此认定罗格里格斯有罪。

上文笔者提到，指控罗格里格斯的大部分罪名涉嫌刑事制裁的滥用。因此，这些被指控的犯罪是过度犯罪化现象的恰当范例。但即便笔者的观点是正确的，亦没有充分的理由认为：如果某规范不满足犯罪化理论，则其可能不合宪。然而，罗格里格斯被说服去挑战该部法律规定新杀人罪之规范的合宪性，因为该法律对于关键犯罪构成要素是通过严格责任的方式进行规定的。根据该条规定，被告对死亡结果不需要具备任何可归责性。无论被告是故意造成他人死亡，还是丝毫没有认识到可能造成他人死

亡，被告都是有罪的。[①] 何因能使罗格里格斯认为他对该规定的合宪性挑战会成功？罗格里格斯的希望是非常渺茫的，因为几乎没有人认为严格责任本身在整部刑法中是违宪的。并且根据笔者的分析，罗格里格斯被指控的除杀人罪之外的其他罪名，亦同样适用的是严格责任。然而，罗格里格斯并没有挑战学区法的合宪性。最后，在避免滥用毒品之危害的斗争中，严格责任发挥了主要的历史作用。[②] 罗格里格斯没有对这些观点提出争议，但他认为严格责任不适合他被指控的这种严重犯罪。如果罗格里格斯被判杀人罪，将面临漫长的监禁。因此，罗格里格斯辩解认为在无过失的情况下归责是违宪的、残酷和不寻常且违反正当程序的。尽管理论学者对严格责任的合理性存在意见分歧，但还是为罗格里格斯提供了乐观的依据。[③] 有关严格责任的判决越来越多地受到质疑。对刑罚严厉性的关注是法院和对刑法严格责任合理性持保留意见的法官和学者的永恒主题。

然而，法院断然拒绝了罗格里格斯对涉及毒品的杀人罪施加严格责任的合宪性挑战，这表明了对立法机关确立新罪名和施加刑罚之权威的极度尊重。“一次又一次，法院几乎没有例外地不仅支持州对行政犯施加严格刑事责任，而且亦没有例外地支持对

---

① 新泽西诉罗德里格斯，载《大西洋判例汇编》第2辑第645卷1165页（1994年）。判决意见里引用了一个相似的案例——新泽西州诉马尔多纳多案，两个案件中的事实很相似，法院判决马尔多纳多“直接分发毒品并处以死刑立即执行”。第1170页。

② 参见美国诉巴林特，258 U. S. 250（1922）

③ 参见美联社斯密斯特：“严格责任总是错误吗？”，载《严格责任评论》，牛津大学出版，2005年，第21页。

严重犯罪施加严格责任。”① 根据法院的观点，实际上支持严格责任的唯一理由就是“立法者经过合理论证认为社会安全需要该严厉的措施”。在该案中，法院并没有考虑立法机关决定的合理性。因为立法机关有权假定：对造成死亡的毒品犯罪施加严格责任有助于高强度的威慑犯罪，其亦是立法机关所谓的“可能的合理性基础”。正如笔者接下来要详细阐明的那样，该“可能的合理性基础”标准被普遍地适用于评估当今美国全部刑事立法的合宪性。依据该种宽容的模糊标准，总会得出被挑战的法律具有合宪性这一结论。② 然而，如果设立了更严格的犯罪化标准，我们就会对单纯的揣测之词产生更多质疑。然而，我们需要实践证据证明，许多经销可卡因的被告会因其顾客购买了他们经销毒品而导致死亡，从而受到被判杀人罪的威慑而停止贩毒。笔者怀疑是否存在该类实践性证据。如果对经销可卡因行为已经作出难以令人置信的严厉判决，但却没有制止毒贩，很难相信毒贩会被另外的刑法所说服而停止贩毒，即便这些新刑法规定对不太可能出现的死亡后果施加了更加严厉的刑罚。许多学者并没有质疑相反判决合理性的缺乏，而是提出了几个理由质疑这些规范是否会产生威

---

① 新泽西诉罗德里格斯，载《大西洋判例汇编》第 2 辑第 645 卷 1165 页（1994 年）。判决意见里引用了一个相似的案例——新泽西州诉马尔多纳多案，两个案件中的事实很相似，法院判决马尔多纳多“直接分发毒品并处以死刑立即执行”。第 1171 页。

新泽西诉罗德里格斯，载《大西洋判例汇编》第 2 辑第 645 卷 1165 页（1994 年）。判决意见里引用了一个相似的案例——新泽西州诉马尔多纳多案，两个案件中的事实很相似，法院判决马尔多纳多“直接分发毒品并处以死刑立即执行”。第 1172 页。

新泽西诉罗德里格斯，载《大西洋判例汇编》第 2 辑第 645 卷 1165 页（1994 年）。判决意见里引用了一个相似的案例——新泽西州诉马尔多纳多案，两个案件中的事实很相似，法院判决马尔多纳多“直接分发毒品并处以死刑立即执行”。第 1172 页。

② 参见第 3 章第 II 节。

慑性的边际效果。[①]

没有人会因法院对立法机关在刑事领域的立法表现出的极大尊重而感到吃惊。没有这种尊重，我们将不会处于笔者在此书中通篇论证的困境。然而，让我们更为吃惊的是法院宣称，“与行政犯相比，宪法施加于各州证明严重犯罪的严格责任具有正当性的责任要轻很多”。[②] 为了证明该论点，法院很大程度上依赖于毒品犯罪中的杀人罪的严格责任和重罪中的严格责任的法条规定之间的相似性。普通法规则允许将行为人致他人死亡的重罪行为定为谋杀罪，即便死亡的后果是不可预见的。[③] 当然，这些相似性并不能说服那些认为重罪—谋杀规则也同样具有诸多瑕疵的学者。实际上法院指出，即使重罪—谋杀规则认为“国家议会有权设置严格责任犯罪”，该规则亦从开始就受到“激烈的批评和不合宪法的攻击”[④]。然而，法院认为重罪—谋杀规则一直存在，其亦表明国家有权力创设严格责任，[⑤] 即使这些刑罚非常严厉。

笔者并不特别关注刑法中的严格责任的合宪性。然而，还是

---

① 威廉·布莱克斯通的关于重罪谋杀规则的经典构想是：如果一个人意图犯另一项重罪，意料之外地杀死了一个人，此亦构成谋杀。威廉·布莱克斯通：《英国法释义（1765－1769）》（第四卷），第200页至201页。

② 很多学者认为：对重罪谋杀规则的批判，构成了学者和法学家可以找到任何法律原则错误的词典。参见纳尔逊·E. 罗斯、斯科特·E. 松德比：重罪谋杀规则：一个处在宪法十字路口的规则，载《康奈尔大学法律评论》第70期，1985年，第446页。

③ 新泽西诉罗德里格斯，载《大西洋判例汇编》第2辑第645卷1165页（1994年）。判决意见里引用了一个相似的案例——新泽西州诉马尔多纳多案，两个案件中的事实很相似，法院判决马尔多纳多“直接分发毒品并处以死刑立即执行”。第1171页。

④ 新泽西诉罗德里格斯，载《大西洋判例汇编》第2辑第645卷1165页（1994年）。判决意见里引用了一个相似的案例——新泽西州诉马尔多纳多案，两个案件中的事实很相似，法院判决马尔多纳多“直接分发毒品并处以死刑立即执行”。第1171页。

⑤ 设置了严格责任的毒品杀人罪立法，最近通过了评估严格责任合宪性的评论专家的检验。参见艾伦·C. 麦克：“宪法中的无罪”，载《哈佛法学评论》第112期，1999年，第828页。

必须注意重罪—谋杀规则和罗格里格斯案中支持毒品犯罪中的杀人罪承担严格责任之间的显著区别，这才是非常关键的。首先，像许多其他规范一样，新泽西州的重罪—谋杀规范的适用，被限制在少量的个别重罪中，即抢劫罪、性侵犯罪、纵火罪、入室盗窃罪、绑架罪或刑事逃逸犯罪中。[①] 不管是何故使新泽西州将重罪—谋杀规则适用于上述几种重罪——或许是因为这些罪都在本质上很危险，都不应当将此规则适用于罗格里格斯案件中，甚至我们亦并不需要反复讨论纵火罪和抢劫罪本身存在的危险，就能得出这样的结论。但是人们制毒、经销毒品或分发毒品的次数高达数十亿，却鲜有导致死亡事件的发生。[②] 实际上，吸食《1986年完善药品改革法案》表 1 中的一些非法物质（例如大麻），从未导致任何人死亡。

第二，重罪—谋杀规则坚持了其他犯罪中判断因果关系的一般标准，这一点与受到挑战的毒品犯罪中的杀人罪并不相同。新泽西州关于因果关系的法律是这样规定的："当特定结果的发生是某犯罪行为的实质性构成要素，并且法律为这种犯罪行为规定了绝对责任，那么除非实际结果是行为人行为的可能后果，否则该要素不具备。"[③] 如果适用这项法律规定，法院可能会认为罗德里格斯贩卖可卡因的行为，并没有导致亨德里克斯和班尼特的死

---

① 《新泽西州刑法典》2C：第 11 条第 3 款（3）（2004）。

② 法院并不这样认为。显然，法院认为"法律力图禁止的行为——非法制毒和经销毒品，一直被公认为是对目前存在的对公共安全最大的危害"，参见罗格里格斯案，第 1172 页。为了支持这种言论，法院指出在 1986 年"超过 37000 人的死与毒品有关"，参见罗格里格斯案第 1173 页。在 1988 年，苏珊·亨德里克斯与弗雷德·贝内特的名字被加在了其中。不可否认的是，多数州支持经销可卡因本身就很危险，应使用重罪谋杀规则。例如希科克诉英联邦政府一案，就是很好的例证。参见 Heacock 诉联邦政府案，323 S. E. 2d 90（1984）。

③ 《新泽西州刑法典》2C：第 2 条至第 3 条第 2 款（e）（2004）

亡。无论采用何种合理的标准，死亡都不是（排除合理怀疑）经销可卡因的一个“极有可能发生的后果”。此外，如果不是被害人自己的参与，被害人是不会死亡的。被害人自己决定吞食毒品来逃避逮捕，罗德里格斯并没有预料到这种情形的发生。但是一般性规范关于因果关系的规定，在罗格里格斯案涉及的毒品杀人罪的严格责任中并不适用。根据设置严格责任的毒品杀人罪的规范的规定，即使他人的死并不是被告制造、经销或者分发毒品造成的极有可能产生的后果，被告仍然要为此负责。[①] 笔者将紧接着对此进行分析。但现在笔者仅简单地概述为，包含在大多数近因因果关系标准中的政策考量，可作为可归责性的替代要素在许多重罪—谋杀规则适用中发挥作用。

在罗格里格斯案中，毒品杀人罪的规范所规定的严格责任有何不公正?[②] 答案之一是对被告的定罪歪曲了其行为的性质——被告基于何因而受到责罚。显然，罗德里格斯经销了毒品，但规定了严格责任的毒品杀人罪却因为截然不同的原因而惩罚被告：佛瑞德·班尼特的死。没有人应当根据其不可归责的事而承担刑事责任，除非行为人对某种事件的发生具有可归责性——至少应有疏忽过失，否则不应当因该事件的发生而受到惩罚和责备。因此，笔者认为对罗格里格斯的定罪包含了某些虚假成分。罗格里格斯可能并不是完全清白的，但确实不应当因判决中依据的原因而受到惩罚。但为什么罗德里格斯不应当因班尼特的死受到惩罚？难道答案仅是罗德里格斯对该结果不具有可归责性？在确定他应当为该结果承担责任以前，道德及法律领域的学者针对被告的行为与事态之间必然存在联系的确切性质，进行了长时间的讨

---

① 参见新泽西州诉马丁，573 A. 2d 1359（1990）。

② 笔者将在第 2 章第 II 节中再次讨论该问题。

论。毫无意外，讨论的结果认为这种关系是偶然因果关系。[①] 假设该观点是正确的，假设除非罗格里格斯造成班尼特的死亡否则就不应当承担责任。罗格里格斯真的造成了班尼特的死亡吗？没有哪个学者针对因果关系理论进行论证，从而为怎样解决这个复杂的问题提供可靠的理论佐证。[②] 然而，笔者认为我们有理由怀疑该问题是否能得到确切的回答。

首先，假设立法机关对被告可在无过失的情况下造成死亡的情形的规定是正确的。对于其他严格责任犯罪行为来说，我们认识到犯罪结果必须是“行为人的犯罪行为极有可能导致的后果”。[③] 规定了严格责任的毒品杀人罪，并没有保留这个一般性的判断标准，即没有采用在其他严格责任结果型犯罪中通常适用的一般性因果关系规则。[④] 毫无疑问，立法对因果关系采纳的是所谓“事实因果关系”。然而，立法机关决定对规定了严格责任的毒品杀人罪的案件适用全新的近因规则。但是，如果通常的因果关系标准在其他的罪名中是适当的，例如当后果是由使用枪支造成的，笔者不能理解为什么当使用不同于枪支的工具，例如毒

---

① 参见道格拉斯·胡萨克：“不作为、因果关系和责任”，载《哲学季刊》第30期，1980年，第316页。

② 参见米歇尔·摩尔：《法律因果关系》，纽约：牛津大学出版社（即将出版）。

③ 参见《新泽西州刑法典》2C：第3条第2款（e）（2004）。

④ 显然，法院似乎并不认为需要新的有关因果关系的规范规定了严格责任。在讨论罗格里格斯贩卖行为何随后的死亡之间偶然联系的性质时，法院认为：“没有任何案件会存在更直接的联系……罗格里格斯为班内特提供可卡因，班内特死于吞食可卡因。”新泽西诉罗德里格斯，载《大西洋判例汇编》第2辑第645卷，1994年第1165页。判决意见里引用了一个相似的案例——新泽西州诉马尔多纳多案，两个案件中的事实很相似，法院判决马尔多纳多“直接分发毒品并处以死刑立即执行”。第1178页。根据这种分析，警察的干涉或贝内特试图逃避逮捕的行为都不构成其原因。

品，造成相同结果时就不适用了。[①] 即便病人谨遵药方的具体内容服药，死亡也经常发生。[②] 为什么因果关系的判断，会因死亡是由于摄取了立法机关所禁止的毒品而有所不同？我们有理由认定在该案中对因果关系的适用是有缺陷的。

该结论对于当前讨论的问题非常重要，因为对因果关系的判断并不完全取决于有关的可归责性及犯罪化涉及的罪过本身。正如笔者所论及，许多理论学者认为近因因果关系中固有的参考因素，常常为减轻那些没有规定可归责性的刑法规范规定的刑罚的严酷性而服务，譬如重罪—谋杀规则就是这种情况。也就是说，近因因果关系经常作为可归责性的替代因素发挥作用。例如，在金诉联邦议会案中，运输大麻的飞机撞向浓雾中的大山，但副驾驶却侥幸生还。法院撤销对被告的重罪—谋杀的判决。法院认为被告行为的邪恶本质并不是驾驶员死亡的近因，原因在于即使没有装载违禁品，飞机仍然会撞向山脉。法院指出，如果因为飞行员一直低空飞行试图躲避检查，从而导致事故的发生，结果可能会有所不同。笔者的意思并不是基于相同的推理让罗德里格斯无罪释放。然而，由于不适用通常的近因判断标准，在金诉联邦议会案中，引证的相关因素对像罗格里格斯这样的被告来说是不适用的。毕竟，班尼特的死亡事件不足以成为州议会禁止经销毒品的一个理由。立法机关不能指望通过创设新的毒品犯罪就能劝阻买家吞食大量的可卡因以逃避逮捕和起诉。实际上，正如笔者所说，班尼特的命运为我们提供了不禁止经销毒品的理由。适用严格责任的毒品杀人案件的特殊条款，限制了我们适用因果关系理论来表达对罗

---

① 笔者把适用于毒品犯罪的标准更低的事实，作为实体性刑法中所谓的“毒品例外论”的进一步证据。参见埃里克·路纳：毒品例外论，载《维拉诺瓦大学法律评论》第 47 期，2002 年，第 753 页。

② 参见杰伊·S. 科恩：《沉迷麻醉》，纽约：杰瑞米·P. 塔契尔/普特南出版社，2001 年。

德里格斯理应为班尼特的死负责的怀疑的机会。基于上述原因，笔者认为罗德里格斯可能并没有导致班尼特的死，很明显他的做法并没有排除合理怀疑。如果笔者是对的，并且被告不应当对不是由他造成的结果负责，那么罗格里格斯不应当为班尼特的死受到惩罚。

对于罗德里格斯案所肯定的规定严格责任的毒品杀人罪的条款，笔者尚不确定其是否受到了不公正性的指责。在前文中，笔者表达了对罪刑均衡原则的认同，该原则要求刑罚的严厉性与犯罪严重性一致。笔者可以肯定地认为，对罗德里格斯施加的刑罚是不成比例的。到目前为止，笔者对罗德里格斯案的分析尚未提供足够的信息来支持该论断。然而，我们很自然地假定罗德里格斯被判构成规定为严格责任的毒品杀人罪，与他无条件承认的其他犯罪相比，会获得更为严厉的量刑。为什么立法机关创设了额外的特别杀人罪，特别是当它被纳入刑法典，导致笔者前文提到的事实歪曲？实际上，这种假定是正确的。在新泽西州，被告因经销可卡因的犯罪行为会被定二级或三级罪，而犯设置了严格责任的杀人罪的被告，则会被定一级罪。更具体地说，因为该项杀人罪，罗德里格斯被多判了 18 年刑罚。① 这种犯罪行为所带来的严厉刑罚可与谋杀罪——新泽西州为数不多的一级犯罪之一相提并论。即便没有详细的理论将刑罚的严厉性与犯罪行为的严重性相匹配，亦很难使人相信对罗德里格斯的量刑是与施加给故意杀人罪的罪犯的量刑相当。笔者的结论是：对罗德里格斯的惩罚过重。

笔者希望对罗德里格斯案进行扩展性的讨论，能帮助阐明过度犯罪化的现象及其令人担忧的原因。内容庞大的刑法导致了过多的刑罚。笔者认为设置了严格责任的毒品杀人罪是荒谬的，因

① 新泽西诉罗德里格斯，载《大西洋判例汇编》第 2 辑第 645 卷，1994 年，第 1165 页。判决意见里引用了一个相似的案例——新泽西州诉马尔多纳多案，两个案件中的事实很相似，法院判决马尔多纳多“直接分发毒品并处以死刑立即执行”。第 1168 页。

为其没有考虑被告是否对导致死亡的结果有可归责性，曲解了被告不法行为的性质，迫使其对可能不是由其造成的结果承担责任及承担过度严重的刑罚。然而，笔者重申一遍，过多的刑法导致过多处罚这一典型机制根本不涉及司法判决。该种受到质疑的法律，例如在罗德里格斯案中再次获得支持的设置了严格责任的毒品杀人罪，往往会使被告面临冗长的诉讼，且导致被告普遍同意认罪以求撤销对其中一个或多个罪名的指控。如果法典仅包含合理的法律规定作为起诉的依据，判决将不会太严重，且更能与被告的犯罪严重性相适应。虽然没有其他司法判决可以更好地论证此种典型机制，但新泽西州检诉罗德里格斯案已证明了当今刑法中的诸多不公正之处。

第 2 章　犯罪化的内部限制

笔者希望已经存在一种假定情况能支持笔者的核心主张：美国目前的刑事法律和刑罚太多，这使美国苦不堪言。该现象和犯罪化虽然有区别但却密切相关。因为除非制定规范打击犯罪的呼吁完全出于直觉感受，则一定需要犯罪化理论来对刑法的扩张趋势进行原则性指导。笔者在本书中试图构建的理论，是要为刑法扩张或说刑法的犯罪化提供理论根据。但笔者不试图勾勒一部合理的刑法典，笔者最终的旨意在于构建犯罪化理论。概言之，笔者的犯罪化理论包含七个一般性原则，或说七个犯罪化限制原则，旨在约束国家在刑事立法中进行犯罪化的刑罚权。[①] 要限制国家刑罚权，单凭一个单独的约束原则是不足够的，其需要几个不同的约束原则，因为既定的刑事法规可能由于各种不同的原因超出合法的国家权力的界限。该原因笔者将在本书的第 4 章论证到。笔者构建的犯罪化理论的综合性为减缓刑法的增加提供了保证，这是简单的单一理论所不能达到的。[②]

笔者把七个限制原则划分为两类：犯罪化外部限制原则和犯罪化内部限制原则。犯罪化外部限制原则依赖于从刑法自身之外

---

① 笔者认为不能或不应该仅把刑法理解为原则问题。笔者提出的犯罪化原则是帮助实现政治和经济目标的重要参数。

② 尽管犯罪化理论可能被解释为使刑法正当化的判决程序，是什么使原则能成为一个理论是不清楚的，但笔者的解释不只包含单一的考量，而是一种非常合理的全面考量。

引入的有争议的规范理论，共包括三个限制原则或称三个限制要素。笔者将在本书的第 3 章对此进行详细的分析和论证。犯罪化内部限制原则通过刑法本身来进行对刑法进行限制，共包括四个限制原则或称四个限制要素。笔者认为任何权威的犯罪理论都必须包括这些内部要素，刑法没有任何理由拒绝接受这些内部限制。本书的该章内容中，笔者旨在具体论证和分析犯罪化的四个内部限制原则。对于该内部限制原则，笔者认为是相当容易证明的，其主要内容是：重大危害或邪恶限制、不法性限制、该当性限制和举证责任约束。

如何证明刑法对犯罪化的这些约束原则的正当性？其方法是各色千秋的。其中最高屋建瓴的尝试是：从政治权力合法性应具有的条件的一般理论中，提取适合限制刑法的观点。以此为路径，约翰·罗尔斯的追随者可能会坚持认为，在一个自由民主的国家，只要社会所有成员在理性选择的条件下能接受这些限制原则，那么国家施加的强制力就是合理的。① 笔者同意刑事责任和政治哲学之间的联系必须进一步加强。② 个体能够预期何种行为是被国家所禁止或刑罚可能带来怎样的痛苦，都是政治哲学中最核心的焦点，亦是争议最广泛的话题。③ 事实上，许多学术作品对此进行了广泛的讨论，且取得了巨大成就。例如关于遵守法律的义务，特别是关于法律义务和政治义务这种一般性问题的关

① 约翰·罗尔斯：《政治自由主义》，纽约：哥伦比亚大学出版社，1993 年。

② 参见盖约拉·宾德："惩罚理论：道德还是政治?" 载《巴法罗法律评论》第 5 期，2002 年，第 321 页。一位学者认为 "这种哲学家缺乏对政治权力问题的关注，是一种人为现象。在一定程度上，关于惩罚的争论一直被道德哲学家所控制。同时绝大多数政治理论家已经不愿意参加。" 参见沙龙多洛维奇："自由民主中的合法惩罚"，《巴法罗法律评论》第 7 期，2004 年，第 323 页的注释 36。

③ 见约翰·布雷斯韦特、菲利普·佩蒂特：《不仅限于该当性》，牛津：牛津大学出版社，1990 年。

系，其学术研究就如汗牛充栋。[①] 个体如何能在不知道法律内容的情况下，就被期望应具有遵守法律的义务？从实然分析，应关注法律所规定的内容才是个体理应尽到的义务![②] 但该问题却被制定的法律“基本上是公正的”借口遮掩了。然而即使这样的假定是正确的，亦需要知道判断法律是公正的标准是什么，从而公民可以根据该标准判断法律是否真的基本公正，继而决定公民是否有义务遵守法律。与之相较，笔者在本书的主张是比较温和的，且避免与政治哲学产生太过于深刻的联系。譬如在笔者提出的两类限制原则中，内部限制原则从刑法本身衍生出来，这和政治哲学并无关联。笔者预设在特殊情况下政府被允许最后诉诸刑事制裁之前，存在合法政府，并追问政府在诉诸刑法之前应具有何种真实情况。然而很令人失望，法理学家过去对此论及的非常少。笔者始终坚持的犯罪化理论的诸多内容，是从刑法学者们关于该问题的讨论中得出的。

本章包含四个部分。在第I部分中，笔者试图解释：基于何因法律哲学在目前的犯罪化探讨中被忽略。即使笔者简要提及一些相关影响因素，但学术理论家所讨论的主要问题也仅仅限于其关注的几个狭隘问题的几个难点而已，即仅仅狭隘的关注刑法总则部分的难点，极少有关注总则部分的学者对限制刑事法规范围的原则感兴趣。但笔者认为，关于对施加刑事制裁的国家权力的约束，能够从刑法的总则部分归纳出来，然而这些关注总则难点

---

① 参见威廉·埃德蒙森：《服从法律的义务》，兰哈姆，马里兰州：菲尔德出版社，1999年。

② 当代哲学家很少支持遵守内容中立的法律义务。内容中立的法律义务是指“整体上不依赖于法律体系的道德价值规律，也不依赖这个体系内任何特定法律道德上的物质价值”。参见马休·H. 克莱默：“法律和道德义务”，载马丁·戈尔丁、威廉·埃德蒙森编辑：《布莱克韦尔法律哲学和法律理论指南》，牛津：布莱克威尔出版社，2005年，第179页、第180页。

的学者却对此置若罔闻。在本章第 II 部分中，笔者将解释：刑罚的正当化理由如何对限制刑法提供重要的理论来源。如果任何理论假装对哪些行为应该被刑法禁止保持中立态度，那么该类关于刑罚的正当性理论都不具有正当性。如果笔者的该判断是正确的，那么被人们广泛接受的证明刑罚正当性的理由，都会对犯罪化理论产生重要影响。在第 III 部分中，笔者旨在阐明刑罚和刑事责任的正当性问题。施加刑罚和刑事责任是需要理由的，此关涉国家惩罚中最具有争议的两个部分：故意对个体公民强加严厉刑罚和耻辱。一般而言，社会个体公民都有权通过政府行为而免受故意剥夺权利和谴责。基于普通的功利性收益确实不能证明强制性惩罚和将耻辱强加于人是合理的，笔者尝试提出新的观点，即：人类享有不受惩罚的权利。虽然无论基于何种因素，都能证明惩罚具有合理性，从而导致人类享有的该种权利无效，但当缺失最基本的理由时，施加刑事责任就会侵犯人们的权利。如果该论点是正确的，那么笔者主张的施加刑罚必须符合正当性要求，就具有合理性。在本章第 IV 部分和最后部分中，笔者运用内部限制原则分析现行刑法规范存在的诸多问题。笔者将特别论述：当人类触犯刑法，实施了刑法禁止实施的行为时，刑罚是否应当被拥护？笔者在该部分的论述几乎完全是批判性的。笔者亦将对极少数当代法哲学家所作出的重要贡献进行回应。这些极少数学者一直在努力证明，基于何因对实施刑法所禁止实施的行为施加刑罚是合理和正当的。

对该章而言，笔者总的结论是：源自刑法本身的四个犯罪化内部限制原则，如其被概念化的类型含义所表征，就能在刑法理论范围内找到根据。但就目前对犯罪化的研究而言，刑法理论资源却没有被明确地加以利用。犯罪化原则中的诸多理论都可从法哲学家非常熟悉的立场中总结出来。因此，笔者的第二个重要旨意在于探寻犯罪化限制理论和传统犯罪理论之间的重要联系。为此旨意，笔者在论证过程中会经常涉及犯罪的一般理论。

在笔者论证主题之前，笔者想说明的是：笔者所构建的关于犯罪化的内部限制和外部限制之间的区别，还存在亟待进一步厘清的问题。因此，笔者在此特别要对内部限制和外部限制的区分进行说明。笔者认为关于刑事制裁的诸多限制原则，对于刑法而言本身就是刑法的内部问题。因此，该种限制原则既可被纳入外部限制的犯罪化理论中，亦可被纳入内部限制的犯罪化理论中。由于这些限制渊源于刑事实体法和各种刑罚观，因此，笔者将其视为内部限制。① 但笔者并不想通过对刑法本质的探讨，而绕开该种限制内容所引起的争议。诠释和应用该类内部限制的任务，需要进一步做更多的实质性工作才具有可行性。同时，该类限制所引起的争论，亦并不比笔者在第 3 章论述的外部限制所引起的争论少。因此，笔者认为在构建犯罪化理论的时候，对刑法本质的反思并没有使笔者的论证南辕北辙。另外，笔者认为内部限制和外部限制在很大程度上存在着交叉重叠；诸多非公正的法律既违背内部限制原则，亦违背外部限制原则；当发现刑法中存在非公正的规范时，亦很难明确地指明究竟何种限制发挥了作用。② 基于此因，笔者所划分的犯罪化的内部限制和外部限制具有人为

① 与富勒的联系是很显然的。在他的《法律的道德性》（剑桥：哈佛大学出版社，1968 年）中，富勒有句名言：道德在法律本身内部存在。笔者的立场在三个方面存在明显的不同。第一，笔者认为刑事制裁的限制来自于刑法内部，而不是其他法律。第二，笔者不是从自然法和实证主义之间的法理学争论中，引申出笔者的立场。那些不符合笔者所提出的限制原则的规范体系，笔者并不认为其没有资格成为法律体系。最后，富勒的法律的内在道德是程序性的而非实体性的，而笔者所确定的内部限制是实体法意义上的。

② 例如乔尔·范伯格把不法性要素归入危害要素中。参见乔尔·范伯格：《对他人的危害：刑法道德限制》牛津：牛津大学出版社，1984 年，第 34 页。

性。但是犯罪化理论的重要意义绝不在于犯罪化的限制可区分为两种类型，亦不在于两种类型的限制原则的渊源不同。如果笔者能证成犯罪化需要受到笔者提出的某个原则的限制，且刑事实体法的立法能遵循这些原则，从而能使刑事法的增加趋于缓慢，那么笔者提出的犯罪化理论就具有重要意义。

I. 刑法总则

过多刑法会导致过多惩罚，除非采取措施对犯罪化范畴进行限制。可行的犯罪化理论的缺失，是大西洋两岸国家刑罚理论最重大和最明显的失败。笔者认为当代专门研究刑法理论的领军学者，对笔者论及的刑法过多和惩罚过多两种趋势的讨论过于自负。无可否认的事实是，已有诸多杰出的犯罪学家对于国家施加的过多惩罚提出了质疑。① 但制定的刑法太多的这一现象，并没有引起刑法学者应有的重视。笔者认为该现象具有很大的社会政治原因，但尽管如此，还是有几个学者一直热衷于对过多的刑法会引起过多惩罚的问题进行深入的思考。但对于该类探讨，笔者并不感到完全令人满意。因为笔者认为如果缺乏犯罪化理论的构建，那么任何关于刑法过多会引起惩罚过多的研究，都会是水底捞月。基于此困境，笔者在本节中首先从分析造成目前困境的几个因素切入，并以具体分析诸多刑法学者都关注的刑法总则为结束点。如果笔者上述的观点具有说服力，则传统构建的刑法理论，有足够的条件对刑法的扩张进行限制。笔者提出的内部限制中，至少有两个限制原则是从刑法总则中演化而来。

---

①　参见迈克尔・托尼：《慎思犯罪：美国刑法文化中的理智与情感》，纽约：牛津大学出版社，2004 年。

知识渊博的学者可通过否认法理学家对上述问题的忽视，而对笔者的质疑作出回击。① 至少在20世纪上半叶晚期，有两个最杰出的理论家对过罪化问题进行过深刻批判。② 在20世纪60年代后期，赫伯特·帕克③和斯坦福·卡迪许④认为，一般而言，如果某类行为可类型化为“私人”行为，则该类行为应该免于刑事责任。笔者无意批判这些学者的观点，尽管这些学者的观点与笔者的观点具有巨大分歧。帕克和卡迪许为了维护刑事司法制度的有效性，都强调过罪化的消极后果。二位学者主要担心的是法官的腐败现象及公民对法律制度的不尊重。此外，二位学者坚持认为，努力遏制像赌博或毒品交易这种双方都同意的行为，结果是徒劳无益的，甚至可能适得其反。历史已经证实他们的担心是有根据的。然而，从法学家的角度来审视，该类基于结果主义的担

---

① 自由主义亦是激烈反对过罪化学者的质疑对象。参见兰迪·巴内特：“回复原状：刑事司法的新范式”，载兰迪·巴内特、约翰·哈格尔主编：《评估刑法：赔偿、报应和法律程序》，剑桥：巴林杰出版社，1977年，第349页。许多学者反对过罪化而不批判国家法范围的扩大。然而，笔者认为联邦主义的问题相对不重要，过罪化最令人担忧的是其导致过多惩罚，因此不应该太过纠缠于惩罚是由各州还是联邦政府实施。然而，在美国自由主义反对过罪化是孤立的。美国传统基金会甚至提供了自己的网站来说明这个问题：http：//www. overcriminalized. com。

② 笔者并不是指所有过罪化导致的强制都是新的。克拉伦斯·达利在其自传中写道：“很多提案都是增加惩罚和创设新罪，我总是很想扼杀这些立法提案，但这些立法提案却常常具有良好的效果。国会和每一个州的立法机关，总是被这类立法所困扰。法官和各个州的检察官不断地冥思苦想去惩罚新的行为，对其他人施加严厉的处罚。改革协会对亦同样表现非常活跃，并且许多认为自己受到不公正待遇或目睹了激起他们愤怒的事件的公民，亦一直在寻求通过让一些人坐牢的方式来解决问题。所以，我认为监狱中至少有一半人的行为在30年前并不是犯罪。违反禁酒令、获得对方信任后的骗局、阴谋及触犯其他较新法规的行政犯等，就属于这种情况。”克拉伦斯·达罗：《我人生的叙说》，纽约：查尔斯斯克里布纳出版社，1932年，第122页。

③ 赫伯特·帕克：《刑事制裁的限制》，斯坦福：斯坦福大学出版社，1968年。

④ 斯坦福·卡迪许：“过罪化危机”，载《美国科学院政治和社会科学年鉴》第374期，1967年，第145页。

忧，并没有抓住问题的实质。无论是帕克还是卡迪许，都没有认识到过罪化是如何对具体的个体造成了不公正，且这些特定的人在犯罪化后成为犯罪主体，从而扩大了责任的范围。上述两位学者的立场是立足于功利原则而非公正原则，一位学者回应认为，帕克和卡迪许的观点“如同寄生虫在寻找寄主：他们似乎从他们提出的但未证明和未证实的‘侵犯私人的行为应免受刑事责任’的命题中获得了依据和说服力，但‘私人行为不应该被刑法所禁止的’的命题本身缺少一个或是一套原则加以佐证”。[①] 换句话说，帕克和卡迪许二者均未提出如何缩小刑事实体法范围的规范性的犯罪化理论。

即使笔者不质疑帕克和卡迪许在 20 世纪 60 年代后期对过罪化的研究，但他们对此问题的研究已非常过时却是个不争的事实，而且在美国，亦没有学者推动其研究更进一步。在 1978 年，乔治·弗莱彻的不朽名著《对刑法的反思》的问世，对当时的刑法理论研究而言，具有划时代的意义。[②] 然而不幸的是，在该鸿篇巨制中，竟然连犯罪化这个词都未出现。[③] 当时第二个引人侧目的鸿篇巨制是海曼·格罗斯的《刑事正义论》，该著作在其序言中提到了犯罪化这个术语，但亦仅是在为该书的论证对犯罪化的忽略而致歉时提到。[④] 当时世界著名的刑法学家、牛津大学的安德鲁·阿什沃斯对国家施加刑罚的一般限制原则进行了论证，并对此问题的研究作出了功勋卓著的贡献。阿什沃斯认为，“英

---

① 约翰·M. 容克：“犯罪化和犯因性”，载《加州大学洛杉矶分校法律评论》第 19 期，1972 年，第 697 页、第 700 页。

② 乔治·弗莱彻：《对刑法的反思》，波士顿：利特尔 & 布朗出版社，1978 年。

③ 弗莱彻教授巨制包含犯罪化原则的来源，该观点的详情参见道格拉斯·胡萨克：“核心之外的犯罪”，载《塔尔萨法律评论》第 39 期，2004 年，第 755 页。

④ 海曼·格罗斯：《刑事正义论》，纽约：牛津大学出版社，1979 年。

国刑法著述”对把某种行为犯罪化正确与否的研究很少。对犯罪化某行为的正确性极少予以关注，几乎是当时英国刑法学研究的一种倾向。[①] 该结论同样可用来总结当时美国刑法学界对犯罪化的研究现状。在美国的刑法学界，教科书亦通常完全忽略犯罪化的问题。阿什沃斯为了弥补该研究缺陷，对犯罪化进行了论述，且在犯罪化的论证中认为刑法应遵守最低限制原则，并提出了极简主义原则——笔者在本书的论证中亦借用了该术语。[②] 阿什沃斯教授提出的极简主义原则，受到刑法学界的广泛认同。极简主义原则与笔者的核心旨意一致，且能与笔者的观点互相融合。但即使阿什沃斯自己亦承认，其亦只是解决了犯罪化中涉及的小部分问题，而未能提出“评价某些行为是否应该犯罪化所依靠的一般理论”[③]。尽管笔者在第 4 章中寻求一种可以替代笔者的犯罪化理论的学说，但在美利坚合众国和大不列颠及北爱尔兰联合王国的当代学者的研究中，并没有发现其他的与犯罪化相关的论述。[④]

当然，关于某种行为是否应犯罪化的论争仍时有发生亦非常激烈。然而自从帕克和卡迪许开始，最常讨论的具体议题却变化微乎甚微，令人堪感惊讶。争点的分歧继续围绕大约 40 年前德夫林勋爵[⑤]和哈特[⑥]之间关于“道德的法律强制”的著名论战而展开。该种争论似乎与所谓的“道德犯”有关，譬如与同性恋和

---

① 安德鲁·阿什沃斯：《刑法的原理》（第 4 版），牛津：克拉伦登出版社，2003 年，第 24 页。

② 安德鲁·阿什沃斯：《刑法的原理》（第 4 版），牛津：克拉伦登出版社，2003 年，第 33 页。

③ 安德鲁·阿什沃斯：《刑法的原理》（第 4 版），牛津：克拉伦登出版社，2003 年，第 24 页。

④ 关于可能存在的例外阐述，参见乔纳森：《论过罪化》，多德雷赫特：克吕韦尔学术出版社，1994 年。

⑤ 帕特里克·德夫林：《道德的法律强制》，伦敦：牛津大学出版社，1965 年。

⑥ 哈特：《法律、自由和道德》，纽约：年代图书出版社，1963 年。

卖淫等有关。但诸多关于该类行为犯罪化的正当性问题的分歧，都可归结为在对该类行为是否是不道德的认识上产生了分歧。因此，罗纳德·德沃金尖锐回应认为："德夫林认为社会道德具有重要价值，该种观点并非错误，亦不令人震惊。相反，令人震惊且错误的是他把什么看做是社会道德的观点。"① 哈特和德夫林论战的余音不绝，且继续吸引了诸多法学家。② 然而，笔者认为该次论战仍无助于解决过罪化问题。从当前所呈现的状况分析，最近刑事责任的扩张与关于道德的法律强制的各种雄辩没有关联。学者们可能会对刑法是否应该强制执行道德的观点达成一致，然而，学者们仍然会继续在犯罪竞合、风险犯或附属犯罪施加刑事责任是否正当的问题上，继续争议不休。

诸多当代学者对过多犯罪和过多惩罚这种双重现象深感忧心，但却提出了与笔者在本书提出的观点不同的解决方案。譬如唐纳德·狄普斯教授在努力寻找限制刑法的原则受挫折后，③ 认为应当寻求"内容中立"的规范来限制刑事责任。唐纳德·狄普斯教授特别对潜在的会限制刑事责任施加范围的"危害原则"表示出了极大恼怒。然而，即使笔者在本书中努力构建的理论是部分地成功，这些被认同的限制犯罪化的原则也不完全取决于危害原则是否会被拯救。在任何情况下，唐纳德·狄普斯教授都试图努力通过对刑事诉讼程序进行改革而不是通过规范限制抑制过罪化。唐纳德·狄普斯教授最令人感兴趣的建议是：所有刑法应由

① 罗纳德·德沃金："德夫林勋爵与道德实现"，载罗纳德·德沃金：《认真对待权利》，剑桥：哈佛大学出版社，1977年，第240页、第255页。

② 参见杰拉尔德·德沃金："论德夫林的正确性：法律与道德的强制执行"，载《威廉与玛丽法律评论》第40期，1999年，第927页。

③ 唐纳德·狄普斯："对危害原则的自由批判"，载《刑事司法伦理》（第17期），1998年，第3页。

2/3 立法者“超级多数”通过。他尖锐地指出：“为什么勉强的半数通过……就可以使一个人实施了某种行为而进入监狱？而 2/3 多数通过才能使对冬小麦设定关税的法律有效？”① 笔者不想反击唐纳德观点，因他的观点可能弥补笔者观点的不足；并且笔者认为没有人强迫必须选择程序法还是实体法来限制刑法的扩张。笔者亦认为对刑法范围的规范性限制，不是解决过罪化问题的唯一可行的方法。然而，世界上所有程序性的保护，譬如无罪推定、排除合理怀疑、反对自证其罪，以及其他类似的保护措施，都不能弥补制定的恶法所引起的不公平。

假设笔者总结出的过罪化现象或对刑事制裁限制的原则，很少被学者论及，那么基于何因使诸多犯罪学家忽略该问题？导致对这种现象的盲视有诸多因素。在整个美国，教师所讲授的刑事法课程，极少涉及该问题。学生通常以成文法或案例开始他们的学习，而极少提及案例或成文法产生之前的问题，譬如基于何因而诞生了现在的成文规范。教师适用的刑法教科书大多数是案例教科书，但关于什么是刑罚的内容，却因为一学期的教学实践太短而被跳过。② 从授课时间看，几乎没有学校要求刑法的学习超过一个学期。或许有关刑罚的内容应该被忽略，但这种方式却会导致学生认为关于犯罪化的唯一有争议的地方是性道德。量刑和刑罚亦会引起犯罪化的问题，同样亦被忽视。正如一位学者指出，教授会花费很大精力分析杀人应该被归为过失杀人还是归为

① 唐纳德：“对危害原则的自由批判”，载《刑事司法伦理》（第 17 期），1998 年，第 12 页

② 斯坦福·卡迪许、斯蒂芬·斯卡尔：《刑法及其诉讼程序适用手册》（第 7 版），纽约：阿斯彭出版社，2001 年，第 34 页。

谋杀，并提出区分标准，但一般亦不讨论判决量刑结果。[①] 笔者认为这种失败后果很严重，因为刑罚严重程度的增加对过罪化有致命的影响。譬如反对在毒品杀人罪中适用严格责任的核心理由是因其导致严重的罪和刑不相称的判决，且该理由在罗德里格斯案中得到支持。

此外，刑法学术研究变得过于具体和精细化，即使最了解实体刑事法的学者都很难精确掌握犯罪学或刑事司法的最新发展。然而问题的关键是：犯罪化理论的适用需要丰富的经验，但却极少有刑法学者精通社会科学。此外，美国许多博学多才的思想家专注于刑事诉讼程序，且刑事诉讼程序法的变化一直都比刑事实体法变化更快。[②] 为了应对恐怖主义威胁，政府加强了对恐怖主义分子的强制措施。这引起了很多学者对法律强制力（尤其是种族定性）增加的担心，并表达了保留意见。但是，对恐怖主义进行控制的授权是源自于爱国者法案。[③] 可以肯定的是，应该对国家使用窃听、获得搜查令及使用监测技术并进而侵犯公民个体隐私的措施进行限制。该类对政府行使权力的合法性的忧虑，促使我们更应该迫切地去寻求路径限制刑事法规中的内容。

另一个原因在于法律哲学家对司法制度和美国宪法的长期痴迷。在法学一般理论关于应该制定何种法律的探寻中，往往集中在制定的法律是否能帮助法院判决疑难案件。学者往往把重点放在法官感兴趣并会参与讨论的问题上。在美国刑事程序法中，学

---

① 参见杰拉尔德·林奇："实现模范刑法典：刑法分则的挑战"，载《巴法罗法律评论》第 2 期，1998 年，第 146 页。

② 最近英国存在对此问题有批判性讨论。参见安德鲁·阿什沃斯、露西亚·泽塔内尔："捍卫刑法：反思犯罪、程序和制裁的特征转变"（即将出版）。

③ 对其中一些措施的辩护，参见西罗米特·沃勒斯坦："国家自我防卫义务：为刑法扩张进行辩护"，（即将出版，载《牛津法律学习研究报》*No. 56/2006*）。

者只有引用已经被立法机关违反的某些宪法条款，证明立法机关逾越了界限。然而，正如我们所看到的，宪法的这些规定极少限制刑事实体法本身。[①] 基于宪法本身的性质和定位，其不能系统地规定何种行为应或不应被犯罪化。

犯罪化研究缺失的最好和最简单的解释是：对犯罪化进行研究太过困难。如果笔者继后的努力比笔者自己想象的说服力更小，那么笔者会在不知不觉中强化对研究该问题可行性的怀疑，甚至会认为努力研究如何限制犯罪化和刑法责任范围是无希望的。学者们或许已经习惯了过罪化的可悲现实，因此不应该期望创设想象的或可能会实现的刑法应符合规范性标准的理想景况。更何况如果如此艰巨的任务不能完成，又何苦去挑战该问题会面临的诸多困难？

上述各种因素有助于阐述该问题研究面临的处境。笔者认为如果希望了解基于何因没有产生犯罪化理论，就必须了解刑法理论体系是如何被刑法学者概念化的。英美刑法体系主要是由格兰维尔·威廉姆斯非凡的学术影响力形成的，学者们将格兰维尔·威廉姆斯的研究内容分为两部分：总则和分则。[②] 学者所关注的主要问题大多集中在总则部分，概言之，学者关注适用于广泛犯罪行为的内容，而不是关注分则中的具体犯罪行为规则和规范。在总则部分，引起学者兴趣的问题如下分析所示[③]：罪刑法定原则如何适用于刑法？为什么所有犯罪都应包括自愿性行为？在何

---

① 参见第 3 章之 II。

② 格兰维尔·威廉姆斯：《刑法总则》，伦敦：Stevens & Sons，1961 年。

③ 有关这些问题的概述，请参见道格拉斯·胡萨克：《刑法的哲学》，新泽西州：Rowman & Allanheld 出版社，1987 年；最近研究的相关论述，参见拉里·亚历山大："刑法哲学"，载朱尔斯·科尔曼、斯科特·夏皮罗主编：《法理学与法哲学牛津手册》，牛津：牛津大学出版社，2002 年，第 815 页。

种情况下，行为人会因自己的不作为而受惩罚？具有何种主观心理状态才能使行为人对犯罪行为具有可归责性？行为人会因其过失而受惩罚吗？判断行为人已经造成某种结果之前，必须满足何种条件？该结果是否始终与刑事责任相关？正当抗辩事由应如何与宽恕事由区别？在辩护事由中区分正当抗辩事由和宽恕事由是否重要？何时关于正当抗辩事由与宽恕事由的错误可被正当化或被宽恕？基于何因国家认同宽恕事由，及国家到底应允许何种宽恕存在？对这些问题的立场均会导致更多的问题，学者们对这些相关问题都进行了大量的研究。

对总则部分进行的学术研究数量和质量，都远远超越对刑法分则部分进行的学术研究。[①] 显然在分则部分研究的问题仅涉及具体的某个个罪而已。以强奸罪为例，最近关于强奸罪的研究已经产生了大量的批判性学说，且在法律上进行了很多改革。[②] 在学术研究中学者思考的问题是："未经同意"是否应作为强奸罪的法定构成要素？"同意"是否具有积极的抗辩作用？"强迫"在"未经同意"基础上和超出"未经同意"范畴外，是否还具有独立存在的价值和意义？是否应该对诱导欺诈和事实欺诈行为加以区分？强奸行为真正的本质性错误是什么？该罪旨在禁止何种危害？在强奸罪的法条规定中，每种实质构成因素对应何种罪责程度？上述诸多问题既有关涉总则部分的内容，亦有关涉分则部分的内容，且都引起了激烈的论争。然而，其论争都与犯罪化无关联。

笔者意不在贬低对刑法总则和分则进行的学术研究，笔者自己亦对此进行过深入研究。笔者旨在指出对总则和分则的研究，

① 最近偏向刑法总则研究的例外，参见斯图尔特·格林、达夫主编：《界定犯罪：刑法分则论文集》，牛津：牛津大学出版社，2005 年。

② 参见珍妮弗·特姆金：《强奸罪及诉讼程序》，牛津：牛津大学出版社，2002 年第 2 版；艾伦韦·特海默：《同意与性关系》，剑桥：剑桥大学出版社，2003 年。

均未对如何限制犯罪化和刑事制裁范围进行研究。笔者认为把刑法分为总则和分则，会阻挠对犯罪化问题的研究。当刑法理论被分为总则的理论和分则的理论后，关于刑事责任界限的论证就注定会在夹缝中没落。应将犯罪化理论研究归于那个范畴，是总则还是分则？限制犯罪化的原则不能轻易被归入分则理论中，因为分则理论是关于具体犯罪行为的理论，譬如入室盗窃罪和放火罪这类具体的犯罪中。因此，如果不把犯罪化限制原则包括在总则理论中，那么犯罪化限制原则就很难在刑法理论中找到归属。[①]在学习总则和分则中，教授不传授且学生亦不关注哪种行为应或不应被犯罪化的问题，这种现象是非常不正常的。

笔者认为把刑法分为总则和分则两部分是无益的，这种区分几乎没有任何意义。为什么预先假定刑法理论中所有问题，都必须归属于总则或归属于分则这种人为的区分？笔者不是为了凸显犯罪化的重要性，或凸显该问题的被忽略，因而质疑这个传统的根深蒂固的区分的可行性。在本节余下部分，笔者会论及：刑法学理论归属总则还是归属分则的体系化问题及刑法总则学术研究中的当务之急，都必须关注犯罪化或犯罪化限制原则的研究，对此问题研究的缺失不能被谅解。笔者提出的限制原则中至少有两

---

① 笔者不否认许多犯罪化的限制理论，都可以在其他学科而不仅仅是刑法学科理论中找到。正如笔者前述论证的那样，这样的限制原则可在政治学理论中找到。譬如许多政治理论家要求国家对“善”这个概念保持中立的自由主义，这种观点亦引起要求限制犯罪化。

个内部限制原则可以在刑法总则部分中找到。① 因此，希望在刑法传统理论的界限内安置该论题的学者，应当能接受笔者的观点：笔者观点能从总则部分理论中找到根据。②

显而易见，如果还未界定刑法总则的概念，笔者的观点就不应被攻击。对于刑法总则的概念，学者还未达成共识；③ 对于刑法总则应包括何种内容及应排除何种内容，学者提出了不同的理论。④ 大多数学术研究根本无视总则概念的不确定性和分歧，就直接对长期归属于总则的具体问题进行研究。笔者无法在本书解决该棘手问题，其亦不属于该书的研究范畴。当然，即使未对刑法总则的性质进行详细的论证，笔者的观点亦是合理的。⑤ 无论

---

① 换句话说，笔者反对内容中立的观点，即反对总则部分中的规范不应含有表明禁止何种行为应受惩罚的观点。虽然笔者感谢米歇尔·摩尔提出该观点，但笔者却不确定摩尔本人是否支持该观点。摩尔认为："如果要把刑法区分为总则和分则，那么刑法通过何种理论把刑法区分为总则和分则？刑法必须具备内容中立的理论，类似于责任理论……为了建构内容中立的理论，法律部分必须有对比鲜明、载有丰富内容的理论……如果那找到这样的理论，那么刑法就具有由总则和分则组成的结构。"参见米歇尔·摩尔：《论刑罚的谴责性》，牛津：克拉伦登出版社，1997 年，第 34 页。笔者对摩尔教授内容中立论有所保留，因为笔者不明白，为什么摩尔教授认为要对刑法总则和分则进行区分，那么总则为什么应比分则应更加保持中性。

② 一些学者认为，当总则部分原理发挥的"是同质化而非多样化作用"时，总则部分原理更容易对犯罪化产生影响。对于总则原理发挥同质化作用的质疑，参见约翰·加德纳："论刑法总则"，载安东尼·达夫主编：《哲学与刑法》，剑桥：剑桥大学出版社，1998 年，第 205 页。同时，加德纳教授明确表示具有指导意义的总则"对犯罪化具有重要的影响"，参见约翰·加德纳："论刑法总则"，载安东尼·达夫主编：《哲学与刑法》，剑桥：剑桥大学出版社，1998 年，第 208 页。

③ 詹姆斯·斯蒂芬的解释对此归纳比较迟疑，斯蒂芬认为"一般原理遍及整个刑法"。根据斯蒂芬的观点，这些一般理论包括了大量的"积极和消极"条件："这些积极或消极条件，或多或少地被纳入了几乎所有的犯罪行为的界定中。"詹姆斯·斯蒂芬：《英国刑法史》，1883 年，第 3 页。

④ 参见尼古拉·莱西："意外事件、连贯性和观念主义"，载安东尼达夫主编：《哲学与刑法》，剑桥：剑桥大学出版社，1998 年，第 9 页。

⑤ 对于早期的一些观点，参见道格拉斯·胡萨克："犯罪化限制和刑法总则"，载史蒂芬·舒特、斯密斯特主编：《刑法总则理论》，牛津：牛津大学出版社，2002 年，第 13 页。

刑法总则被如何界定，其都应由归纳的普适原则构成。从某种意义上讲，这些归纳的普适性原则是对刑法分则的具体犯罪的总结。为何犯罪化的规则和原理，与可适用于分则众多犯罪的总则的其他原则和原理一样，必须适用于分则所有的具体个罪？因为具有正当化和合理性的所有刑法规范都必须符合笔者提出的限制原则。犯罪化的原则和原理，作为对分则所有犯罪特征的归纳和总结，亦必须适用于分则所有的犯罪。

更重要的是，关于刑法总则部分的学术研究成果，预先假定刑法的内容是公正且合理的。如果关于犯罪化的理论具有根本性的缺陷，那么总则中关涉该问题的研究就不值得继续进行。譬如，除非政府已作出了何种行为应被禁止的合理判断，否则对何种主观罪过状态才具有可归责性的探讨就没有意义。[①] 关键是总则部分的所有论题都认为国家已经对应承担刑事责任的行为进行了犯罪化，因此，如果不公正贯穿于整个分则，就几乎没有理由去奋力维护刑法总则的原则。与这些神圣原则相背离的理论，与其说会使有缺陷的犯罪化理论造成的重大不公正严重，还不如说是对有缺陷的犯罪化理论造成的重大不公正的矫正。刑事司法系统的规范价值不是从分则部分结束，而是从分则部分开始。

但笔者不必为了论证自己的观点而彻底否定上述观点。笔者认为实体法本身应从两个方面限制刑法范畴，即应对执行限制刑法范畴的两个原则承担义务：重大危害或邪恶限制原则、不法性限制原则。换句话说，总则归纳的刑法规范和抗辩事由是限制刑

---

① 再譬如，除非认为国家应禁止行为导致的结果，否则为什么犯罪学家关心被告是否引起了既定结果？绝大多数犯罪学家都认为，行为引起的结果不应与刑事责任相关。对此问题，直觉很明显地能对此进行区分。同意这个学派思想的人不需要解决因果关系的难题。参见史蒂芬·摩尔斯：“原因、结果和刑事责任”，载《伊利诺伊州大学法律评论》363（2004 年）。

事制裁范围的两个原则的渊源。笔者将对提出的观点从四个不同的方面进行论证，其中每两个论证支持不同的限制原则。首先，笔者想阐明的是，在很多情况下如果对犯罪化问题没有任何立场，则不能确定违反刑法的被告是否可被正当化。笔者调查了三种不同的抗辩事由，并且阐明了试图解释和运用这些抗辩事由的努力，将如何对刑法分则可能规定为犯罪的行为进行限制。虽然诸多学者对此观点不赞成,[①] 但笔者认为所有的抗辩理由都应放在刑法总则部分。据此，笔者的结论是：任何源于解释和适用抗辩事由而产生的对犯罪化的限制，亦应归属于总则部分。[②] 其次，笔者认为如果不假设对刑事制裁有同样限制原则的存在，则通常不能判断行为人是否满足承担刑事责任必须具有的可归责性的程度。在笔者描述的情况下，被告被指控违反了规定只有故意行为才能构成犯罪的刑法规范，甚至被告的故意都是有条件的。如果不对相关刑法规范的内容进行推论，则不能判断行为人的故意所依靠的条件是否允许施加刑事责任。上述例证进一步说明笔者的观点：刑法总则中包含了笔者提出的重大危害或邪恶限制原则，即除非刑事法律是在禁止重大危害或邪恶，否则不能施加刑事责任。

笔者提出的第三和第四个论点是关于刑事法律应禁止何种行为的第二个内部限制原则。笔者称此为不法性限制原则：除非被告的行为（至少在某种意义上）具有不法性，否则不能对此行为

---

① 正当事由是有分歧的，而宽恕事由没有分歧。参见摩尔：《施加责备》，牛津：克拉伦登出版社，1997 年，第 34 页。当允许他人从事犯罪行为时，那么行为人就享有正当辩护事由。如果分则充分详细地规定引起刑事责任的行为，正当辩护事由属于分则而非总则。然而，笔者提出的限制原则是出自刑法内部。

② 许多辩护事由可能只涉及一个单一犯罪行为，因此，可能被划入刑法分则中。譬如挑衅原理可能只能把谋杀罪降低一个等级，即从谋杀降为过失杀人。这种辩护事由通常出现在刑法分则中的故意杀人罪的法律规定中，但笔者此处提出的辩护事由适用于所有罪行。

施加刑事责任。[①] 笔者认为，除非把不法性限制原则适用于整个刑事法领域，否则是无法理解是否及在何种情况下应免除被告的刑事责任。宽恕事由的存在使对犯罪行为的刑事责任承担更为有利；而不赋予被告宽恕事由，则会使被告处于不利境况。最后，笔者认为刑法中学术界反对**严格责任**的目的亦旨在限制刑事制裁的范围。正如笔者已经指出的，尽管无数理论学者谴责严格责任犯罪，[②] 但除非限制施加刑事制裁的必须是具有不法性的行为，否则学者无法回答为什么反对严格责任。综合分析，上述四个论点对笔者的内部限制原则提供了强有力的支持，即对笔者提出的对犯罪化的限制可在刑法总则部分中找到根据的观点，提供了强有力的支持。

有利于支持笔者论题的第一个观点表明：除非刑法规定的犯罪行为旨在禁止重大危害或邪恶，否则三个大家都熟悉的正当辩护理由是难以理解的。笔者的第一个例子是被命名为“两害相权取其轻”、“紧急避险”或“一般正当辩护”的抗辩事由，当“行为人避开的危害或邪恶……大于法律通过规定某个犯罪所阻止的危害或邪恶时”，该类抗辩理由就可能成立。[③] 下述内容笔者将论及被害人同意的抗辩事由。[④] 当被害人同意排除被害人遭受的且被刑法通过规定犯罪而阻止的危害和邪恶时，那么被害人同意就能阻却刑事责任，除非该危害或邪恶是极其“严重的”危害

---

① 虽然刑事责任仅施加于某种行为，笔者的意思不是排除其他客观事实的重要作用，如性格特征亦可被评定为不法行为。参见乔治·谢尔：《论谴责性》，牛津：牛津大学出版社，2006 年。

② 参见第 1 章第 IV 节。

③ 《模范刑法典》§3.02（1）（a）。随后的条文缩小了辩护的范畴，但这对于当前的目的并不重要。

④ 对于研讨的争议，参见彼得·维斯腾：《同意的逻辑》，伯灵顿，佛蒙特州：阿什盖特出版，2004 年。

或邪恶。在极其严重的危害或邪恶中，被害人同意根本就不可能成为抗辩事由。[①] 笔者最后的例子是：**轻微违反事由**。[②] 该种抗辩适用于被告的行为“实际上并没有造成或使他人受到刑法通过规定犯罪去阻止的危害或邪恶，或被告的行为只是在一定程度具有微小的危害或邪恶，但该危害或邪恶是如此微小以至于不需要通过有罪判决进行责难”[③] 的情况。当然，这三种抗辩事由的具体方式可能会因司法管辖区的不同而不同。然而，三类抗辩事由的任何一种，都必须参照被告被指控犯罪的立法旨意或目的，且被指控犯罪的立法旨意和目的亦是抗辩事由所需要的。由于《模范刑法典》将设定犯罪的立法旨意和目的陈述为“设法预防（或避免）的伤害或邪恶”，笔者在随后的论证中将采用《模范刑法典》使用的术语。

至少需要进行两次判断后才能决定上述抗辩事由是否应该在具体的案件中被允许。第一，必须明确所涉及的犯罪要防止的危害或邪恶是什么。第二，因抗辩事由不明而不同，其对第一判断中所涉及危害或邪恶的等级和严重程度进行评估。在紧急避险抗辩事由中，必须确定被告试图避免的危害或邪恶是否比刑法规定的犯罪预防的危害或邪恶更严重；在被害人同意抗辩事由中，必须确定被告是否已被同意实施该种危害或邪恶，且这种危害或邪恶不严重；在轻微违反事由中，必须确定被告并未真正造成危害或邪恶，或即使被害人受到威胁或危害，但程度亦是非常微小的。这两个判断均是依照法律的规定进行判断，被告人本人观点

---

① 《模范刑法典》§§2.11（1）和2.11（2）（a）。

② 但必须承认，轻微违反事由是否应被归类为正当理由是不确定的。笔者认为轻微违规行为根本就不是不法行为，或至少还不足以承担刑事责任。然而最终最低程度辩护是事由是否是正当辩护事由是没有结论的。

③ 《模范刑法典》§2.12（2）.I。

对此判断不起决定作用。[1] 换句话说，在第一次判断中，法官或陪审团不需要顺从被告人的意见，因为被告人对某类规定的犯罪所阻止的危害或邪恶的性质的看法可能是错误的。法官或陪审团既不需顺从被告关于第一次判断的意见，亦无需顺从被告关于危害或邪恶的等级和严重程度的评估，因为被告对危害或邪恶的评估亦可能是错误的。譬如当被告在其雇主的办公室盗窃雇主的物资时，其可能会认为盗窃罪预防的危害或邪恶是微不足道的。因此，作为一个法律问题，被告对危害或邪恶评估不起决定性作用。

除非每个刑法法规均旨在防止重大危害或邪恶，上述三个抗辩事由均不可解释或应用。因此，实体法本身就必须受阻止重大危害或邪恶的限制。该种对实体法的限制是显而易见的，该结论的得出十分重要。虽然许多学者认为危害或邪恶是施加刑事制裁的先决条件，但似乎无人注意到，除非他们的观点——施加刑事制裁的先决条件是阻止危害或邪恶的观点是正确的，否则上述抗辩事由是难以理解的。[2] 犯罪化研究中，具有说服力的理论都必须承认刑法必须受阻止危害或邪恶的限制。除非刑事法规的目的是为了防止危害或邪恶，否则根本无法理解或适用总则部分的抗辩事由。笔者甚至怀疑，如果解除刑法规范阻止危害或邪恶的限制，是否能重新构建抗辩事由体系。如果缺少抗辩事由，只会使刑罚制度增加不公正，因此抗辩事由是不可或缺的。据此分析，

---

① 参见《模范刑法典》§3.02 及其评注，第9－14页。

② 乔尔·范伯格是这类学者中最著名的。参见乔尔·范伯格：《对他人的危害：刑法道德限制》，牛津：牛津大学出版社，1984年，第34页。然而很明显范伯格并没有真正解释，至少没有直接解释为什么伤害原则应该得到认同。相反，范伯格假定而不是支持预防危害应施加刑事责任的观点。范伯格的目的是从最可行的角度提出危害原则。范伯格希望通过这种方式，能使公正的读者接受该理论。

阻止危害或邪恶的限制是刑法总则部分中固有的限制。[①]

不可否认，有个别犯罪不具有正当化抗辩事由，譬如种族灭绝罪、酷刑或谋杀罪。但该类犯罪不是笔者观点的反例，即不是刑法应受阻止危害或邪恶要求限制的反例。该类犯罪几乎不具有正当抗辩事由，是因为设置该类犯罪要阻止的危害或邪恶，是其他行为造成的危害或邪恶不能超越的，而不是因为该类犯罪的设置不是为阻止危害或邪恶。因此，该类犯罪的存在是佐证而不是推翻笔者的观点。此外，在许多犯罪中，被害人同意亦不是抗辩理由，譬如被害人同意不是以家长主义合理性为依据而制定的刑法规范的抗辩事由。然而，这种情况并不是推翻笔者的观点，因为这些案件中被害人同意不能作为抗辩理由，是因为尽管被害人同意了，但刑法所禁止的危害或邪恶依然存在，而不是因为刑法设置该罪不是为了阻止任何危害或邪恶。

然而很显然，要确认法律旨在预防的危害或邪恶的性质和严重程度，是非常困难的，甚至比完成犯罪化极简主义理论的任何一个要求所遇到的困难都大。笔者试举几个例子来说明该问题的不确定性。[②] 当被告被控告非法使用或占有非法毒品时，被告是否享有紧急避险抗辩事由？假设被告辩解称自己是为了在宗教仪式过程中使用违禁物质，[③] 或声称是为了治疗疾病，[④] 或声称是为

---

① 当然，不同的法典的辩护范围是不同的。另外，笔者承认不是每个州都必须明确规定轻微违反事由。当然，不同的州通过其他规则或学说亦可实现同样的目的。

② 还有其他例子可以佐证。譬如当囚犯设法避免同性强奸时，法院对越狱是否具有正当化事由的态度是不同的。如果法院考虑他们的判决是否会影响以后的逃逸，那么要对禁止破坏监狱的刑法规范进行解释，并进而证明某个特定的逃脱行为具有合理性是非常困难的，甚至是不可能的。参见美国诉贝利案，444 U. S. 394 (1980).

③ 参见美国就业司诉史密斯案，494 U. S. 872 (1990)。

④ 参见联邦诉赫钦斯案，575 N. E. 2d 741 (Mass. 1991)。

了某教育项目。[①] 在这些情况下，如果对刑法规范旨在避免的危害或邪恶的性质和严重程度，没有清楚的了解，则不能决定被告在这种情况下藏有毒品是否具有正当化理由。被害人同意的抗辩事由亦面临类似情况。笔者再以要求摩托车驾驶员戴头盔条例引发的争论为例阐述笔者的观点。假设该条例的目的是保护公众纳税人不在摩托车事故发生后承担各项费用，如果立法的旨意如此，那么当摩托车驾驶员已经购买了足够的保险时，摩托车驾驶员的同意应是合理的抗辩理由。然而，假设此法是以家长主义为理论基础，且是为了降低摩托车手本人的受伤几率，在该种立法旨意下，骑摩托车的人购买的足够保险对该假设是没有意义的，且摩托车驾驶员的同意不能成为正当的抗辩事由。[②] 最后，笔者论及的是轻微违反事由。试设想在使用或占有的违禁毒品量非常微不足道且不能影响精神状况的情况下，[③] 如果设置持有毒品罪的目的是阻止使用毒品时给被害人自己和他人带来的危害或邪恶，那么如果持有毒品的数量非常小，轻微违反事由可能成立。然而，如果设立该罪的目的是为了实现刑法的宣示功能，即该罪的设立是传递毒品是邪恶的信息，则轻微违反事由就会被削弱。

但如何认定既定刑法规范所禁止的危害或邪恶？该问题是非常困难的，因为立法者不需要阐述其制定法规的理由或目的。[④]

---

① 参见检察官诉米亚雷斯案，491 P. 2d 1115（Cal. 1971）。

② 《模范刑法典》关于被害人同意的规定表明："因此，在一系列复杂的案件中，需要的是把犯罪行为的社会目标隔离，从而确定既定被害人同意的影响"。参见对《模范刑法典》第§2. 11 条的评论，第 395 页。然而立法者没有详细说明该任务要如何完成。

③ 参见："持有禁止性物品的刑事责任"，《哥伦比亚法律评论》第 17 期，1977 年，第 596 页。

④ "该法院从未认为立法主体应阐明制定某规范的理由。"美国铁路退休局诉佛利兹案，449 U. S. 1，179（1980）。

如果立法能明确阐述其希望避免的危害或罪恶，那么前述论及的关于抗辩事由可行性问题的争议，以及犯罪化一般理论的实践性问题，都将得到改善。该要求不仅能解决上述抗辩事由是否能适用的问题，亦能带来重要的附带利益，譬如阐明制定法律所依据的理论根据，对过罪化的抑制具有重要意义，因此阐明制定立法的根据具有重大必要性。毕竟法官为了解释他们的推理，亦必须阐明他们的观点，从而提高判决的质量。既然法官都需要阐明自己的推理根据，则亦必须要求立法者阐明立法的根据。笔者亦怀疑如果让立法者具体的阐述立法的目的和根据，并要遵守这样的义务，那么制定法律特别是制定不公正的法律，将变得更加困难。

刑法必须禁止重大危害或邪恶的第二个理由是：被告是否具备追究刑事责任所必要的主观罪过是不确定的。笔者想到的该类案件是：当刑法规定某种行为构成犯罪，必须具有刑法规定的故意（或明知）要件，但被告的故意却是有条件的。该类案件是常见的，甚至几乎所有的故意都是有条件的。譬如假设被告想要实施抢劫，但前提是受害人携带有现金。如果他在搭讪受害者时被捕，法院能否把被告人附条件的故意解释为与足以承担抢劫未遂的刑事责任的无条件故意一样的故意?《模范刑法典》规定，实施犯罪的附条件的“目的”符合实施某个犯罪所具有的“目的”，除非该条件“能否定该犯罪试图阻止的重大危害或邪恶”。[①] 很显然，除非刑法规范是预防危害或罪恶，否则没有人能理解《模范刑法典》该条规定的意义。因此，某附条件的故意是否等同于犯罪主观罪过的判断预先就假定了刑法应预防重大危害或邪恶。[②]

① 《模范刑法典》 §2. 02（6）。

② 当然，《模范刑法典》 的立场可能会受到质疑。其批判性意见，参见基甸 · 亚菲：“条件性意图和罪过”，载《法律理论》第 10 期，2004 年，第 273 页。

笔者列举上述抢劫罪很容易理解。但当被告的故意是附条件的时候，刑法规范是否旨在预防重大危害或邪恶就引起了很大争议，这让联邦最高法院深受困扰。笔者试举例进行阐述，联邦有关劫车的法规规定，行为人实施拦路抢劫行为时，怀有杀害或怀有对司机施加严重身体伤害的故意的时候，那么该劫持行为是劫车罪的一种更为严重的情况。[①] 假设被告劫持汽车并威胁被害人，交出钥匙否则就杀死司机。但当被告被捕后却声称自己缺乏劫车法规所规定的故意。[②] 其声称他的故意与无条件地要杀死司机的犯罪者的故意非常不同，亦即与不管被害人是否满足劫持者提出的要求都会将司机杀死的劫车犯的故意不同。如果不接受法律旨在预防的重大危害或邪恶的立场，我们就不能决定被告是否应该为劫车行为（或仅仅为劫持行为）承担责任。在最近一个案件中，又牵涉到该问题。联邦法院确认被告的行为是拦路劫车行为，并认为，“当然，在这个案件中，司机被迫放弃车很明显是国会要通过立法预防的邪恶”。[③] 但劫车相关的刑法规范对立法预防的危害或罪恶的规定并不如法院表达的那么明显。如果法院是正确的，则劫车法的目的似乎与劫持法的目的完全相同。然而，联邦劫车法的旨意在于防止被劫持者的车被控制时，司机面临的严重身体伤害的风险。这种风险远远超出单纯的劫车所带来的风险。然而，如果国会阐明制定规范的目的，则可以消解这种不确定性。

犯罪化旨在阻止危害或罪恶，这是对刑法立法的限制。该限制原则能在刑法总则中找到根据，笔者在上述论证中已给出了两种不同的阐述。虽然该限制原则亦可能对规定的犯罪的内容进行

---

① 《美国联邦法典》18 § 2119。

② 霍洛威诉美国案，526 U. S. 1（1999）。

③ 霍洛威诉美国案，526 U. S. 1（1999），p. 11 n. 11。

限制，但却不是太重要。显然，对犯罪化进行限制的核心取决于何为危害或邪恶。《模范刑法典》并没有界定这些术语，亦没有指出“危害”与“邪恶”的区别。[①] 相比较，学界对“危害”这个概念的分析多于对“邪恶”的分析。然而，虽然学界对“危害”的研究著述颇丰，但亦只能确定两点。首先，在所有合理解释中，危害限制不应该被解释为不允许国家禁止导致危害风险而非危害本身的行为。[②] 其次，危害指的是行为对个人或机构造成的影响，而不是行为本身的属性。因为关于危害原则的论述都未能达成共识，从而对危害的界定还具有不确定性，所以许多学者都对危害限制原则是否能限制刑事责任的范围，持怀疑态度。学者们指出，人们想防止的任何结果都可被解释为危害。[③] 根据这些“通货紧缩的”观点，危害原则仅仅是要求刑法的旨意是实现国家合法的目的即可。但因绝大多数国家目的都是合法的，因此，危害原则对刑法扩张的限制作用并不大。[④]

乔尔·范伯格对“危害原则”颇有研究。如果采纳乔尔·范伯格对“危害原则”的观点，则危害对刑事责任的范围限制是具有重大意义的。根据范伯格的观点，危害一般是指“对某种利益的阻碍、阻止和损害”[⑤]。但在危害原则中，“危害”这一术语必

---

① 出于该原因，笔者经常把严重损害或恶意限制当做危害限制。然而，罪恶经常指的是禁止无害的不道德行为——其是笔者将继续讨论的问题。参见本书的第 2 章第 II 部分笔者对法律表达功能的分析，以及本书第 4 章第 III 节对法律道德主义的分析。

② 参见第 4 章第 III 节。

③ 参见弗莱彻：《反思刑法》，波士顿：利特尔 & 布朗出版社，1978 年，第 402 –406 页；亦可参见伯纳德·E. 哈考特：“危害原则的衰退”，载《刑法和犯罪学杂志》第 90 期，1999 年，第 109 页；亦可参见斯蒂芬·D. 史密斯：“危害原则是非自由?”，载《美国法理学杂志》第 51 期，2006 年，第 1 页。

④ 参见本书第 3 章第 II 节关于国家目标合法化的分析。

⑤ 乔尔·范伯格：《对他人的危害：刑法道德限制》牛津：牛津大学出版社，1984 年，第 36 页。

须涵盖规范性和非规范性意义上的“危害”：从合理性视角分析，只有不法地对利益的阻碍及对利益造成阻碍的不法，才能被算作是危害。从规范性意义分析，甲“通过不法的或不公正的方式”伤害了乙。[①] 从非规范性意义上分析，甲“侵犯并因此妨碍乙的利益”从而伤害了乙。[②] 很显然，非常有必要使这两种意义上的危害重叠。譬如在正当竞争的情况下，甲可能会侵犯某乙的利益，从而使乙的利益处于受损的情况中。但是，甲的行为不应犯罪化，因为乙没有受到不法行为侵害或是不公正的对待。与之相对，无害的但不被容许的行为不应承担刑事责任，因为该行为不损害任何人的利益。某甲的行为可能是不法的，却没有使任何人受到伤害。[③] 但是甲的行为不应被犯罪化，因为他的行为没有使任何人受到伤害。这两种意义上的危害的“重叠”，可援引权利概念进行表达：所有损害他人利益的不法行为都侵犯了他人的权利。[④] 因此，范伯格的自由主义框架，通过援引他人的权利，为限制刑法设立了道德基础。可以简洁地表达为：“只有当刑法的禁止性规定是为了保护个人权利时，刑法禁止性规定才具有合法性。”[⑤]

如果接受上述分析，对与危害原则不相容的应被否定的立法的特殊情况进行详细论证，就需要两个补充理论：第一是道德权论，第二是不法行为论。范伯格非常明白，其危害原则需要这些

---

① 乔尔·范伯格：《对他人的危害：刑法道德限制》牛津：牛津大学出版社，1984 年，第 34 页。

② 乔尔·范伯格：《对他人的危害：刑法道德限制》牛津：牛津大学出版社，1984 年，第 34 页。

③ 实例讨论参见乔尔·范伯格：《无害的不法行为：刑法的道德界限》，纽约：牛津大学出版社，1988 年。

④ 乔尔·范伯格：《对他人的危害：刑法道德限制》牛津：牛津大学出版社，1984 年，第 34 页。

⑤ 乔尔·范伯格：《对他人的危害：刑法道德限制》牛津：牛津大学出版社，1984 年，第 144 页。

理论进行补充。[①] 范伯格同样意识到这些理论不容易构建，且承认他自己为之作出的贡献很少。譬如当公民被严重地冒犯时，公民是否受到伤害?[②] 笔者不会通过弥补范伯格论证中的巨大漏洞，从而回答这些问题。笔者所提出的犯罪化理论将会很少关注第一个内部限制。笔者缺乏对此限制的依赖和关注，或许很令人惊讶。但之所以如此，是因为危害原则已被诸多法律哲学家进行过详细的论证，且危害原则本身潜在地对刑事制裁范围进行了限制。尽管笔者未能论证实体法上的不法行为论或权利论，但笔者认为范伯格的观点已对抑制刑法的扩张，潜在地起了巨大作用。[③]

笔者前述论及的抗辩均是正当化抗辩事由。限制刑法规范扩

---

① 范伯格承认需要道德理论加以佐证。参见乔尔·范伯格：《对他人的危害：刑法道德限制》，牛津：牛津大学出版社，1984 年，第 17 – 18 页。范伯格的理论中缺乏独立且先于法律的道理权力理论。参见乔尔·范伯格：《对他人的危害：刑法道德限制》，牛津：牛津大学出版社，1984 年，第 111 页。

② 范伯格对此持否定态度，并提出禁止冒犯行为应采取不同的原则。参见乔尔·范伯格：《对他人的冒犯》，纽约：牛津大学出版社，1985 年；或参见 A. P. 斯密斯特、安德鲁·冯·赫希："反思冒犯原则"，载《法律理论》第 8 期，2002 年，第 269 页。

③ 当然不是如此。我们不仅应了解如何危害，而且亦需要理解危害原则（或危害要件）如何构建。该问题是由约翰·加德纳和史蒂芬·舒特在"强奸的不法性"一文中提出的，参见杰里米·霍尔德主编：《牛津大学法理学论文集》，2000 年，第 4 期第 193 页。文章作者分析的是对无害强奸行为案采取什么态度，并说明为什么被告虽然没有造成伤害但却应受到惩罚。但两位学者并没有解释什么是危害，以至于该两位学者认为在其所论证的事实情况下不会有伤害。更重要的是，尽管约翰·加德纳和斯蒂芬·舒特认为，被告在该种情况下不会造成伤害，但却声称对强奸犯施加刑事责任与由危害原则得出的结果是一致的。他们认为："根据危害原则无害行为应被犯罪化，甚至根据危害原则，没有造成危害意图的行为亦应被犯罪化，这是不容置疑的。这足以满足危害原则的要求，如果有危害的行为没有被犯罪化，亦是足以满足危害原则要件的。"（参见杰里米·霍尔德主编：《牛津大学法理学论文集》，2000 年，第 4 期第 216 页）。根据该观点的发展，大量刑事立法都变得能与危害原则相兼容。假设公民倾向于报复那些因国家未能对某些行为犯罪化而逃脱了公正惩罚的人，例如通过国家认可堕胎行为而逃脱了惩罚的人，那么公民防止这种暴力的愿望是否表明堕胎根据危害原则亦应被犯罪化？这不是加德纳和舒特想要的结果。但这些问题表明学者对危害构成要件的解释是如何成倍地扩大刑法的适用范围的。

张的第二个限制源自涉及宽恕事由本质的刑法总则。英裔美国籍学者杰里米·霍尔德提出了非常全面与复杂的宽恕事由理论。霍尔德认为，所有宽恕事由“都是对不法地实施的行为进行的解释……这种解释使定罪看起来是完全错误的，至少对整个犯罪行为而言看起来是错误的”①。换句话说，通过在行为人有利的道德层面分析行为人实施不法行为的原因，从而判断行为人的作为或不作为的不法性是否应当作犯罪处理。② 笔者赞同霍尔德的观点。③ 根据霍尔德的观点，法律上的宽恕事由仅可理解为对犯罪行为的背景的否定。如果被告的不法行为是无罪的，那么就不需要宽恕事由。④ 因为不法性是宽恕事由的条件。该观点预先设定了犯罪化限制理论的第二个内部限制：除非被告的行为在某种意义上具有不法性，否则不能对被告施加刑事责任。此即笔者所谓的不法性限制。

当罪犯的行为不可置疑地具有不法性时，我们知道如何适用霍尔德的宽恕事由理论。譬如如果被告在被胁迫的情况下开走私家车，那么认为其应被定罪的理由就是不公平的。然而，当不法性限制原则被推翻，则很难将宽恕事由理论适用到具体案例中。如果当某个刑法规范不是禁止不法行为时，则该理论遇到的难题就出现了。是否应当认为该类犯罪不可宽恕？该观点是彻底的误解。但应

---

① 杰里米·霍尔德：《宽恕犯罪》，牛津：牛津大学出版社，2004 年，第 8—9 页。更特别的是，霍尔德认为宽恕事由“是对所为的违法行为的解释……该种对违法行为的解释使得至少对犯罪行为而言看似全部违法而应定罪的行为，抹上了道德的面纱。”

② 杰里米·霍尔德：《宽恕犯罪》，牛津：牛津大学出版社，2004 年，第 9 页。

③ 对于这些观点的争辩，参见道格拉斯·胡萨克：“宽恕事由的自由论分析”，载《俄亥俄州刑法杂志》，2005 年，第 287 页。

④ 无可否认，某些宽恕事由抗辩理论不需要被告被证实行为违法。哈特有句名言认为，除非公民有能力和公平机会去遵守法律，否则让一个公民承担刑事责任就是不公正的。哈特以此为根据支持宽恕抗辩事由（反对严格责任）。即使当被禁止的行为不是违法的，然而能力和机会亦可能是缺失的。只参见哈特：《惩罚与责任》，牛津：牛津大学出版社，1969 年。

如何对此问题进行回应？例如，假如在某个司法管辖区，处方药的使用者从原装容器中取走药物被禁止，那么处方药使用者在度假时，就会因为了减少自己携带的瓶子数量将药从原装瓶子中取出而触犯该辅助型犯罪。在这种情况下被告是应全部还是部分地被宽恕？其触犯法律的原因是否让其在道德上更为有利？无论通过哪种方式，该问题都是很难回答的。因为被禁止的行为首先就不具有不法性。如果某项犯罪不满足不法性限制原则，那么继续探寻被告实施该行为的原因是否让被告在道德上处于更有利的位置，就没有多大意义。

笔者的结论是：学者们为特定抗辩事由进行论证时，无论是正当辩护事由还是宽恕事由，都必须知道其理论将适用于犯罪的被告，被告触犯的犯罪是被禁止的不法行为，并且刑法规定这些犯罪的目的是防止重大危害或邪恶。很显然，假定刑法规定的犯罪禁止不法行为及假定刑法设定的犯罪是防止危害或邪恶，都涉及犯罪化原则。因此，理论学家必须追问刑法规定的犯罪满足这些限制原则的条件。关于对犯罪化的这种探寻，可在对刑法总则的研究中得到发展。

认为不法性限定条件属于刑法总则的第二个原因更加复杂，在之前我们对严格责任进行的讨论以及对罗德里格斯案涉及的毒品杀人罪法律的分析中已得出结论。① 刑法学家通常将应受刑罚惩罚性作为总则部分的核心问题，因此，当不存在主观罪责时还对犯罪行为人判处刑事责任是否合理的问题也应作为总则部分的核心问题。无论他们的保留意见是否是基于宪法解释，几乎所有的刑法学家都认为严格责任在道德上都是有问题的，应当限制国家立法机关制定规范以施加严格责任的权力。② 但是，对于严格

① 参见第1章，第Ⅳ部分。

② 参见艾伦·C. 麦克斯："宪法上的清白"，载《哈佛大学法学评论》第112期，1999年，第112页。

责任到底存在什么问题以及如何克服这些问题，学者并没有达成一致。[①] 例如审理罗德里格斯案的法院认为，当案件中的重要行为是如此具有“被动性”并且如此不需要刑法惩罚，以至于违反这些规范的行为人不知道他们的行为违反了法律，那么就应该对严格责任的施加进行限制。[②] 但是，受到质疑的规定了严格责任的毒品杀人罪的法律被认为不在此限。法院解释认为：“道德上的主观罪责性必须达到一定程度才符合刑事犯罪的构成要件，而这种可归责的程度要求已经不可分割地规定在毒品杀人罪法律的内涵中。”[③] 笔者对此解释的理解是，如果单纯的售卖毒品这一行为本身就是（或被认为是）不法的，那么法院就认为没有必要在规定该行为导致死亡结果的规范外再规定主观罪责要件。但是，假设被告人出售的是花生，购买者死于不可预料的花生过敏反应，那么在该事件中，尽管销售者出售花生的行为欠缺不法性——罗德里格斯案中的严格责任毒品杀人罪法律规定的行为并不欠缺该不法性，但规定要对导致消费者死亡的行业施加刑事责任的规范，仍然要对被告进行惩罚。

当然，对于如何判断行为人实施的行为具有不法性的观点并不一致。[④] 例如，审判罗德里格斯案的法院为什么认为“被动的”且“被告没有被告知”其行为是非法的案件是“不值得惩罚”的案件?[⑤] 这让笔者亦感到异常惊讶。但即使当被告的行为是积极而非被动时，其行为亦可能是被允许的。并且即使充分“告知”

---

① 参见 A. P. 斯密斯特编：《严格责任论》，牛津：牛津大学出版社，2005 年。

② 参见新泽西州诉罗德里格兹案，645 A. 2d 1165，1174（1994）。

③ 参见新泽西州诉罗德里格斯案，见 645 A. 2d 1165，1174（1994），第 1174 页。

④ 想要更深入地了解该论述，参见理查德·辛格、道格拉斯·胡萨克：“无罪和无罪之人：最高法院和赫伯特·帕克之后的犯罪意图”，载《布法罗刑事法律评论》第 2 期，1999 年 859 页。

⑤ 参见兰伯特诉加利福尼亚州案，355 U. S. 225（1957）。

被告该行为是法律所禁止的，也并不能确保该行为就具有不法性。[①] 无论是被动还是“未被充分通知”，都不是笔者假设因出售花生而导致购买者死亡而受惩罚的情况涉及的问题。但无论不法行为论的具体内容是什么，当一个人实施的任何行为偶然性地导致了死亡结果，都不应该对行为人施加因死亡结果而导致的严格责任。当某种行为导致了死亡结果，且该行为具有不法性，那么在该情形下，严格责任是应该保留的。如果违反不法性限制条件，则严格责任不具有合理性。

这些观点能帮助我们更好地理解为什么严格责任受到反对，亦能帮助理解笔者为什么认为罗德里格斯案不公正。[②] 虽然有关严格责任最臭名昭著的案例完全摒弃了不法性限制原则，但我们亦不能说所有的案例都摈弃了不法性限制要件。正如罗德里格斯案所支持的毒品杀人罪中所认为的那样，很多严格责任的施加似乎都是满足不法性限制要件的。大约有 91 条成文规范规定，即使被告对某罪的各个实质构成要件都欠缺可归责性，那么也要对被告定罪，尽管被告不应受到惩罚。在这些规定了严格责任的规范中，通常情况下导致的不公正到底是什么？笔者认为该问题的答案是：即使一项规定了严格责任的犯罪规定了不法性要件，但其规定的不法性要件却未必充足。该答案引出了一个更深层次的问题：足够的充分的不法要件是什么？笔者认为，如果要理解严格责任涉及的规范问题，这既是最重要亦是最难回答的问题。笔者的答案是：在严格责任案例中，不法性程度是（通常但并不总是）未到达要对被告施加惩罚的程度。如果笔者的答案是正确

---

① 即使行为具有违法性，注意义务也不是问题的核心。真正的难题是：很少有人能在实施犯罪行为时能理性地履行注意义务从而避免刑事责任。

② 参见第 1 章第 IV 部分。

的，严格责任受到质疑最多的是其导致不合比例的过多刑罚。[①] 笔者认为该答案准确地阐述了罗德里格斯案为什么是不公正的原因。

但假设毒品禁止性规范具有正当性，罗德里格斯的行为就一定具有不法性？难道其就应该承受法律规定的最大限度的刑罚？假设行为具有不法性，则量刑就应超过限度？该思路最大的问题在于没有考虑罪刑均衡原则。笔者将转移话题，先讨论一个隐喻，这个隐喻可以帮助我们理解在大多数严格责任的施加中，什么是最诱人但最终却令人无法接受的。该比喻是“薄冰”原则，其能很好地解释笔者提出的太多的刑事法律是如何引起过多的惩罚的观点。根据该原则，人们在薄冰上滑冰时摔倒，行为人没有理由抱怨。[②] 要让该原则具有可行性，首先必须加入一个重要的条件：除非滑冰者有足够的理由相信其是在薄冰面上滑行，否则行为人不应该因为摔跤而受到谴责。假设一个人合理地认为（某种程度上）其根本不是在冰面上溜冰，或者（更合理地）说其溜冰时冰面并不是那么薄，那么在该情形下，笔者就要质疑行为人是否应该为自己的不幸承担责任。但假设溜冰者在他是否在薄冰上滑冰的认识存在疏忽，那么如果行为人滑冰摔倒了，便很难获得同情。也许该隐喻有助于解释为什么这么多学者对罗德里格斯的诉求充耳不闻。“薄冰”原则让我们更好地理解当具有不法性的被告人受到的惩罚比其应受到刑罚更重时，为什么仅获得极少的同情。

“薄冰”原则有何意义？虽然笔者所举的隐喻有益于我们理解，但该原则仍然很晦涩。毕竟我们并不十分确切地清楚不幸的滑冰者

---

① 要更深入地了解该论述，参见道格拉斯·胡萨克：“严格责任原则、公正原则和罪刑均衡原则”，载 A. P. 斯密斯特编：《严格责任论》，牛津：牛津大学出版社，2005 年，第 81 页。

② 参见安德鲁·阿什沃斯：《刑法的原理》（第 4 版），牛津：克拉伦登出版社，2003 年，第 71 - 72 页。该隐喻出自纳勒尔诉 DPP 案，（1973）AC 435，463。

身上发生了什么。当其在薄冰上摔倒掉入水中之后，其到底付出了什么代价？弄湿了衣服？得肺炎或发高烧？自己支付别人救援他的报酬？抑或被溺死？即使行为人不相信薄冰下的水深到足以将其淹死，他还要付出被溺亡的代价吗？笔者认为薄冰原则并没有为如何回答上述问题给出指导；该原则亦没有详细阐明不幸的滑冰者应该付出多少代价。换句话说，该原则完全没有考虑到（行为和责任的）比例问题。当然，滑冰者掉入水中后，通常他们所应承担的责任应该有一些限制。笔者找不到任何理由认为他们中的每一个人，在道德上等同于那些明知是薄冰而故意跳入冷水中寻找刺激的人，也不像那些非常清楚薄冰下的水很深且具有危险的滑冰者。同样，罗德里格斯不该承受法律给予他的命运：一种只有故意杀人者才应该遭遇的命运。如果笔者的观点是令人信服的，那么比例问题接下来便成为严格责任犯罪的核心难题。除非刑事成文法禁止的行为（在某种意义上）具有不法性，否则就不具有正当性。但即使是不法性限制要件符合某个特定的严格责任犯罪，被告人也常常受到不合比例的惩罚。

假设笔者认为不法性限制要件应是刑事法律总则部分内部的问题，且该观点是正确的，那么该限制要件在犯罪化理论中有多重要？虽然概括的一般性答案不能使该问题更加明确，但以下三个简洁的说明或许可以帮助理解该问题。首先，笔者认为行为必须在某种程度上具有不法性，因为在某些法定犯案件中，内部限制原则并不能排除法定犯中刑罚被正当化的可能性。重要的是，即使法定犯的不法性实际上很难理解，但这些犯罪仍然具有恶性。当犯罪行为人因为违反法定犯罪而受到惩罚，那么该行为是否符合或在何种条件下符合内部限制要件？该问题是过罪化理论考量时应解决的最复杂的问题。[①] 第二，“可归责性”术语在刑事

① 参见第Ⅳ部分一下部分。

法律中的应用是狭隘的，其不应该与“不法性”混淆。例如，行为人从事的行为可能是被许可的，但该行为却具有可归责性。又例如，禁止故意划伤别人脑袋的规范会规定最高程度的主观罪责，即刑法中的“明知”或“故意”，但很显然，如果缺乏主观罪责，在某种理性的意义上不会禁止不法行为。最后，笔者认为法学家真正质疑的不是不法性限制原则的存在，而是质疑如何把实体刑法内容注入该原则。笔者会努力把小部分实体内容注入该原则中，但笔者不会采用通常的标准判断某行为是否具有不法性。在这本书中，笔者更倾向于通过具体的直觉而非抽象的原则判断某行为是否具有不法性。幸运的是，笔者援引的直觉并未涉及非同寻常或特别奇特的被许多法学家视为主题的案例。这些案例具有相似性，而且读者每天都能经历到这些情形。尽管笔者认为任何直觉都会引起争议，但这些案例没有像原则或理论那样更具有分歧。

前文笔者已论述到刑法总论中应该包含两种限制条件：重大危害/邪恶及不法性限制条件。笔者承认我们从存在规范严重缺陷的刑事法律体系中提炼规范的限制条件与犯罪化的限制条件会存在一定的紧张关系，那么刑法如何协调从而让其发挥作用？针对该问题，笔者的答案是刑事法律的功能相对来说较机械化，笔者前面提及的紧张关系问题几乎不会被注意到。例如，假设被告人在犯罪后，由于该犯罪不符合不法性限制原则，被告人可以精神病人无行为能力进行辩护。律师在确定被告人是否可以无行为能力人进行辩护时，不会遇到比通常情况更棘手的难题。只有当我们自觉地意识到行为性质，然后问为什么可把精神病人缺乏行为能力作为辩护理由时，这种紧张关系才会出现。笔者认为精神病人的身体状况可以作为辩护理由，因为其可以作为宽恕事由。可以宽恕行为人的犯罪行为，是因为宽恕事由可排除行为人的可遣责性（或排除作为遣责性前提的义务）。只有行为人存在可排除的遣责性，那么宽恕事由才能排除该谴责性。如果行为并没有不法性，我们就会疑惑作为精神病人的这一辩护理由是怎样宽恕行为人的。如果我们不问这些问题——刑法实务中就很少有专家会这么做，我们也可以每天顺利地开展日常刑法审判工作，亦不会注意到不一致性问题。

如果笔者认为刑法总则中应该提炼出两个限制条件的论断是正确的，则学者关于刑法总则的疑惑，自然亦让他们没有理由忽视犯罪化问题。他们不必重新去找出针对刑事制裁的限制条件，但不可否认的是，促进过罪化的政治力量可能会拒绝法哲学家们在这一方面的呼吁。尽管如此，学者不用从刑法总则中转移他们的关注点，亦可以找出限制刑事责任的原则。

II. 从刑罚到犯罪化

重大危害/邪恶和不法性两个限制条件都在刑法总论有体现，但刑法总论部分并非限制犯罪范畴的唯一源泉。惩罚的规范抗辩事由亦是限制原则的重要理由来源。犯罪化理论必须阐明限制刑法的具体原因。换句话说，刑事责任有何特殊性？为什么刑事责任的施加必须出于禁止重大危害/邪恶的发生？为什么行为没有不法性而施加惩罚不具有正当性？或者说为什么公民会特别关注国家何时才能通过刑事法律行使国家权力？我将在下文论证，通过探索或解决这些问题或难题，刑事制裁具有正当性还应包含另外两个限制条件。

刑法和其他部门法，或者说和其他非法律模式调整社会秩序的体系最重要的区别在于，刑法是将犯罪行为人置于国家惩罚之下。[①] 除非国家被授予惩罚那些违反特定规则之人的权力，我们

① 惩罚和刑事法律之间的联系在非英语语言中可能会更好理解，如德语：Strafrecht；西班牙语：Derecho Penal；法语：Droit Penale；意大利语：Diritto Penale。这一发现归功于里奥·载伯特。

不应该将这些规则划分为刑事法律。[①] 反之亦然。一个人除非犯了罪，否则国家是不能对他判处刑罚的。我们不能因为国家对那些并未实施违反刑法的行为施加制裁，就将制裁视为刑罚。该论点虽然不是绝对准确，但其将刑法和国家惩罚结合起来有利于同时解决两个问题。其不仅明确了刑事法律的区分标志，还合理地解释了为什么需要有犯罪化理论。犯罪化理论为国家机关对犯罪行为判处刑罚提供了限制条件，而我们之所以要研究限定刑法适用的原则，旨意在于减少国家对行为人判处刑罚性制裁的可能性。

当然，笔者认为当且仅当行为人的行为使其被置于国家惩罚的限制下，该行为才是犯罪行为，但该论点并不意味着犯罪行为人实际上就应受到惩罚。比如即使这些犯罪行为人被侦查出来，他们也可能通过贿赂或者操作法官的自由裁量权免于受到拘捕和起诉。但当刑事法律生效后，某些惩罚几乎必然会发生。这种必然性根源于刑事法律几乎完全是有效的事实。犯罪行为被谴责或被禁止，但却几乎从来没有被根绝过。无论法律怎么规定，仍有部分人会实施这些被禁止的行为。如果确实违反了刑事法律，这些犯罪行为人自然会受到国家惩罚。但对这些人的惩罚一定是正当的吗？如果仅仅是颁布一项法律就可以有效地防止人们违法，那么该问题自然就只是个假设而已。在法律得到绝对遵守的美好世界里，没有人会犯罪。因此，没有人需要被处以徒刑。但现实世界并没有那么美好，法律并不能得到绝对的遵守，因此，犯罪化理论的意义就凸现出来。在立法者颁布一项刑事法律之前，最好是能确信国家惩罚违反该项法律的人具有合理性。如果创制的犯罪将犯罪行为人置于法律的惩罚之下，却没有很好的理由让人

---

① “刑罚制度使刑法具有更加突出的特征。”乔治·P. 弗莱彻：《刑法基本概念》，纽约：牛津大学出版社，1998 年，第 25 页、第 153 页。

类去相信该惩罚具有合理性，那么国家就不应该在法律中创制这些犯罪。如果对那些犯了特定犯罪的行为人的惩罚不可能具有合理性，那么国家首先就不应该在法律中创制这些犯罪。这样的立法使国家忽略了其应该禁止的行为，并使国家实施的惩罚不具有合理性，或违背将该法律划分为刑法的初衷。在这些选择中，很难判断哪一个更能让人接受。

但刑事法律是否真会因某种原因而显得特殊？笔者是否应继续具体研究刑事法律的合理性，而不应该从整体上研究国家权力的合法性？① 笔者认为应该这样。犯罪化理论仍然是笔者研究的核心。笔者认为刑事法律具有易受国家惩罚影响的特性，这几乎是类似概念性真理问题：一项法律之所以被称为刑事法律，是因为触犯该项法律的行为人受到了国家的惩罚，而国家之所以对行为人施以惩罚，也正是因为其犯了某项犯罪。② 但采用这种假设性的概念逻辑，并不能让怀疑论者信服。笔者欣然承认要支持笔者的论点，还缺乏决定性的论据。但这些怀疑论者又能提出什么反驳意见？坦率地说，几乎没有旗鼓相当的反对者。没有人会认

---

① 有关刑事制裁的内容笔者将在第 3 章第 II 节中详细讨论，再次特意提到刑事制裁的目的在于为论证犯罪的正当性提供更多的合理性基础。要了解有关所有法律——包括非刑事法律都应该至少满足一个合理性标准的论点，参见兰迪 · E. 巴内特：《恢复失去的宪法：自由推定》，普林斯顿：普林斯顿大学出版社，2004 年。

② 笔者并不怀疑无制裁措施的禁止性规定的逻辑一致性。笔者只是不赞成禁止性规定属于刑法。刑法如果没有规定刑罚是否还能继续存在的问题，在主张刑罚废除主义理论的评论中被具体地论证到。例如赫尔曼 · 比安奇认为，刑罚不可能正当化，其建议刑罚应该“彻底地废除”。参见赫尔曼 · 比安奇：“废除刑罚：赞成与反对”，载安东尼 · 达夫和大卫 · 格兰德编：《审阅刑罚》，牛津：牛津大学出版社，1994 年第 336 页、第 341 页。主张刑罚应废止者认为他们本身并不要求如同废止对犯罪做出的惩罚性反应那样废止刑法。但笔者认为主张废除刑罚就是主张废除刑法。刑罚被废除后，该部门法也不能再称为刑法。无论怎样，主张废除刑罚的废止主义者，几乎没有赢得追随者，至少在英美法系没有赢得追随者。笔者仍然相信，因违反法律规定而受到惩罚是正当的。笔者亦赞同那些认为刑罚应减少的学者的观点，但不赞成刑罚应减少至消失的观点。

为刑事法律可以依据其内容来判断其性质。① 任何近代法律的案件都显示，② 当代学者在判断刑事法律的显著特征时，更多的是选择逃避而不是直面问题。③ 有些学者公开表示对判断刑事制裁性质进行研究的绝望。④ 即使那些将刑事法律等同于程序法的学者，亦不反对笔者的论点。⑤ 可以确定，大多数宪法规定的保留条款，依然只适用于刑法。⑥ 例如，有关不得自证其罪的第五宪法修正案，就适用于刑事案件。排除合理怀疑的权利也是仅仅适用于刑事起诉过程。但这些围绕刑事制裁程序产生的程序保护措施，并不能精确地说明何为刑法。事实上，这些特殊条款只有在刑事法律是特殊的、其合理性比其他法律更难论证的假设前提

---

① 正如亨利·M. 哈特曾经质问的那样，一项犯罪似乎就是“可以称之为犯罪的任何事物”。参见亨利·M. 哈特：“论刑法的目的”，载《法律和当代问题》第23期，1958年，第404页、第410页。

② 想了解对C. S. 肯尼的《刑事法律概要》第19版中有关犯罪的8种定义的讨论，参见林德赛·法摩尔：《刑法：传统和法律秩序：犯罪和苏格兰法的精神》，剑桥：剑桥大学出版社，1977年，第176－177页。

③ 参见克莱尔·O. 芬克斯德：“实证主义和犯罪的概念”，载《加利福尼亚法律评论》第88期，2000年，第335页。

④ P. J. 菲兹格拉德在他的论文“犯罪概念”中认为，探索刑法的定义是枯燥乏味且没有实际意义的。参见P. J. 菲兹格拉德：“犯罪概念”，载《刑事法律评论》，1960年，第257页。

⑤ 相关例子参见罗利·M. 帕金斯、罗纳德·N. 博伊斯：《刑法学》（第3版），米尼奥拉，纽约：Foundation出版社，1982年，第11－12页。犯罪这一术语的定义实际上不能与审判犯罪行为的诉讼程序的性质相分离。为了支持该观点，作者引用了格兰维尔·威廉姆斯对犯罪的定义：“一种能引起刑事诉讼程序并引起刑事后果的可谴责性行为”。参见格兰维尔·威廉姆斯：“犯罪的定义”，载《当代法律杂志》第8期，1955年，第107页、第125页。但威廉姆斯在后来对犯罪的定义中，明确认为应通过刑罚来阐明所谓的“刑事后果”的性质。参见格兰维尔·威廉姆斯：《刑法学教科书》，伦敦：史蒂文＆桑斯，1983年，第27页

⑥ 参见斯蒂芬·J. 斯丘胡福尔：“保护社会的两个体系”，载《当代法律杂志》第7期，1996年，第69页。

下，才能用于保障公民个体权利。[①] 正如亨利·哈特在大概50年前尖锐地质疑："如果任何行为首先就被定性为犯罪，那么在刑事起诉程序中，维护行为人的程序权利又有何意义？"[②] 任何真正试图判断刑法性质的学者都应该让我们对这个问题不再困惑：为何如此多学者认为这些程序性保障在其适用领域内应当保留是非常重要的？

笔者认为刑法是特殊法律，但很明显，这个论点遇到的最艰难任务是：确定国家针对犯罪行为采取的措施中，哪些措施可称为刑罚？如果我们不知道适用于行为人的制裁措施是否是刑罚，那么我们就不能确定行为人的行为是否属于犯罪行为？因此，我们亦就不能确定该犯罪行为是否应该适用犯罪化理论所要求的更高的正当性标准。大量的新制裁措施都会遇到要区分并将某些行为归入犯罪的问题。[③] 这些制裁包括没收资产、逐出国籍、惩罚性赔偿、驱逐出境、剥夺国籍、撤销特权、反社会行为令、少年犯禁闭、审前羁押、羞辱仪式、民事藐视令和保护令等。[④] 许多针对白领犯罪的措施，亦模糊了民法和刑法的界限。例如国家本来要起诉实施了刑事违法行为的公司，但依照"延迟起诉协议"，又以公司改革作为交换条件而延迟起诉。如果公司改革在既定期限内完成，那么潜在的起诉就可能取消。但很多关于性侵犯的法

---

① 参见威廉·斯顿茨："实体、程序及民事法律和刑事法律的界限"，载《当代法律杂志》第7期，1996年，第1页。

② 参见亨利·M. 哈特："论刑法的目的"，载《法律和当代问题》第23期，1958年，第431页。

③ 这些制裁措施的采用有利于"刑法的民事化和民法的刑事化"。参见托马斯·科尼格、迈克尔·拉斯塔德："该受刑罚的'刑事侵权'行为"，载《密歇根大学法律改革杂志》第31期，1998年，第289页、第297页。

④ 有关的详细讨论，请参见苏珊·R. 克莱因："重新界定刑法和民法的界限"，载《布法罗法律评论》第85期，1997年，第775页。

律都规定对犯罪人的惩罚适用民事程序，民事程序的结果却只是将这些性行为混乱的危险分子关押而已，这是现阶段争议最大的现象。[①] 要求将实施了性侵犯行为的犯罪分子登记在册的规定，亦引起激烈地辩论。[②] 这些制裁方式是属于违反刑法才能施加的刑罚吗？

什么类型的国家应对措施才能称为刑罚？答案是不确定的。这种不确定性在讨论国家怎样应对或国家应该怎样应对毒品犯罪时更令人担忧。由于美国毒品法庭数量的大量增加，对毒品使用者进行治疗而不是监禁毒品使用者的转变亦得到广泛支持。[③] 例如在 2000 年，加利福尼亚州以 3：2 的比例通过第 36 条提案，规定所有违法使用毒品者都必须接受治疗，不遵守或者不接受治疗的人将被判刑入狱。这种对待毒品使用者的态度由判刑入狱转变为让其接受治疗的趋势，并不是加利福尼亚州所特有。在今天的整个美国，大概有 100 万～150 万的人参与十二步酒精和毒品治疗项目。因此，对于非法使用毒品者，通常因为其愿意选择这种治疗而不会承受传统的刑罚制裁。[④] 有些州为酒驾司机提供了嗜酒治疗的机会，从而避免其被判刑入狱。许多改革者认为，这种方式是比刑罚更人道更有效的替代措施，或者认为这些做法是正

---

① 参见堪萨斯州诉亨德里克斯案，521 U. S. 346（1997）。批判性的讨论请参见斯特凡·J. 莫斯：“不能控制的冲动和非理性的人类”，载《弗吉尼亚法律评论》第 88 期，2002 年，第 1025 页。

② 参见史密斯诉无名氏，538 U. S. 84（2003）。该案确定无论“梅根法”的阿拉斯加版—也即《性犯罪分子登记法案》，是否在实施效果和制定目的上具有如此的惩罚性，但最终都否定了国家规定该法案为民事法律的立法目的。

③ 参见小詹姆斯·J. 诺兰：“重新诠释正义：美国毒品法庭运动”，普林斯顿：普林斯顿大学出版社 2001 年。毒品法庭运动在美国之外的其他国家也很盛行。

④ 参见斯坦通·皮尔、查尔斯·巴夫、阿奇·布罗兹凯：《质疑十二步强制疗法》，Tucson：Sharp 出版社，2000 年。

确的。[①] 但是，问题在于这些方式是否仅仅是换了名称的刑罚？

笔者认为刑法是特殊的部门法，其特殊性在于其能使犯罪行为人受国家刑罚的惩罚。要阐明此观点比要把该观点在实践中进行适用容易很多。我们如何判断何种制裁是刑罚？联邦最高法院将某种司法程序作为民事程序而非刑事程序主要是依靠法定解释。[②] 因此，虽然法官审判完全遵从立法机关授权他们执行的程序，但国家立法机关为该种程序贴上的标签并不具有盖棺定论的意义。如果虽然是民事法律规范，但法定解释认为该民事法律规范“在目的或效果上表现出惩罚性，从而否定国家制定法律的真正目的”，法院就会正式宣布该规范是刑法，那么依照该规范作出的制裁便是刑罚。[③] 但该标准的应用，会给法院和学者带来棘手的难题。一位学者这样批评法院试图区分刑事惩罚和民事制裁的这种标准，“一片混乱，毫无逻辑……前后矛盾，以至于令人难以理解”。[④]

虽然刑事制裁和民事制裁区分不清是难以避免的，但笔者不觉得这会削弱笔者的观点。[⑤] 任何有关刑法性质的观点，都应该符合非典型的或者非标准的案例。我们不应总是期望每一项制裁是否属于刑罚都一定有确定的答案。[⑥] 几乎和所有的概念一样，

---

① 或许并非如此。想了解不太肯定的评价，参见艾里克 · J. 米勒：“纵容毒瘾：毒品法院和司法干涉主义的虚假允诺”，载《俄亥俄州法学期刊》第 65 期，2004 年，第 1479 页。

② 参见艾伦诉伊利诺伊州案，478 U. S. 364（1986）。

③ 参见美国诉沃登案，448 U. S. 242，248 - 249（1980）。

④ 参见韦恩 · 洛根：事后溯及条款和刑罚的法理基础，载《美国刑事法律评论》第 35 期，1998 年，第 1261 页、第 1268 页和第 1280 页。

⑤ 诚然，如果减少刑法的内容并缩小其使用范围，会扩大一些非刑事惩罚但又类似刑事惩罚的制裁措施的使用，那么该行为并不令人赞赏。

⑥ H. L. A. 哈特认为，通过识别他所谓的刑罚的次级或亚标准的案件来解决（或可能是逃避）该问题。哈特：《惩罚与责任》，牛津：牛津大学出版社，1969 年，第 5 页。

刑罚的概念也不明确，这本身就会引起难以定夺的情形。而且这种难以定夺的情形可能越来越多，因为国家对新型制裁方式的创制进行了大力鼓励和支持，这些新型制裁方式为了规避只有在刑事领域才能适用的程序保护规定，并没有明确其到底是否属于刑罚。最具哲理性且最复杂的分析是将刑事制裁和非刑事制裁的对比，看成是刑罚轻重程度与是否是刑罚的对比。① 当然，我们非常确信国家的有些措施与偏离刑罚的标准模式十分遥远。偏离越远，则需要的保护就越少。然而不幸的是，大多数研究刑罚概念的法学理论都不接受某些特定的国家制裁方式是不能归类的。事实上，这些制裁措施只能被视为在某种意义上像而在某种意义上又不像刑罚的标准模式。最终，法律程序的实际适用技巧是将这些难以区分的制裁措施，草率地划分为这种类型或其他类型。但刑罚概念是不容这种草率的分类。如果刑法的理论限制不情愿把刑事制裁和民事制裁的区分划入任何一类，也不能因此认为刑法的限制理论本身就是有缺陷的。②

虽然我们很难划清刑罚和其剥夺权利的方式之间的差别，但笔者仍继续认为刑法和其他部门法是有区别的，因为只有刑法能

---

① “即使在理论层面，确定刑法范围的可能界限，亦可能不会涉及明显的区别和明确的分类，而只涉及程度的判断问题而已。”参见安德鲁·阿什沃斯：《刑法的原理》（第 4 版），牛津：克拉伦登出版社，2003 年，第 27 页。

② 也许由于笔者没能在刑法和非刑法之间划出一条明确的界限，因此，很多问题并不能圆满的解决。笔者承认非刑事法律规则也需要满足合理性标准，但并没有那么严格。实践中，许多刑罚的范例形式都会因同样的理由引起异议。以美国**住房与城市发展部诉拉克尔案**，［535 U. S. 125（2002）］为例，在该案中，租客由于作了以下承诺：保证房屋中的任何人，包括客人或者其他租客所熟悉的人，都不能在房屋中或房屋附近从事任何与毒品相关的活动，从而被逐出房屋。法律规定授予该部门逐出租客的权利，即使租客不知道、不能预见或者根本不能控制出租屋中其他人从事与毒品相关的活动。这种诉讼程序会使被告承受痛苦和羞辱。这痛苦和羞辱几乎可以等同于刑事制裁给被告人带来的影响，因此，这种诉讼程序也应该证明其合理性。

使犯罪人受到国家的惩罚。如果笔者的观点是正确的，那么犯罪化理论解答的最基本的问题就是：**何种行为能使国家对公民施加刑罚**？因此，如果能判断出行为人在什么时候不应受惩罚时，我们就可以找出刑事制裁应受到的限制。① 该研究使笔者瞬间陷入了政治法律哲学史上最深的困境：国家刑罚的正当性。不用说我们都明白，为即将受到惩罚的行为人辩护是件非常困难的事情。② 学者之间的分歧非常大而且很严重，甚至由分歧引起的争鸣已经深入到道德直觉的最深层次。一些学者认为国家刑罚是不言自明的，刑罚亦是人道的。而另一部分学者则认为国家刑罚是违反直觉的，刑罚是野蛮的。期望这些争议能很快达成一致是不现实的。幸运的是，我们不需要等到对刑罚正当性论争的结束。笔者以为只需要几种简单的观点，该问题的解决就可能取得很大的进展。首先，我们知道所有的法哲学家都一致同意：刑罚的施加必须具有正当性。亦就是说，即使在刑罚如何才能具有正当性上有诸多分歧，但至少都一致认为正当性是施加刑罚必要的条件。③ 无论学者所支持的正当化根据是什么，但都认为如果刑罚没有正当性，则国家刑罚就是不正当的。如果我们能找出一种或多种符合任何可能被采用的针对施加的刑罚的抗辩事由，那么我们就能使某些（现行的或想象中的）刑事法律被置于刑事制裁的范围之

① 该问题的概念化在康德法律哲学中已有体现。在康德的法律哲学中，犯罪化理论的基本问题是国家是否被允许使用武力来进行统治。有关康德式刑法的更多阐述，请参见亚瑟·利普斯坦：《康德伦理学指南》（即将出版），牛津：布莱克威尔出版社，2005 年。

② 一位学者认为，刑罚可正当化的假定简直就如同“向国家机构乞求一样的荒谬”。参见玛丽·马格瑞特·麦肯兹：《柏拉图论刑罚》，伯克利：加利福尼亚大学出版社，1981 年，第 41 页。

③ 约翰·罗尔斯的评论认为，鉴于“所有人都反对刑罚”，而“而事实却只有为数不多的人彻底拒绝刑罚”，“这是非常令人惊讶的事情”。参见约翰·罗尔斯：“规则的两个概念”，载《哲学评论》第 64 期，1955 年，第 3 页。

外。刑事规范如果没有满足这些限制要件，那么行为人就将受到不合理的刑事惩罚，任何能被认可的犯罪化理论都不容忍这样的结果。

笔者已提出犯罪化的两个限制要件：只有为了防止具有重大危害或邪恶的犯罪行为时，施加刑事责任才具有正当性；亦只有被告的行为（从某种意义上说）具有不法性时，刑事责任才能施加于被告。在本部分中，笔者将论述第三个限制原则。笔者把该原则称为该当性原则，即当且仅当行为人应受惩罚时，刑罚才具有正当性。换句话说，不应受惩罚而被惩罚就是不正当的。当然，与另外一个限制原则一样，该限制原则亦没有实体法上的内容作为理论支撑。在提出该限制原则时，笔者并未作出很多努力。[①] 但是，从不法性和该当性两个限制条件的概念看，二者具有很大的重叠之处。大部分刑法只要违反其中一个限制原则，则必然亦会违反另一个限制原则。但不能因为这两个限制原则概念上的重叠，就认为二者是同一的。我们亦不能认为当且仅当刑罚是针对被允许的行为施加时，该种刑罚才不具有该当性。其理由有三个：首先，宽恕事由的存在说明二者是不一样的。其次，即使是行为人由于实施不法行为而被施加刑罚，如果被告存在宽恕事由，那么这种刑罚亦不符合该当性原则。[②] 而且当惩罚不法行为人时，如果刑罚超过一定的限度，那么这种刑罚亦不符合该当性原则。罪刑均衡原则是一个几乎被所有的理论家视为刑事法律哲学的核心原则，它是以该当性限制原则为基础的。但该当性和不法性这两个限制原则，还因第三个不太明显的理由而相异。正

---

① 安德鲁·冯·赫希的作品集，对刑事法领域的该当性原则进行了非常精彩的阐述。参见《过去或现在的犯罪》，新泽西：罗格斯大学出版社，1987 年。

② 参见杰里米·霍尔德：《宽恕犯罪》，牛津：牛津大学出版社，2004 年。

如我们将要看到的，并非只有不法行为这一项条件就可以使行为人受到国家惩罚。私人的不法行为，虽被认定，都不足以使行为人受到国家的惩罚。当然这些论证只是对该当性原则进行论证迈出的最小的一步。笔者接下来会努力（必须承认笔者的努力还是不够）从大家都熟知的直觉方面进行论证。

任何该当性理论都不会反对笔者提出的三个内部限制原则。事实上，内部限制原则几乎可以和所有法哲学家们试图捍卫的理论兼容。如果因为刑罚能够带来有益的结果，就认为刑罚具有该当性，那么这三个限制原则就显得不那么有说服力了。但据笔者所知，绝大部分的结果主义论者，在努力证明刑罚的正当性时，亦保留了这些限制原则。也就是说，这些理论家并没有明显地排斥这些限制原则，他们只是在解释这些限制原则时有异于非结果主义论者而已。例如，结果论者（可能）会认为，当犯罪行为人的行为会引起国家应预防的危害或邪恶时，这种行为就是不法的，无论行为人（不具有宽恕事由的情况下）何时实施该种行为，他们受到的惩罚都是应得的。当然，笔者亦承认亦有部分论证刑罚正当性的理论家不会接受这些限制原则，但笔者不认为他们对每一个关于刑罚的抗辩事由都保持中立态度。但愿这种中立性的缺乏不会引起很大的问题。哲学质疑总是要从某个点开始，而笔者对刑罚的哲学质疑就从此开始。

笔者承认要为这三个限制原则找到很有说服力的根据并不容易。有些理论家认为，即使刑罚不具有该当性，或即使不具有不法性，或即使没有造成重大危害或邪恶，刑罚仍然具有正当性。对于这些观点，笔者也不知道怎么回应。也许我们最好的回应就是提出质疑：如果不需要这三个限制原则，那么刑罚正当性的基础又是什么？假设某个人将要被施以刑罚，在刑罚施加开始之前他要求说明这种刑罚的正当性基础，并且认为阐明施加刑罚的正当性是非常必要的。他可能就会问："国家通过惩罚我是想禁止什么危害或者邪恶?"或者问："我究竟做错了什么而要受到惩罚?"抑或是"为何我应受到惩罚?"针对上述问题，假设国家的回应是："我们希望通过惩罚你来消除危害或邪恶"，或"尽管你并没有做错什么，但你受到的惩罚依然是正当的"，抑或是"你受到这种惩罚不是应得的，但惩罚却是正当的"。这些回答太奇怪以至于就算行为人和国家继续对话，亦不能得到真正的答案。

如果问笔者是否认为现行刑法遵守这三个限制原则，笔者的回答当然是：现行刑法并没有遵守这三个限制原则。此亦正是刑法不具有正当性的原因。刑法规定的很多辅助型犯罪，即在主要犯罪圈范围外的犯罪，都与这三个限制原则不相容。一些学者的报告认为，立法者在制定法律时，几乎不考虑这些限制原则。法哲学家们遭受到各种指责，因为他们创造了"个体道德上的应受惩罚性和归责性是现代刑事法律所应遵守的原则"这个"神话"。[①] 另一些学者指出："刑法几乎忽略了亨利·哈特所信奉的个体道德的可谴责性。"[②] 笔者认为，当例外情况太多时，没有哪个原则可以很准确地归纳实体刑法。要确定这些限制原则不再描述我们实在的现有刑法，而是在描述我们可能更加倾向的刑法的重要意义，是非常困难的。国家禁止的是会引起重大危害或邪恶的具有不法性的行为，且对行为人施加刑罚必须具有该当性，这是我们越来越没有理由怀疑的限制性原则。但是期望通过这些原

① 约翰·L. 黛蒙德：道德的神话和刑法原则的错误，载《美国刑法评论》第34期，1996年，第111－112页。

② 路易斯·L. 比利昂尼斯："法律程序、宪法和实体刑法"，载《密歇根法律评论》第96期，1998年，第1269－1279页。但比利昂尼斯很快又补充认为，他是众多认为哈特有关刑法的阐述具有吸引力的一位而已，参见路易斯·L. 比利昂尼斯："法律程序、宪法和实体刑法"，载《密歇根法律评论》第96期，1998年，第1278页。

则从而限制过罪化趋势，在现阶段看来，政治惯性会让我们很难实现该愿望。现行刑法可能已经变成了“失败的法律”[①]。但笔者的理论观点并不在于阐述刑法本身的现状，而在于建立一个规范性的犯罪化理论限制刑法。同时，笔者亦试图对刑法本身就已包括该规范性理论的内涵进行论证。我们不能容忍对这些内部限制原则的背离，因为触犯刑法的行为人要受到国家惩罚，所以这种刑罚必须具有正当性。如果任何一项限制原则未得到遵守，刑事责任和惩罚就不具有合理性。如果这是我们遭受指责的现实原因，那么法律哲学家就该放弃探讨有关的理论，并不再提出规范性质疑。

由于只有当行为人违反了遵守限制原则约束的法律，才能对其施加刑罚，因此，如果不以限制性原则为条件，惩罚性制裁就不可能合理。诚然，许多法哲学家似乎都论证了刑罚的合理性基础，但却没有探究受到惩罚的行为本身的性质。该现象具有误导性。如果仔细考量法哲学家为论证刑罚合理性所做的努力，我们就能发现，这些法哲学家是认为（通常是隐性地）只有某些具体规范性条件具备时，他们的观点才能适用。一般而言，学者认为不仅一个整体的法律系统，应当具有基本的正当性，而且受到质疑的单个具体规范亦应具有正当性。[②] 从围绕刑罚的辩护事由引起的很难避免的争议看，想要不遗漏这一重要的假定是很难的。但细加反思我们就知道：如果刑事制裁的施加根本不考虑刑法的内容，那么刑罚是否及在何种条件下才是行为人该当的刑罚的复杂的范性论述就根本没必要。

---

①　参见安德鲁·阿什沃斯：“刑法是失败的法律吗?”，载《法律评论季刊》第116期，2000年，第225页。

②　参见赫伯特·莫里斯：“公民与刑罚”，载《*Monist*》第53期，1968年，第474页、第478－480页。

虽然一些试图论证刑罚正当性的学者自称他们的规范性观点适用于法律体系而非单个的刑法规范，但无论前者是如何的正确，后者的限制也是必要的。也就是说，当我们有足够的理由得出结论认为：被施加刑罚的特定行为首先就不应被认定为刑事行为，那么刑事制裁就不具有正当性。① 即使是当受到质疑的法律是“基本上公正”的法律体系（不管这到底是什么）的一部分，前述观点也是站得住脚的。行为人在内战之前违反逃亡奴隶法而受到刑罚，而那个时期的这种法律体系是基本公正的，那么在此情况下，上述观点还正确吗？只有当奴隶制的非道德性破坏了可以拥有奴隶的社会中的“基本公正”，且有关刑罚的正当性理论在该社会中不适用时，该结论才能成立。

因此，如果法哲学家认为他们有关刑罚正当性的理论只有在满足了具体的规范性条件时才能适用，那么笔者认为这些条件都是有关某一具体规范而非整个法律体系的条件。因为一个恰当的刑罚理论必须把刑事制裁在什么情形下是不合理的具体化，所以刑罚理论对刑法的内容是有影响的。在本章节的剩余部分，笔者将通过简单讨论部分著名法学家论述的刑罚理论可能带来的影响，以阐述刑罚的正当性理论是怎样限制犯罪化的。虽然笔者相信笔者的观点可以概括任何合理的理论，但笔者论述的焦点聚焦于诸多报应论。② 在阐述报应论对犯罪化的影响之前，应对报应

① 笔者并不是第一个做这种断言的法哲学家，其对犯罪化的影响亦仍然不明确。例如赫伯特·帕克认为，我们不能在没有给刑罚制度设定一个合理的基础的前提下，而仅仅凭直觉去讨论刑事制裁的适用范围。参见赫伯特·帕克：《刑事制裁的限制》，斯坦福：斯坦福大学出版社，1968 年，第 4 页。同时还可参见杰弗里·墨菲、朱尔斯·科尔曼：《法律的哲学》，新泽西：Rowman & Allanheld 出版社，1984 年，第 114 页。

② 笔者并不支持一个可能证明笔者后面要讨论的各种理论属于报应主义的不同形式的概念。参见约翰·科丁汉姆：“报应主义的不同形式”，载《哲学季刊》29 期，1979 年，第 116 页。

论本身进行详细的论述。[①] 报应论者必须详细说明为什么犯罪分子应该受到惩罚、明确是什么原因使犯罪行为受到的刑罚具有该当性。[②] 有部分法学家试图挑战该难题。笔者对大量学者的研究进行了简要的分析，当然笔者的目的并不在于支持或攻击他们的观点，因为对这些观点进行支持或攻击的批判性文章大量存在。[③] 相反，笔者的目的是为了证明每个有关刑罚的理论都对犯罪化理论具有重要影响。如果所有的刑罚理论都对刑法规范的内容产生了限制，并且所有的刑法规范属于使行为人受到国家惩罚的法律的组成部分，那么犯罪化的限制条件就会源于刑法内部。

很多报应主义论者以利益—负担论来论证自己的观点。[④] 根据该理论，违反法律的人获得了相对于遵守法律的人来说不公平的利益。该违法之人该受到惩罚，因为通过惩罚消除了违法之人获得的利益或使这种利益无效。这样通过刑法对违法者施加一定的负担，便可以恢复原来的平衡状态。在刑事实体法中，该理论因为犯罪行为所获得的利益的性质不同，也产生了很多分歧。[⑤]

---

① 但是，根据朱尔斯·科尔曼的观点：报应主义并不属于刑事责任理论，只是一种关于什么是应该做的理论，或至少只是一种国家在那些刑事不法行为已经出现的案件中该如何合法应对的理论。参见朱尔斯·科尔曼：《刑法原理的实践》，牛津：牛津大学出版社，2001年，第33页。科尔曼的观点半对半错。所有报应主义理论都不能涵盖犯罪化理论。但大多数报应主义理论更多的是论证国家针对刑事违法行为采取的措施的合理性。正当性限制了“违法行为”的范围

② R. A. 达夫认为，报应主义反对者在犯罪行为人受到的刑罚具有该当性的一般理论上大做文章。参见R. A. 达夫：“刑罚、交流和社区”，载麦特·麦特福编：惩罚和政治理论，牛津：Hart Pub. 出版公司，1999年，第48－50页。

③ 有关对报应论进行最尖锐评论的学者是鲁塞尔·L. 克里斯托弗：“反对报应主义：‘公正’刑罚的不公正”，载《西北大学法律评论》96期，2002年，第843页。

④ 在过去，这些理论可以说是有关报应主义最具影响力的论证。参见大卫·多林克：“对报应主义的几点看法”，载《伦理学》第101期，1991年，第537页。

⑤ 针对犯罪行为所获得的不公平收益有许多不同的解释，其中理查德·伯格的解释最有影响力。参见理查德·伯格：“罪责是否该当刑罚？”，载《哲学杂志》第79期，1982年，第193页。

但最具有说服力的观点是：犯罪行为人获得的不公平利益是他的物质性所得——犯罪的成果。例如，相较于没有实施盗窃的公民而言，实施盗窃行为的公民如果不为盗窃付出代价，那么其就会变得富裕。对于财产性犯罪而言，这种关于通过犯罪行为获取利益的观点似乎是合理的。但对于并未从犯罪中获得物质利益的被告人而言，为什么要受到惩罚？该观点不能回答这个问题。法学家或许会从以下两种方式中选择一种对此进行解释。第一，他们会认为，不管表面如何，利益—负担理论都能论证为什么那些没有从犯罪行为中获得明显利益的犯罪行为人亦应受到刑事制裁。[①] 第二，他们或许亦会认为，这些犯罪已经超过了刑事制裁的合理范围。尽管上述两种解释都不够有说服力，但笔者认为两个方式都以刑罚理论会对刑事实体法有影响为前提。

但是，大多数理论学者并不赞同从犯罪行为获得的不公平利益是犯罪行为人的物质所得。相反他们认为，犯罪行为人获得的利益是解除了自我约束负担，而遵守法律的公民却要继续承受自我约束的负担。[②] 这种观点回答了前文所述的问题，那些犯罪行为人尽管没有从犯罪中获取实际利益，但他们解除了一般守法公民应承受的负担（这也算是一种利益）。如果认为不公平的利益仅仅是由违反任何法律而获得利益，这个观点似乎并不影响犯罪化。但该情况是否属实？如果属实，那么对那些屈服于他们的仁慈之心，对美国内战前南方逃跑的奴隶提供帮助，从而放弃遵守法律的自我约束负担的人判处刑罚，就具有正当性。任何试图阻

---

① 一些理论家试图解决这些问题，例如迈克尔·戴维斯就是其中一位。详细内容参见迈克尔·戴维斯："为什么犯罪未遂该当的刑罚比犯罪既遂该当的刑罚更轻?"，载《法律和哲学》第 5 期，1986 年，第 1 页。

② 参见赫伯特·莫里斯："公民与刑罚"，载《*Monist*》第 53 期，1968 年，第 474 页、第 478－480 页。

止这类反证的努力，都证明对刑事实体法内容的影响是存在的。

但这些影响又是什么？我们再简单回顾刑法典中新规定的几种犯罪：竞合性犯罪、辅助型犯罪和预防风险犯罪。[①] 其中，预防风险犯罪是这些犯罪中在最易于用利益—负担理论论证的一种犯罪。例如，汽车驾驶员行车过程中加速行驶而引起危险，毫无疑问，相对于摩托车手来说，他获得了某种优势（利益）。在遵守交通规则的情况下，摩托车手需要更长的时间到达目的地。很多受人推崇的刑罚理论都能容忍这些犯罪，但笔者提出的犯罪化理论将分别阐述这些犯罪的正当性问题。[②] 但是，让我们来分析，把利益—负担理论适用于竞合性犯罪时，将会得出什么结论。比如当某人实施了犯罪行为，恰好他所在的管辖区刚刚通过了几个竞合性的规范来禁止这类犯罪行为。此时，我们很难判断该人是否获得了更多的利益，因为没有合理的措施可以衡量其犯罪与他所触犯的竞合性规范的纯粹数量匹配。同样，社会上守法公民所承受的自我约束负担，也不会因为立法者通过了更多的竞合性规范而增加。人们很容易认为那些克制自己实施犯罪行为的人，实际上会由于这种克制而承受不利。但如果认为违反四条规范的负担比违反三条规范的负担更大，这将是不可思议。很多辅助型犯罪的影响并不是如此简单。正如我们所见，辅助型犯罪的意义在于促使国家获得其他犯罪的信息，或对那些比真正要防止的行为更容易侦破的行为进行犯罪化。不可否认，其中的部分犯罪会使守法公民承受某些不利。很明显，提交详细报告的公司领导要监视会计师，承担重要负担，而违反法律的公司领导却不会承担这些负担。尽管如此，辅助型犯罪行为人实施犯罪行为时（国家实

---

① 参见第1章第III部分。

② 参见第1章第III部分。

质上无意遏制这种行为，但由于该行为与核心或主要犯罪行为有牵连而被法律禁止），如何获得未违法的人所没有获得的利益是不明确的。如果被告人所实施的辅助型犯罪并没有涉及国家真正想要遏制的行为，例如，当一个人仅仅是忘了提交一份表格，即使他既没有说谎也没有偷窃，那么他获得了某种利益就必须受到刑罚惩罚吗？答案并不确定。

在某种程度上，刑罚表达论在哲学家之间比利益—负担论更受欢迎。刑罚表达论包含多种变形，① 不同的刑罚表达论者对该理论的表述是不同的。乔尔·范伯格的观点最具有代表性和说服力。范伯格认为，刑罚是实施惩罚的权力机关或以某一权力机关的名义实施刑罚的机关表达报复和愤慨态度的一种传统方式，也是具有否定性和谴责性的价值判断。② 几乎和所有其他观点一样，该观点对犯罪化具有一定的影响。如果不首先考虑范伯格所描述的触动报复和愤慨态度的犯罪行为的性质，这种报复和愤慨态度的表达论，会因此而引起不公正的刑罚。范伯格认为，除非针对某些特定犯罪行为的报复和愤慨态度是适宜的，否则表达这些心理态度的传统方式只能让他们所直接针对的人感到困惑。范伯格认为，刑罚是表达报复和愤慨心理态度的观点要求“犯罪必须是那种真正应该受到谴责的犯罪”。③ 因此，如果被惩罚的某一犯罪行为实际上并非真正该受到谴责的行为，那么这种表达就是一种不合理的刑罚。很显然，刑法典规定的许多新型犯罪都与该标准

---

① 想要了解更多的解释法之理论的形成，请参见马修·阿德勒：“法之表达功能论：怀疑性的概要”，载《宾夕法尼亚大学法律评论》第148期，2000年，第1363页。

② 乔尔·范伯格：“刑罚的表达功能”，载乔尔·范伯格：《行为和当罚》，普林斯顿：普林斯顿大学出版社，1970年，第95-99页。

③ 乔尔·范伯格：“刑罚的表达功能”，载乔尔·范伯格：《行为和当罚》，普林斯顿：普林斯顿大学出版社，1970年，第118页。

不相符。现行犯罪中哪一个没有满足该标准？哪一个法定犯与此相符合？如果行为人违反的是最近才生效的辅助型犯罪对应的规范，那么报复情绪和愤慨心理表达论是否仍然具有正当性？那些恰好触犯竞合性刑法规范的犯罪行为人，是否该受到更严厉的谴责？当然，触犯竞合性刑法规范的行为人不应受到更严厉的谴责？在这几类新型犯罪中，笔者得出的结论是：只有那些触犯预防风险犯罪的行为人，才是真正该受到谴责的人。

最后，笔者想论述刑罚家长主义理论对刑法的影响。根据赫伯特·莫里斯的观点，刑罚性制裁的最主要目的是教育。[①] 基恩·汉普顿更是认为，刑罚的唯一正当性目的在于道德教育。[②] 同样，刑罚教育的可能性应建立于刑法内容符合严格的标准之上。[③] 如果刑罚是为了实现道德教育，那么刑法规定的每一个犯罪都应该有道德基础。如果犯罪行为人在实施某个犯罪时，行为并不具有不法性，那么要求他们接受道德教育的基础是什么？因此，汉普顿认为："刑法应该要么以伦理的命令性语气，比如'禁止盗窃'，'禁止杀人'等形式，要么应该以祈使语气强调道德原因的必要性，如'请靠右行驶'等形式进行表达。"[④] 关于后者的例子，笔者将在本章最后部分进行详述。现在笔者只想说明的是，越来越多的由于辅助型犯罪或竞合性犯罪而受到刑罚惩罚的情

---

① 赫伯特·莫里斯："家长主义刑罚论"，载《美国哲学季刊》第 18 期，1981 年，第 263 页。

② 基恩·汉普顿："刑罚的道德教育论"，载《哲学和公共事务》第 13 期，1984 年，第 208 页。后来汉普顿在他与杰弗里·J. 墨菲合著的作品《宽容和仁慈》（剑桥：剑桥大学出版社，1988 年）一书中修正了他的观点。

③ 参见拉斯·雪佛兰多："刑罚能实现道理教育?"，载《法律和哲学》第 10 期，1991 年，第 189 页。

④ 基恩·汉普顿："刑罚的道德教育论"，载《哲学和公共事务》第 13 期，1984 年，第 210 页。

形，似乎不符合汉普顿的任何观点。适用汉普顿的道德教育观教化犯罪分子，我们的结论也是相同的。汉普顿认为刑罚是为了让“违法者体会到其所侵害的受害者遭遇的痛苦，这样犯罪人便可以切身理解其违法行为的危害性”。[①] 但受害人遭受的痛苦是施加合法刑事制裁的必要条件吗？如果不是必要条件，那么汉普顿所谓的让犯罪人通过刑罚接受教育的观点便不正确。但如果是必要条件，则对犯罪化的影响实际上就将十分深远。

尽管前文所述较为简略，但笔者希望其足以支持笔者的结论：任何关于何时施加的刑罚具有该当性的合理的观点，都会影响犯罪化理论。我们不应只从哲学角度论证刑罚的正当性，这种单一的努力仅仅是一种例外，但明显对犯罪化不会产生影响。法律报应论就是试图通过单一的理论论证犯罪化的最有影响力的代表，并获得法学博士马博特的支持。[②] 法律报应论认为，对行为人施加刑罚之所以具有正当性，是因为他们违反了法律。[③] 马博特明确表示，政府或法律制度的好坏完全和刑罚是否具有正当性无关。[④] 但几乎没有哲学家赞同马博特的观点。最尖锐的批评观点认为，法律报应主义理论可能会导致对刑法禁止的任何行为施加刑罚都具有正当性。但是，我们很难相信，阿富汗的法院对改信基督教的穆斯林信徒处以死刑（绝对不会施加比此更轻的刑罚）是正当的。一定有人会提出反对意见，认为该反例在美国是

---

① 让·汉普顿：“刑罚的道德教育论”，载《哲学和公共事务》第 13 期，1984 年，第 227 页。

② J. D. 马博特：“论刑罚”，载 H. B. 埃克顿编：《刑罚的哲学》，麦克米伦：圣·马丁出版社，1969 年，第 39 页。

③ J. D. 马博特：“论刑罚”，载 H. B. 埃克顿编：《刑罚的哲学》，麦克米伦：圣·马丁出版社，1969 年，第 42 页。

④ J. D. 马博特：“论刑罚”，载 H. B. 埃克顿编：《刑罚的哲学》，麦克米伦：圣·马丁出版社，1969 年，第 48 页。

违宪的，但这种反应正好进一步证明笔者的观点是正确的。该法的违宪性是其内容作用的结果，并且马博特也认为施加刑罚是否具有正当性与所依据的法律的实质内容无关。换言之，法律报应论最根本的困难在于：实质上对犯罪化并没有影响。这最根本的困难也是法律报应论最明显的特征，使其与众不同。[①] 但笔者的观点是，任何涉及刑罚合理性的理论，都必须能限制刑事实体法。

某些理论的影响并不清晰，该事实让有志于构建犯罪化极简主义理论的法学家感到悲哀，也使部分法学家错失了探研涉及刑事制裁问题的刑罚的各种分支理论的黄金机会。比如，一些学者认为刑罚最核心的目标是促使犯罪行为人能自觉地遵守法律，因此他们认为，如果国家重视社会对正义的态度，该目标就最容易实现。约翰·达利是该观点最著名的支持者。[②] 约翰·达利认为，如果刑法不合理地犯罪化某种行为，那么社会就会对该法律失去信任。相反，如果国家未将社会认为应该禁止的事项或行为进行犯罪化，国家就要承担不受法律约束的行为带来的风险。任何一种失败都会导致刑法丧失某些道德信任，并且都会相应地造成社会不愿遵守法律。

该观点对犯罪化具有十分明显的影响。没有任何刑法缺陷对人们对法律信任的损坏，能和人们对不法行为是否受到惩罚的看法对法律信任的损坏相比。但奇怪的是，达利在完善论文时却根本没有提及犯罪化问题。诚然，其专著第 1 章的标题是：犯罪化原则：何种行为应被认为是犯罪？他们在专著开头就提及“无受

---

① 在他后来针对批判者的回应中，马博特认为相应的要求是不让法官在判决中判处不正当的刑罚。参见 J. D. 马博特：论弗卢教授的刑罚观，载 H. B. 埃克顿编：《刑罚的哲学》，麦克米伦：圣·马丁出版社，1969 年，第 115 页、第 124 页。该回应引起了更复杂的问题：正当的刑罚究竟是什么？

② 约翰·达利：《公正、责任和谴责》，博尔德：Westview 出版社，1995 年。

害人的犯罪”遇到的争议，比如“卖淫、赌博或某些药物的销售”等犯罪遭遇的争议[①]。但是，达利对这些争议的分析仅仅只占了一段的篇幅，并没有论及社会对任何被其称之为有争议的犯罪的看法。相反，约翰·达利直接将注意力关注其理论对“**派生犯罪**”的影响，即仅仅关注刑事责任在未遂、共谋等类似行为领域的扩张。但对达利来说意义最重要的是社会态度，而社会态度涉及刑法总则的相对比较难理解的原理。非法律人的直观感觉和这些晦涩难懂的话题之间的任何差异，都不可能导致人们对刑事司法系统丧失信心。[②] 几乎可以肯定的是：公众对这些原则并不熟悉，除非他们了解这些刑法原则，否则不会影响他们对法律的遵守。当然，**基本犯罪**是达利理论适用的更为重要的对象。[③] 因此，达利等并没有深入研究其理论最重要的影响。

如果这些学者尝试过收集社会公众对其提到的无受害人犯罪的观点，那么他们的结论又将如何？持有毒品罪是当今美国最普遍的犯罪行为，当然亦是备受争议和质疑的犯罪。但令人惊奇的是，针对该犯罪所做的不同民意调查，其结果都是不同的。在最近的几项调查中，美国36%的公众认为“大麻的使用应该合法化”。[④] 该项调查结果可能会让达利等必须从两个关键方面重新阐明其观点。一方面，达利等学者不仅要确定社会公众的观点是否与刑事责任相关，而且还要确定社会公众意见要达到**何种程度**的一致，国家才能诉诸刑罚。多大比率的社会公众认为某些法律是

---

① 约翰·达利：《公正、责任和谴责》，博尔德：Westview 出版社，1995 年。

② 参见克里斯托弗·斯洛博金：“公正仅是我们的公正？以社会科学为视角理解刑事实体法”，载《刑法与犯罪学杂志》第 87 期，1996 年，315 页。

③ 笔者认为是否尊重法律受个人经历的法律系统的影响，而不受立法者所颁布的法条或规定的影响。例如，任何一个参与到本地城市法院审理的纠纷中的个人，都不可能在对经历的法律无动于衷。

④ 美国司法部：《刑事司法统计资料》（2005 年），表 2.67。

不正当的，整个法律系统才会开始丧失可靠性？另一方面，达利等学者亦应详细说明谁能作为相关的社会公众。[①] 具有不同特征的人群对持有毒品罪的态度差异很大。如果被调查者受过较为良好的教育，且宗教信仰不太强烈，那么其更可能支持大麻合法化。[②] 另外，虽然少数民族对非法毒品持有更多的消极态度，但对执行毒品禁令却持有更多的保留意见。[③] 刑罚是普遍现象的社区的群体对毒品的态度，是否或多或少地比刑罚极为少见的社区的群体对毒品的态度更重要？这些因素是如何影响以社会公众反应为基础的刑罚？[④] 如果能对这些问题进行解答，那么达利等学者的理论会得到更好的完善。

上述分析亦仅涉及重大问题的冰山一角。笔者知道自己对刑罚正当性的分析还很肤浅和粗略，对很多非常具有合理性的理论也未提及。但笔者希望笔者的基本观点已经得到了充分的论证：所有论证刑罚正当性的努力，都对犯罪化有重要影响。而且许多论及刑罚的著述亦为学者们熟悉，并且亦都为限制刑事制裁提供了丰富的渊源。刑事责任必须只能施加于应受惩罚的犯罪行为，支持刑罚应具有该当性的法哲学家，都应该更详细地阐明他们提出的理论是如何限制刑法的内容的。接受笔者该观点的法哲学家可改善他们有关刑罚的理论，同时亦将促进犯罪化理论中内部限

---

① 参见德博拉·德诺："公众舆论的危险"，载《霍夫斯特拉法律评论》第28期，2000年，第741页。

② 美国司法部：《刑事司法统计资料》(2003年)，表2.68。

③ 针对少数民族的毒品政策的分析，参见特蕾西·米尔斯："社会组织和毒品法律的实施"，载《美国刑事法律评论》第35期，1998年，第191页。

④ 当一些刑罚理论极力解释不同州的刑罚内容不同的时候，由于不能跟上社会环境的变化，因而解释中有很多错误。参见肯尼斯·西蒙斯："社区价值对公正该当性的重要意义：刑法、刑罚根据和民主"，载《霍夫斯特拉法律评论》第28期，2000年，第635－639页。

制原则的完善。

必须承认笔者在该论点上取得的成就亦很微小。要想通过一套原则来解决过罪化问题，使刑事制裁的范围得到限制，必须分四个不同的步骤进行。我们必须做到：（1）提出限制原则；（2）论证限制原则；（3）阐明限制原则；（4）适用限制原则。笔者在本部分所做的努力涉及步骤（1）和步骤（2）。也就是说，笔者提出了对刑法规范进行限制的两类限制原则，且对这两种限制原则进行了论证。笔者清楚地知道，任何理性的人都渴望看到第（3）步和第（4）步的实现。这些限制条件均必须有实质内容，我们将通过把其适用于具体案例，从而阐述其是如何阻止过罪化现象的发生。笔者理解亦容忍大家渴望看到对第（3）步和第（4）步的论述，但在进行这些重要步骤之前，我们仍然必须了解：需要详细阐明和适用什么？为什么必须这么做？在下文的分析中，笔者主要是为实现这两个目标而努力。

无论在何种情况下，笔者所提出的观点都可以帮助我们反击那些看似非常具有诱惑力的思想。假设在回答刑法是否应该包含刑罚该当性原则（或重大危害/邪恶限制原则，或不法性限制原则）等限制原则的具体内容之前，我们应该明白刑法包括的该当性原则（重大危害/邪恶限制原则，或违法性限制原则）的具体内容。为什么我们应该在详细了解具体内容之后才接受？笔者同样认为这种假设被误导了。如果有人提出该当性限制原则（重大危害/邪恶限制原则，或不法性限制原则）等条件，而反对论者认为这种理论是错误的，那么这种分歧很明显是可以预见的。但反对者不能说刑法必须遵守这些限制原则没有充分的理由支持，因此，刑罚该当性限制原则（或重大危害/邪恶限制原则，或不法性限制原则）等限制原则就不必要。如果笔者的观点是正确的，我们还是必须找出这些理论。这些限制原则来自于刑法本身，是刑法的内部限制。

III. 不受刑罚惩罚之权利

刑法是将犯罪行为人置于国家刑罚惩罚之下的部门法。刑罚要具有正当性，则刑罚本身必须具有该当性、犯罪的设置必须是为了禁止重大危害或邪恶、刑罚只能在行为具有不法性时才能施加于行为人。满足该三个内部限制条件（该观点存在大量争议）的刑罚，将会对犯罪化产生重大影响。但为什么论证刑事制裁的正当性是如此困难？我们知道，在当今美国对犯罪行为人施加刑罚是很常见的，法学家亦对此并不惊讶。笔者认为对该问题的回答牵涉到国家惩罚本身的性质问题。[①] 在本部分内容中，笔者将阐述如下观点：论证国家刑罚的合理性是困难的，因为其牵涉刑罚的两个基本特征：**严酷待遇和谴责性**。在正常情况下，施加强制措施和谴责侵犯了公民的重要利益。因为一般功利主义并不允许国家侵犯公民的这些重要利益，我们亦有重要的理由认为：**公民享有不受刑罚惩罚的权利**。当刑罚具有正当性时，即当刑罚的施加是因为行为违反了符合犯罪化理论的法律时，国家就可干预该权利。因此，犯罪化理论的关键在于确定：什么时候国家允许对公民不受惩罚权利的干预。对该权利什么时候才能被干预的更完整论证，把笔者提出的内部限制原则和外部限制融合到犯罪化

① 笔者的论述是为了让国家施加惩罚，而不是由私人或其他机构施加惩罚。想了解理论学者提出的更多关于刑罚的论述，请参见李奥·载伯特：《刑罚和报应》，蒙特利州柏林顿：Ashgate 出版公司，2006 年。

理论中。[①]

首先笔者将专注于论述具有正当性的刑罚是什么。法哲学家不仅在如何论证刑罚的正当性上存在明显分歧，而且在必须捍卫的刑罚是什么的问题上也存在分歧。论证刑罚的正当性非常艰难，以至于许多理论家对刑罚的根据非常感兴趣，而这些根据使为什么刑罚需要充分的正当性变得神秘莫测。将刑罚解释为是基于合意，[②] 或将刑罚解释是为了承受刑罚的犯罪人的利益，[③] 部分地反映了论证国家刑罚正当性的困难。但我们没有捷径可走，笔者认为国家刑罚必须具有正当性，是因为刑罚本身具有笔者前述论及的两个存在问题的特征：**严酷待遇（或剥夺性）和谴责性**。[④]

没有人会否认刑罚的第一个特征。正如 H. L. A. 哈特很久以前就提出，只有国家对某种行为的回应能引起“痛苦或其他通常被认为是不愉快的结果”时，该种国家回应才能称得上具有惩罚性。[⑤] 这种不愉快的结果包括很多形式：行为人被判死刑、徒刑，被肢解，被判罚金、驱逐出境和流放等。简而言之，所有形式的刑罚都涉及痛苦待遇或权利剥夺。但哈特亦认为，并非来自国家的所有能引起不愉快后果的回应都是刑罚。例如征税、许可证撤

---

① 笔者的观点不能变相被理解为如果满足内部和外部限制条件就足以证明刑事立法的合理性。很多在文中没有讨论的程序上的因素同样重要。但在实体法律上，笔者几乎想不出那一个法条满足这些限制但不具有正当性。

② 参见 C. S. 尼诺：“刑罚的合意论”，载《哲学和公共事务》第 12 期，1983 年，第 289 页。

③ 参见赫伯特·莫里斯：“家长主义刑罚论”，载《美国哲学季刊》第 18 期，1981 年，第 263 页；基恩·汉普顿：“刑罚的道德教育论”，载《哲学和公共事务》第 13 期，1984 年，第 208 页。

④ 笔者不会冒险给刑罚下定义，因为笔者发现现在的条件并不够充分。相反笔者只是论证合理的刑罚是什么。笔者同意这样的观点：“如果企图……（抓住）所有可被视为刑罚实践的要素给刑罚下定义，其注定是徒劳的。”参见 R. A. 达夫：《刑罚、交流和社区》，牛津：牛津大学出版社，2001 年。

⑤ 哈特：《惩罚与责任》，牛津：牛津大学出版社，1969 年，第 4 页。

销、驱逐出境和利益终止等。这些权利的剥夺即使会使当事人遭受很大困窘，但却并非通常意义上的刑罚。因此，在某种制裁措施被称为刑罚之前，其还必须满足其他条件，但对其他条件的论证存在很多争议。笔者认为，国家对犯罪行为的回应措施只有印上谴责和使人感到羞耻的特征，才能算是一种刑罚。① 因此，笔者赞成认为刑罚具有表达功能的法学家的观点。

这两个条件都必须故意地而非偶然地满足。换句话说，国家制裁并不是因为其**偶然地**剥夺了行为人的某种权利并令其感到羞耻从而就能被称为惩罚，相反，惩罚性国家制裁必须**有目的地**让行为人承受羞耻和痛苦。也许国家诉诸刑罚还有更隐性的动机，如施加刑罚是预防将来犯罪、促进社会和谐和保护守法公民的权利等的最有效的方式。但这些隐性动机的存在并不会削弱笔者的观点：如果某项制裁措施不是**有目的**地剥夺权利和谴责，便不算是刑罚方式。其他国家制裁方式在这方面也没有可比性。很多国家制裁措施都会给行为人带来痛苦，也有一些措施会让行为人感到羞耻，当然亦有一些国家措施能同时令当事人承受者两种负面后果，比如对危险精神病人的强制关押。② 但这些制裁措施与刑罚具有巨大的差异，因为这些强制措施缺乏惩罚的故意。虽然这些措施也是**故意**造成剥夺当事人权利的后果，但不是这些措施的关键和目的。针对这些不是以追求剥夺权利和谴责为目的的措施，如果有更合适的选择，我们宁愿选另一种既不会让当事人感到羞耻也不用让他们承受痛苦的措施。这就是为什么我们不愿说患有危险精神病的行为人受到了惩罚，即使给予他们这种待遇的效

---

① 关于刑罚既包括残酷惩罚亦包括谴责的精彩论证，参见安德鲁·冯·赫希：《谴责和制裁》，牛津：克莱伦敦出版社，1993 年。

② 在阿丁顿诉得克萨斯州案 441 U. S. 418（1979），法官承认对该案相关当事人的民事关禁对当事人具有污名效应。

果可能和真正的刑罚效果几乎没有区别。刑罚和给予精神病人的强制措施的唯一区别在于：施加这些强制措施的人的故意不同。

刑罚必须表达谴责对犯罪化理论十分重要。[①] 刑罚的表达功能有助于解释为什么犯罪化理论必须满足笔者提出的内部限制原则。当行为人被发现犯某罪时，其行为就应得到一系列恰当的回应。国家必须确保那些被贴上“罪犯”标签的人真正应当被惩罚。当行为人的行为被确定有罪时，国家会以一系列反应态度进行回应是很必要的，而一些学者会从这一系列回应态度中寻找对犯罪内容较为特别的影响。依照维克多·塔多斯的观点，刑事责任的施加表达了一种道德愤慨，但这种道德愤慨的表达只有行为人忽视其他人的重大利益时才具有合理性。[②] 也就是说，只有行为人的行为表露出对他人的漠视时才能被犯罪化，否则就不能被犯罪化。尽管塔多斯的观点亦是正确的，但笔者的观点则更为适度。笔者认为如果刑罚必须具有正当性，则谴责的表达和羞耻的施加应当亦是合理的，并且除非行为人应当被羞辱，否则这些谴责的表达和施加的羞辱的回应措施就是不合理的。笔者进一步强调，这些回应也应被施加于应受到国家谴责的行为类型上。

刑罚污名效应维度还在于有助于理解坚持罪刑均衡原则。正如安德鲁·冯·赫希和安德鲁·阿什沃斯所认为的那样，刑罚与罪行成比例的要求可以直接从刑事制裁的谴责意义中得出。一旦刑罚所含的谴责意义被法律确定，那么其就是正义的要件，而不

---

① 也有其他原因。例如，丹·卡汗认为，除非刑罚令受罚人产生名声受损的效应，否则公众并不会简单地将国家针对刑事犯罪的应对措施视为真正的刑罚方式。某些特定的制裁方式如果被公众认为具有惩罚性，其亦会令受罚人名声受损。参见丹·卡汗：“何为可替性制裁措施?”，载《芝加哥大学法律评论》第 63 期，1996 年，第 591 页。此外，刑罚应表达谴责的要件，对于证明从经济分析的角度理解犯罪的缺陷是非常重要的。参见第 4 章第 II 部分。

② 维克多·塔多思:《刑事责任》，牛津：牛津大学出版社，2005 年，第 82 - 83 页。

仅只是依照犯罪行为的应受谴责性程度来对行为人进行惩罚的有效性问题。不符合罪刑均衡原则的刑罚之所以不合理，并不是因为其不具有有效性或产生了相反的效果，而是因为其施加给应受惩罚的行为的谴责性程度，与行为本身应受的谴责性程度相比，施加的谴责程度或多或少地超越了行为人应受的谴责性程度。[①]

犯罪化理论必须注意这些问题。这不仅能帮助我们确定行为人是否应该受到惩罚，还有助于确定行为人应受何种程度的刑罚。正如笔者所反复强调的，过多的刑法导致了过多的刑罚，部分原因就在于很多刑罚和犯罪的危害程度不相适应。笔者强调刑罚的表达功能，主要是为了表明刑罚需要正当化根据。[②] 受到国家惩罚的犯罪行为人，有权利知悉自己受到惩罚的理由和根据。

笔者的主要任务在于构建一个可以论证刑罚合理性的犯罪化理论，笔者在前述论证中已对该理论有所论证。犯罪化理论必须确保犯罪行为人既要具备承受严酷待遇的资格，又要具备承受谴责的资格。[③] 与诸多法学家近期正研究的理论相比，笔者所研究的理论有所不同。一些学者将实体刑法的内容或多或少地视为既定的，然后思考既定的法律允许国家对违反该法律的行为人可作出何种回应？许多学者认为正当化的国家对犯罪的回应，可能与我们知道的刑罚非常不同。人道的改革者希望通过减少或消除刑罚的痛苦，或消除刑罚的污名功能，从而改变国家现有的对待犯

---

① 安德鲁·冯·赫希、安德鲁·阿什沃斯：《量刑一般原理研究》，牛津：牛津大学出版社，2005 年，134 页。

② 一些法哲学家忽略了谴责性，认为刑罚需要合理的理由仅仅因为其使受罚人遭受痛苦。参见理查德·伯格：“罪责是否该当刑罚?”，载《哲学杂志》第 79 期，1982 年，第 193 页。

③ 当然，如果受罚人有正当的辩护理由，再对他处以严苛的刑罚和谴责是不合适的。

罪行为人的回应措施。[①] 另外，他们还呼吁对社会的本质进行基本的改革，因为社会的本质能使刑事责任的施加更容易获得认同。[②] 不幸的是，这些途径都没有将本文提出的质疑考虑在内。正如刑罚现在的状况，是否存在某类行为会受当下存在的刑罚的惩罚？我们是否应总结并认为在我们的社会制度得到改善并重新考虑刑罚的本质之前，所有的行为都不应该被禁止？在等待这些改革完成的过程中，我们又应该如何对待犯罪人？[③] 然而，笔者的任务与此不同。笔者并没有试图寻找一种比我们所知的刑罚更完善的国家回应方式。相悖，笔者在现代社会结构和刑罚性质相对既定的基础上，思考在惩罚性措施正当化之前，刑法应满足何种条件？如果要为现有的刑罚制度辩护，我们必须找出能使国家对犯罪行为人施加严格待遇和谴责的犯罪行为的类型。笔者认为美国的刑法数量太多。如果这种观点是正确的，那么允许对犯罪行为人施加刑罚的法典就应与现行的刑法有明显的区别。[④]

如前文所论述，美国现有的针对犯罪行为的回应措施的特征是：故意施加令人痛苦的有污名效应的权利剥夺。这使我们很容易理解为什么刑罚难以被正当化。刑事制裁是国家武器中最有力的一种，在国家对公民采取的治理措施中，没有比刑罚更严厉的

---

① 虽然他们之间存在许多差异，但笔者倾向于将恢复性司法模式置于该类型中。参见安德鲁·冯·赫希等编：《恢复性司法和刑事司法：相互抵触或相互融合?》，牛津：哈特出版社，2003 年。

② 只引用了其中一个案例，详细参见杰弗里·墨菲：马克思主义和报应论，载《哲学和公共事务》第 2 期，1973 年，第 217 页。

③ 有关该问题更多的观点，参见 R. A. 达夫：《刑罚、交流和社区》，牛津：牛津大学出版社，2001 年，第五章。他用“顽固废除派”来形容哪些认为惩罚制度在社会改革实施之前应该废除的理论家。

④ 笔者的目标是确定在笔者所理解的刑罚合理化之前刑法的具体内容是什么，一些改革者认为我们现有的实施刑罚的机制应该更人性化，笔者非常赞同他们的该观点。笔者会在后面论及到该话题。

措施了。当然，笔者并不是说每一项刑罚都必然比其他措施更严厉。但作为国家对犯罪行为的一类回应措施，刑事制裁措施是最为严厉的。因此，也最需要论证其正当性。刑罚通常是用一种典型的错误方式对待犯罪行为人，但该说法并不完善，应该说刑罚是一种影响犯罪行为人道德权利的回应措施。① 此外，普通的功利性获益并不能成为刑罚具有充分正当性的理由，笔者将在下文对该观点进行阐述。如果这些观点是正确的，笔者相信我们能作出这样的总结：公民享有不受国家惩罚的权利。本节接下来将主要论证提出公民享有该权利的根据。②

诚然，笔者所称的这种权利并不常见。我们所常见的权利是宗教信仰自由权或者言论自由权。即使有学者明确支持不受国家惩罚的权利，但这种情况也很少。相反，法哲学家更愿意接受存在国家惩罚权这种观点。③“不受国家刑罚惩罚的权利”是很新的权利，但不能根据其是一种新权利就否定这种权利的存在。设想某一国家措施恰是故意进行谴责和剥夺行为人资格，除刑罚外，笔者想不出其他这样的措施。因为任何为了故意施加谴责和剥夺行为人资格而创设的措施，都应该是刑罚方式。如果不是刑罚，那么就会侵犯行为人的权利。当国家对公民施加刑罚时，我们并没有类似的态度，即没有认为这是对公民权利的侵犯，唯一的原因是我们认为施加的刑罚是正当的。但我们会毫不犹豫地认为，

---

① 关于权利的解读，并不存在标准的术语。如果行为与权利相悖，则行为就会影响权利。对于这些行为是否被允许或不被允许，笔者对此持中立态度。

② 笔者相信目前还没有人可以提出或已经提出一个确定的示范来演示如何制定与刑罚相对应的权利。至少，笔者的该研究可以作为一个示范来展示假定行为人拥有绝对不受侵犯的权利的重要意义。如果行为人绝对地享有不受刑罚惩罚的权利，那么当刑罚的施加具有正当性时，这种权利就可称之为被干预。

③ 参见赫伯特·莫里斯：“公民与刑罚”，载《*Monist*》第53期，1968年，第474页、第478－480页。

不正当的刑罚是对公民不受惩罚的权利的侵犯。当然，很多刑罚措施是正当的，笔者将对此进行区分，且这种区分道德和政治哲学家都十分熟悉。当一个行为正当地影响我们的权利时，我们说我们的权利被干预了。当一个行为不正当地影响我们的权利时，我们会说我们的权利被侵犯了。[①] 如果一项刑罚措施是正当的——也就是说如果一项刑罚措施的施加是由于行为人违反符合犯罪化理论的法律，那么我们说不受惩罚之权利被干预了而非被侵犯了。但和侵犯一样，干预同样会对权利造成影响。[②]

法哲学家们承认刑罚一般或通常都是以有悖于犯罪行为人的权利的方式进行。但是，当刑罚具有正当性的时候，法哲学家在解释刑罚对权利有何影响时，这种一致性又被打破。[③] 对这些权利的命运的解释都是有问题的。根据笔者的观点，所有的刑罚都会影响犯罪行为人的权利，即使对被告施加的刑罚具有该当性，其权利也会被干预。佐证刑罚正当性的考量因素亦表明公民不受惩罚的权利受到干预而非侵犯。但该观点备受争议。诚然，正当的刑罚并不会影响不受惩罚之权利的各个方面。如果正确的刑罚－权利公式否定行为人拥有不受惩罚的绝对权利，那么行为人的权利就不会受到影响。如果行为人不被惩罚的权利是有条件的，也就是说，在附加“除非……”的条件时，才享有不受惩罚的权利，那么我们把附条件的不受惩罚的权利公式——附有“除非……”条款的权利公式称为说明书。“除非……”条款在不受惩

① 侵权和侵害权利之间的区别首先是由朱迪斯·汤姆森提出。参见朱迪斯·汤姆森：“对权利的几点反思”，载《亚利桑那州法律评论》第19期，1977年，第45页。

② 想要了解笔者的侵权和侵害权利的区别，参见约翰·欧贝迪克：“在道德的空间中迷失：侵权和侵害权利的区别及其在权利理论中的地位”，载《法律和哲学评论》第23期，2004年，第325页。

③ 想了解更透彻的讨论，请参看米歇尔·N. 伯曼：《刑罚的正当性》（即将出版）。亦可参见 http：//ssrn. com/abstract = 956610。

罚的权利的说明书中有不同的表述方式。[①] 假如我们对这种条件性条款是通过规定**除非公民受到的刑罚是正当的**，否则公民享有**不受惩罚的权利**。根据该公式，正当的刑罚实际上并未影响某一具体权利。笔者并没有确切的论据反对按照这种方式表述不被惩罚的权利。[②] 很多学者采用替代性方式把不受惩罚的权利特定化，很欢迎这些学者把笔者的犯罪化理论嵌入“除非……”条款中。根据“除非……”条款，**不受惩罚的权利**就具有条件性。当然，笔者更倾向的公式则更简单：行为人享有不受惩罚的绝对权利。

笔者认为行为人享有不受惩罚的绝对权利，且笔者坚持认为该观点是正确的。但是，我们不能因此把佐证刑罚正当性的考量因素演绎为推翻该权利的根据。不受惩罚的权利可被佐证刑罚正当性的理由取消，但不能被佐证刑罚正当性的理由**推翻**。约瑟夫·拉兹曾巧妙地把“取消”和“推翻”进行了对比。[③] 如果笔者允诺将你送至机场，你就有权要求笔者将你送至机场。但如果你已经同意解除笔者的允诺，你要求笔者将你送至机场的权利就被取消了，但不是被推翻了。你同意解除我的允诺，就使你要求我送你去机场的权利不存在了。但是，并非所有的情况都是相同的。例如，你虽有权利拒绝笔者使用你的车子，但如果笔者的朋友受伤流血不止，必须立即送至急诊室治疗，而驾驶你的车子送他去医院是唯一可让他及时赶到医院的方式，那么笔者使用你的

---

① “除非……”条款可能以“道德的”陈述或“事实的”陈述结束，也可能是以二者的结合结束。参见朱迪斯·汤姆森：“对权利的几点反思”，载《亚利桑那州法律评论》第 19 期，1977 年，第 45 页。

② 一些人试图把我们的权利转化为我们权利公式的条件。这种努力并不实用且没有意义。这些学者认为在缺乏不影响权利的条件下，权利就不会被影响。这种观点并没有超越我们已经论及的范畴。

③ 约瑟夫·拉兹：《实践理性和规范》（第 2 版），普林斯顿：普林斯顿大学出版社，1990 年，第 27 页、第 62 页。

车子就是合理的。你不允许笔者使用你车子的权利即被推翻，但不是被撤销。

正当的刑罚是干预不受惩罚的权利还是取消不受惩罚的权利？一项权利被撤销后，该权利便不复存在。而当一项权利被推翻时，我们可以认为其在某种程度上还留有残余权利，且在道德评论中有着更为深远的影响。① 因此，我们是将正当化的刑罚视为推翻不受惩罚的权利，还是视为取消不受惩罚的权利，取决于该项权利在刑罚具有正当性时是否还能幸存。当一项权利在被干预之后依然存在，拥有该权利之人就会因该权利的被干预而获得补偿。但对于不受惩罚的权利情况又是如何？当然，受到正当化刑罚惩罚的不会受到赔偿——这与笔者使用您的车子送受伤的朋友去医院的情况不同，您会因我使用您的车子而得到赔偿。② 行为人是否还应该得到其他东西？笔者认为，不受惩罚的权利被推翻，行为人有权知道受惩罚的理由或根据，从而让其清楚知道为什么自己受到这种惩罚。如果该权利被推翻并不复存在，或被指特定化从而导致实际上并没有受到重大影响，那么当行为人遭受羞辱性的权利剥夺的痛苦时，我们为什么要向行为人进行解释是不清楚的。特别是，为什么我们必须对具体案件中的具体行为人作这样的解释，是很不清楚的。但很确定的是，笔者并没有义务向前文提及的已同意笔者不遵守送行为人去机场的允诺的人解释为什么笔者在其去机场那天去了沙滩。

同样，笔者承认上述问题仍存争议，很多问题未得到解决。尽管不正当的刑罚明显侵犯了我们的权利，但却没有确凿性的论

---

① 约瑟夫·拉兹：《实践理性和规范》（第2版），普林斯顿：普林斯顿大学出版社，1990年，第202－203页。

② R. A. 达夫：《刑罚、交流和社区》，牛津：牛津大学出版社，2001年，第15页。达夫认为当权利被撤销，权利人应该获得赔偿或道歉。

据证明当刑罚是正当的时，我们的权利将会受到何种影响。幸运的是，实践的重要性不取决于不受惩罚的权利的精确公式，也不取决于当刑罚具有正当性时不受惩罚的权利是否还有残留。笔者将继续使用"推翻"或"干预"这两个术语来论证当刑罚具有正当性时，不受惩罚的权利将受到何种影响。依据笔者比较倾向的观点，那些论证刑罚具有正当性的因素正是论证不受惩罚的权利受到干预的理由。那些认为当刑罚具有正当性时，不受惩罚的权利就不存在的法哲学家，还是应该接纳笔者所提出的犯罪化理论。

笔者认为刑罚会影响权利，如果这种观点是正确的，那么很明显受到影响的权利非常重要。支持该观点的各种理论均存在争议，因为在道德和政治哲学家之间，并未达成一致的标准来对权利的相对价值进行等级划分。某些特定权利的相对重要性可以下面这种标准来衡量：如果有选择，理性人都会宁愿选择放弃他们的某些其他权利也不会选择被惩罚。很多理论家也试图论证为什么某些权利大家都认为非常重要，但人们却很少关注这些权利。言论自由就是一个很好的例子。① 这种迷思在言论自由权语境下是可以解开的，但如果与不受惩罚的权利相联系时，却很难解开。我们很关注是否政府是故意地让我们遭受严酷待遇和谴责。笔者认为任何假定同意受制于国家统治的理性人，都只有在特定条件下才允许国家机关干预其不受惩罚的权利。

衡量权利相对价值的另一种方法是：评估该权利为获得其他利益作出的贡献的大小。个人自主权就是某些特定权利所带来的好处之一。② 约瑟夫·拉兹对个人自主权的影响力进行了分析：

---

① 参见约瑟夫·拉兹："表达自由和人格认同"，载约瑟夫·拉兹：《民主领域内的伦理：法律和政治的道德》，牛津：克莱伦敦出版社，1994 年，第 146 页。

② 有关个人自治概念的不同观点可见于詹姆斯·斯黛西·泰勒编：《个人自治》，剑桥：剑桥大学出版社，2005 年。

“一个自主的人是其人生的创造者。在某种程度上，其人生应由自己管理。”① 依照这种自我管理的概念，自主权意味着“从多种可被接受的选择中进行选择”②。很难想象出还有其他国家行为对个体选择的限制能比刑罚更多。虽然刑罚方式是最重要的衡量刑罚与个人自主权相容程度的因素，但所有给行为人带来污名效应的资格剥夺正如其被解释的那样，总会威胁着个人自主权。正因为如此，拉兹认为刑事责任的施加只能是因为行为具有危害。③ 即使该观点尚不成熟，但没有人会质疑保留不受惩罚的权利对实现个人自主权具有重要意义。

同样，尽管笔者论述的有关刑罚的本质的观点是正确的，但仍然有人质疑不受惩罚权是否有重要价值。有人认为真正珍贵的是不被监禁的权利，也只有部分刑法才能影响该项权利。雪莉·柯布很有力地论证了该观点。④ 如果其观点是正确的，笔者也不必再努力构建犯罪化一般理论，而只要构建可以限制以国家监禁为后盾的刑法的适用范围的理论即可。如果笔者提出的犯罪化理论可以更好地解释为限制监禁理论，笔者亦会感到高兴。无论采用任何标准，监禁都比其他形式的刑罚更加严厉。因此，对犯罪行为人判处监禁刑罚时应使用更高的标准。⑤ 尽管如此，笔者仍不放弃构建犯罪化的一般理论。当然，国家必须证明是否进行惩

---

① 参见约瑟夫·拉兹：《自由的道德性》，牛津：克莱伦敦出版社，1986 年，第 204 页。

② 约瑟夫·拉兹：《自由的道德性》，牛津：克莱伦敦出版社，1986 年，第 204 页。

③ 参见约瑟夫·拉兹：“自治、宽容和危害原则”，载露丝·加文逊编：《当代法律哲学问题》，牛津：牛津大学出版社，1987 年，第 313 页。

④ 参见雪莉·F. 柯布：“监禁的自由：为何该自由异于其他自由?”载《纽约大学法律评论》第 69 期，1994 年，第 781 页。

⑤ 笔者不考虑死刑及其他不能接受的刑罚形式。

罚的门槛设置何处。只有解决了该问题，我们才能考虑刑罚的严厉性是否与罪行的恶劣程度相适应的问题。如果徒刑的刑期相对于罪行的恶劣程度而言过于严重，就违反了前文所论及的罪刑均衡原则。因此，笔者倾向于认为不受惩罚的权利和其他广为认同的权利一样重要。一些国家行为严重侵犯权利的事实，几乎不能证明国家的其他行为——即其他不涉及对行为人进行监禁或徒刑的国家行为，是否影响了不同权利或根本没有影响权利。当某些法律的执行导致监禁时，尽管我们有特定的理由能保证这些规范是正当的，但笔者仍然坚持认为我们应该为所有刑法提供理论上的正当性理由。

采用权利的话语论述刑罚的道德问题，并不是让刑法规范几乎不能被正当化，从而引起倾向犯罪化简约主义理论的问题。所有的权利——即使是如生命权一样最重要的权利，都可能被干预。[①] 但是，笔者通过权利语境论述刑罚中令人担忧的问题，是提醒我们以刑事制裁为后盾的刑法可能不具有公正性，从而促使我们想办法克服过罪化的问题。如果我们认为每种刑罚都会影响受罚人的权利，那我们就更应该保持谨慎，确保所有的刑罚都是正当的。我们亦将看到，要在实践中适用笔者构建的犯罪化理论，还要经历很多困难和证明。刑罚不公正的风险几乎随时可见，我们应该通过我们的权利—刑罚公式，降低这种风险。当然，这种风险的降低，是以权利总会被刑罚影响的事实为前提。论证对权利的干预具有正当性的举证责任，通常是由潜在地侵犯行为人权利的一方承担。在这种情况下，举证责任一般是由对犯罪行为人处以刑事制裁的国家承担。如果笔者的观点是正确的，

---

① 参见艾伦·格温斯：“是否存在绝对权力?”，载《哲学季刊》第31期，1981年，第1页。

那么以权利语境指出刑罚存在的问题是什么便非常重要，因为该问题提出了犯罪化理论的第四个也是最后一个限制条件。因为刑罚影响并潜在地侵犯行为人的重要权利——不受国家故意施加的严酷刑罚和谴责的权利，所以举证责任应由支持刑事立法的一方承担。

很明显，刑事制裁的第四个限制条件在逻辑上不同于前文所论及的限制条件。虽然某具体的犯罪可能违反前文所述的三个限制条件中的一个或一个以上的限制条件，但举证责任的分配并不能证明某具体的规范是否具有正当性。但笔者认为这一原则同样非常重要，因此也应该明确地把其包含在犯罪化理论中。如果举证责任由国家承担，则那些提议设立犯罪的人，必须证明该犯罪对应的规范符合犯罪化标准。如果有人能证明相反的立场，那么这些提议设立犯罪的人就不能认为该犯罪对应的刑法规范具有正当性。如果赞成通过刑法的人不能证明其制定的刑法规范是正当的，或如果某一方考量的因素恰好与另一方考量的立场互相平衡且互相牵制，那么国家就不应该通过该法律。①

此外，以权利语境表达刑罚涉及的有关问题，可以帮助避免把一些类型的理由作为证明犯罪正当性的充要理由。传统一直认为，权利可以使人们免于受到单纯功利考量支持的政策的影响。②在大多数情况下，功利考量可以证明国家以公民不喜欢的方式对待公民的行为具有正当性。例如，笔者认为功利考量可以佐证行政许可或税收制度具有正当性。但是，如果公民有权不受既定的方式对待，那么情况就会相反。我们不应该引用熟知的“王牌”

---

① 笔者不讨论在证明刑法规范正当性的过程中，履行举证责任时必须提交的证据数量这种决定性的问题。

② 罗纳德·德沃金：“德夫林勋爵与道德实现”，载罗纳德·德沃金：《认真对待权利》，剑桥：哈佛大学出版社，1977 年，第 184 页。

隐喻来表达个人权利是如何抵御与之排斥的功利考量。但笔者并不是认为功利考量不能证明影响个人权利的国家行为具有正当性。任何个人权利，包括不受惩罚权，当某些情况出现时，都不应该受到保护。如果某些情况的筹码够高，即使是我们最重要的权利，也必须为此让路。[①] 不幸的是，在个人权利被压倒之前，很难精确算出负效用的需要值。[②] 正如笔者一直所强调的，单纯的功利考量不是充要条件。笔者认为，功利考量并不能将影响个人权利的国家行为，从侵犯行为转变为干预行为。

哲学家们可能认为，在最极端的情况下，必须容忍权力的侵犯。道德考量不存在绝对化，同理，犯罪化理论的内部约束也不是绝对的。即使是出于重大的功利收益考虑，也不允许国家给个人施加不当的刑罚，也不允许将刑事责任施加于法律许可的行为，也不允许对未造成重大危害或邪恶的个人，或未造成重大危害或邪恶风险的个人，施加刑罚。但如果不违反这些原则，国家极其重要的目的就不能实现，那么这些原则也必须让路。尽管笔者不确定这种情况是否确实存在——这个问题本身就存在争议，但笔者坚持一点，即当内部约束原则被违反时，我们必须维护公正。我们不应该假装把施加给不具有不法性的行为的刑罚，或者施加的不具有该当性的刑罚，当做是真正罪有应得的刑罚，或使行为变成具有不法性的行为。任何偏离这些内部约束的做法，都应该是令人极度遗憾的，而不应该被掩盖或伪装。

笔者虽然没有提出一个明确的观点支持不受惩罚之权利，但前述考量有助于那些否认不被惩罚权利存在的学者认同这种权

---

① 这种观点可能被称为阈值义务论。参见米歇尔·摩尔：《施加责备》，牛津：克拉伦登出版社，1997 年，第 158 页。

② 阈值义务论的反对者已经解决了这个难题。拉里·亚历山大：“义务论的阈值”，载《圣地亚哥法律评论》第 37 期，2000 年，第 893 页。

利。所有哲学家都认为，刑罚需要一个正当化理由。抛开不受惩罚权利的细节不谈，不赞同不受惩罚之权利的人，都难以说明为什么仅靠功利性优势不能为施加刑罚提供充分的理由。笔者认为应将刑罚所影响的利益上升到权利的高度，因为这样就不会因为基于道德直觉（该直觉被功利主义者所拒绝）判断的微小功利而推翻该权利。诚然，这种道德直觉是一种被共识直觉拒绝的直觉。没有论据成功说服这些哲学家接受微小的单纯功利利益不能推翻的个人权利的存在。笔者承认亦不能提供这样的论据。幸运的是，大家广泛承认单纯的微小功利考量不能证明刑罚具有正当性的道德直觉。当然，最常被引用的和直觉上最有力反驳功利主义的反例是：个人因为功利考量受到惩罚的案例。① 在此种情况的反例中，有一个广为人知的犯罪：国家权力机关知道受到惩罚的人是无辜的，但为了防止不知情的公众实施扰乱社会治安的行为从而伤及无辜者，还是对无辜的人进行了惩罚。如果上述结果不能证明刑罚的正当性，正如大多数（但不是全部）的哲学家所赞同的那样，就很难理解为什么单纯的功利考量（笔者所称谓的）会这么做。要为不受惩罚的权利进行最有力的理论上的辩护，就首先必须解决最棘手的问题：如何能使任何权利的存在都获得支持。② 笔者在此不解决这个棘手的问题。

当适用其他法律时，权利不会受到影响。但在犯罪化理论中，权利却会扮演重要的角色，笔者想阐明这些权利如何影响犯

---

① H. J. 麦克洛斯基：“刑罚的非功利路径”，载《调查》第 8 期，1965 年，第 249 页。进一步的讨论参见第 4 章第 II 部分的内容。

② 一个解决方法是：确定不受刑罚惩罚的权利与关于权利功能的任何主导理论是否一致。笔者相信不受刑罚惩罚的权利可以用这些传统理论中的任何一个理论进行分析。更深入的讨论参见利夫·温那：“权利的性质”，载《哲学与公共事务》第 33 期，2005 年，第 223 页。

罪化理论。为了论证此点，笔者仅仅论及过不受刑罚处罚之权利。但是，所有刑罚的施加都是为了某些事情。当公民成为刑罚的对象时——正如制定刑法规范的情况一样，除那些被禁止行为限制的自由之外，还有更多的利益会处于危险之中。举例（笔者在后面还会提及这个例子）有助于说明这一点。假设国家决定通过把消费甜甜圈的行为犯罪化来遏制肥胖问题。① 如果我们认为吃甜甜圈的自由不是非常有价值，那么国家只需要极小的理由就可以劝阻大家吃甜甜圈。很显然，甜甜圈不利于健康的事实就是这样的理由。该理由为消除消费该类食物的非犯罪手段——如增加税收、禁止广告和教育计划等，提供了正当理由，但禁止吃甜甜圈的刑法所影响的利益要重要得多。人们不但有吃甜甜圈的利益，而且如果不遵守和当没有遵守禁止吃甜甜圈的规范时还有更重要的利益。后者的利益比前者的利益更为重要，因为这种利益适格作为权利。尽管国家有足够的理由不鼓励吃甜甜圈的行为，但缺乏足够的理由让坚持这种行为的个体受严厉的刑罚惩罚。一般而言，国家有充分的理由规制特定种类的行为，但缺乏充要的理由通过刑罚惩罚这些行为。因此，对于笔者想象的犯罪问题，关键不在于人们是否有无权利吃甜甜圈，吃甜甜圈亦不是他们的权利。相反，关键的问题是人们是否有更复杂的权利：吃甜甜圈不受惩罚的权利。对后一个问题的肯定回答是非常合理的。如果笔者是正确的，那么刑事立法的每一条和每一款都牵涉到非常重要的权利。一旦理解了这一点，我们就不会被熟悉的应当赋予立

---

① 笔者引用这个例子来说明刑法范围在离谱地扩大。然而值得注意的是，根据一些估计，每年大约有 400,000 美国人死于肥胖引起或加重的疾病，作为可预防的死亡的主要原因，肥胖导致死亡的人数很快就可能超过烟草导致死亡的人数。参见凯利 · D. 布朗奈尔、凯瑟琳 · 伯特尔 · 霍根：《食品大战》，纽约：麦格劳希尔集团，2004 年。

法机关更广的刑法制定权的民主理论轻易说服。大多数人（甚至绝大多数人）可能会批准对吃甜甜圈的人进行刑罚惩罚的法律，但这个事实还不能充分地证明干预行为人权利的严酷待遇和谴责具有正当性。① 换种方式表达就是：过度犯罪化的判断通常是规范性的，而且有预设根据。因为所有的刑事立法都影响到权利，所以通过民主程序表现出来的多数人的偏好不能作为判断根据。

这些问题需要进一步阐述。理论家不应假设刑法是为了预防某种形式的行为而运行。假如预防有效，那么与犯罪化唯一有关的实体考虑是：当行为被禁止就会失去的自由价值。这种观点认为国家可以阻止被禁止的行为的发生，因此，刑事制裁就具有合法性。据此推测，如果人们不再吃甜甜圈，那么就不会失去任何具有重要意义的利益。然而，在现实世界中，刑法的预防功能很少成功。因此，既然刑法不能阻止这些行为，那么被惩罚之人承受的刑罚就必须通过其他方式获得正当性。与一个完全可以消除犯罪可能的理想国度相比，不能消除犯罪的国家要对该任务的正当性进行证明，会面临更多的困难。大多数学者迅速区分完美遵守规范的世界和非完美遵守规范的世界根据是：非完美遵守规范的世界在执行规范上会付出更多的代价和其他费用。无疑他们是正确的，但这并不是笔者在此论证的原则性观点。笔者的观点是：真实世界中的犯罪化会导致刑罚风险。证明刑罚的正当性非常困难，因为刑罚是通过国家故意施加严酷的痛苦于个体身上并

---

① 也许笔者的说法可信的主要原因是笔者选择的这个例子很特殊。人们没有吃甜甜圈的权利但有吃甜甜圈不受刑罚处罚的权利，这并不难让人相信。但其他刑事禁令——那些显然满足任何犯罪化理论标准的刑事禁令，可以同样这么确定吗？例如，我们能说公民没有杀人的权利，但有权因杀人不被惩罚吗？尽管不情愿接受这样的答案，但笔者必须接受这样的事实。我们不应该犯因某种权利极容易被推翻就假定该权利不存在这样的错误。

使个体的权利受到影响。

关于此点，笔者想快速总结自己的观点。笔者试图从刑法理论本身推导出刑事制裁范畴的限制：从刑法总则、反思刑罚的本质和正当性角度进行论证。刑法会对犯罪人施加痛苦的刑罚，从而影响个体的重要权利。但是，纯粹的功利原因不能证明干预这些权利的正当性，而且个人权利非常有价值，其可以抵制功利主义理论的道德考量。所以笔者初步的结论是：我们应该赞成个体享有不受惩罚之权利。因为所有的刑事法律都影响到该权利，所以笔者认为在该权利被推翻无效之前，必须对其正当性进行严格的控制和检验。换句话说，所有的刑事立法都必须对其正当性进行严格的检验。关于严格检验刑罚正当性，笔者提出了四个内部限制条件。除非刑罚能满足此四个限制条件，否则国家不能故意给公民施加刑罚和带来污点影响。正如笔者一直强调的，笔者相信最紧迫的问题是确定四个限制条件的内容。笔者将转向对该问题的适用，开始该问题的解决。也就是说，笔者是批判性地分析既定行为是否与合理的犯罪化理论所必须包括的四个内部限制条件兼容。

IV. 内部限制原则与法定犯

为了证明其具有正当性，刑法必须满足笔者提出的四个内部限制条件的每一个限制条件。该四个内部限制条件分别为：刑法规范必须禁止重大危害或重大邪恶、痛苦和耻辱只能强加给在某种意义上具有不法性的行为、违反刑法承受的刑罚必须具有该当性、主张施加刑事制裁的主体承担举证责任。另外，笔者也介绍了其他的限制条件：相对于刑法本身的外部限制条件。笔者将在第 3 章中对外部限制条件进行论述。

上述内部限制条件似乎平淡无奇，看起来其对阻止笔者在第1章中论述的过度犯罪化现象作用微乎其微。危害、刑罚该当性和不法性都是出了名的弹性词语，其可能（并且已经）延伸到涵盖人们想禁止的几乎所有行为。笔者本章的目的是通过把内部限制条件应用到非常大的一类刑事禁令中进行分析，从而消除上述印象。更具体地讲，笔者是要审查法定犯是否满足这些限制条件。但要回答该问题，必须先解决下述问题：是否以及在什么条件下，犯罪化理论允许对法定犯施加刑罚？在何种意义上，犯罪化之前的行为是具有不法性的？这些刑法禁令预防何种危害或邪恶？人们触犯了法定犯，是否应该受到刑罚惩罚？代表这些法律的主张，能否承受由主张施加刑事责任的一方承担举证责任的限制条件？当公民犯自然犯类型的犯罪时，例如犯强奸罪或谋杀罪，上述问题很容易回答。因为非常明显，这些犯罪具有危害，是不法行为，作出这些犯罪行为的人应当受到刑罚惩罚。但是，笔者提出的内部限制条件，在证明法定犯的正当性时遇到很大的障碍。

关于此点，笔者几乎没有提及自然犯和法定犯之间存在的古老差异，也未提及后者对过度犯罪问题产生的重大影响。关于该问题，其他学者可能不会保持沉默：法定犯的范围扩大，是导致今天刑法规模和范围呈现急剧增长的最重要因素。该主张非常合理。虽然这种观点几乎肯定是正确的，但笔者还是试图对刑法典中的新的犯罪提供更精细的分类。笔者划分的类型包括：竞合犯罪、风险防范犯罪和辅助型犯罪。显然，这些分类超越了自然犯和法定犯之间的分类。辅助型犯罪绝大多数是法定犯。竞合犯根据其竞合的犯罪类型，可能既属于法定犯也属于自然犯。虽然不是所有的风险预防犯都属于自然犯，但至少大部分风险预防犯是属于自然犯的。然而，如果笔者的分类是如笔者所相信的那么有帮助，那么为什么还要进行不同的区分，而且这种区分也仅仅是对许多已经取得的进步进行复制？答案是：我们可以通过把犯罪化理论应用到更多熟悉的犯罪类型，从而获得对犯罪化理论的更多见解。正如我们所知，一些著名的学者已经试图对为什么国家对犯了法定犯的人进行惩罚是正当的进行说明，因此，我们可以从他们的成功和失败中学习很多经验。

我们应怎样区分这两种犯罪？笔者不会分析和批判学者为了回答这个问题所作出的种种努力。因为自然犯和法定犯之间的差异是如此难以捉摸，所以许多学者已经放弃了对这种差异进行区分。① 没有人需要对不存在差异的事物进行区分。② 虽然定义是非常困难的，但笔者希望这不会妨碍现在论证的中心问题。就目前的论述目的而言，笔者把法定犯界定为：当被法律禁止的行为在有法律之前或脱离法律后，不具有不法性时的犯罪。笔者希望这个粗略的界定能帮助领会大多数学者对于法定犯的性质的理解。③ 最重要的是，这种简化的界定使我们能够直接进入到是否以及在什么样的情况下这些犯罪具有正当性的规范问题。

列举出法定犯的例子有助于帮助我们理解上述观点。因为对自然犯与法定犯进行区分十分困难，所以，所举案例完全没有争

---

① 例如，格兰维尔·威廉姆斯在其具有影响力的论文的数个脚注中反驳了这个区别。参见格兰维尔·威廉斯：《刑法总则》，伦敦：Stevens & Sons，1961年。对法定犯的概略讨论，见其后来著述的《刑法教科书》（第2版），伦敦：Stevens & Sons，1983年。在这里，威廉姆斯显然将（第936页）法定犯与“准刑事犯”、“公共福利犯”和“行政犯”等同，并感慨“努力划定一个类型的困难在于准确说明该类别究竟是什么”。

② 一些学者认为：“将具体的犯罪分为自然犯或法定犯的困难性，进一步说明该种分类应该被抛弃。”参见伟恩·R. 拉费弗：《刑法》（第3版），St. Paul：West Pub. Co.，2000年，第35－36页。

③ 笔者很清楚阐述的这几个问题，（笔者相信并希望）对笔者的论题不会造成严重的困难。问题之一是，即使自然犯也通常有法定犯构成要素，例如当死亡已由被告造成时，关于杀人的规范必须详细规定导致受害者死亡的时间。一些类似的决定，如“一年零一日”规则，就是这样的规范。

议是不可能的。① 但案例应满足两个必要条件：第一，案例不能有明显的争议。案例应该是理性的学者都认为其承受的刑事制裁具有合法性。此外，这种例子不应该包含显然不能代表法定犯的整个类型的特征。满足这些必要条件的例子（笔者之后会经常提到）是关于联邦禁止洗钱的法令。这种辅助型犯罪对来源于非法活动的资金进行货币交易，额度超过10,000美元的个人，可判处最高刑10年的有期徒刑。② 这种犯罪不属于自然犯。尽管从非法行为中的受益很明显具有不法性，但让人很难理解为什么仅仅将利润存入银行的行为构成第二个不法行为，而该不法行为在有法律之前和脱离法律时又不具有不法性。此外，不同于其他法定犯的例子（如果还有其他例子，也几乎很少通过刑事制裁去强制禁止）③，对洗钱的有罪指控是正在进行的毒品战争中的重要内容。④

由于与洗钱罪类似的法定犯无处不在，人们期望刑法学者证明对实施这些行为的人进行惩罚的正当性。然而，事实上令人惊讶的是，几乎没有学者进行过类似的努力。这种疏忽需要进行解释，其中可能的一种解释是：学者们都不愿意承认法定犯是“真

---

① 许多备选例子看起来很奇怪。例如约书亚·德雷斯勒举出的关于法定犯的奇怪的例子是销售掺假食品罪。笔者确信德雷斯勒认为在没有法律之前和脱离法律时这种行为并非具有不法性。因此，他必须假定与笔者在这里阐述的法定犯的概念不同。约书亚·德雷斯勒：《刑法精解》（第4版），纽约：Lexis Publishing，2006年，第157页。

② 《美国法典》第18卷第1957条。讨论内容参见凯利斯·特拉德：《理解白领犯罪》（第2版），Lexis-Nexis，2006年，第290-291页。

③ 具有讽刺意味的是，斯图尔特·格林承认，他选择的为惩罚法定犯者辩护的例子——将床垫上标签撕掉的犯罪，从来没有真正被施加过刑事制裁。参见斯图尔特·格林：“为什么撕掉床垫标签是犯罪：过度犯罪化和行政犯的道德内涵”，载《埃默里法律杂志》第46期，1997年，第1533页、第1540-1541页。

④ 大概对这个规范几乎从来没有进行过书面解释，但实际却被应用于反对那些偷偷地或秘密地实施该类行为的人。笔者几乎不怀疑检察官裁量权的行使有助于使许多法定犯不受到惩罚，但是，重要的是检察官自由裁量是正确制定规范的可怜替代品。

正应受到惩罚”的“真正犯罪”。[①]《模范刑法典》隐含地接受了这种观点，并创建了一种不同于犯罪的“违警罪”，并免于适用总则的许多原则。[②] 笔者对这种规避行为持质疑态度。刑罚需要正当性理由，即使最低程度的刑罚也必须给出正当理由。然而当面对所有的法定犯时，这种解释显然是失败的。没有人会否认确实有许多这样的犯罪者确实受到真正刑罚的惩罚，如笔者所指出的，实施了洗钱罪的行为人可能会被监禁多达10年。

某种既定的法定犯是如何满足犯罪化理论的内部限制条件，从而使罪犯理应受到国家的惩罚？特别是，我们为什么相信法定犯真的就是犯罪并且满足不法性限制条件？[③] 该限制条件绝不能具有弹性，除非该限制条件完全是空洞的，否则满足犯罪化标准的犯罪，必须在能理解的意义上是具有不法性的。但如何满足该要求？不能简单对该问题进行回答。智慧的开端是承认存在几种不同类型的法定犯。[④] 是什么使单个的法定犯成为某类法定犯的一种？如果我们的目的是使法定犯符合不法性限制条件，那么将各种犯罪被划分为一种犯罪的基础变得相对简单。不同犯罪应该被划分为同一类，是因为这些犯罪具有相同的原因：具有不法性。一旦我们列举出了某犯罪具有不法性的所有可能原因（不包括自然犯的实例），我们就找到了目前需要的法定犯类型的详尽

---

① 一些学者强调：“法定犯不是犯罪。”参见罗利·M. 帕金斯、罗纳德·N. 博伊斯：《刑法学》（第3版），米尼奥拉，纽约：Foundation出版社，1982年，第886页。笔者相信，因为洗钱而长期被监禁服役的人会惊讶地发现他们其实根本没有犯罪。

② 参见《模范刑法典》§1.04（5）。虽然这部法典通常不使用“刑罚”这个词，但违法不同于犯罪，因为违法者不会受到监禁。把法律起草者当做是他们相信违法不同于犯罪，违法行为不应承受刑罚，这并不难解释。

③ 如果把笔者在这部分提出的大部分观点应用于不法性限制条件之外的限制原则，则不会非常具有说服力。

④ 诚然，没有自然犯和法定犯的更精确区分，我们就不能绝对法定犯的不法性进行全面的分析。

清单。[①] 在本节中，笔者将分析三类这样的犯罪——笔者称之为：混合的法定犯、基于承诺的禁令和公平原则的犯罪。笔者试图确定当被告的行为触犯了这些类型的犯罪时，被告的行为是否具有不法性。笔者不认为这三种类型的犯罪穷尽了所有的法定犯，但是如果我们得出触犯这些犯罪类别的行为不具有不法性的结论，那么我们有权怀疑犯罪化理论是否允许这些犯罪类型被立法机关准许。

安东尼·达夫为解决笔者提出的问题付出了巨大的努力。虽然达夫并没有提出关于法定犯的可能的合理的全面论述，但为其所认为的一种重要的犯罪类型的解决方案——其所谓的“既不是纯粹的**自然犯**也不是纯粹的**法定犯**的犯罪”进行了论证。[②] 达夫心中的这类法定犯“或多或少具有真正的自然犯的人为的、规定的决定性因素”[③]。因达夫自己没有给这类犯罪取名字，笔者打算称之为**混合法定犯**。达夫列举的混合法定犯是法定强奸罪和酒后驾驶罪，这两个例子具有很好的说明作用。达夫认为，与这些混合的法定犯分别相对应的真正自然犯（大概）是：“与还没有足够成熟的、能够对这种事情作出理智决定的年轻人性交”，和“在人的行为能力受到酒精或药物损害的情况下开车”。但是，刑法并没有明确将这些行为犯罪化，而只是禁止“与未到特定年龄的任何人进行性交”以及禁止“酒精在人的血液中超过一定量的情况下”的驾驶行为。[④] 当充分具体规定时，就成了混合型的法

① 单一的法定犯罪可由不同的理由来证成其正当性，并因此同时被分配到不同的种类中。

② R. A. 达夫：“犯罪、禁令和刑罚”，载《应用哲学杂志》第 19 期，2002 年，第 97 页、第 102 页。

③ R. A. 达夫：“犯罪、禁令和刑罚”，载《应用哲学杂志》第 19 期，2002 年，第 97 页、第 102 页。

④ R. A. 达夫：“犯罪、禁令和刑罚”，载《应用哲学杂志》第 19 期，2002 年，第 97 页、第 102 页。

定犯——即既不是纯粹的自然犯罪，也不是纯粹的法定犯。[①] 二者具有相似性，但在以下方面又不同于完全的自然犯和法定犯：不做任何在有法律之前或者脱离法律时就不具有不法性的事情，行为人能（而且经常）触犯这些犯罪。这不是纯粹的自然犯的情况；但是这些犯罪中的一些情况在有法律之前或者脱离法律时，仍然具有不法性，[②] 这也不是纯粹的法定犯的案件。

当一个既定被告的行为既是自然犯也是法定犯时，很容易证明对其惩罚的正当性。也即是说，当被告人的性伴侣既未达到成熟年龄以至于其不能作出同意的决定，又未达到法规规定的年龄，上述的证明就不会困难。然而，当后者的条件达到而前者的条件不满足时，即当被告的行为是法定犯却不同时是自然犯时，就会出现根本的问题。[③] 换句话说，有些人的行为构成混合的法定犯，尽管他们的行为不是自然犯的行为。因为这些犯罪是混合型的，所以这个结果是不可避免的。当法律禁止与未达到法律规定年龄的任何人性交时，达夫承认“我们知道，有些未达到法律规定的年龄的未成年人，完全有能力作出理智的同意决定（甚至比其年龄大的人更为理智）”。[④] 同样，当法律禁止在血液中含有

---

① 请注意：混合犯罪包含的特定自然犯是什么，或真正的自然犯究竟是否被包含在内，这是非常不确定的问题。达夫提出的第一例子就引起了这种担心。达夫避开了这样的问题，即避开了“（与还不够成熟对性行为做出理性决定的年轻人发生关系的行为）是否真的是刑法应当干预的自然犯”的问题。参见 R. A. 达夫：“犯罪、禁令和刑罚”，载《应用哲学杂志》第 19 期，2002 年，第 97 页、第 102 页。

② 笔者大致也认为如此。一些理论家认为，风险预防犯，如酒驾罪，在风险没有转化成实质的风险时是正当的。参见海蒂 · 赫德：“到底什么是违法性？”载《当代法律问题》第 5 期，1994 年，第 157 页。

③ 换句话说，混合犯罪的过涵性太强，当然，这种包含性也有必要如此。笔者在第 3 章第 II 部分和第 III 部分对刑事领域的过度包涵性进行了更详细的讨论。

④ R. A. 达夫：“犯罪、禁令和刑罚”，载《应用哲学杂志》第 19 期，2002 年，第 102 页。

规定酒精含量的情况下驾驶时，“我们知道，一些酒精含量高于限定酒量的人，仍然可以安全驾驶（比许多酒精含量低于法律规定的酒量的人驾驶更安全）”。[①] 在这种情况下，即当被告的行为是法定犯，但不同时是自然犯的混合犯时，在包括不法性限制条件的犯罪化理论框架内，如何证明惩罚的正当性？笔者已经阐述，任何让人推崇的犯罪化理论，都必须包括不法性限制条件。因此，笔者的问题可以更清楚地表达为：在笔者设定的情况下，究竟该如何证明刑罚的正当性？

达夫的回答很具有启发性：为什么立法机构要制定这些混合犯罪而不制定“真正的自然犯”？达夫认为，上述提到的“人为的、规定的决定性因素”能够实现目标价值，如促使其犯罪化，可遏制自由裁量权，减少执法权的滥用等。但是，这些优势主要是从结果主义的立场得出的，并不能满足学者（譬如达夫）的刑罚必须建立在刑罚该当性的基础之上的主张。达夫指出：“问题的关键是对理论的考量。我们首先必须要问的是：违反这些规范的行为是否在理论上应该被看成犯罪？”[②] 因此，达夫指出：“犯罪化的更好理由是：在这种情况下，人们不应该自己决定他们做的事情是否安全，因为别人不相信他们（他们自己也不相信）这样做是安全的。”[③] 更具体地分析道：“一个对年轻女人性兴奋的男人，在判断她是否成熟的能力上是较弱的”、“一个在酒吧放松的人，无法恰当地判断是否再喝一杯酒就可能会导致其无法安全

① R. A. 达夫：“犯罪、禁令和刑罚”，载《应用哲学杂志》第 19 期，2002 年，第 102 页。

② R. A. 达夫：“犯罪、禁令和刑罚”，载《应用哲学杂志》第 19 期，2002 年，第 103 页。

③ R. A. 达夫：“犯罪、禁令和刑罚”，载《应用哲学杂志》第 19 期，2002 年，第 103 页。

驾驶”。[1]

这些分析是否有助于解释刑罚的正当性？假如一个人违反了与达夫提出的混合法定犯有关的法律，即便其性伴侣足够成熟，能作出同意决定，或者其驾驶能力没有严重受到损害，那么此时的困难在于：为什么这些人的行为具有不法性。达夫对这个难题进行了创造性的回答。他认为在这种情况下的刑罚是正当的，原因是：“被告呈现出了一种我们称之为的公民的自负，这种自负应受到公众谴责和刑罚惩罚”。[2] 达夫在这个问题上的立场是完全值得引用的：

“有人坚持认为，他的性伴侣虽然未达到可以作出同意决定的法定年龄，但是已足够成熟来决定自己的性生活；或者坚持认为在喝酒量超出限额后，其仍可以安全地开车，这实际上可能也是正确的。事实上，他可能**知道**他的行为是安全的——他相信他的行为是安全的，并且有充分的根据。然而，如果法律规定的假定是正确的，在这种假定的情况下，行为人不可被信任，行为人也不应该信任自己可以作出合理判断，那么行为人就是在自负地认为自己是某种规则的例外情况。他认为他相信自己能作出这样的判断，我们也应该信任他。但他的结论没有足够的依据，他仅仅是认为他的行为**可能**是安全的——即他的行为不会危及相关的利益。但他不是**确切地明白**他为什么能得出这样的结论。因此，其不可以理直气壮地认为他不会危及任何这样的利益。所以，即使他的行为实际上并没有危及任何这样的利益，但如果要这样做，那么其就实施了可能导致危害相关利益的风险的行为。因

---

① R. A. 达夫：“犯罪、禁令和刑罚”，载《应用哲学杂志》第19期，2002年，第103页。

② R. A. 达夫：“犯罪、禁令和刑罚”，载《应用哲学杂志》第19期，2002年，第104页。

此，行为人是自负地认为自己有权对此类事情作出判断。事实上，行为人应像我们和其他人一样，不应该相信自己有对此类事情作出判断的能力。他的判断是自负的，因此，其行为是不正当的。并且通过影响其他公民的法律保护的利益，使自己凌驾于其他公民之上。这是为什么其应受到刑法谴责的原因。”①

笔者认为上述论点认为在行为触犯混合犯而非自然犯的情况下，惩罚的是公民的自负。

当然，在立法设立法定犯的各种正当事由中，达夫的公民自负论取决于有多少犯罪可以被合理地解释为混合犯罪——这是颇具争议的问题。例如，很难想象洗钱罪可以被解释为规定了真正自然犯内容的犯罪。然而，当某种犯罪毫无疑问被认为是混合罪时，笔者质疑这种观点是否能证明刑罚的正当性。笔者认为达夫的公民的自负观论，可能只有在极少数的情况下能成功，即可能只适用于极少数的犯罪。

首先，请注意达夫的观点依赖于具有比较性的经验观，而比较性的经验观是无法获得证据支撑的。达夫认为他的观点没有任何争议，但笔者却并不那么认为。例如达夫认为，如果一个既定年龄的女人已足够成熟作出关于性的理性决定，或者如果既定的酒精含量会严重损害一个人的驾驶能力，那么立法机关比被告更适合作出决定。至少从约翰·密尔以来，传统观点长期认为个体对自己的情况比别人更容易作出判断。② 但是，达夫提醒我们，

---

① R. A. 达夫：“犯罪、禁令和刑罚”，载《应用哲学杂志》第 19 期，2002 年，第 104 页。

② 密尔在拒绝家主义的语境时表明了这种保留意见。约翰·斯图尔特·密尔：《论自由》（普通版），E. P. Dutton，1951 年，第 188 页。约瑟夫·拉兹在他讨论权力的文章中表达了类似的言论。参见约瑟夫·拉兹：《实践理性和规范》第 2 版，普林斯顿：普林斯顿大学出版社，1990 年，第 74－78 页、第 166 页。

由于对自身利益的考量和痴心妄想，会导致个体对涉及自己事务的判断失真。但我们不应该将非理性的被告和理想的立法机关进行比较后，接受公民自负论。理想的立法者，仅仅是柏拉图描述的哲学王。[①] 公平的比较必须注意影响立法机关的决定质量的因素，例如，即使是在促使国家降低酒驾罪这种混合罪中的血液酒精含量的政治过程中，最常见的经验也没有激发立法机关在正确界点以正确的理由划出酒精含量的正确界限。[②]

此外，达夫选择的这两个实例都涉及所谓的**诱惑情形**——在这种情形下，个人的自身利益促使他继续实施行为，而行为人的判断被欲望、醉态或者诸如此类的东西所蒙蔽。在这种情况下，我们都承认是遵从人类的犯错倾向而继续实施了自己的行为。但是，在立法机关通过设定混合罪的方式为自然犯充实内容的情况下，并不是都存在诱惑。事实上，混合犯罪很少被设置来抵偿诱惑，其中的例子如联邦法律禁止医生在处方中给病人开大麻。但相关的自然犯包括（大概包括）在处方中开无效药物，甚至可能开出对服药者有害的处方。法律通过鉴别符合法律规定的特定物质，从而相应规定自然犯的内容。不管排除大麻的这种说明是否正确，都没有理由相信医生的判断受到诱惑的蒙蔽。在这种情况下，我们需要提出比达夫的更好的理由，才能得出结论认为医生比立法机关更不能够识别本质上属于自然犯的行为。普遍的问题是：为什么我们应该承认立法机关比被告更适合决定在何处划出界限？

---

① “在法律层面，规则是由立法者或其他机构制定的。在很大程度上，与其他个体相比，这些机构的实践推理并不强。”参见菲利普·索珀：“法律理论和权威要求”，载《哲学与公共事务》第18期，1989年，第209页、第226页。

② 醉驾的政治学讨论，参见H. 劳伦斯·罗斯：《正视酒后驾驶》，纽黑文：耶鲁大学出版社，1992年，第173 – 184页。

那么何处是正确的界限划分点？这个问题正是笔者的研究核心。没有人否认找出“人为的规定的真正自然犯的决定因素”的尝试是不足的。合理的犯罪化理论必须确定特定的法定犯在什么时候是不正当的。在一定意义上，人会变得足够成熟而可以同意与其发生性关系，也并不是任何醉酒程度都会严重损害驾驶者的驾驶能力。[①] 划定界限的任务并不是绝对的，在这个意义上，任何观点与其导致的结论是一样的。当然，也有一些论点显然站不住脚。[②] 我们应该在哪里划定界限？更具体地分析，政府该如何设置酒后驾车规范中血液酒精浓度的界限，或如何确定青少年不能传达有效的发生性关系的同意的适当年龄？[③] 更抽象地分析，立法机构应该如何规定混合罪中的自然犯的内容？达夫的回应仅如下：“如果规定这些犯罪的法律是完全公正的，那么犯下这种犯罪的人同样会触犯相应种类的自然犯。此种观点是成立的。”[④] 笔者把达夫的意思理解为：应该明确规定混合犯罪的内容，从而使触犯混合罪的大多数人也会触犯自然犯。换句话说，譬如触犯法定强奸罪或酒后驾驶罪的人，必须要超过半数者也会触犯自然犯。我们把明确规定混合罪内容的观点称为**多数主义者条件论**。

笔者研究的重点是：为何触犯混合罪的行为具有不法性？为

---

① 然而在许多国家，任何数量的血液酒精浓度都足以让青少年（因为太年轻法律上不允许喝酒）被指控酒后驾驶。据推测，这些“零宽容”的法律（笔者将会很快阐述到这些法律）并不符合多数主义条件。

② 一些学者认为，法定犯可以转化自然犯，但这种转化的根据是“违法的程度”。参见伟恩·R. 拉费弗：《刑法》第3版，St. Paul：West Pub. Co，2000年，第34页。

③ 笔者撇开酒后驾驶罪的规定究竟是否应该包括血液酒精浓度（BAC）这样的困难问题不谈。为什么驾驶能力因醉酒受损的程度应该通过其血液中的酒精含量来确定，这是明显是没有理由的。詹姆斯·B. 雅各布斯：《酒后驾车：美国困境》，芝加哥：芝加哥大学出版社，1989年，第61－62页。

④ R. A. 达夫：“犯罪、禁令和刑罚”，载《应用哲学杂志》第19期，2002年，第102页。

何国家对其进行惩罚具有正当性？带着这种疑虑，笔者相信多数主义者条件论不足以证明刑事制裁的正当性。[①] 当某一个人的行为触犯了内容符合多数主义者条件的混合罪，我们是否确实能得出其行为具有不法性的结论？如果多数主义者条件论被采纳，触犯混合罪的近半数人可能触犯的并不是自然犯而是法定犯。条件论导致刑罚过于广泛，希望以极简主义理论构建犯罪化理论的学者都不欢迎这样的结果。通常我们认为，惩罚无辜者比不惩罚犯罪者更令人反感。[②] 一个人的这种行为并无不法性，因为这种行为属于当大多数行为人实施时才具有不法性的行为类型。只有个人的具有不法性的行为才应受到刑罚惩罚。

此外，符合多数主义条件论而又不同时触犯自然犯的混合犯罪者的分布不可能是随机的。许多人有很好的理由相信他们触犯的法定犯罪，在没有法律之前或者脱离法律时，并不具有不法性。事实上，许多人都知道他们的行为并不是真正的自然犯。[③] 达夫知道，许多具体的行为人知道，他们表征其他行为的行为不属于自然犯罪，即便他们的行为类型经常具有不法性而不是不具有不法性。达夫的公民自负论中最有趣的是他认为：当对这些人施加刑事责任时，不法性限制条件是满足的。达夫认为尽管行为人知道他们的行为不属于自然犯罪，他们的行为也是不法的，因为他们不是明知他们知道这些。[④] 为什么这些行为人不明知他们知道自己的行为不属于自然犯罪，其原因并不完全清楚。认识论

① 当然，达夫明确指出，多数主义条件仅仅是判定混合罪是否具有正当性的必要条件。

② 维多·哈尔沃森：“让十个有罪之人自由比让一个无辜者被指控犯罪更好吗”，载《刑事司法伦理》第 23 期，2004 年，第 3 页。

③ 笔者在第 3 章第 III 部分中将这种状态描述为认知特权。

④ R. A. 达夫：“犯罪、禁令和刑罚”，载《应用哲学杂志》第 19 期，2002 年，第 104 页。

者提供了几种关于其明知状态的不同学说。有影响力的学说认为，许多行为人确实知道自己的行为不属于自然犯罪,[①] 但是，笔者不会就此认同该观点。笔者想知道的更为重要的问题是：行为人的不符合这高标准的行为，是否具有不法性从而使国家刑罚具有正当性？换句话说，我们为什么得出结论认为：能知道其行为在没有法律之前和脱离法律时不具有不法性的行为人，当其不知道他知道其行为在没有法律之前和脱离法律时不具有不法性，那么该行为人的行为具有不法性。[②] 据笔者所知，这种认知标准并不适用于刑法之外的法律。譬如，在关于被告如果不知道其享有正当抗辩事由，那么其实施的不法行为是否还具有正当化的著名争论中，是否有学者认为被告不仅要知道而且还必须知道自己知道享有正当抗辩事由？

但达夫坚持认为，当被告实施了混合犯罪，并且知道自己触犯了混合犯罪，但却不知道其行为不属于真正的自然犯，那么行为人就表现出了公民的自负。但如果该观点正确，则出现了四个问题。首先，自负到底在哪里？达夫认为行为人使自己成为必须

---

① 笔者内心考虑的是内在论者。另一方面，外在论认为对于行为人来讲，在不知道他们知道的情况下要明知，本身也是合情理的。人们可能相信真命题 P，并用证明 P 的正当性所需要的任何理由来提升他们对明知的正当的且真实的相信，但却不相信他们的理由是充要的。在这种情况下，即使行为人不相信他自己是明知的，行为人也可能会明知。行为人当然也可能不知道他自己明知。迈克尔·伯格曼：《没有意识到：认知外在论的辩护事由》，牛津：牛津大学出版社，2006 年。

② 达夫称被告的主张是“不具有正当化事由的”。事实上，他的“不具有正当化事由”的观点对证明其主张是自大的反对意见至关重要。但知道自己的行为不属于自然犯的被告，因自己的真正确信（对明知的标准要求）而享有正当辩护理由。为什么任何使被告因相信自己的行为不属于自然犯罪的因素都能使其享有达夫认为缺乏的正当化事由？参见 R. A. 达夫：“犯罪、禁令和刑罚”，载《应用哲学杂志》第 19 期，2002 年，第 104 页。

遵循法律的例外，并使自己的法律地位高于其他公民。[①] 但这种例外并不需要宣称。当被告知道自己的行为不是自然犯时，被告会允许任何人，不仅仅允许自己，犯下混合罪。[②] 第二，为什么认为自负应该受到惩罚？公民的自负本身并非不正当，据笔者所知，没有学者提出将其犯罪化。第三，笔者担心诉诸公民自负论可能被证明走得太远了。很难理解为什么触犯不符合多数主义者条件论的混合罪的被告，与触犯符合多数主义者条件论的混合罪的被告相比，表现的公民自负更少？如果笔者是正确的，那么达夫对混合罪正当性的唯一限制条件，与他的惩罚触犯这些犯罪的行为人的一般理论无法保持一致。最后，假设对公民的自负应进行一定程度的惩罚，那么惩罚程度是多少？由于公民的自负本身并不是罪，被告受到惩罚是因为他触犯了混合罪，而不是因为他的公民自负。对这些犯罪行为，比如对法定强奸罪的惩罚很严重，但即使公民自负应该受到惩罚，似乎也不应受到很重的惩罚。这样严重的惩罚如何满足任何刑罚都必须遵守的罪刑均衡原则？

笔者通过对比触犯强奸犯的杰克和吉姆，来说明罪刑均衡原则问题。杰克跟一个他认识的年轻女性发生性关系，但该名女性是如此幼小以至于不能作出同意的决定。吉姆跟一个相同年龄的女性发生性关系，但该女性并不属于幼稚以至于不能作出同意决定的女性。此外，吉姆确实知道他的性伙伴足够成熟可以作出同意的决定。杰克触犯了自然犯。达夫认为吉姆的行为同样具有不法性，但原因不是他的行为属于自然犯，而是因为他表现出了公民的自负。当然，杰克和吉姆都触犯了同样的混合罪，从而进行

---

① R. A. 达夫："犯罪、禁令和刑罚"，载《应用哲学杂志》第 19 期，2002 年，第 104 页。

② 达夫很清楚这种可能性。R. A. 达夫："犯罪、禁令和刑罚"，载《应用哲学杂志》第 19 期，2002 年，第 108 页。

相应的惩罚是正当的。[1] 这个结果显然不公正。因为根据这种观点，那么表现出公民自负就应受到惩罚，而且无论任何程度的刑罚都可能是适当的。但可以肯定的是，吉姆受到的刑罚一定比故意触犯严重自然犯的强奸犯（如杰克）的行为受到的惩罚程度要轻。除非有学者可以改进和加强达夫的观点，否则我们就应该对这种情况持怀疑态度，即对当行为人的行为触犯法定犯而非同时触犯自然犯时，其触犯混合罪的行为具有不法性的观点持怀疑态度。

到目前为止，笔者仍不明白为什么当人们的行为触犯**法定犯**而非**自然犯**时，行为人的行为具有不法性？然而在某些情况下，触犯混合罪而同时又不触犯**自然犯**是根本不可能的。要理解其中的原因，就需要考虑**协作犯罪**这类犯罪。刑法设置该类犯罪的目的旨在解决协作活动（或集体活动）的问题。人们已经赋予这类犯罪太多的法理意义。例如约翰·菲尼斯有句名言："法律的意义或功能是为了共同的利益而对各种活动进行协调，该目标支持与实证主义相对的自然法理论。"[2] 当然，菲尼斯的论题与许多刑法并不是为了实现这个功能的观点相兼容。目前的问题并不是整个法律系统是否应被视为协作问题的解决方案，而是在多大程度上此功能有助于表明诸多法定犯满足证明刑罚正当化的不法性限制条件。[3]

要解决该问题首先得明确协作问题到底是什么。根据莱斯

---

① 当然，达夫可能认为吉姆而非杰克可以减轻判处刑罚。但是从来没有人解释过，为什么在具有可归责性的某些情况下被告有资格申请降低惩罚，而其他人完全不受惩罚。道格拉斯·胡萨克："论部分抗辩事由"，载《加拿大法律与法学》，1998年，第167页。

② 约翰·菲尼斯：《自然法与自然权利》，牛津：科学出版社，1980年。

③ 一些学者已经认可了笔者在此提出的观点。例如，威廉·S. 博德曼认为："法律通常通过协调解决问题来发挥作用。" W. S. 博德曼："协调和守法的道德义务"，载《伦理》第97期，1987年，第546页、第549页。

利·格林具有影响力的阐述，行为人遇到的协作问题是："每个人都必须在仅有的可供选择的行动方案之间进行选择，每个直接的结果同时取决于各自的选择和其他人的选择。"[①] 格林认为，在不断重复出现的S情况及群体P的成员的行为中，R的规则性就代表协作问题的解决方案。但是，R作为协作问题的解决方案是当且仅当："在（几乎）所有S情况下：（1）在群体P中，这是常识；（2）（几乎）所有人都遵从R规则，因为（2a）几乎所有人都希望其他每个人都遵从R规则；（2b）几乎任何人都期待每个人都遵从R，其是基于（几乎）任何人都遵从R这样的条件；（2c）（几乎）所有人都更喜欢每个人都遵从一些R规则而不是不遵守任何R规则。"[②] 规定驾驶者应在某一侧的路边行驶的规则，是阐释协作问题最好的例子。当这个协作问题的方案被提出时，在既定的路的侧边行驶，每个人的作用都会得以增加，而在相反的方向行驶，（几乎）没人能做得更好（大多数人会做得更糟）。

这个阐述使我们意识到，不是所有协作犯罪都是混合犯罪，而只有一些协作犯罪是混合犯罪。这两个类型具有非常大的重叠性，如许多交通违法行为，那些规定司机在繁忙的十字路口亮红灯时必须停止行驶，这就是这两种类型的实例。这些犯罪既解决了协作问题，同时也为轻率或危险驾驶的自然犯规定了内容。在这些情况下，刑事责任是正当的。然而请注意，如果采用协作问题的方案真的有利于所有人，那么很少有惩罚的必要。[③] 如果闯红灯等偏离协作方案创设的明显风险，不足以激励人们遵守协作

---

① 莱斯利·格林："法律、协调和共同利益"，载《牛津法律研究期刊》第3期，1983年，第299页、第301页。

② 莱斯利·格林："法律、协调和共同利益"，载《牛津法律研究期刊》第3期，1983年，第302页。

③ 戴维·刘易斯：《公约》，剑桥：哈佛大学出版社，1969年，第38页。

方案，那么刑事制裁的威胁是否能帮助人们遵守协作方案还尚不清楚。

正如笔者认为当协作问题的方案规定了自然犯的内容时，刑罚就具有正当性。因此，明确没有混合罪属于协作犯罪就是关键问题。如果缺乏预先存在的协作问题，那么没有犯罪能成为协作犯罪的实例。例如，强奸犯罪和酒后驾驶犯罪，就不是解决预先存在的协作问题。此外，协作问题的许多解决方案并未规定自然犯的内容。当人们偏离协作问题的解决方案时，例如说不同的语言、忽视传统的日历或诉诸易货而不是使用共同货币，行为人的这些行为并不具有不法性。笔者承认，正如任何理智的学者必须承认一样，在错误的街道边驾驶具有不法性。但是，我们不应该太快从这个例子中，概括和推断出我们已经确定大多数法定犯的不法性是什么。这个概括只适用于规定了自然犯内容的协作犯罪。

应如何认识纯粹的法定犯——即如何认识不是混合犯的法定犯？斯图尔特·格林尽了很大努力阐明当人们触犯这类犯罪时，其受到的刑罚是应当的。根据格林的分析，违反承诺或违反公平竞争的不法性，“通常”能解释为什么触犯纯粹的法定犯是具有不法性的，[①] 部分地因为区分源于公平承诺的义务与公平竞争的义务是大家公认的困难，[②] 笔者对这些观点进行了仔细的审视。笔者认为这些观点可能偶尔会成功，但不能成为惩罚大多数法定犯的根据。

笔者从承诺开始分析——非常肯定，承诺是承担道德责任最没有争议的方式，违反承诺表面上也具有不法性。例如，格林认

---

① 斯图尔特·格林：“为什么撕掉床垫标签是犯罪：过度犯罪化和行政犯的道德内涵”，载《埃默里法律杂志》第46期，1997年，第1586页。

② 关于约翰·洛克的政治义务理论的分类难题，参见约翰·西蒙斯：《道德原则与政治义务》，普林斯顿：普林斯顿大学出版社，1979年，第83 - 95页。

为我们应考虑许多规制诸多活动的刑法规定，如多考量与捕鱼、狩猎或驾驶相关的刑法。格林指出，申请许可证或执照的个体，通常“明确承诺遵守特定的规则和条例”。[①] 格林认为，偏离这些许可证和执照的条款或条件的行为的不法性，可能源于打破先前承诺而带来的不道德性。格林小心翼翼地使他的见解脱离社会契约传统理论家的观点，社会契约论者旨在捍卫服从法律的一般义务。作为对犯罪行为的不法性的总体阐述，社会契约论者遇到许多众所周知的困难，而对于这些困难，格林的观点似乎可以避免。特别是他不需要担心具有约束力的承诺如何可能从非语言行为中推断出来，或者在理想的情况下如何可能从理性人的行为中产生。格林依赖的这类承诺是显性承诺，而非隐性或假想承诺。尽管如此，笔者相信，大家熟悉的对社会契约论质疑的很多观点，同样不利于格林的阐释：为什么触犯法定犯的行为人的行为通常被认为是具有不法性的。

诚然，为了得到进行某种活动的许可，许多人确实作出明确的承诺。然而请注意，很多人却没有作出这样的承诺，比如没有捕鱼或打猎许可证或执照的人就并未作出这样的承诺。据此，格林的阐述充其量仅涉及已有许可证或执照但违反条款或条件的人。因而这种观点不能被想象地适用于最严重的违反者——即那些没有费心去获得捕鱼或驾驶许可证，但其知道捕鱼和驾驶必须获得许可证才能进行的行为人。只有那些已经采取了申请许可证关键一步的行为人，才可以说作出了遵守这些相关法律的条款或

---

① 斯图尔特·格林：“为什么撕掉床垫标签是犯罪：过度犯罪化和行政犯的道德内涵”，载《埃默里法律杂志》第46期，1997年，第1587页。

条件的承诺。[①]

已经取得许可证的行为人，如果违反相关条款或条件，格林的观点是否同样具有说服力？也许他的观点在很多案件中是具有说服力的，不过还是应该仔细思考承诺的内容，例如应考虑领取驾驶证的行为人作出的承诺的内容。显然，申请人没有明确同意遵守每一个与驾驶有关的具体法律的规定，至多他们作出的承诺是一般性的承诺，如“本许可证持有人同意遵守《机动车辆法》现行的所有规定”。出于几个原因，笔者怀疑这种一般性承诺可以引起义务。例如一个驾驶者未在他的汽车挡风玻璃的适当点贴上其已获得的验证检查贴纸，那么他作出遵守许可证条款的一般承诺，可以解释为什么他的行为具有不法性并符合惩罚的条件吗？请注意，该司机是不会因为轻率而没有显示他的验证检查贴纸而被认为违反契约。他甚至不知道他违反的是哪个具体条款，这种可能性非常大。几乎所有的司机对他们所遵守的数以千计的法规了解不多。一般来说，对法律的无知并不能成为免除刑事责任的宽恕事由。但法律的无知对于试图援引明确承诺以解释为什么这种行为是不法的，是一个不可逾越的障碍。

但更重要的是，即使是那些明知具体条款或条件的行为人，在不遵守这些条款或条件的情况下，也会违反合同。笔者的怀疑源于合同法的哲学基础。驾驶或捕鱼许可证上的条款可能被视为“附加性”或“格式化”条款，是在“要么接受要么放弃”的基

---

① 虽然格林意识到这个问题（参见斯图尔特·格林：“为什么撕掉床垫标签是犯罪：过度犯罪化和行政犯的道德内涵”，载《埃默里法律杂志》第46期，1997年，第1590页。），但他没有论述其如何试图解决这个问题。这是很奇怪的观点：只有当人们偏离规定他们获得许可的条款时，行为才被认为具有违法性，而当他们实施相同的行为类型但没有获得许可时，行为不会被认为具有违法性。假设他们行为的违法性必须在两种情况下分别进行界定，这是很奇怪的。

础上提供给申请人的。因为这个原因，几乎所有管理捕鱼或驾驶的执行性规定是而且应该是法律的产品，而非合意的结果。[①] 这些承诺不会引起合同法律责任的事实，对于格林的观点可能并不是致命的攻击。[②] 然而，不会在民事法律中引起强制性义务的承诺，却足以证明刑事惩罚的正当性。如果持这种观点，那么结论将是非常令人意外的，因为一般认为刑事责任需要的正当性标准，即使不应比民事法律领域的标准高，但也至少应与民事领域的要求一样高。此外，刑法很少制裁违反承诺的行为。当然，格林也注意到了这个事实，但他坚持认为《邮件欺诈法》和《霍布斯法》等这些法规是处罚违反协议的人的范例。[③] 但是，对违反承诺的人施加刑事责任的先例事实，并不能证明这种方法应该被更广泛采用。格林不建议所有的违反合同行为都应被视为犯罪，[④] 那么基于什么根据，格林（或其他人）认为要从违反合同的行为中选择出可以进行刑事惩罚的行为？

笔者最后的担心是：格林的分析证明的内容太多。如果一个人违反了许可证上的某个条件，而行为不当是因为他违反了协议，那么许可证上的所有条件是为何不能满足不法性限制条件？

---

① 经典的论述参见托德 · D. 拉科夫：“附和合同：以重构为主题”，载《哈佛法学评论》第 96 期，1983 年，第 1174 页。

② 格林没有被说服。他随后回复认为：“为了获得在其水域捕鱼的特权，人们需要作出遵守当地司法管辖区法律的承诺，这个事实没有显著减少承诺的力量。如果一个想要成为渔夫的人，对自己将来必须受制于规定的承诺条款不适应，他可以选择退出申请程序。”斯图尔特 · P. 格林：《撒谎、欺骗和偷窃：白领犯罪的道德论》，牛津：牛津大学出版社，2006 年，第 252 – 253 页。

③ 斯图尔特 · 格林：“为什么撕掉床垫标签是犯罪：过度犯罪化和行政犯的道德内涵”，载《埃默里法律杂志》第 46 期，1997 年，第 1600 页。

④ 格林认为：“刑法与民法之间的界限没有也将不会完全隔开。”（斯图尔特 · 格林：“为什么撕掉床垫标签是犯罪：过度犯罪化和行政犯的道德内涵”，载《埃默里法律杂志》第 46 期，1997 年，第 1601 页。这种观点当然是正确的，但是这观点不会在建立对违反合同行为惩罚的一般的正当性方面涉及太多。

格林欣然承认，未遵守一些法定犯的规定可能是正当的，但是他没有解释为什么他的这种让步并未破坏他的整个阐述。他的例子包括“禁止菠萝块被涂为绿色、禁止蜂蜜加入花生酱、禁止维生素加入巧克力棒的荒谬的规定”①。然而，很容易想象，为了卖出菠萝或花生黄油，一个人可能需要保证不给其添加颜色或加入蜂蜜。这些荒谬的规定也经得起格林认为公民已经承诺服从的那些法律的分析。

笔者并不否认约定义务也许偶尔为法定犯的不法性提供充分证明，但笔者怀疑，这样的解释是否能贯彻到底。实际上，其不能证明绝大多数法定犯受到惩罚的正当性，无法解释大量违反交通规则的犯罪的不法性，也无法解释许多其他法定犯的不法性（例如无法解释笔者列举的洗钱罪的例子）。因此，笔者将论述另外一种观点，即公平原则。格林用公平原则对其他几个法定犯的不法性进行了阐述。②

从最一般的意义上讲，公平原则的内容是“为了支持互利合作，很多人作出善意的牺牲，这种善意牺牲使其他人受益。这些受益者在合作范围内，也有道义上的义务履行好自己应承担的职责（也就是说，应作出互惠的牺牲）。”③ 违反法律的行为是不公正的，因为违法者从别人对法律的遵守中获益，违法者是**搭便车者**。搭便车者不需要直接伤害任何人或危及整个合作，但因为其享受了一种特权，而这种特权不能扩展至具有类似情况的每个

① 斯图尔特·格林：“为什么撕掉床垫标签是犯罪：过度犯罪化和行政犯的道德内涵”，载《埃默里法律杂志》第46期，1997年，第1582页。

② “即使没有遵守法律的承诺，道德义务可能来自于公平的观念。”参见斯图尔特·格林：“为什么撕掉床垫标签是犯罪：过度犯罪化和行政犯的道德内涵”，载《埃默里法律杂志》第46期，1997年，第1589页。

③ 约翰·西蒙斯：《正当性与合法性：权利和义务论文集》，剑桥：剑桥大学出版社，2001年，第29页。

人，所以其行为是不公正的。哲学家并不赞同公平原则能创造互惠义务的情形，但他们几乎都认为只是受到好处不是充要条件，仅是必要条件。[①] 一般来说，从充分考虑政治义务的角度分析，任何要件（譬如选择拒绝好处的机会）被添加到这个条件几乎肯定会使原则无效，通常无法实现政治义务。[②] 然而，一些由法定犯带来的利益，会满足最终被视为足以导致公平义务的任何条件。这种观点可能是正确的，例如公平原则可以解释在“路肩”或在高速公路的软路肩驾驶的不法性。但这样的例子似乎并不常见，许多法定犯带来的利益并不满足每一个必要条件。诚然，对于公平原则，如果没有笔者在此进行更为完整的阐述，是不会得到支持的。不过，笔者怀疑该原则只是在少数情况下，能够成功地解释法定犯的不法性，而在触犯大多数这类犯罪时，人们为什么应该受到惩罚的这个中心问题仍未得以解决。再次，犯洗钱罪的行为人，不应被描绘成从那些为支持互利合作而作出牺牲的人中受益的搭便车者。据推测，那些违反该法规的人，都愿意让处于类似情况的人存取他们不当获得的利益。

斯图尔特·格林支持公平原则，并像依赖明确承诺一样依赖公平原则，解释所谓的许多法定犯的不法性。[③] 他列举的例子是有启发意义的，并揭示了他的分析缺陷。他分析了在周日出售酒精的酒馆的情况，这种情况违反当地法律。根据格林的分析，这

① 理查德·阿内森：“公平原则和免费搭便车问题研究”，载《伦理》第92期，1982年，第624页。

② 约翰·西蒙斯：《正当性与合法性：权利和义务论文集》，剑桥：剑桥大学出版社，2001年，第31－36页。

③ 斯图尔特·格林：“为什么撕掉床垫标签是犯罪：过度犯罪化和行政犯的道德内涵”，载《埃默里法律杂志》第46期，1997年，第1589页。

些销售获利的业主们的行为具有不法性，因为他们是骗子。[①] “这些机构以他们的竞争者的守法为代价获利，并获得他们的守法的竞争者不具有的不公平优势。”[②] 在这种案例中，显然格林是正确的，因为这些酒馆“增加的收入与他们的守法竞争者相关”[③]。但为什么他们的利润不单是代表资本的竞争成果？把在星期日出售酒的这些机构获得的优势描述为“欺骗”的情况下导致的“不公平”的基础是什么？格林的阐述可以解释一些犯罪的不法性，比如支付雇员低于最低限度的工资，但他选择的法定犯的特定例子与执行宗教道德的努力相比，可能与公平竞争的关系更弱。那些违反这项法律的人，不是通过获得特权而阻止与其处境类似的人获得利益，并从而利用相互克制的系统的搭便车者。再次，他们允许（即使他们不喜欢）所有的酒馆在星期天出售酒。

如果我们假设法律规定或界定了公平竞争的参数，那么我们可以得出这样的结论：通过违反这些条件获利的机构获得不公平的优势。但这些参数通过普通法来界定，还是通过特别法来界定的区别在哪里？回到格林前面提及的那些荒谬的法律，对这些法律的不遵守不具有不法性。格林认为：“在某种程度上，这些法律的存在没有理由，除了将不公平的优势赋予某人或者更多的市场参与者，或者满足某些管理者的幻想，人们似乎没有道德义务去遵守这些法律。”[④] 这表示格林承认，如果一些法规被设定为

---

① 斯图尔特．格林：“论欺骗”，载《法律和哲学》第 23 期，2004 年，第 137 页。

② 斯图尔特·格林：“为什么撕掉床垫标签是犯罪：过度犯罪化和行政犯的道德内涵”，载《埃默里法律杂志》第 46 期，1997 年，第 1589 页。

③ 斯图尔特·格林：“为什么撕掉床垫标签是犯罪：过度犯罪化和行政犯的道德内涵”，载《埃默里法律杂志》第 46 期，1997 年，第 1590 页。

④ 斯图尔特·格林：“为什么撕掉床垫标签是犯罪：过度犯罪化和行政犯的道德内涵”，载《埃默里法律杂志》第 46 期，1997 年，第 1582 – 1583 页。

“将一个不公平的优势赋予某人或者更多的市场参与者”，那么这些法律是会遭到反对的。这个让步表明格林不相信公平竞争条款仅仅只是那些被法律规定要求竞争者遵守的规定，一些这样的规定实际上使竞争条款变得不公平。因此，必须要有一个先行公平标准，从而判断这些规定是否符合这个标准。如果这样，那么被告仅仅因为触犯了法定犯，还不能违背这些条件。

最后笔者想指出，上述通过公平原则解释为什么违反法定犯规定的行为具有不法性，但这种解释非常古怪甚至具有讽刺性。毕竟，公平原则应该是加强公平，即更加公平地分配负担，并促进该目标的实现。但笔者先前对过度犯罪化对罪刑法定原则影响的讨论表明，刑法规定的犯罪是如此众多和影响深远，以致这些犯罪没有也不能被公正的执行。① 结果，强制性规范的执行具有高度选择性和任意性。当某种法定犯被广泛无视和低强度执行时，遵守该法规的少数人就被置于相对其他人明显劣势的地位。如果可以确保守法的人相信遵守法律将变得更加普遍，由此产生的状况才很可能对每个人是公正的。然而在现实世界中，警察和检察官拥有很大的自由裁量权，最终导致在法治几乎不存在的世界中，遵守法定犯法律规定的人数的轻微增长都会加剧不公平。倡导公平原则的法律哲学家，应该抵制这样的结果。如果我们真的想用公平原则加强公平，我们就应该开始打击过度犯罪化现象。然而，具有讽刺意味的是，法定犯的增长是我们当前遇到的困境的主要原因之一。

笔者已批判性地分析过，法律哲学家们很少解释为什么惩罚法定犯的行为人可能与犯罪化理论中的不法性约束条件兼容。笔者解决这个问题的最初努力，就是将法定犯解释为混合犯，并为模糊的自然犯规定具体的内容。而后，笔者试图用约定义务或公

① 参见第1章第Ⅱ部分。

平原则为纯粹的法定犯的不法性提供依据，但此两种观点也仅可能在少数案件中是可行的。但是，如果笔者的批判具有说服力，所有这些观点都不能证明对那些触犯绝大多数法定犯的人进行惩罚的正当性。例如，这些观点不能为惩罚洗钱罪的人提供有说服力的证据。或许有其他的学者能解决笔者所提出的问题，[①] 但正如笔者指出的那样，很令人失望，极少有学者迎接达夫和格林愿意面对的挑战。但是，除非能进行更好的解释，否则由那些赞成刑事责任的人承担举证责任，会让我们认为创设太多法定犯将导致更多的不公正结果。

笔者必须理清自己希望已经完成的任务。笔者并不认为不正当的法定犯所阻止的行为，完全超出了国家权力机关的权限，例如国家还是有非常正当的理由来阻止零售商撕掉床垫的标签。但是，这并不能证明制定犯罪影响不被惩罚权利的刑法就一定具有正当性。笔者在下文将论述更为宏大的问题：在什么条件下，国家的合法利益应该通过自由市场、税收制度、民法和国家赞助的广告宣传等类似方法实现。根据罗杰·夏纳的分析："一个只说'这不应该被犯罪化'的规范理论，会错过向立法者积极建议采取其他方法实现目的的机会。"[②] 笔者认为这个问题是非常关键的，尽管事实上笔者在这里没有解决这个问题。在决定如何最好

---

① 笔者并不假装已经穷尽了各种可能性。参见菲利普·索珀：《尊重伦理》，剑桥：剑桥大学出版社，2002 年。索珀希望能为在尊重伦理时未能遵守法律的不正当性提供理由："为他人的规范判断提出强有力的证据要求，即使它们反对自己的采取正确行动的判断。"参见菲利普·索珀：《尊重伦理》，剑桥：剑桥大学出版社，2002 年，第 169 页。他声称尊重伦理"不仅是简单地尊重他人，也是对自己和自己的选择和价值观的尊重。"参见菲利普·索珀：《尊重伦理》，剑桥：剑桥大学出版社，2002 年，第 170 页。无论这种说法的优点是什么，索珀承认上述说法至少在试图证明法定犯的正当性时，最有可能违反不正当性限制条件的权利剥夺是可取的。参见菲利普·索珀：《尊重伦理》，剑桥：剑桥大学出版社，2002 年，第 177 页。

② 罗杰·夏纳：《刑法理论的结构和重建》（即将出版）。

地追求既定国家利益时，笔者没有构建综合的国家理论、一般法律理论或判断如何最好的实现国家利益的标准。笔者的目标更小一些。笔者已经讨论过，没有人证明阻止被许多法定犯禁止的行为的良好理由，为什么不能证明国家施加痛苦和污名的正当性。刑法是特殊的，许多犯罪都必然违反受人推崇的犯罪化理论都应包括的限制条件。该结论只是夏纳论及的更宏观的论题中的第一步。

如果笔者的观点很有说服力，笔者在本章阐述的内部限制条件就不会那么具有危害性，因为许多现有的法规都违反了这些限制原则。笔者希望构建一个理论来说明国家的犯罪化太多，也即过度犯罪化的现象很严重。此外，笔者认为打击该现象的资源可以来自于刑法本身，比如刑法总则、自然法的丰富内容及刑罚该当性，都是限制刑事制裁范围的渊源。特别是许多法定犯与不法性限制条件难以调和，但不法性限制条件是任何令人推崇的犯罪化理论都应包括的原则。减少法定犯的数量，将代表推进极简主义刑法的重大进展。

第 3 章　犯罪化的外部限制

到目前为止，若笔者的论证合理，则需要犯罪化理论提供原则性的基础以逆转日益增加的刑法和刑罚之倾向。任何这种理论都必须包含若干限制原则，从而限制国家犯罪化的权力，这种限制有两种来源。笔者在第 2 章中提出的四个限制来自刑法本身：法律必须禁止重大危害或邪恶；痛苦和污点只能施加于不法行为；刑罚应具有该当性；举证责任应由主张施加刑事制裁的一方承担。任何可被接受的犯罪化理论都应当包含这四个限制。尽管这些限制看起来无害，但这些内部限制能阻止使刑法典变得混乱的新型犯罪行为，从而阻碍过罪化现象。特别是这些限制的适用，会减少法定犯的数量。

在本章中，笔者采取一种不同且更具争议性的方法进行论证，并且引入另外一套限制从而支持第 1 章提出的论点。笔者并非声称这些限制存在于刑法本身，也不认为任何反对这些限制的犯罪化理论就明显具有缺陷。实际上，当缺乏这些限制时，刑法仍可以（确实亦能够）相应地发挥作用。相反，笔者在此所论证的限制来自刑法外部，并且源于规范性理论。该规范性理论涉及的是证明国家侵犯公民的宝贵权利的正当性必须满足的条件，当然，本章的主要目的是概述这些外部限制。之所以笔者将之称为“概述”，是由于笔者深刻认识到有几个重要方面是不可能进行充分论证的。完整的犯罪化理论实际上是关于国家的理论，但笔者还未形成更完整的犯罪化理论，这亦并不足为奇。在诸多关键点上，笔者提出的问题多于回答。笔者并非认为自己概述的理论毫无问题，但显然其优于现状及笔者在第 4 章提及的任何理论。尽管存在不确定性，但要实现倡导对国家犯罪化权力施加严格限制的刑法极简主义，笔者认为笔者提出的内外部限制和内部限制需要相互结合，并且还有很长的路要走。

就某些令人感兴趣的方面而言，犯罪化理论中的外部限制与内部限制有很大不同。无论是内部限制还是外部限制，均是为了证明刑法的正当性。就此正当性而言，笔者认为二者是相关联的。这些限制不是抽象的存在，而是要用来说服有权要求对受到反对的立法进行正当化说明的人。内部限制主要用于受罚的个体，如果被惩罚的对象质问为何受到惩罚，恰当的回答是：其行为是不正当的且具有危害性，因此其受到的刑罚具有该当性。与此相对应，外部限制不仅限制受罚之人，而且还限制创立和维护惩罚性制裁制度的公民。正如笔者将在第 4 章中所详述的，社区成员必须有充分的理由才能创设刑事司法机构。外部限制提供了三个约束原则，比如第一限制要求刑法必须促进国家的重大利益。若公民要询问特定刑法的正当性，那么指出国家之所以让某些公民承担刑事责任，其原因在于实现国家的重大利益。尽管内部限制和外部限制存在很大差别，但笔者认为国家若想使其干预公民不受惩罚的权利的行为具有正当性，则刑事责任的施加应当符合该两种限制。

在单一的犯罪化理论中，内部限制和外部限制是如何联系的，笔者几乎没进行阐述。但笔者毫无疑问地认为二者有很多重合的部分，而且亦很明显：任何不公正的规范将同时不符合内部限制和外部限制。尽管如此，内部限制和外部限制亦并非是冗长多余的。我们很容易想象不公正的法律从此种视角审视是违犯限制原则的，而从彼种视角审视则不是违犯限制原则的。但笔者不论及这种不公正的法律，因为这些限制的内容不能明确解决该类问题。笔者还未提出关于该当性、不正当性、危害及邪恶的实体性理论。若无这些理论，则很难了解我们应对内部限制独立完成任务抱多大期望。谈到此点，笔者曾试图通过依靠受到广泛认可的直觉将这些限制适用于现行法律。遗憾的是，该方法论到目前为止也至多用于反击过罪化问题。如果不仔细分析犯罪化理论的核心概念，则许多问题将得不到解决。

本章包含三部分。笔者把阐述在当今宪法中体现的犯罪化理论内容作为本章第 I 部分的开头。该理论明显存在不完善之处以至于造成现在所面临的过罪化问题。除了论及这些缺点外，笔者将对如何在此基础上创立更完善的犯罪化理论进行论述。以此为基础，笔者会介绍笔者认为国家被允许干预不受罚权之前必须满足的外部限制。尽管美国宪法对不受惩罚的权利保护极少，但其包含了丰富的经验可用之判断什么时候类似价值可被干预。构建犯罪化理论的关键是使这些深刻见解能普遍贯穿于刑法之中。在第 II 部分中，笔者对这些限制加以阐述并论证该如何将其适用于某些具体案例。笔者清楚争议是广泛存在的，且该理论的许多细节还有待考察。学者们正致力于研究应当如何解释和适用这些原则以推进其发展。在第 II 和第 III 部分中，笔者对风险预防犯（或风险创设）的合法性进行论述。风险预防犯是最近出现的新型犯罪，犯罪化理论最可能证明其正当性。要判断在何时制定该类犯罪的标准是非常复杂，且需单独进行处理。在这些新罪的规范中，并不是所有的而仅仅是部分规范符合笔者所勾勒的犯罪化理论。

I. 干预不受惩罚之权利

尽管笔者所认同的犯罪化的内部限制迄今还显得不够充分，但我们可以看出它们使法定犯的正当性变得复杂。至于与笔者立场相悖的学者，他们应当承担提供国家被允许制定这些法规以诉诸刑事制裁之理由的责任。因为即使这些对实体刑法范畴不会产生重大影响，但对补充刑法许多新型犯罪仍会产生深远影响，这再度反映其对我们当前的困境是有益的。当然对各州制定的刑法的内容也是有一定限制的。这些限制是什么？美国现今适用的是何种犯罪化理论？

我们也许会问出于什么考虑，使国家放弃设立任意可能想到的奇特犯罪。事实上，最直接的答案是：立法者不会让此类法律通过。符合笔者所阐述的少数限定条件的任何犯罪，都应经大多数立法者投票通过，这是对刑法内容最重要的，也最实用的限制条件。在当今民主现状下，没有立法机关敢禁止诸如甜甜圈类的大众美食消费。但法律哲学家们不会满足于这个答案，质疑也会持续下去。笔者认为权利是受所有刑事立法影响的，该主张最重要的后果是：单纯的功利主义，或者大多数人的选择，并不能证明刑法的正当性。如果有足够数量的立法者被说服以制定规定离谱犯罪的法律，那么什么样的原则能阻止立法者？

当缺乏约束立法机关的规范性的犯罪化理论时，宪法为限定刑法范围提供了唯一的原则性渊源。[①] 然而值得注意的是，宪法

① 州宪法能提供限制的渊源，联邦宪法也能提供限制渊源，尤其联邦宪法对隐私的保护，就是限制刑法的重要的渊源。参见尼尔·科尔曼、麦凯布：“州宪法和实体刑法”，载《天普法律评论》第71期，1998年，第521页。

赋予各州制定刑法的绝对权力。① 虽然宪法对刑事诉讼程序法施加了许多严格的限制，但只有其中的第五项、第六项规范，通过使多数人失去设立新犯罪的资格，从而直接影响实体刑法的内容。② 宪法第八修正案禁止残酷和非同寻常的刑罚，比如排除所谓的身份犯，即惩罚人们由于身份而非其作为的犯罪。③ 再比如关于正当程序的实体性解释，其能限制对实行的不作为施加刑事责任的情况。④ 宪法权利的诸多“延伸”部分禁止侵犯隐私权。⑤ 众所周知，这些限制的范围不太明了，正如笔者在此所主张的犯罪化理论中的任一限制一样。当这些宪法限制最初被认可时，学者不断地对其进行讨论。他们通过对司法判决的解释予以强烈反驳。⑥ 更重要的是，没人认为在与过罪化问题作斗争的过程中，这些条款可以或者确实能够起到中流砥柱的作用。在下文中，对于这些孤立、不重要以及不确定的限制国家权力的宪法原则，笔者不会进行详述。相反，笔者将概述基于现今宪法而获得的犯罪化理论。笔者不仅会阐述这些犯罪化理论的不完善性——笔者认为这是非常明显的，同时，笔者也将论述如何以此为基础构建完

---

① 很多学者试图在宪法中找到更有说服力的犯罪化理论。参见马库斯·杜博尔：“宪法中的罪与罚”，载《黑斯廷斯法律期刊》第55期，2004年，第509页。

② 参见史蒂芬·舒特：“有宪法限制与无宪法限制：英美刑法对比研究”，载《布法罗刑事法律评论》第1期，1998年，第329页。舒特认为这些规定包括第一修正案、第八修正案、第十四修正案、第五修正案以及第一条中的第9［3］款和第10［1］款。有趣的是舒特没有提及第二修正案。

③ 参见罗宾森诉加州案，370 U.S. 660（1962）。

④ 参见兰伯特诉加州案，355 U.S. 225（1957）。

⑤ 参见格里斯沃尔德诉康涅狄格州案，381 U.S. 479（1965）；参见罗伊诉韦德案，410 U.S. 959（1973）。

⑥ 参见兰伯特的新解释。亚伦·迈克尔：“宪法性清白”，载《哈佛法学评论》第112期，1999年，第828页。

善的犯罪化理论。[①]

假设有某部法律限制和约束我们的自由。如果该法的合宪性受到质疑，按惯例若要给予答复，法院应通过对该自由进行讨论并将其归入下列两类之一：**基本自由或非基本自由**。[②] 有些自由（如言论自由）是基本自由，因为宪法中明确规定了这种自由。其他自由（如婚姻自由）也是基本自由，但并非因为宪法中有明确规定，而是因为其“深深植根于（我们的）历史与传统”[③] 或者“隐含于有序自由的概念之中”。[④] 对于限制基本自由的立法的合宪性，应该使用**严格审查标准**对其进行审查，并接受严格的**紧迫国家利益标准**的评估。根据这种审查和评估，只有这种法律能实现国家的合法目的时，受质疑的法律才能得到支持。换句话说，国家的目的是至关重要的，但法律只能施加最低程度限制来达到该目的。另一方面，至于限制非基本自由的立法的合宪性，也应通过适用较为严格的**合理依据标准**来进行审查。根据该审查，只有在受质疑的法律与国家的合法目的在本质上相关联时，该法律才能得到支持。国家的合法目的并非必须是立法的实际目的，只要是预想的目的即可。如果缺乏与合法的预想目的的重大关系，那么法律将无法通过审查。当非基本自由受到影响时，法院几乎不会认为该法律不合宪。

大量的刑法——比如笔者在第 2 章中所举的法定犯的那些例子，约束了非基本自由，因而应该适用合理依据标准对刑法进行

---

① 由于笔者创立的理论以此理论为基础，所以笔者在此而非在第 4 章中进行分析。在第 4 章中笔者将对其他的犯罪化理论进行讨论。

② 关于更详的阐述，请参见欧文·彻梅尔斯基：《宪法：原则和政策》，纽约：Aspen 出版社，1997 年，第 414 -417 页、第 533 页 -545 页。宪法现将规范的审查分为三个层次——这种方式在笔者最终构建的犯罪化理论中起主要作用。

③ 参见摩尔诉克利夫兰市案，431 U. S. 494，503（1977）。

④ 参见帕尔可诉康涅狄格州案，302 U. S. 319，326（1937）。

评价。作为结果，法院超乎寻常地遵从几乎所有的立法决定把这些行为当做犯罪进行处理。制定我们现在的绝大部分书本上的刑法，国家只需一个合法的预想目的。仅因为国家有合理依据制定这些法律，所以任何违反这些法律的人将受到惩罚。此外，他们所受的惩罚会（且情况经常如此）是难以置信地严苛。① 而且对学者的反对意见置若罔闻,② 法院几乎从未援引罪刑均衡原则从而保证刑罚严重程度能反映该犯罪行为的严重程度。③ 合理依据标准的适用，导致与正当辩护事由触目惊心的背离，而我们在允许国家诉诸刑事制裁之前，就应该赋予被告正当辩护事由。一个人仅仅实施了基于国家合理标准就被禁止的行为，也将在监狱中度过余生。④

当然，要惩罚公民行使基本自由的行为，国家需要特别重要的根据。宪法有效地排除了国家对诸如旅游、祈祷以及政治演讲等行为的犯罪化。然而，在基本自由的狭小范围之外，若说国家几乎能使任何行为犯罪化则略显夸张。“国会单纯期望去危害政治上不受欢迎的团体”⑤、法院声称的诱发对特定令人厌恶的人群，比如对同性恋者，歧视的单纯“憎恶”或“道德谴责”，则是这种普遍化的典型例外。⑥ 即使这些例子还存在争议，然而正

---

① 参见尤因诉加州案，538 U.S. 11（2003）.

② 参见李英宰：“犯过度刑罚的宪法权利”，载《弗吉利亚法律评论》第 91 期，2005 年，第 677 页。

③ 死刑是该归纳的例外。当进行死刑量刑时，对刑罚的度进行审核依然存在。参见柯克尔诉佐治亚州案，433 U.S. 584（1977）.

④ 参见 Harmelin v. Michigan，501 U.S. 957（1991）. 224

⑤ 参见美国农业部诉莫雷诺案，413 U.S. 528，534（1973）.

⑥ 参见罗默诉埃文斯案，517 U.S. 620，644（1996）和劳伦斯诉德克萨斯州案，539 U.S. 558（2003）.

如有些法官所坚信的，因为社会认为这些行为是不道德的，[①] 所以国家禁止这些行为就有合法的权益。下文笔者还会对该受质疑的论点进行分析。

为证明多数派的惊人权力在刑法领域产生的潜在不公平，笔者将对之前所举的例子再次加以阐述。[②] 假设立法者收到警告说过多公民都超重了，因此，立法者决定予以对譬如甜甜圈一类的不健康食物的消费行为进行禁止，并施加刑事责任。由于食用甜甜圈的自由不具备成为基本权利的资格，合理依据标准将适用于评估该法的合宪性。因此，宪法中没有可以阻止国家制定该罪的内容？国家在保护健康方面有着无可争议的利益，并且我们至少能想到禁止甜甜圈的消费行为与该利益有着很大关系。虽然许多食物，比如甜甜圈，对健康更有害，但并不是所有甜甜圈都对健康都有害。虽然合理依据标准与合法的国家目的的本质有联系，但这些事实与审查是无关的。换句话说，法律没有必要禁止对规范目的有影响的每个行为，但可以禁止某些与规范目的没有影响的行为。[③] 当然，按照对目前宪法的解读，宪法使国家不能因新近拟制定的食用甜甜圈罪而判处公民无期徒刑，但其是否能实现

---

① “社会认为某些形式的性行为是‘不道德且难以接受的’……这种观点具有同样的正当性，其能证明禁止某些性行为的其他法律的正当性——这些性行为因为伴侣的身份不同而受到法律的禁止，比如通奸、私通、乱伦等行为，而且法律也拒绝承认同性婚姻。”参见劳伦斯诉德克萨斯州案，539 U. S. 558（2003），第600页（斯卡利亚大法官持异议）。

② 参见本书第2章第III部分。

③ 参见欧文·彻梅尔斯基：《宪法：原则和政策》，纽约：Aspen出版社，1997年，第543页。

是令人怀疑的。[①] 笔者怀疑，该想象的犯罪是否符合笔者提出的每一个内部限制原则。但这类质疑在现实世界中是无意义的，因为在当今宪法所采用的合理依据标准的条件下，这些内部限制是不需要得到满足的。

但笔者认为任何人都能接受的犯罪化理论，必须包含笔者提出的内部限制原则，如果这种观点是正确的，那么合理依据标准却无视这些限制原则，据此可以断定，宪法所持的理论还不能为人所接受。令人遗憾的是，其不足以引人注目。该宪法理论最显著的特点是：对刑事与非刑事立法之间的区别完全忽视。通过合理依据标准对非刑事立法进行审查是一回事，但通过相同标准对刑事立法进行审查则是另一回事。笔者主张刑法是具有特殊性的法律，与其他法律尤为不同。除了在判断何种制裁可被视为刑罚所遭遇的困难这一特殊性外，刑法在使人受制于国家的惩罚方面也显著与其他法律不同。笔者曾尝试性地认为，权利受到刑罚固有的严酷和谴责特征的重大影响，因此，如果这些权利还不具备被推翻的条件，那么刑法规范就不具有正当性。因此，如果笔者的观点是正确的，那么犯罪化理论就应对受刑事制裁的行为种类予以严格的限制。由于不受惩罚的权利是宝贵的，不能仅仅因有一个合理依据标准，就可以使有关的法律具有正当性。整个刑法领域都应该采用更高的标准。现行宪法适用的犯罪化理论是有缺陷的，因为这种理论无法赋予刑法应有的意义。尽管相关的标准

---

① 然而，笔者怀疑法院会设计诸多宪法障碍以对笔者所假想的犯罪行为予以极端严重的惩罚。在法官看来，最高法院强调其判决不能被解释，因此“如果立法机关规定超时停车是可以处以终身监禁的重罪，那么罪刑均衡原则也起不了作用……”卢娜尔诉埃斯特尔案，445 U. S. 263，274 n. 11（1980）．然而该例外的宪法基础仍是模糊不清的。然而笔者的中心观点是：虽然宪法允许各州设置该犯罪，但法院仍能找到方法限制因违反该犯罪而施加的刑罚的数量。

能使非刑事立法具有正当性，但不能仅因多数派有合理依据就来制定新犯罪，从而使不受严苛刑罚和谴责的权利被撤销。对立法机关而言，应对刑法的正当性证明予以限制，而且应当超越仅从现有宪法的解释而派生的这些限制。

笔者在前述论述中已经提出，刑罚就其本质而言与一项宝贵的权利相关，即与不受刑罚惩罚的权利相关。在通常情况下，任何人享有不受国家故意施加伤害和谴责的权利。在什么情况下能让国家如此恶劣地对待公民的权力？幸运的是，我们的法律制度积累了丰富的经验，即使牵涉到上述宝贵权利，这些经验也能判断是否以及在何种情况下法律是具有正当性的。笔者认为，犯罪化理论中的外部限制的关键是将这些丰富的经验适用于刑事立法。[①] 试回顾，当大量刑法满足合理依据标准时，这些法律就符合宪法的要求，也就是说，这些法律与国家的立法利益有合理关联。但是，亦必须承认对于这种结论，也有公认的例外，即当法律影响重大权利时就是例外。笔者的中心结论是：对所有实体刑法，上述结论都是例外。为了构建一个超越笔者将在第 4 章中论及的所有犯罪化理论，找到一种思想且在这种思想语境下，某种行为被认为侵犯了某种非常重要的值得提高保护水平的权利，这将是非常有帮助的。换句话说，我们应当找出某种权利，如果国家要对这种权利进行干预，则需要比合理依据标准更高的标准，才能使这种干预具有正当性。我们也应该理解，法院是如何判断影响该权利的国家行为是具有正当性的。宪法学者是否相信我们所选择的特定权利的重要性，对于笔者而言这并不重要。即使有

① 关于该观点的早期思想——让笔者受益匪浅，参见雪莉 · F. 柯布："免受监禁的自由：为什么该权利与其他权利不同?"，载《纽约大学法律评论》第 69 期，1994 年，第 781 页。

许多学者怀疑干预该权利的法律应满足该正当化的严格准则，这项特定权利也可能会作为有用的范例以适用于整个实体刑法。

在这些特定的可以作为示范的权利中，最突出的代表是宪法认为是基本权利的那些权利。正如笔者前述已经阐述的那样，如果宪法对某类权利进行了明确的规定，或者某类权利深深根植于我们的历史和传统，或隐性地存在于有序自由的概念中，那么这类权利就是基本权利。当法律因上述任何理由影响到基本权利时，这些法律都应接受**严格审查标准**的审查。对于适用严格审查标准且受到挑战的法律，必须坚持只有在其能促进紧迫的具有优先权的国家目的实现时，才能通过。为了证明其正当性，受到质疑的法律应当受到严格的审查。为了实现法律指向的目的，其产生的限制性范畴也必须是最小的。笔者赞同该主张，且认为在所有刑法中都应适用该标准。如果认为不受惩罚的权利和那些大量列入基本权利范畴的权利同样重要，这也不会受到质疑。但为什么认为这些基本权利更宝贵，而且有资格比不受惩罚权享有更高级别保护？如果我们赞同不受惩罚权拥有同样的规范性法律地位，则所有刑法都应满足与剥夺基本权利同样严格的审查。通过审查限制这些基本权利的充分理由，我们找到了使人们承担刑事责任和惩罚的标准。如果该主张得到采用，影响不受惩罚权利的国家行为——也就是全部刑法，都应该满足严格的紧迫性国家利益标准审查。

然而，该主张是很激进的，而且可能是太过于激进。诚然，在整个刑法中，履行紧迫性国家利益标准能最好地推动笔者的极简主义议程。可以说，不受惩罚权应当像人们所拥有的其他权利一样，受到积极的保护。然而，这一主张的实施具有巨大难度，即紧迫性国家利益标准在实践中可能会过于麻烦，而且几乎会把整个刑法摧毁掉。宪法学者长期将紧迫性国家利益标准的适用分析为：理论上是严格的，而在实践中却是可怕的。[①] 几乎没有法律能通过严格审查。在允许国家诉诸刑罚之前，要求国家必须是为了紧迫性的利益，可能是治疗刑法瘫痪的处方。如果我们只希望保留刑法中的一定数量的内容——这是极简主义论者极为赞同的，认定犯罪应适用不那么苛求的标准。因此，更加谦虚和谨慎的态度是可取的。笔者建议在整个刑法中推行一种思想体系，用以证明对非常重要但非基本权利进行违背的国家行为的正当性。笔者认为，那些与不受惩罚的权利相似的权利，是应接受为人所知的中度审查的权利。正如笔者所论证的一样，该标准的适用对于刑法不会造成毁灭性的结果。相反，能为不受惩罚权提供适当程度的保护。因此，我们可以避免太多或太少刑法的双重危险。如果有学者认为该标准过于宽容，因此就反对该标准，那么这些反对该标准的学者，就应该直观地阐述该审查标准可能导致的不公正的刑罚有哪些。如果因为该标准过于严格，因此就反对该标准，那么这些反对的学者，就应当直观阐述未通过该标准审查的刑罚有哪些。

由于宪法对少部分具体权利适用了中度审查标准，我们应当做好准备在不寻常之处寻找已受到适度保护的例子。由于国家现在允许出于最微不足道的理由而推翻不受惩罚权，所以要在刑法中寻求许多帮助是不可能的。法院通过适度合理的警惕保护的大多数具体权利，已从刑法领域剥离出去，而且这些权利看起来与不受惩罚权几乎无共同之处。有两种权利是最明显的：反对性别

---

① 参见杰拉尔德·冈瑟：The Supreme Court, 1971 Term—Forward: In Search of Evolving Doctrine on a Changing Court: A Model for a Newer Equal Protect，载《哈佛法律评论》第86期，1972年，第1页、第8页。

歧视权[①]和从事商业言论自由的权利[②]。在构建犯罪化理论的外部限制方面，围绕影响这些权利的法律的思想体系是非常重要的。笔者会非常重视国家可干预商业言论自由权的标准。在过去的几十年里，各州试图规制商业言论，美国法院适用的标准高于合理审查标准、低于紧迫性国家利益审查标准，即仅仅规制各当事人参与商业交易时所发表的言论。[③] 换句话说，商业言论如今处于完全受法律保护的权利，比如政治性结社，与完全不影响权利的无数活动或只是偶然影响权利的活动之间的中间位置。因此，稍作偏离从而分析宪法中的商业言论，对寻找犯罪化理论中最具有争议的外部限制是非常有帮助的。

再次，不应误读笔者认为：现有的对反对性别歧视权或者商业言论自由权的尊重水平，如果从政治道德问题角度看，还是非常具有说服力的。尤其是，许多学者曾认为规制商业言论的法律体制是非常混乱和错误的。[④] 笔者倾向于赞同他们的批评观点，但这不是重点。但不受惩罚权应该受到现行实体法为该两种权利提供的保护程度的保护——尽管最完善的政治道德理论也根本保护不了这两种权利。同时，笔者希望保护这两种权利的宪法体系

---

① 对性别歧视所适用的中级审查可追溯到 Craig v. Boren, 429 U. S. 190 (1976).

② “从严格的学说和制度方面分析，现在商业言论自由在美国是一项确定的权利……对商业言论自由的中级宪法保护已经形成了标准的运行程序。”参见罗杰·夏纳:《商业言论自由》，牛津：牛津大学出版社，2003 年，第 69 页。

③ 笔者没有努力把商业言论自由定义得更加准确。参见纳特斯·特恩：“为‘商业言论’的不精确界定辩护”，载《马里兰法律评论》第 58 期，1999 年，第 89 页。

④ 对商业言论学说的最好批判来自于夏纳，笔者大量地借用了其分析。参见罗杰·夏纳:《商业言论自由》，牛津：牛津大学出版社，2003 年，第 69 页。夏纳认为：“商业言论根本不应受到保护，而不是说应该在一个更低的水平对其进行保护。”参见罗杰·夏纳:《商业言论自由》，牛津：牛津大学出版社，2003 年，第 116 页。

不能太不合情理。[①] 如果我们认为对性别歧视和商业言论的现有态度大体上还是应得到支持的，那将很难解释为什么不受惩罚权应获得更少的保护。无论政治表达权的真实情况如何，笔者认为承认不受罚权没有商业表达权重要是没有根据的。[②] 如果国家需要充分的理由才能干预商业言论权利，那么将很难明白为什么侵犯不受惩罚的权利仅需要更低的正当化标准。

随着时间流逝，以及对普通法的显著特点的反复尝试，法院改善了判断那些影响被赋予中等程度保护的权利的国家行为的合宪性的标准。比如为了审查干扰商业言论自由权的法律，法官会适用众所周知的**森特勒尔·哈德森标准**（*Central Hudson* test）。[③] 为了维护受到质疑的行政规范，法院必须判断国家制定法律保护的利益是**重大的利益**。并且如果要制定这样法律，法院还需要判断法律是否能**直接实现**国家目的，并且还要判断法律是否**没有超过必要的范围**来实现该目的。笔者借用该准则作为可以适用于所有犯罪的犯罪化理论的基石。[④] 由于该标准在笔者的理论中居于中心地位，所以分析其构成要素是必要的。下述观点对此阐述得相当清楚。当权利应受到中级程度的保护，国家要保护的利益必须符合重大利益要件，比国家保护的利益是合理的要求更高，但比紧迫性国家利益要件低。并且，法律**直接实现**政府利益要件高

---

① 有些法官认为商业言论应当受到比现在更多的保护——与政治言论所受的保护级别相同。比如法官托马斯认为，从宪法角度进行分析看，两种言论具有同等的价值。参见 Liquormart 公司诉罗德岛州案，517 U. S. 484（1996）中托马斯异议的陈述部分。

② 就当前目的而言，笔者忽略了文本主义者的论点。文本主义认为商业言论自由作为言论，与宪法没有明确规定的权利相比，应获得更多的保护。

③ 参见森特勒尔·哈德森天然气 & 电气公司诉纽约公共服务委员会案，447 U. S. 557（1980）。

④ 有必要对森特勒尔·哈德森标准作轻微改动，从而适用于刑事立法。虽然与当前分析无关，但该标准包含了更早的分支部分：商业言论不包括违法的、虚假的、有欺骗性的活动。

于法律与该利益具有合理关联性要件，但比进一步实现该利益必须非常具有必要性要件要低。最后，法律要实现该利益**不能超过必要限度**之要件，优于法律是获得该利益的合理手段之要件，但劣于法律要进一步实现该利益也必须经过严格审查标准之要件。当中级程度审查标准适用于具体法律时，结果都是预先由标准自身确定的。国家也时胜时败。然而除了这些简单的规定，其细节则是非常不清楚的。正如我们所见，当把这些标准适用于具体立法时，每个不同解释会产生不同的结果。

由于该难题以及我们必须面对的其他难题，学者对笔者从宪法中借用的分级审查进行了强烈批判。① 一些法官对此也表示出同样的质疑。② 学者警告："分级审查整洁的各级隔间已开始土崩瓦解。"③ 笔者希望这些批评家所提到的许多难题和不确定性不会使笔者的研究雄心受挫。除了从政治图谱角度进行诸多批评外，还没有出现其他的可以批评分级审查的理论，而且法院和法学者也没别的选择。因此，当国家权力机关因有价值的权利冲突而引发不可避免的疑难案件时，只能采取一些原则性的态度对待这些案件。没有任何犯罪化理论，能以最确定的答案来解决这些疑难案件，笔者在此所概述的理论也不例外。笔者并非认为极简主义

---

① 参见史蒂芬·E. 戈特利布编：《宪法中的公共价值》，安阿伯市：密歇根大学出版社，1993 年。

② 史蒂芬·E. 戈特利布编：《宪法中的公共价值》的"引言：推翻公共价值"，安阿伯：密歇根大学出版社，1993 年，第 2—3 页。尤其是大法官斯卡利亚（Scalia）将中级审查界定为"无确定的标准"的检验方法，这种方法"当使用不正当手段是个很好的方式时"适用。参见美国诉弗吉尼亚州，518 U. S. 515（1996）（大法官 Scalia 的异议部分）.

③ 卡尔文·梅西："新形式主义：分层审查的安魂曲?"，载《宾夕法尼亚大学宪法期刊》第 6 期，2004 年，第 946 页。梅西的评论在一定程度上得到该观点的支持，即得到"新近的最高法院的判决已经'接受分层审查的形式但却抛弃了分层审查的实质'"的观点的支持。

犯罪化理论是没有疑问且清楚明了，很显然笔者的理论既非没有疑问，亦非没有争议。笔者更为谦逊的主张是：当中级审查所采用的理论与笔者在第 2 章里提出的内部限制原则相结合时，其能提供比任何其他理论更完善的犯罪化标准，而且远优于现在所采用的方法。至少，中级审查标准提出必须在刑法制定出来之前处理这些问题。正如我们所看到的，其他的竞争性理论是做不到的。①

从直观上讲，认为该标准大致能阐述刑法必须满足的一般标准似乎是有道理的。如果没有重大的充分理由，国家是不能干预不受惩罚之权利。并且刑法规范必须能直接实现国家的利益，而且刑法实现国家的利益不能超越必需的限度。除非这些限制性条件都适用于每种犯罪，否则不受国家行为故意施加严苛惩罚和谴责的权利就不会受到充分的保护。显然，现在我们在实践中没有将该标准适用于现有的刑事立法。当下美国刑法的过罪化现象十分严重，其原因在于：在保护不受惩罚之权利时，并没有适用前述提及的相对比较严格的标准。因此，笔者希望大多数法哲学家能赞同笔者的主张，即赞同：把中级审查标准适用于判断刑法是否具有正当性。但每当该标准的决定性组成部分被详细说明时，笔者想到的可能存在的一致意见都会烟消云散。这些标准真正意味着什么？它们应当怎样适用于实际的例子？正如我们所熟知的，细节决定成败。在下文中，笔者就将对提出的这些问题作出解答。但笔者并不会为自己只展示了理论概要的事实而过多辩解，笔者希望把评析的非确定性较少阐释为笔者计划工程的失败，而是解释为要构建一个犯罪化理论还有很多待完成的大量学术工作要做的象征。如果越来越多的学者受到鼓励，愿意对具体刑法是否能够通过该标准进行深远而认真的思考时，笔者深信会

---

① 参见第 4 章。

得到更好的答案。笔者的基本目标是为刑法规范进行分析创建合适的框架。

应该首先理清适用于商业言论和性别歧视的中级审查与刑法中适用的中级审查的关键区别。最重要的不同在于：政治机构应被赋予判断正当性标准是否满足的权力。很明显，我们能预料到将该理论适用于具体争议时会引起许多反对，所以其诸多的现实意义取决于谁最终拥有做这件事的权利。最初，法院修改了中级审查标准，保留了判断规制商业言论和性别歧视的法律是否满足中级审查标准的权力。然而，笔者却不太主张当影响不受惩罚权时，法院仍然享有与之类似的权力。① 虽然，笔者是从宪法中借用了犯罪化的外部限制原则，但笔者并不坚持认为该理论也适用宪法解释。对国家机关权限能力的反思能阐明该立场。据推测，法院缺乏立法机关判断许多问题（但不是全部问题）的资源和专业技能。在笔者看来，这些问题都必须适用犯罪化理论予以解决，比如解决某些问题的非刑事方法的限制是否比刑事解决方法的限制更小？某特定种类的行为是否值得谴责？规范是否具有重要的宣示功能？特定的合作问题是否非常重要且需要国家行为进行解决等诸如此类的问题，都需要犯罪化理论进行解决。对抗式程序不适合用于作出该类判断。无可否认，当各州有性别歧视或干扰商业言论自由的行为时，法院能解决这样的问题。然而，他们努力的有限成果增强了笔者对其权限的怀疑。法院被寄予期望以完成其不擅长的工作，在把中级审查标准适用于宪法中的具体争议的过程中，出现了许多问题。笔者并不主张法院应当被授予

① 法院在商业言论的语境下对第一修正案进行了解释，在性别歧视的语境下对第四修正案中的法律平等保护条款进行了解释。但当该标准适用于整个刑法时，法院将准备对哪部分宪法进行解释？最好的候选方案是第十四修正案中的正当程序。

权力对刑事立法的具体实例是否符合该标准进行判断，并对不符合该标准的法律予以撤销。

因此，笔者将犯罪化理论指向立法机关而非法院。该理论的适用提出了立法者必须回答的问题，即无论个人还是集体为什么都应保护不受惩罚之权利。该权利的保护，通过给正当化的刑事立法施加严格审查标准来实现，即通过对干预而非侵犯不受惩罚的权利的刑法予以严格限制。将该权力赋予立法机关，从而帮助修正法律理论中众所周知的不平衡——法哲学家们过度关注于司法而忽略了国家的另外一个机构：立法机关。[①] 但很多迫切需要解决的问题出现了，若立法机关适用该理论不当，如恶意实施或者疏于实施，应如何进行赔偿？但遗憾的是，该问题的答案是：权利受到侵犯的公民不会得到法律救济。该结果是否导致我们所捍卫的犯罪化理论不可能在现实社会中产生任何实践意义？

然而，也许应该指出的是，学者们所主张的对立法权进行限制大多遭遇相似的命运。以中立原则为例，[②] 部分法哲学家把自由政治理论阐释为要求国家就关于善的不同理论保持中立，[③] 当然其他学者不同意该观点。[④] 据笔者所知，支持中立性原则或攻击该原则的理论家，都没有预先假定法院必须被赋予适用该原则的权力。如果立法机关没有注意到该原则，且未按中立性原则的

---

① 关于司法机关的优秀著作层出不穷。对比之下，对立法程序进行研究的著述较少。但有个例外，那就是杰里米·沃尔德伦：《法律和分歧》，牛津：Clarendon 出版社，1999 年。这本专著非常具有影响力。

② 笔者随后的评论既涉及中立原则，也涉及危害原则。几乎没有理论家认为法院应被赋予权力去找出不禁止危害因而不符合宪法的法律。参见克莱尔·菲克尔斯坦："实证主义与犯罪概念"，载《加利福尼亚法律评论》第 88 期，2000 年，第 335 页。

③ 参见杰里米·沃尔德伦："立法与道德中立"，载杰里米·沃尔德伦：《自由权利：论文集》，剑桥：剑桥大学出版社，1993 年，第 151 页。

④ 参见乔治·谢尔：《论超越中立》，剑桥：剑桥大学出版社，1998 年。

要求来对待人们，该原则发挥了什么作用？笔者认为答案是：该原则在学者和公民中发挥着强有力的批评工具的作用。如果该答案具有合理性，中立性限制原则为反对超出合法的国家权力范围而制定刑法规范提供了根据。① 笔者认为犯罪化理论中的外部限制原则起到了相似的作用。无可否认，美国的立法机关并不打算对刑事司法界的学术批评倾注太多的关注，② 正如詹姆斯·怀特曼所说："美国允许通过政治程序作出基本政策的选择，忽视了对刑事司法专业人士的引领作用。在一定程度上，美国在此方面比不上其他发达国家和地区。"③ 没什么能阻止该趋势，也无法说服权力机关采纳我们的提议。然而为了成功的前景，法哲学家首先必须提出合理建议。笔者希望内外部限制的结合，能象征合理的犯罪化理论取得了重要的进展。

II. 外部限制原则构成要素

现在笔者将注意力转移到犯罪化标准的外部限制原则上。在犯罪化标准的外部限制原则中，一切都是非常复杂和模糊的。甚至在如何使笔者所提出的标准具体化的方面，都存在太多的不确定。外部限制原则应当被阐释为包含两个、三个、四个还是更多数目的不同部分吗？在下文中，笔者认为刑事立法在这些情况中的适用条件是完善的，且包括了三项基本限制——每一项原则都

---

① 参见道格拉斯·胡萨克："自由中立、自治、禁毒"，载《哲学与公共事务》第 29 期，2000 年，第 43 页。

② 许多法学学者认为"刑事司法领域的决策者应当更留意学术批评"，乔治·弗莱彻就是其中之一。参见乔治·弗莱彻："刑法理论的兴与衰"，载《布法罗刑事法律评论》第 1 期，1998 年，第 275 页、第 281 页。

③ 詹姆斯·Q. 惠特曼："摈弃报应主义"，载《布法罗刑事法律评论》第 7 期，2003 年，第 85 页、第 93 页。

能再细分，且每项原则都是相互关联的。[①] 第一，不论制定的法律是为达成何种目标，其都必须是为了实现国家重大利益；第二，制定的法律必须能直接促进该利益的实现；第三，为了实现国家的目的，制定的法律不能超过必要的限度。尽管笔者提出这些条件是依次进行的，但并不意味着笔者认为这些条件要逐步实现。虽然如此，笔者在本部分中还是将会以上述顺序一一进行分析。

第一，刑事立法的目标是为了实现国家重大利益。进一步分析，该犯罪化理论的外部限制原则应包括三个各不相同的部分。该三个限制原则是立法者必须执行的：（1）识别国家利益；（2）确定国家利益的合法性；（3）确定该利益是否是重大利益。很显然，只有确定了某个规范所实现的国家利益，才能确定该规范是否满足了犯罪化理论外部限制的第一个标准。“国家利益”是什么？笔者认为该问题与第2章所提出的问题，即与“法律所禁止的危害或邪恶是什么”密切相关。笔者注意到刑法总则部分存在的几个争议：比如如何解释附条件的故意？诸多关于刑事责任的抗辩事由是否会被采纳？如果不首先回答“国家利益”到底什么这个问题，那么这些争议性问题是无法得到解决的。笔者意识到，要对某种犯罪禁止的危害进行界定是非常困难的。那些希望这些争端得到解决、抗辩事由能得到正确适用的立法者，应当对其指定的立法根据进行明确阐述。即使如此，有些争端也是棘手的。但我们不应该从疑难案件遭遇的困难中总结认为：寻找立法目的愿望是没有希望的。

在寻找立法理由的过程中，我们到底在寻找什么？是关注立法的实际目的，规范规定的目的，可能的目的还是关注于这些目

---

① 正如笔者接下来所要分析的，确定真正的立法目的的有益方法是：评估各种原理和实际禁止的行为之间的适合度。

的的结合？该问题的回答将具有重大意义。最后作出的选择，能彻底影响法律是否具有正当性的判断。许多案例是简单的，但不确定的是我们应该如何在这三个可能的选择中作出抉择？学者们进行了激烈的辩论，尤其是在法定解释语境下对此问题进行了激烈的辩论。而这些法律解释旨在指出法律的重点或目标。事实上，对于该争点的评论使犯罪化问题更加复杂，而且笔者也很难进行公正的评价。在大多数情况下，笔者会努力回避而不是解决这个复杂问题，因为**任何**适用于具体犯罪行为的、多层级审查的犯罪化理论，都必然与怎样找到立法目的的问题交织在一起。没有人能理解对立观点也会遭遇的困难。此外，正如笔者将继续分析的，如果无法辨明制定的规范的目的，那么刑法总则问题的大多数学术研究将是无效的。如果放弃对规范目的的研究，那么所有刑法理论都将是灾难性的。应当**如何**找出规范的目的是极具争议性的，但即使如此，也不能否定每个规范都是有目的的。①

应仔细考虑笔者所区分的三种选择各自的缺点。若采用立法机关表面上提供的根据（如果存在这样的表面根据），则会引来各种托词和欺骗，所以依靠具体规范**规定的**目的是有问题的。若采用**可能的**目的，则会导致立法机关在为其制定的规范辩护时免于举证责任。因此，当适用犯罪化标准时，笔者更愿意采用**真实的**或**实际的**立法目的。由于笔者的理论主要是为了指导立法者，所以立法者在确认立法动机中具有优先权。然而这一选择也会遭

---

① “否决该抽象的一般目的的存在，就如否定立法本身。任何想加强立法机关的地位和立法机关在宪法结构中的合适位置的人，都应当假设该种目的的存在。”参见阿哈龙·巴拉克：《法律目的解释》，普林斯顿：普林斯顿大学出版社，2005 年，第 133－134 页。

遇许多我们所熟悉的困难，比如，如何将一个目的归于一群立法者？[①] 此外，笔者亦承认，笔者的选择将产生令人感到奇怪的影响。两个州可能制定相同的规范，但在制定规范时其目的却可能不同。据此，规范在一个州的管辖区内是合法的，但在另一个州的管辖区内却不合法。因此，相同的规范在前一个州是正当的，而在后一个州中却不是正当的。在适用犯罪化标准时，这个奇怪的结果是笔者以立法实际目的为重点的主张的反例吗？[②] 笔者希望不是，但理性的头脑会有不同的回答。

但是，我们不应夸大这些困难，或者认为这是执行犯罪化理论会遇到的致命弱点。任何限制刑事制裁的受到拥护的工作，都必须推定立法机关制定的规范是为了禁止重大危害或邪恶。然而毫不意外的是，法官不愿尝试推测特定规范的真实目的，“甚至当国家所宣称的目的看起来显然是托词，而且真实目的也不合法的时候”，[③] 法院也不愿查明法律的真正目的。犯罪化理论将举证责任赋予赞成对公民施加刑罚和进行谴责的国家行为的一方，若学者希望实行犯罪化理论，这些学者就必须打破这种缄默。如果不能减少这些困难，笔者就会认为这些困难是无法克服的。正如巴格瓦特·阿修托什所论及的：“与查明和评估方式的经验性证据相反，关于立法目的的信息总是更易获取。毕竟在大多数情况下，对立法背后的动机作出合理判断并非特别困难。法定文本和文本结构、立法史和对政治环境的审查，为判断立法目的提供了

① 阿哈龙·巴拉克：《法律目的解释》，普林斯顿：普林斯顿大学出版社，2005年，第132－135页。

② 当行为人的精神状态被包括在证明其行为或政策的正当性的标准中时，困难也就产生了。在言论自由的语境下对问题的讨论，请参见拉里·亚历山大：《是否有言论自由权》，纽约：剑桥大学出版社，2005年。

③ 巴格瓦特·阿修托什：“宪法分析中的目的审查”，载《加利福尼亚法律评论》第85期，1997年，第297页、第307页。

强有力的工具。事实上，如果能给法官提供专门的培训与专业知识，也许法院最适合对立法目的进行确定。”①

如果阿修托什的观点——法院能够很好执行该工作的理论根据是正确的，学者也许还能比法院做得更好。然而，找出某规范的真正目的，只是把内部限制和外部限制适用于具体犯罪的工作的首要工作而已，而这种努力必然会产生巨大分歧。

假定国家目的已被确认——诚然，这是一个很巨大的假设，那么下一步就是判断该目的是否合法，这一步也将与任何政治哲学一样令人却步。只有国家理论能完全消解某种立法目的是否合法的分歧，但笔者无法提出如此有雄心壮志的理论，这亦毫不令人惊讶。任何国家理论都会如犯罪化理论一样具有巨大分歧——甚至其具有的分歧远胜于犯罪化理论。宪法只能提供少量的帮助，在绝大多数情况下，国家利益被认为是理所当然地具有合法性。在现行（有缺陷的）犯罪化理论语境下，只有少量缺乏合理依据的犯罪行为不符合这方面的标准。然而，正如我们所见，诸多这些案例的判决引起了激烈讨论。在缺乏国家综合理论时，关于具体规范是否能满足第一种条件的争议就无法平息。

我们并不要求详尽的正当国家利益的清单。只有牢牢记住这一点，我们手边的任务才不会繁多得让我们应接不暇。然而，在刑法中，国家利益的目录是必须明确的。通过回顾符合所有犯罪化理论的内部限制，我们所讨论的问题将更容易解决。尤其是，只有当行为人的行为具有不法性时，才能进行谴责并施加刑罚，并且举证责任应由主张刑事责任的一方承担。但是，尽管这些内部限制已有助于缩小探讨范围，然而探讨范围仍然需要进一步缩

---

① 巴格瓦特·阿修托什：“宪法分析中的目的审查”，载《加利福尼亚法律评论》第85期，1997年，第322-323页。

小。几乎没有理论家认为，在禁止所有不法性行为上，国家都有合法的利益。[①] 维克多・塔多斯指出，即使是在禁止漠视他人的错误行为的案例中，国家也缺乏合法利益。比如一个人忘记自己配偶生日或者背叛朋友信任，他的行为是不妥的，可是这不足以作为国家施加刑罚的根据。[②] 尽管基本上所有评论者都会同意这种判断，但要解释清楚他们这种确信的理论基础是非常困难的。笔者认为，最受欢迎的解释是刑罚必须具有该当性——所有的刑罚都是该当的，这种该当性不是对正当性的简单重复。我们面临的挑战是列明事关国家利益的不法行为的类别，也就是说，致使不法行为者受到国家刑法惩罚的不法行为种类。由于刑罚是以国家的名义对公众施加强制力，犯罪行为必须是公共不法行为，这并不是指对公众实施了不法行为，而是这种不法是公众适当关注的不法。[③] 如前所述的忘记配偶生日的不法不是公众适当关注的不法行为，其是一种侵犯个人的不法行为，不应被认定为具有该当性而进行犯罪化。[④]

我们如何把公众适当关注的不法行为与公众不应适当关注的不法行为进行区分？但是，几乎没有其他问题在政治哲学家中引起的争议和该议题引起的争议一样多。笔者认为这并不能解决问题。有一种假定认为，我们可以列出不受国家惩罚的、本质上属侵犯个人的具体不法行为的清单，但笔者认为这种假定是不成立的。社会环境的不断变化会导致公共领域和私人领域之间界限的

---

① 法律道德主义者是例外。参见第 4 章第 III 部分。

② 维克多・塔多思：《刑事责任》，牛津：牛津大学出版社，2005 年，第 83 页。

③ 参见 S. E. 马歇尔、R. A. 达夫：“犯罪化和公共违法性”，载《加拿大法学杂志》第 7 期，1998 年。

④ 对刑罚应由国家实施这一观点，进行充分论述的是在杰弗瑞・墨菲的著作中。参见杰弗瑞・墨菲：“报应主义、道德教育和自由国家”，载《刑事司法伦理》第 4 期，1985 年，第 3 页。

变化，比如，目前在制约生育权方面，西方国家缺乏合法的利益。但是，我们不应该由此得出结论：制约生育权必须始终属于纯粹私人的领域。我们也可以想到，在某个时空中，人口过剩已成为一个紧迫问题，那么在这种时空中，多少孩子出生的问题将变成公众的适当关注。①

一些学者认为，针对个体的不法行为引起社会动荡②或者削弱社会信任③时，就成为公共关注的问题。笔者认为在具体时空区分公共不法行为和侵犯个体的不法行为的最好方式是：判断是受害者还是社会决定启动和进行诉讼。④ 如果争议完全是私人的，被伤害的个人应有权决定行为人是否必须承担责任，因此，是否给予原谅和宽恕是受害人的权利。认为侵犯个体的不法行为是属于“与己无关”并不完全正确，社会中每个个体都有权消除不正义。从这个角度来分析，所有的不法行为都关涉所有人的利益。但法律救济则完全不同，责任的一般理论，尤其是刑事责任理论认为，请求救济的主体必须和我们应该承担责任的特定对象或公民具有关联性。⑤ 我们应该承担责任的对象或公民有权提起诉讼，请求我们对我们没有承担的责任负责。正如马歇尔和安东尼·达夫指出的：“‘刑事处罚模式’让社会（国家）负责处理，警方对案件进行调查，由国家或人民提起诉讼，诉讼进行到哪个阶段

---

① 在区分自利行为和利他行为的语境下，相关的类似情形参见乔尔·范伯格关于“防卫限度”的探讨：《危害自己》，牛津：牛津大学出版社，1986 年，第 21—23 页。

② 参见劳伦斯·贝克尔：“犯罪未遂与犯罪理论”，载《哲学与时事》第 3 期，1974 年，第 262 页。

③ 参见苏姗·迪莫克：“报应与信任”，载《法律与哲学》第 16 期，1997 年，第 27 页。

④ 笔者并不认为所有不法行为肯定都危害自然人。并不针对自然人个体的违法行为，往往会给社会或公众造成特殊的问题。参见德里克·帕菲特：《理性与人性》，牛津：牛津大学出版社，1984 年，第 228 页。

⑤ 参见达夫：《刑事责任：以国内和国际为视角》（即将出版）。

取决于检察机关，是否执行该程序产生的任何决定不是由受害人决定。”①

当然，这种将公共和针对个体的不法行为区分开来的方式，需要有原则的根据，从而决定是否把个人受害者或者社会受害者放于进行追诉的位置。马歇尔和达夫认为，一些针对社会个体的不法行为应理解为对有共同价值观和共同利益的社会本身的不法行为。② 显然，整个社会与减少暴力有密切联系，即使与家庭关系中的暴力行为也有密切联系。③ 因此，我们应该通过追问某种不法性是否不仅是针对个体被告人，而且亦同时针对有共同价值和利益的社会，从而确定国家在诉诸刑罚时是否有合法利益。许多政治哲学家，特别是那些有自由主义传统的政治哲学家，会不太认同把社会利益和价值纳入犯罪化理论中。④ 但是据笔者所知，刑法学者根本没有选择。除非不法行为同时侵害了个人和社会，否则我们很难解释为何国家在对这种行为施加天生具有严格性和谴责性的刑罚中有合法利益。

马歇尔和达夫的观点可适用下面的案件。据笔者所知，没有学者提倡将所有侵权行为和违反契约的行为予以犯罪化。刑法和

---

① S. E. 马歇尔、R. A. 达夫：“犯罪化和公共不法性”，载《加拿大法学杂志》第 7 期，1998 年，第 15 页。马歇尔和达夫直接补充道：“实践中，只有在被害人首先报案情况下，才会调查不法行为。”不过，国家保留了启动和继续进行刑诉程序的权力。

② S. E. 马歇尔、R. A. 达夫：“犯罪化和公共不法性”，载《加拿大法学杂志》第 7 期，1998 年，第 21 页。

③ 参见维克多·塔多思：“家暴特征：自由语境下的解释”，载斯图尔特·格林、达夫：《犯罪论：刑法分则论文集》，牛津：牛津大学出版社，2005 年，第 119 页。

④ 普遍的担心是社会缺乏包容。然而在多样化和多元化的政治社会中，团体共同的价值观很容易催生简约主义的刑法。此外，犯罪行为必须涉及对社会的危害，该要件仅仅是犯罪化理论中的必要条件。对于社会缺乏包容的困境多因“自由社群主义”的发展而得到解决。参见达夫：《刑罚、交流和社区》，牛津：牛津大学出版社，2001 年。

民法之间必须划定界限的观点是非常根深蒂固的，这个界限是所有构建犯罪化理论的刑法学者都必须考虑的问题。如何解释此种如此超乎寻常的共识？答案不可能是民事被告的行为是被容许的，比如在合同关系中，违反合同的本质，就是不法行为的典范例子。答案也不是民事不法行为的严重性不足以受到严厉的刑事制裁，甚至有些民事不法行为和刑事不法行为有同等的可责性和侵害结果。那么为什么那么多民事不法行为不会受到国家的制裁？对此问题的回答，需要我们做的是：不法行为的受害个体应当拥有决定对侵权行为人和契约违反者提起诉讼的排他性权利的理由。如果因侵权和违约而蒙受损失的个体决定不诉诸民事诉讼，那么国家不应干预。但采用该理论，不会揭示刑事和民事不法行为之间的不可变的差异。人们可以想象，一些侵权或违反合同的行为（目前还不构成犯罪），可能最终成为侵犯共同价值观和社会利益的不法行为。

一旦找出了国家要保护的利益，并且该利益是合法的，那么我们中级审查中的第一步中的最后阶段是：评估国家利益是否是重大利益。当然，“重大的”这个词本身并没有神奇之处，关键是为了实现具有特殊意义的国家利益才可能干预具有重要价值的权利。① 在这种情况下，犯罪化理论的内部限制和外部限制之间的分歧将变得非常明显。制定的规范仅仅禁止重大危害或邪恶是不够的，国家还必须在禁止重大危害或邪恶时要实现重大利益。国家理论（目前笔者还未尝试进行分析）需要补充性原则帮助判断某种国家的合法利益是否可界定为重大利益。

显然，这些问题将引起更多的分歧，宪法在这个问题上的帮

① 参见尼古拉·莱西：《论国家刑罚》，伦敦：劳特利奇出版社，1988 年，第 112 页。

助是非常有限的。[①] 阿修托什指出："法院关于国家利益的分析，尤其是关于是什么组成了令人尊重的或重大的利益的问题的分析，几乎没有任何作用。"[②] 刑法学者必须努力做得更好。该项任务引出了进一步论证犯罪化理论必须慎重对待的其他研究课题。

除非重大国家利益要件因合法国家利益要件而显得十分冗长重复，否则诸多利益（尽管国家保护这些利益是合法的）不是违背不受惩罚之权利的充要条件。该结论不证自明，也是执行犯罪化理论的关键。即使国家可以采取非刑事手段限制对某种利益的侵犯行为，但该利益也不必然上升到可以证明刑事制裁正当性的高度。该种限制进一步给了我们不应用刑事制裁手段惩罚私人领域不法行为的充分理由。尽管我们认可国家在禁止一切不法行为方面具有合法利益，但是国家在禁止私人领域的不法行为方面缺乏重大利益。笔者推测家长主义的法律（那些旨在保护行为人免受自己行为消极后果影响的法律）是另一种类型犯罪——这种犯罪服务于实现合法目的而不是服务于保护重大目的。尽管在具体案例中有不可避免的争议，但普遍的观点是明确的：刑法是具有特殊性的法律，这要求具体的刑法规范必须实现重大国家利益，这是一种把刑法和其他法律区别开来的恰当方式。

如何判断某种合法国家利益是重大的?[③] 不采用国家理论，

---

① 参见斯蒂芬·戈特利布："重大国家利益：宪法判决中必不可少的要素"，载《波士顿大学法律评论》第68期，1988年，第917页。

② 巴格瓦特·阿修托什："宪法分析中的目的审查"，载《加利福尼亚法律评论》第85期，1997年，第308页。

③ 一个可行方式就是，通过其他州审查未遂从而决定相关问题。该方法需要同时代的学者更好地掌握比较法。《加拿大人权和自由宪章》的第7部分明确规定："不被剥夺自由的权利符合正义的基本原则。"这对美国宪法约束犯罪化产生了重大的影响。全文参见唐·斯图尔特：《加拿大刑法的宪章正义》第4版，多伦多：卡斯韦尔出版社，2006年。又参见加拿大1986年229号案里贾纳诉奥克斯案（1986）26 DLR（4th）200。参见罗杰·夏纳：《商业言论自由》，牛津：牛津大学出版社，2003年，第70—72页。

笔者仅列举几种可以算作国家具有重大利益的情况。最具有代表性的防止身体受到伤害就属于这种情况，也只有无政府主义者才会否认国家的核心功能是防止公民受到暴力伤害；笔者认为很多对经济的危害显然也属于这种情况；因此，尽管我们认为这些权利是传统权利而非自然权利，但刑法也应该制止强迫财产权转让的行为。当然，这种分类中的疑难案件和边缘案件对于法哲学家而言是非常熟悉的。①

防止身体和财产的伤害并非国家唯一的重要目标。保护公共利益是最没有争议的国家职能。从经济理论的角度分析，公共利益具有两种基本属性。公共利益是**非竞争性**的——一个人对公共利益的使用并不限制另外的人对公共利益的使用，也是**不排他**的——如果公共利益提供给一些人，那么所有人都有权享用这些公共利益，并且所有人都不能阻止对该公共利益的享用。② 政治哲学家对什么样的公共利益非常重要因而应由国家提供未达成共识。公共利益典型的例子包括道路、空中交通管制、邮政系统、公共健康和环境保护等。但即使学者认可这些项目属于公共利益，他们还是不认同国家提供的公共利益的数量和质量。尽管国家在提供公共利益方面具有无可争议的利益，但是国家在保证其超过最低门槛方面缺乏重大利益。例如对环境进行适当程度的保护一直存在争议，该问题不太可能很快得到解决。然而，不法地干涉国家提供公共利益，是应当受到惩罚的。

更多的争端将围绕如何利用刑法来解决协作（或集体行为）

---

① 乔尔·范伯格对“危害原则下的疑难案例”的探讨，参见《对他人的危害》，纽约：牛津大学出版社，1984 年，第 65—104 页。

② 参见莫瑞斯·派特森：《公共商品和公共部门》，伦敦：麦克米伦出版社，1972 年。

的问题。[①] 协作行为（或集体行为）将会出现“如果行为人必须在专属的可供选择的行动方案中进行选择，而这种选择的结果不仅依赖于自己的选择，而且也依赖于他人的选择。”[②] 在美国，要求驾驶人员在道路右侧小心驾驶的规则，就是解决协作问题的典范例子。当采取这样的解决方案时，每个驾驶者按规则在规定的道路的一侧行驶，从而增加驾驶员自己行为的效用。如果在相反一侧行驶，几乎没有人能比在规定的道路一侧行驶会更有效用（事实上会做得更差）。当人们不遵守解决问题的协作方案时，在什么情况下行为人的行为构成不法？笔者在论述法定犯时，已对该问题进行了回答。[③] 不管笔者的观点是否具有说服力，笔者都认为没有学者会质疑刑法在确保人们遵守协作问题的解决方案方面具有正当性。

笔者认为，把犯罪化理论的第一个限制原则适用于刑事立法时，最具挑战性的问题是：是否以及在何种程度上国家具有不直接涉及预防的合法且非常重大的利益？前述列举的国家具有合法利益的案例，都是为了减少禁止行为的发生。正如笔者指出的，乔尔·范伯格率先很有说服力地提出：刑法的存在不仅是为了减少犯罪行为的数量，而且刑法的存在还具有表达功能。[④] 向犯罪行为人和社会传达行为是不法的信息，是刑法的重要目的之一。即使没有一个人的行为因刑法的表达而改变，但该目标仍然存在。可以肯定的是，很多学者质疑范伯格所谓的“刑罚的表达是

① 解决协作问题及促进集体财产的需求，为法律提供了一般正当化理由。参见约翰·菲尼斯：《自然法与自然权利》，牛津：克拉伦登出版社，1980 年。

② 参见莱斯利·格林：“法律、协作和共同利益”，载《牛津法律研究杂志》第 3 期，1983 年，第 299 – 301 页。

③ 参见第 2 章第 IV 部分。

④ 乔尔·范伯格：“刑罚的表达功能”，载《行为与责任》，普林斯顿：普林斯顿大学出版社，1970 年，第 95 页。

什么”的观点，也质疑在单一的刑罚原理中，刑罚的表达功能和严苛惩罚功能是如何共融的?[①] 美国的社会条件是否能帮助理解刑罚表达的含义。[②] 就目前而言，核心问题不仅包括国家表达的利益（无论通过何种方式进行阐述）是否合法，而且也包括是否将其视为重大国家利益。大多数理性学者会认为存在这些利益，但对于该利益是否如此重要以至于能够使干预不受惩罚的权利具有正当性，仍存在分歧。如果我们认同这些表达功能是非常的重要，那么国家就有充分的理由保留所有为这些利益服务的犯罪。在构建犯罪化理论中，该结论的意义几乎不会被夸大。

作为实体法，许多宪法学者可能会认为这些问题已经在劳伦斯诉德克萨斯州案中得到了解决。[③] 该案件是关于德克萨斯州的法律将两个同性间的“偏离常规的性交”行为犯罪化而纳入刑法的问题。尽管联邦最高法院否认该规范对权利的侵犯还没有达到要进行合理审查的最低程度，但还是认为该规范违宪。支持该规范的国家利益是：社会观念认为某些形式的性行为是“不道德的、不能接受的”。但这种国家利益被认为是不合法的。[④] 当然，笔者并不认为执行笔者提出的犯罪化理论的人，必须认为联邦法院对劳伦斯案的判决是正确的。但是，赞成刑法规范的表达功能的许多学者会赞成劳伦斯的判决结果。区分合法与不合法的道德

---

① 参见达夫：“刑罚、沟通与社区”，安德鲁·冯·赫希：“刑罚、赎罪与国家”，载马特·马特拉维斯编：《刑罚与政治理论》，牛津：哈特有限公司，1999 年，第 48 页、第 69 页。

② 参见托尼·马萨罗：“耻辱、文化和美国刑法”，载《密歇根州法律评论》第 89 期，1991 年，第 1880 页。

③ 参见托尼·马萨罗：“耻辱、文化和美国刑法”，载《密歇根州法律评论》第 89 期，1991 年，第 1880 页。

④ 参见托尼·马萨罗：“耻辱、文化和美国刑法”，载《密歇根州法律评论》第 89 期，1991 年，第 1880 页。

表达的根据很容易阐述清楚，但却难以适用。单纯不道德论是缺乏论点和证据的支持的，不是国家干预不受惩罚权的理由。除了大胆的主张外，还需要别的东西才能使国家在用刑法进行表达时具有合法利益（更不用说重大利益）。在劳伦斯案的反对意见中，最惊人的现象是缺乏认为同性恋鸡奸是不道德的任何理由。不道德论并不具有说服力，因为这些观点是由历史数据或民意调查所支撑。如果没有有力的支持观点，我们不能确定其所表达的到底是道德判断而还是社会的集体偏见。这种分歧让人想起了哈特与德夫林之间的辩论。[①] 在劳伦斯案中存在的关于其相关规范是否具有正当性的很多分歧，都可以归结为“偏离常规的性行为”是否真的具有不法性。[②] 如果不把赞成和反对的理由都明确列出来，我们是不能在解决该问题的争议方面取得任何进展。如果我们进行推理，而不是毫无根据地断言，我们能赞成对此行为进行犯罪化的表达论且不推翻劳伦斯的判决结果。

对“偏离常规的性行为”进行禁止与对“仇恨犯罪”进行立法的浪潮，最近席卷了整个美国。有关仇视罪的法律规定与其他刑事规范有一定竞合，其中有些行为已经被其他刑事法规中的罪名所包含。通过设立新的规范或者设立加重形式的新犯罪，从而对这些行为再次进行规范。这些新的规范将能够更有效地遏制禁止行为发生是不可能的。对已经禁止行为予以犯罪化的理由是为了让国家在种族争端、宗教或性别偏见的不法行为问题上，能采取毫不含糊的明确立场。正如一位学者指出：“在我看来，关于这个问题上的激烈的政治争论，几乎完全是关于刑法对道德价值

---

① 参见第 2 章第 I 部分。

② 参见阿迪勒·艾哈迈德·哈克：“劳伦斯诉德克萨斯案及刑法的限度”，载《哈佛民事权利—自由的权利法律评论》第 42 期，2007 年，第 1 页。

具有重要性的争论。”① 如果表达功能十分重要，并且争论点可以说明为什么仇恨引发的犯罪行为比其他如贪婪、嫉妒等情绪引发的犯罪行为更加严重，那么这些法律可能会满足我们提出的犯罪化理论审查的第一步。② 然而，只有少数几个竞合的犯罪可以通过这种方式衡量。例如损坏图书馆资料的犯罪行为，与仇恨引发的犯罪行为不能相提并论。从反对歧视的平等原则看，仇恨犯罪与毁坏图书资料犯罪发生竞合，但仇恨犯罪的法律不适用损坏图书资料的犯罪行为，这种观点是合理的。

我们可以更好地理解并解决商业言论方面的争议问题——这是中级审查的**森特勒尔·哈德森标准**(Central Hudson test) 产生的背景。毫无疑问，当法律规范牵涉商业言论权利时，法院试图判断特定的国家利益是否已达足够重大的程度。罗杰·夏纳进行了详尽的调查，他的调查发现，规范商业言论的国家利益已经有7次被认定为不是重大的国家利益。在其中的五宗案子里，法院没有准许州政府禁止广告，因为法院不认为广告中的内容是虚假的或具有误导性。但法院认为只有两个案例依然存在问题。在第一个案例中，在屏蔽收件人接收可能被视为具有侵害性材料的情况中，涉及的利益被视为非重大利益;③ 第二个案例中，法院发现国家在限制成年人消费酒精问题上缺乏重大利益。④ 但法院是通过进行特别推理而不是仔细分析来支持这些利益并非重大利益的结论。

---

① 参见杰拉尔德·林奇：Towards a Model Penal Code, Second (Federal?): The Challenge of the Special Part，载《布法罗刑法评论》第2期，1998年，第297页、第332页。

② 对这些争论是否会产生质疑评价，参见吉姆·雅各布、吉姆伯利·波特:《仇恨犯罪：刑法和身份政治》，纽约：牛津大学出版社，1998年，第33页。

③ 博尔格诉Youngs药物产品公司案，464 U. S. 60, 71 (1983) . 230。

④ 鲁宾诉库尔斯酿酒公司，115 S. Ct. 1585 (1995)。然而随后法院认可国家规制赌博的利益为实质的。参见大黄蜂广播公司协会诉美国，119 S. Ct. 1923 (1999)。

刑法保护个体免受公民个体自己自愿性选择的行为所带来的消极后果，从而对公民自愿性选择的这种行为施加刑罚，是家长主义刑法观。从以上两宗案例中不能得出有意义的归纳，但是，很容易诱惑我们推论出家长主义刑事干预不具有重大利益。前述案件显示，国家基于人们接受的信息可能会使他们生活更糟糕，因此，禁止商业言论（既非虚假又不具有误导性），这种刑法禁止性规范缺乏重大利益。正如众多法哲学家习惯做的那样，这种思维路径找到了一种有趣的方式抵制家长主义立法。例如乔尔·范伯格就对家长主义立法充满敌意。在进行平衡具体规范是否具有正当性，范伯格认为家长式刑法理论的基础根本站不住脚。[①] 众所周知，安全带会保护成千上万不想（车祸时）从挡风玻璃飞出去的司机遭受灾难性伤害的事实，这在判断是否应该制定这种立法的过程中无任何意义。用笔者在此采用的术语对范伯格进行解读，笔者认为范伯格否认国家在家长主义法律所服务的目标中有重大利益。这种立场是违反直觉的。即使家长式立法理论基础最终会被对立的观点驳倒，但家长式理论基础怎能从一开始就被认为无足轻重?[②] 在家长式刑法中适用中级审查标准，可能是一个更加合理的方式。我们无需全面否定刑法家长主义的目标，从而认为国家在保护成年人免受自治选择带来的不利后果方面缺乏重大利益。虽然我们承认国家在制定家长式立法中具有合法利益，但是否认这种利益有充分的根据使施加刑事制裁具有正当性。该结论意义重大，因为至少有一些刑事立法实例似乎是受该

---

① 乔尔·范伯格：《自我危害》，牛津：牛津大学出版社，1986年，第25—26页。

② 对范伯格提出方法的挑战，参见罗斯·莎佛尔·兰达：“自由主义与家长制”，载《法学理论》第11期，2005年，第169页。

理论支撑的。[①] 然而，正如我们即将看到的，刑事家长主义的实例不符合极简主义犯罪化理论应该包括的附加条件。

我们将严格检查这些法院已经认为符合重大利益标准的涉及商业言论的案例，从而使我们在判断哪些利益是重大利益的问题上会取得进一步的发展。最具有代表性的案件是那种包括了令人深思的异议的案例，因为有分歧的法官采取的不同路径将有助于我们诠释犯罪化标准的第一条件。比如波萨达斯案（*Posadas*）就是这样的案例，后文笔者将对此案进行详细阐述。此案事实很清晰。[②] 虽然波多黎各允许赌场和其他形式的赌博存在，但波多黎各有项法律规定，除游客外，禁止在公众中为赌场赌博做广告。当地一家赌场质疑有选择性禁止为赌场赌博做广告的合宪性。最高法院根据**森特勒尔·哈德森标准**(*Central Hudson* test）标准支持该法规。与此特别有关系的是法院关于法律是否促进了（或者认为其没有促进）国家重大利益的推理。

显然，除非法院能够找出规范的目的，否则法院的分析不能没有根据。我们已多次遇到此类问题。对于利益的理解不同，那么其是否属于重大利益的判断亦不同。显而易见，国家的直接目的是减少波多黎各公民的赌博发生率。但是如果国家不愿意禁止全民赌博，那么为什么国家要关心其公民是否参与赌场赌博？波萨达斯的大多数人在回答该问题的时候，推测认为立法机关可能相信：当地公民过度赌博会对波多黎各公民健康、财产和福利产生严重危害，比如道德及社会文化的败坏、本地犯罪率升高，滋

---

① 参见道格拉斯·胡萨克："法律家长主义"，载休·拉福莱特编：《牛津实用手册》，牛津：Clarendon 出版社，2002 年，第 387 页。

② Posadas de Puerto Rico Associates dba Condado Holiday Inn v. Tourism Company Co. of Puerto Rico et. al. , 478 U. S. 328（1986）.

生卖淫、破坏社会发展、有组织犯罪猖獗。[①] 如果这一立法目的的分析是准确的，那么法院随后作出的波多黎各立法在维护当地居民健康、财产及福利方面的利益是国家重大利益的判断是不应受到争议的。[②]

在波萨达斯案多数派意见中，值得注意的是法院对想象中的波多黎各立法机关目的的认同。但布伦南法官持不同意见，并且准备质疑多数派推论立法机关相信过度赌场赌博会给当地居民造成前述危害是否正确。[③] 最后，布伦南法官推理认为，**无任何证据**可以证明波多黎各立法机关认为允许居民赌场赌博会导致严重损害。事实上，布伦南法官认为证据恰好证实的是完全相反的内容。波多黎各已将赌博合法化，并允许其居民参与其中。另外，布伦南法官补充认为，既然允许居民赌博，因此，立法机关可能不认为多数派提到的"严重影响"会出现。接着，针对规范的真正目的，布伦南提出了另外一个假设："立法机关有选择地限制为赌场赌博做广告，不是因为赌场赌博产生的'邪恶'，而是因为更希望民众把赌资用在彩票上。这种假设并不牵强。"[④] 即便这个目标是合法的，其是否足够重大以至于需要干预不应受惩罚的权利？鉴于立法机关认为如果允许居民参与赌场赌博并不会造成严重损害，布伦南确实无法理解波多黎各禁止当地为赌场赌博做宣传的利益为什么会被认为是重大利益。

---

① Posadas de Puerto Rico Associates dba Condado Holiday Inn v. Tourism Company Co. of Puerto Rico et. al. , 478 U. S. 328 (1986)，第 341 页。

② *Rico et. al.* , 478 U. S. 328 (1986)。法院引用 1986 年的伦多诉课间剧院有限公司案，475 U. S. 41 (1986)，认为城市最大限度提升社区生活质量属于实质利益。

③ Posadas de Puerto Rico Associates dba Condado Holiday Inn v. Tourism Company Co. of Puerto Rico et. al. , 478 U. S. 328 (1986) 第 352 页（Brennan 大法官的异议部分）

④ 参见波萨达斯德波多黎各协会 DBA 康达假日酒店诉波罗里格旅游公司等案 478 U. S. 328 (1986)，第 353——354 页。

在类似波萨达斯这样的疑难案件中，针对真正的立法目的，应如何判定谁是正确的？方法之一就是考虑事后的中级审查：立法目的和采取的实现目标的手段之间的适合度。法律只有在实现国家目的时不超过必要限度才能幸存。对此条件，笔者将会在后文中进行详细阐述。但此时笔者仅简要指出，在方法和结果之间欠缺适合度的情况下，我们有理由怀疑是否找到了立法的真正目的。在波萨达斯案中，法院注意到了规范是允许除赌城赌博之外的其他一些赌博形式向居民进行宣传的，例如赌马、斗鸡及彩票。就此特殊事实法院作出了回应，即承认立法的目的不应是为减少所有类型的赌博的可能性，而仅仅是减少赌场赌博的可能性。但是，为何如此区别对待？通常认为，赌马、斗鸡和彩票在传统上构成波多黎各经济的重要一部分，所以法院推测立法机关肯定认定赌场赌博的危害远大于那些传统的投机类游戏。[①] 然而，布伦南认为，无任何证据表明赌场赌博会带来不同于其他形式赌博的危害程度。波多黎各遏制居民参与赌场赌博的方法，能否直接提升波多黎各在控制特定的仅由赌场产生的严重不利影响上的利益，这是值得怀疑的。特别是，禁止赌场赌博宣传与道德削弱、社会风气败坏、有组织犯罪发生方面的联系并不确定。因为波多黎各向游客积极地宣传赌场赌博，所以其是否会导致鼓励当地居民赌博的问题会一直存在。简言之，布伦南不这么简单认为，应允许法院推测导致国家限制商业言论的可能理由。因为他坚信，国家必须承担使受到挑战的规范具有正当性的责任，这就需要找出国家的真正利益，并证明该利益是重大利益。布伦南得出结论认为，在波萨达斯案中国家未能应对这项挑战。

---

① 参见波萨达斯德波多黎各协会 DBA 康达假日酒店诉波罗里格旅游公司等案 478 U. S. 328，1986 年，第 343 页。

关于犯罪化理论的适用，我们能从波萨达斯案中学习什么？多数派的意见含有太多的猜想和孤立推断，而国家在制定会影响重要权利的立法中是否拥有重大利益的证据和论断，还远远不足以支持这些孤立的猜想和推断。[①] 毫无疑问，笔者相信布伦南的观点更具有说服力。中级审查标准的实施，不应允许法院及学者发明一些能使规范合法化的理论依据。犯罪化极简主义理论将证明刑事立法正当化的责任赋予给了国家。我们必须尽我们最大的努力去认定立法机关的真正目标，通过检测方法和结果之间的适合程度来评估我们分析的准确性。只有这样，我们才能判断该利益是否足够重大，是否具有重大利益的资格，并且可以因其而推翻不受惩罚的权利。要落实此判断标准是极具争议的，现在，国家几乎认为其制定刑事制裁的权力不受限制。因此，在刑法领域，法哲学家几乎没有机会去解决这些问题。在学者们获得更多的适用犯罪化理论的经验之前，还要挣扎一段时间。

不论我们是否赞成受到挑战的规范是否具备重大国家利益，我们中级审查标准的第二个步骤要求判断该规范是否提升了某项重大国家利益。现在，我们从探讨立法的内容是什么转向如何立法。为实现这一转变，我们需要的是实证证据，而不是立法目的将会实现的没有证据证明的推测（正如在波萨达斯案中提到的）。很难想到那种对过度犯罪化能产生非常深远影响的单一的理论创新。目前，尽管受到质疑的规范是否能实现其目的是完全缺乏证据的，但犯罪人仍会遭受严酷的刑罚和谴责。正如迈克尔·卡希尔等学者所指出的："每当一个新型且多余的具体犯罪（如图书馆盗窃）提出时，问题就变成了关于立法者是否关注公共图书

---

① 罗杰·夏纳总结认为："波萨达斯案标志着法院对商演宪法保护的标准的下限。"参见罗杰·夏纳：《商业言论自由》，牛津：牛津大学出版社，2003 年，第 57 – 58 页。

馆，而不是关于提议的立法实际上能否解决盗窃问题的公投。[①]国家尤其应当反对那些不能实现规范本身目的刑法规范。刑法会影响权利，但笔者从未坚持认为权利绝对不能因结果主义的理由而被干预，但是我们可以确定的是：只有当我们有充分的理由相信受到质疑的规范确实能实现其目的，那么结果主义的考量才允许对权利进行干预。

该条件看似微不足道，但却影响大量刑事立法。特别是，不能仅仅凭借因为规范具有威慑性这样肤浅的推测，就认为应该提供实证支持的要件已经具备。即使不去争论国家在其禁止的任何行为中是否具有重大利益，也应该就受到质疑的规范确实能实现对国家重大利益的保护给出理由，从而让人们真正信服。在绝大多数案件中，社会科学家已经阐明，规范实现边缘威慑的条件根本不存在。约翰·达利等学者认为，制定的具体规则必须满足三种假设，才有希望改变人类的行为。[②] 第一、潜在的罪犯须直接或间接地知道该规则；第二、作出决定的时候，行为人对规范的明知必须能影响他们的行为；第三、行为人须坚信犯罪的代价大于犯罪的收益。虽然对所有刑法进行归纳是有危险的，但达利等认为："从理论的影响到行为的回应路径……面临许多障碍，并且这些障碍很难全部被清除，因此，那种理论能最终影响行为的实例将是非同寻常的。"[③] 约翰·达利等得出结论认为："把威慑

---

① 参见迈克尔·卡希尔：美国刑法典的加速退化，载《黑斯廷斯法律期刊》第56期，2005年，第644－645页。

② 约翰·达利："刑法是否有威慑力？行为科学调查"，载《牛津法律研究杂志》第24期，2004年，第173页。达利对刑法原则更感兴趣，比如规定人们在自卫时可否使用致命武器的规则。然而，笔者相信其分析会延伸至刑法规范。

③ 约翰·达利："刑法是否有威慑力？行为科学调查"，载《牛津法律研究杂志》第24期，2004年，第174页。

分析标准应用于构建刑法理论，似乎容易引人误解。”①

对此进一步详尽阐述是有益的。犯罪学家已发现，极少有潜在罪犯对大多数规范如何影响他们的行为认识超过最概略的框架性的认识。而他们所依赖的经验和传闻却经常起误导作用。对诸如精神病此类辩护的可行性的公共误报程度实属惊人，并且在陈述法律和预测可能施加于各类犯罪的刑罚严重程度方面，累犯并不比初犯好。② 另外，无论潜在的罪犯碰巧掌握了多么精确的信息，都不会对他们的行为产生影响。心理状态，例如生气、愤怒、复仇欲望、醉酒及冲动，都会使人在行为时丧失理性。③ 来自同辈压力的影响进一步降低了犯罪行为人在行为上考虑相关后果的可能性。最终，在那些被充分告知且理性的潜在犯罪行为人中，亦几乎没有人会相信犯罪总会付出代价。他们相信他们不会被抓、被捕、被诉或是被定罪。大卫·安德森发现，76% 活跃的犯罪和 89% 的最严重的暴力犯罪的犯罪行为人，要么不会预测犯罪的风险，要么不会考虑犯罪后可能的刑罚。④ 他们的态度是十分重要的。只有 2% 的可公诉的犯罪最后被定罪。⑤ 并且社会科学家早已发现，刑罚实施中的不确定性和迟延，损害了刑罚应有的威慑力。毫不令人惊奇的实证研究结果表明，刑法学家对新规范

---

① 约翰·达利：“刑法是否有威慑力？行为科学调查”，载《牛津法律研究杂志》第 24 期，2004 年，第 205 页。

② 参见大卫·安德森：“威慑设想和扒手及绞刑”，载《美国法律和经济评论》第 4 期，2002 年，第 295 页。

③ 参见大卫·法林顿：“发展的犯罪学与聚焦风险的预防”，载马克·马奎尔、罗德·摩根、罗伯特编：《牛津犯罪学手册》第 3 版，2002 年，第 657 页。

④ 大卫·安德森：“威慑设想和扒手及绞刑”，载《美国法律和经济评论》第 4 期，2002 年，第 295 页的注释 4。

⑤ 参见安德鲁·阿什沃斯、迈克尔·雷德梅恩：《刑事诉讼法》（第 3 版），牛津：牛津大学出版社，2005 年，第 138 页。

通过威慑不法行为而直接提升国家利益的观点，应秉持怀疑态度。[①] 当竞合犯罪仅仅增加犯罪人的合法行为的刑罚量时，这种直接提升国家利益的观点就可能接近于荒谬。[②] 辅助型犯罪亦是如此。在辅助型犯罪中，许多行为涉及的专业术语非常隐晦，诸多律师都无法理解。举证责任应当赋予那些认为更多的犯罪和更严苛的刑罚能有效防止犯罪行为的主张者。仅仅从威慑角度进行阐明，还不足以为一项犯罪辩护。

找到刑法禁令效力的实证数据的要求，可能会危害一些甚至是所有禁毒（笔者所举的此类犯罪是美国目前过度犯罪化的典型代表）法规的正当性。非常确定，无数的竞合犯罪和辅助类毒品犯罪不能满足这一标准。像罗德里格斯这样的被告会面临几个犯罪指控，难道真会有人相信让其面临几个指控会比面临一个指控具有更大的威慑?[③] 然而，这样造成的困难更多。正如笔者尽力展示的那样，犯罪化标准的实证要件会破坏整个毒品禁令体系。正如众多学者曾争论过的，毒品禁令比毒品使用本身更能引起更多的犯罪、暴力及负效应。[④] 在禁令只会起反作用的情况下，没人会相信规范会直接提升国家利益。

为了说明本人观点，我们不妨假设威慑犯罪是禁毒法的目的。禁毒法可能会因为三个不同原因而无法实现该目标，因此，

---

① 法哲学家很熟悉死刑是否实现其终极威慑这一问题，但是他们不太可能去寻找贯穿实体刑法中的实证发现。

② 参见约翰·达利：“通过提供监禁的严苛程度减少犯罪的可能前景”，载《法律与政策》第 8 期，2005 年，第 189 页。

③ 参见第 1 章第 IV 部分。

④ 参见罗伯特、彼得：《毒品战争的异端》，剑桥：剑桥大学出版社，2001 年。

也就无法满足我们中级审查的第二个标准。① 首先，替代效果会引发法律是否有效的怀疑。假设国家禁止 A 药品，且刑罚威胁有效地减少了此药的使用。那么人们因此从 A 药转向更具毒性的 B 药时，该结论就无法证明此规范是否直接促进了国家的重大利益。禁毒的替代效应目前尚有许多未知之处。② 但已有一些学者争论认为，如果不是因为刑法禁止毒害较弱的毒品，那么就根本不会有像 PCP 这样的有更重毒害的物质的发展和传播。③ 简言之，在任何禁令被认定为成功前，我们必须审查替代效应。在适用犯罪化理论时不考虑这些替代效应，就好比应用经济理论时不考虑机会成本。至少替代效应能帮助我们理解法律要实现的目标的意义是什么。

另外两个假设解释了为什么禁令可能并不能阻止违禁药品的使用。在禁果现象中，许多人尤其是青少年很容易被一些禁止的东西吸引。④ 这些人很容易沉溺于这些被禁的事情。尽管所有的药品政策均认可禁果现象对解释药品泛滥的重要性，但并不了解其影响的真实严重度如何。⑤ 禁果现象的作用依然很重要，社会

---

① 至少有一位批评禁毒的学者预计毒品合法化后吸毒现象会减少。参见大卫·波阿斯："禁毒的后果分析"，载大卫·波阿斯：《禁毒危机》，华盛顿：Cato Institute，1990 年，第 1 页。

② 禁毒肯定会导致一些人更喜欢非法药物和处方药滥用。这种倾向性的爱好对危害减少的根据不会具有证明作用。一位学者认为："不同政权下的毒品泛滥，唯一的希望就是预期危险性低的毒品能排斥危险性高的毒品。"参见伊桑著："严肃考虑禁止毒品的替代性措施"，载杰佛逊·费斯编：《如何合法化毒品》，新泽西州：Jason Aronson，1998 年，第 578 - 590 页。

③ 参见兰迪·巴内特："治疗毒品法的依赖症：禁毒法的负效应"，载杰弗瑞：《毒品：我们应合法化、去罪化还是去管制化?》，纽约阿默斯特：Prometheus Books，1998 年。

④ 或许该现象能在电视电影中暴力及色情内容中得到更好的确认。参见布拉德·布什曼、安吉拉·斯达克："禁果与污染的水果：警告标签对电视暴力的影响"，载《实验心理学杂志》第 2 期，1996 年，第 207 页。

⑤ "药物研究文献没有系统研究禁果假说。"参见罗伯特、彼得：《毒品战争的异端》，剑桥：剑桥大学出版社，2001 年，第 89 页。

科学家已经生动地描述了社会规范是怎样刺激人们去冒险犯禁的。[①] 决定抽烟或不系保险带时，人们更多在意的是对声誉的影响而不是对功利的考虑，[②] 因声誉会随受到质疑的行为的法律地位的改变而改变。吸毒明显受到禁果现象的影响。不妨假设禁果现象造成的吸毒率上涨远大于处罚带来的遏制效果，那么除非药品使用和持有具有更重要的表达功能，否则，该设想可能会削弱包含中级审查标准第二侧面的犯罪化理论的刑事制裁的正当性。

解释为何即使不施加刑罚，毒品使用率也不会发生变化的最后一个原因是：大多数吸毒者在尝试一段相对短暂的时间之后会主动放弃，这个时间一般是 5 年。但从长远来看，更多的被捕和定罪则会加剧犯罪倾向，致使刑罚本身会增加后续异常情况的可能。虽然毒品犯罪的量刑很严苛，但没人建议把毒品使用者永远关在监狱。[③] 因为他们的犯罪记录，进过监狱的吸毒者很难再就业、找到住处、重组家庭或重拾自尊。[④] 结果是他们很可能重操旧业。如果刑罚导致负效果的增长幅度大于或等于威慑降低的犯罪，那么刑事制裁就会引发更多的毒品使用。[⑤] 这三个因素说明，禁毒是无效的甚至是负效应的。该结论有一定道理，因为刑罚的

---

① 参见伊利亚·安德森：《街头：种族、阶级和城市社区的变化》，芝加哥：芝加哥大学出版社，1990 年。

② 参见卡斯·桑斯坦："法律的表达功能"，载《宾夕法尼亚大学法律评论》第 144 期，1996 年，第 2021 页。

③ 然而，宪法并未限制对持有毒品施加无假释的终身监禁刑，参见汉莫林诉密歇根州案，501 U. S. 957 (1991)。

④ 多数此类后果发生的概率，因毒品定罪结果的牵连而增加。参见诺拉·V. 迪蒙雷特尔："附加损害：不得就毒品犯罪重新起诉"，载《维拉诺瓦大学法律评论》第 47 期，2002 年，第 1027 页。

⑤ 另外，规制吸毒行为的严苛刑罚的实施，可能会因为加剧社会混乱而破坏社会稳定。长远来看，还会因此增加犯罪和吸毒的发生。参见特蕾西·米尔斯："社会组织和禁毒法的执行"，载《美国刑法评论》第 35 期，1999 年，第 191 页。

威慑并不一定能规制毒品消费。① 只有真实的实证评估能判断该结论是否正确，毫无疑问，毒品之战的扩大和极端化，并未提升对现存政策的评价。

正如笔者所指出的，众多刑事规范的目标，特别是禁毒规范的目标，仅仅具有表达功能而不具有预防功能。如果表达功能足够重要以至于可以满足我们犯罪化理论的首个条件，那么威慑的欠缺就不那么重要了。但是，持有非法毒品的行为的正当性能依靠表达功能而获救吗？该问题是现行禁止性规范与其反对者之间争论的热点。毫无疑问，一些学者对毒品使用进行了强烈的道德批判，采取华丽的辞藻解释司法系统中合法与非法药品的区别。比如以詹姆斯·威尔森的观点为例：

“如果我们相信——正如我相信一样，对精神类药物的依赖是一个道德问题，并且其不法性部分在于其不道德性。那么如果不能彻底根除这种依赖性，则对这种使用精神药物的行为进行犯罪化就会削弱道德感。这种道德感源于尼古丁和可卡因的区别。两种药物均具有高度的成瘾性，均会损害生理健康，而我们却区别对待。但这种区别对待并不是仅仅因为尼古丁是如此广泛使用以至于不可能有效地禁止，而是因为尼古丁并未损害使用者的基本人性。抽烟缩短寿命的长度，可卡因降低生命的质量；尼古丁改变人的习惯，可卡因改变人的灵魂。”②

威廉·班内特和贝瑞·麦克菲瑞，美国著名的前毒品沙皇，

---

① 相关例子参见杰弗里·费根：“刑事制裁遏制毒品罪犯吗?”，载多利斯、克雷格编：《毒品和刑法正义：评析公共政策举措》，Thousand Oaks：Sage Publications，1994年，第188页。美国已有11个州将大麻犯罪去罪化，对于少量持有行为仅处以罚款而非监禁。其吸食大麻的概率并不比其他州高。

② 詹姆斯·威尔森：“反毒品合法化”，载《评论》第89期，1990年，第26页。最近，威尔森声称，尼古丁上瘾和可卡因上瘾是不一样的，前者损害生理，后者摧残心理。参见詹姆斯·威尔森：《道德感》，纽约：自由出版社，1993年，第94页。

也赞同此观点。[①] 公众的意见也是支持他们的观点的。大约2/3的美国公民赞成非法毒品的使用只是道德上的不法行为，64%的美国公民认为吸食大麻是道德上的不法行为，76%的美国公民表示即使可卡因和海洛因的合法化会减少犯罪，但他们仍会继续反对可卡因和海洛因的合法化。[②]

服务于表达功能的法律似乎不需要通过我们的犯罪化理论进行实证。例如，没有人提议禁止焚烧国旗，也没有人认为需要制定一个新罪威慑焚烧国旗的行为。尽管可以肯定地预测制定规范禁止此类行为会增加该类行为，但现在几乎没有美国市民焚烧国旗。再比如仇恨犯罪，其只有在表达国家对损毁神圣的国家象征的行为的道德厌恶的基础上，该犯罪才具有正当性。甚至某些规范的辩护事由也需要实证支持。例如对联邦毒品政策改革最广为人知的反驳："其将传播错误信息"。[③] 尽管这一辩驳没有被详细地论证，但笔者还是将其解释为：为了表达国家对毒品使用的道德谴责，非法毒品的使用必须保持受刑法管制的状态。许多学者认为，不能维持刑事制裁可能意味着毒品使用是可原谅的。但该观点是否成立？我们如何知道该观点正确？重要的不仅仅是立法者想要传递的信息，重要的还在于公民事实上接收到的信息的内容。[④] 对常见毒品（如大麻）使用者进行惩罚，传递更多的是伪

---

① 威廉·贝内特：The Plea to Legalize Drugs Is a Siren Call to Surrender，载迈克尔·莱曼、加里·波特合编：《社会中的毒品》，Cincinnati：Anderson Pub. Co.，1991年，第339页。

② 参见罗伯特·布兰顿、约翰·扬描述的几项的调查："公众与禁毒之战"，载《美国医学协会杂志》第279期，1998年，第140－141页。

③ 两位学者认为这是"对损害减少论最常见的反对"。参见罗伯特、彼得：《毒品战争的异端》，剑桥：剑桥大学出版社，2001年，第388页。

④ 那么达夫更愿意将这些理论解释为交流型的而非表达性的。参见达夫：《刑罚、交流和社区》，牛津：牛津大学出版社，2001年，第27—30页。

善而不是非难。没有正式的调查研究公民是如何理解现行药品法所传递的信息，或该信息的内容是如何被改革活动所改变的。[①]如果我们在犯罪化审查中引入实证证明，那么我们必须禁止用表达功能代替实证证据。当然，可以首先假定信息的传递代表了国家的重大目标。

并且，许多批评家坚决反对上述学者赞成的禁毒犯罪的表达功能。一些学者争论认为，毒品使用是受道德权利保护的，[②]而其他学者则补充认为宪法支持该权利。[③]绝大多数改革家倾向于将毒品滥用视为一种医疗问题。[④]要求进行医疗的情况很少或根本与道德耻辱没有联系。然而，其他的避免道德谴责的人还是反对使用成瘾疾病模型。[⑤]这些异议非常重要。如果我们真的渴望通过毒品政策的改变来缩减刑法的规模和范围，很明显其路径应是：研究毒品使用是否不法以及其是否应受刑罚固有的责难。如果谴责不是必要的，我们就不需要在犯罪化理论中引入外部限制原则来破坏这些法律的合理性。在第2章中引入的内部限制限制能胜任该任务，并且争议较少。但是，我们应如何判断关于使用

---

① “在缺乏（实证）证据的情况下，赞成吸毒会减少损害的假设是很不确定的。”参见罗伯特、彼得：《毒品战争的异端》，剑桥：剑桥大学出版社，2001年，第391页。

② 参见道格拉斯·胡萨克：《毒品与权利》，剑桥：剑桥大学出版社，1992年。

③ 参见大卫·理查兹：《性、毒品、死亡和法律：浅析人权与过度犯罪化》，渥太华：菲尔德出版社，1982年；罗伯特·斯威特、爱德华·哈瑞斯：“支持毒品去罪化的道德和宪法因素”，载杰佛逊·费斯：《如何合法化毒品》，新泽西州：Jason Aronson，1998年，第430页。

④ 参见阿兰·莱斯勒：“上瘾是不容忽视的脑疾病”，载《科学》第278期，1997年，第45页。

⑤ 参见基恩·海曼：“上瘾是慢性、复发性疾病吗”，载飞利浦·海曼、威廉·布鲁斯伯格合编：《毒品和毒品政策》，剑桥；哈佛大学出版社，2001年，第81页；雅各布：《支持禁毒》，纽约：教师/帕特南，2003年。

毒品的道德地位的看法谁对谁错？该分歧是个很棘手的问题。[①] 刑法学者的挑战就是面对这些分歧时要决定该做什么，而不是在这些分歧最终解决过程中遇到不可能的事时决定该做什么。[②] 显然，对那些坚持认为使用违禁药品属不法的学者们而言，我们还不能作出回应。可能将会有人回应他们的论点。不幸的是，宣称毒品使用是不道德的观点几乎没有出现。该判断是典型地作为一种道德事实和无可争议的道德直觉而提出的。在缺乏支持判断的据点的情况下，很难进行回应。我们和那些质疑禁止越轨性性交是传递了一种道德信息，还是传递了一种仅仅披着道德外衣进行歧视的学者面临同一困境。当学者不愿为他们的观点辩护时，这样的争论几乎不可能得到解决。

毒品犯罪并非是唯一被刑事制裁不得产生负面效应这一要件影响的犯罪。这一限制条件威胁到所有刑事家长主义。家长主义理论很少能通过直接的理由证明刑法实施的正当性。对违反刑法的行为施加的刑罚幅度总是比犯罪行为人自身行为引发的风险或危害要大。[③] 让法律有潜在的实现其目标的要件，并在这种情况下让其行为被禁止的公民获益，那么该要件似乎将完全排除刑事家长主义的适用。下面这个例子会解释笔者对把家长主义作为刑事立法的理论基础持保留意见的原因。某些活动，例如拳击，会给参与者带来重大伤害。假设一些人会傻乎乎地参加这种活动，是因为这种运动刺激、好玩或能赚钱。那么为什么不通过刑法惩

---

① 研究表明这种分歧在刑事领域属罕见——至少关于不同犯罪的严重性分歧是罕见的。参见马文·沃尔夫冈、尼尔·艾伦·维纳：《刑法暴力》，贝弗利山出版社，1982 年。

② 对该主题的进一步的分析，参见克雷格诉博伦案，429 U. S. 190（1976）。

③ 参见麦克·贝勒斯：刑事家长主义，载罗兰·派诺克、约翰·查普曼：《法律限度》，纽约：Lieber – Atherton，1974 年，第 174 页。

罚拳击手来保护这些人?[1] 其实，笔者的答案已经很清楚了。因为刑法仅仅能禁止某些行为，却不能永久地阻止这些行为。在一个全部公民都遵守法律的社会中，根本没有犯罪行为。当然，完全的威慑是不可能的。刑罚威胁可能会有效减少此类行为的发生，但是不管法律怎么规定，还是会有很多人参加拳击活动。假设有一个明知故犯的人叫洛基，假如洛基被发现，那么应对其做什么?除非国家不会如法律规定的那样把该行为视为犯罪，那么洛基就会面临刑罚惩罚。

洛基受到的刑罚如何才具有正当性?有两种答案。第一，刑事制裁会阻止他人愚昧的效仿。为达到此效果，刑罚的确定性、及时性及严重性必须足以增加公民对法律的服从。正如笔者多次提到的，这些条件很难满足。尤其是在刑事家长主义犯罪中，更难实现这一目的。成年人同意的行为，比那些导致非自愿的被害人的犯罪相比，更加难以侦查。只有与犯罪的严重程度不合比例的刑罚才可能阻止他人实施该类行为。并且，处罚洛基以提高一般威慑力的作法，几乎不会提升洛基自身的利益。也就是说，国家在惩罚洛基以警示他人时，并未采取家长主义。如果法律采取家长主义的立场，那么就应从洛基的利益出发来考虑刑罚——这是对如何使洛基受到刑罚具有正当性的第二个回答。然而，第二个回答几乎没有说服力。如何能通过惩罚洛基来提升他的利益?顶多洛基有幸成为享受家长主义待遇的人群的成员，但是被惩罚与可以自由地拳击相比，洛基的情况会变得更好么?对该问题的回答依赖于其判决的细节而定。小额罚款并不会损害洛基的福利。假如更重的罚款能诱使洛基放弃拳击，那么法律在保护洛基

---

① 参见尼古拉斯·迪克森:“拳击、家长主义及法律道德主义”，载《社会理论与实践》第27期，2001年，第323页。

方面取得了成功。当然，难题在于小额罚款不能阻止洛基继续进行拳击，洛基在缴纳罚款之后会继续参加拳击。假设洛基入狱了，该种刑罚方式能（甚至非常可能）有效阻止其参加拳击。但是，很难相信监禁判决真的是从洛基利益角度出发的。立法者真的会认为，洛基在监狱不参与拳击与洛基在监狱外参加拳击相比，其境况会更好？若答案是否定的，那么洛基的刑罚就不能通过家长主义理论而证明其正当性。

只有少数前述那样的问题能得到肯定的答案。在成人（即使是疯子）自愿选择的活动中，几乎没有什么行为会如此破坏他们的福利，以至于让他们进监狱比让他们继续实施该类行为更能让他们幸福。或许会存在一些特例，比如某发起人出一大笔钱召集人们进行生死决斗。[①] 笔者承认，在这种情况下每个潜在的参加者的福利会因为足够的刑罚阻止他们参与比赛而提升。但现实中，几乎无类似案例。因为中级审查的第二标准认为，如果“治疗”比“疾病”更差，那么这样的法律就是不正当的。在这种情况下，立法者就应该毫不犹豫地否定以家长主义法律理论证制定法的正当性。

该反对刑事家长主义基本理论的基础说明了极少情况的一种——在这些极少的情况中，即使不存在不受惩罚的权利，也要从概念上理清刑事制裁如何具有正当性，这看起来非常的重要。回顾一下刑罚可能会具有正当性的至少两种根据：因为刑罚取消或推翻了免受刑罚惩罚的权利。[②] 在绝大多数情况下，这种区别是不重要的。不过，笔者最新的对刑事制裁家长主义的保留意见，

---

① 这一例子在很大程度上折射出乔尔·范伯格的观点：《无害的不法行为》，纽约：牛津大学出版社，1988 年，第 328—331 页。

② 参见第 2 章第 II 节。

证明不受惩罚的权利是被推翻而不被取消。若该权利被取消，那么该权利就不复存在，那么犯罪行为人承受的痛苦和耻辱，就无法计算在声称判断既定法律的执行如何影响犯罪人的福利的平衡中。因为笔者认为所有这些影响都应该在平衡中进行考虑，所以如果法律要以功利主义证明其正当性，那么任何因违反家长主义规范而招致的损失都应当通过较大的收益来抵消。[①] 笔者认为，该条件绝不会满足。这些法律的实施，鲜少能提升违反这些法律的行为人的利益的。更重要的是，合比例的刑罚不可能阻止这些人从事被禁止的行为。

刑事家长主义几乎不可能是正当的，因此，在家长主义立法中比较让人有兴趣的问题很少涉及刑法。相反，会涉及其他领域的法律。[②] 有时，法学中的家长主义理论依据并不会引起争论。例如健康及安全法规规定水中要含氟，国家可以赞助公益广告抵制诸如过度酗酒这种不健康的行为。此类法规并非通过刑法来执行，所以，这些法规只会偶尔引起那些反对家长主义立法的哲学家们的反对。哲学家们不愿反对这些法规的例子说明，相较家长式立法主义的本质和刑事立法家长主义，他们反对的是后者。笔者认为，这些非刑事立法模式之所以更容易具有正当性，是因为其并不影响具有重大价值的权利：不受刑罚惩罚的权利。

---

① 也可提出关于刑事家长制合理性的其他问题，例如人们因为未能照顾好自己就应该受罚吗？该问题说明在试图以犯罪化理论调和家长制的威胁的过程中，还存在尚未解决的困惑。

② 约翰·斯图尔特·密尔曾提出受后辈哲学家广泛关注的著名论题，即人们是否享有自愿永久放弃自由而成为奴隶的自由？这一论题作为契约自由的限度问题，得到了很好地解释。假设苏自愿成为简的终身奴隶，如果苏选择信守契约，那么法院就无权干涉。没有法律会阻止人们自愿为奴。但如果苏改变了主意，而简却要求履行契约，法院该如何答复？在此类事件中，法院一般会在公共政策的基础上，宣布该协议是不合理且无法执行的。没人会因此受罚，也不会牵涉到刑法。

即使笔者对毒品犯罪和家长主义均有误解，但笔者依旧主张所有的刑事规范（即使那些旨在服务于表达功能的规范）都必须经得住实证审查。笔者认为，至关重要的实践问题并非是实证证据是否应被要求对刑法的正当性进行证明，而是具体说明该实证证据应具有多大的说服力才能满足我们犯罪化标准的第二个要件。针对该问题的异议，导致法院在关于商业言论问题上的判决出现分歧[①]。显然，当刑法规范被评估时，学者们也会因此产生分歧。大量的数据具有选择性和自我服务性，然而方法论上的复杂研究可能会削弱那些负责评估这些数据的人的能力。[②] 尽管如此，为了确信法律**可能**实现其指向的利益，我们需要的不仅仅是一个单一的理性基础。当几乎没有理由证明法律的努力可能是有效时，我们就不应当使不受刑罚惩罚的权利被推翻。

最后，笔者转向我们犯罪化理论的第三个也是最后一个外部限制原则：国家必须证明受到质疑的犯罪没有超过实现其目的的必要限度的范畴。为了适用该条件，立法者必须做好评估其实现目标的手段的准备。严格来说，受到质疑的法律对其应实现的目的不必要是**必要的**。我们需要的是：与受到质疑的规范有同等效力的规范的范畴，不会比受到质疑的规范的范畴更广泛。在整个刑法领域适用该条件，将会打开一个全新的研究领域。对是否以及在何种情况下，各种选择路径（包括刑事和非刑事的选择）有效但比受到质疑的规范的范畴更窄的情况进行判断，将会再一次

---

① 参见佛罗里达律师协会诉 Went for it 公司案，515 U. S. 618（1995）。

② 在此背景下，夏纳观察到：“法院更可能去寻找如何适用这一高水平的审查，而不会去找各个不达标政府的麻烦。” 参见罗杰·夏纳：《商业言论自由》，牛津：牛津大学出版社，2003 年，第 69 页、第 58 页。

促使刑法学者对几乎没有认识到的但应该重视的领域进行研究。[①]

与受到质疑的规范有同等效力的规范的范畴，不会比受到质疑的规范的范畴更广泛，该要求是中级审查的最后一个方面，其提出了反对**过涵性的**刑法规范的观点。**过涵性的**概念将是笔者讨论的中心，因此，对该概念进行界定就很有帮助。某规范是否**过涵性的**（或者**涵涉过窄的**）的判断，对于探讨法律目标来说是十分重要。当某犯罪的正当化理论只适用于该犯罪禁止的一些行为而不是该犯罪禁止的所有行为，那么该犯罪就是**过涵性的**犯罪。当某犯罪的正当化理论适用的行为范畴超过该犯罪禁止的行为范畴，那么该犯罪就属于**涵涉过窄的**犯罪。[②] 换言之，可能会造成一种**涵涉过窄的**法律禁止的危害或导致重大邪恶（或者造成危害或导致重大邪恶的风险），但实际上却没有触犯该**涵涉过窄的**法律；可能违反了**过涵性的**法律，而实际却没有造成该法律禁止的危害或邪恶（或没有造成该法律禁止的危害或邪恶风险）。不管是**过涵**还是**涵涉过窄**，根据合理的基础进行判断——在美国，这是犯罪化理论应具有的功能，二者都存在问题。根据当代美国宪法，即使一些规范禁止不会导致危害或邪恶行为，这些规范仍被认定为是正当的。因此，在犯罪化理论中，反对**过涵性的**刑事立法是很重要的，而且这在很大程度上能约束刑法的规模和范围。稍后笔者将在下文详细阐述的是：一些预防风险犯罪（特别是持有毒品犯罪和枪支犯罪），是**过涵性的**问题中特别严重的。因此，

---

① 或许研究的不足应归因于这一现实：刑法学者更像是实证能力不足的法哲学家。然而，“（在英国）从来没有一项贯彻始终的审查，来评价某些形式的非刑事执法是否可以用来有效处理（某些特定类型的犯罪）”。参见安德鲁·阿什沃斯：《刑法原则》第 4 版，牛津：Clarendon Press，2003 年，第 50 页。该结论同样适用于美国。

② 关于外延过宽、内延过窄的分析，请参见弗雷德里克·绍尔著：《遵守规则》，牛津：Clarendon 出版社，1991 年，第 31—34 页。

在笔者分析这些规范之前，首先会对此条件进行更加细致的研究。①

过涵性的立法一旦涉及民众至关重要的权利，就会变得更加具有争议。譬如，尽管国家可能认为保护儿童免受色情侵害，这对国家而言是紧迫性利益，但禁止未成年人访问淫秽网页的法律，仍被认为侵犯了美国宪法第一修正案规定的成年人权利，因此令人十分担忧。② 在笔者看来，免受惩罚的权利是神圣不可侵犯的，所以反对整个刑事实体法领域的**过涵性的**立法的观点是有道理的。但为什么我们的研究最后仅停留于推断，而没有彻底否定**过涵性的**刑事立法的正当性？而且，全面禁止**过涵性的**刑事立法，客观上有助于推进刑法极简主义的进程。

笔者认为，人们会因某法规能更有效地实现其目的，从而认为该法规相比其他法规更优秀，即使该规范属于过涵性的立法也在所不问。换句话说，为了实现立法目的，过涵性的立法或许不可避免。尽管众多推测性的观点反对过涵性立法，但并不能因此否定过涵性规范的正当性，譬如移动车辆犯罪就是最好的证明。笔者估计，几乎所有对移动车辆犯罪行为的制裁，实际上都是为了降低碰撞概率。然而，很显然是为了不增加碰撞事故发生的概率，司机可能会在公路拐弯处违法跨越中间线而导致犯罪。但是，至少应具备两个原因，这种可能性才会发生，而原因之一在证明犯罪行为的正当性方面具有规范性的困难。首先，没有其他车辆正碰巧迎面驶来，司机对此事实也不知道。如果司机霸占道路行使，他的违章驾驶行为亦几乎不会导致伤害别人的重大风险。笔者把这些案件称为**认知侥幸类案例**。在这类案件中，司机

① 参见第 III 部分。

② 参见雷诺诉美国民间自由联盟案，521 U. S. 844（1997）。

具有可归责性且行为是不法的，表现出和缺乏认知侥幸的司机一样的对他人安全的漠视。因此，在此种情形下对此类行为人施加责任是合理的。但是，司机也可能出于另一个原因而触犯该罪，同时也不会增加碰撞发生的可能性。当出现这种原因，对行为人施加刑事责任的正当性可能就更难证明。可能对于一个具体的被告，他可能有充分的理由相信——事实上，其也可能是明知不可能有另一辆车正迎面驶来。在到达拐角之前的几英里路线，视野比较清晰，但是到达拐角处时司机的视野就被阻挡了。在这种情况下，司机不仅非常侥幸没有另一辆车迎面驶来，而且亦是非常侥幸地确信其行为不会导致碰撞。笔者认为这种情形属于认知优先。如果认为认知侥幸的司机与认知优先的司机一样，对他人的安全都是同等程度的漠视，这种结论将是很荒谬的。在笔者看来，这些司机展现的对他人的漠视并不低于守法的司机，同时，展现的自以为是程度也不超过守法的司机。如果笔者的观点正确，那么犯罪化理论将面临的挑战是：是否及以何种理由让触犯该犯罪的具有认知优先的被告承担刑事责任？

下面笔者将充分论证为什么应对认知侥幸和认知优先的司机施加刑事责任。我们根本无法把认知侥幸的司机和在公路拐弯处越过中间线的认知优先的司机进行区分。为了减少发生碰撞的数量——也就是为了国家重大利益，我们别无选择，只能通过立法对两者都进行惩罚。然而，我们的犯罪化理论并没有完全将过涵性的刑法法规排除，但仅仅就这些规范而言，都确实已经超出了现实国家实现重大利益所必要的幅度。极简刑事主义者更倾向于通过立法，饶恕具有认知优先权的司机，但惩罚具有认知侥幸的司机。但除非有人能对这种规范的起草与实施提出合理化建议，否则，国家没有现实的选择，只能创设过涵性的犯罪。如果该观点成立，那么我们的犯罪化理论在受限的条件下，将允许过涵性的规范存在。因此，当国家的重大利益（如减少碰撞的发生）无法通过其他方式实现的时候，我们还是偏向选择容忍过涵性的规范。然而，即便过涵性的立法具有现实的必要性，这种立法的结果也是不幸的，应该谨慎对待。

笔者怀疑，极少有规范能够推翻过涵性立法的推定。经常性地，立法机关也可能起草和制定一些规范促进目的实现，但同时避免让很多人承担刑事责任。维克托·塔多思就举出了这样的经典例证，充分说明某些立法能使其涵涉范畴较小。[①] 苏格兰某一法律规定："任何人，如无合法授权处于某建筑物或空间内，若在建筑物或其他空间内被发现……因此，根据所有这些情况，可以合理地推断其打算在此盗窃，并将被判有罪。"[②] 塔多思让我们想象到这样一个被告——暂且叫他史密斯，从史密斯的行为中我们可以合理地推断出其盗窃的意图，但他随后提供了确凿的证据证明他根本没有这种意图。其实没有人会相信该项规范的目的可以获得实现。因此，这样的规范属于过涵性立法。此外，史密斯比任何人都清楚自己在被逮捕时根本没有盗窃意图，对此，史密斯具有认知优先。因此，除非实在无法另行制定出范围更狭窄的规范，且该规范可以在禁止盗窃行为中实现重大利益，否则我们的犯罪化理论很难认为上述规范具有正当性。其实在这种情况下（以及其他大部分情形下），完全能制定更完善的规范，比如在盗窃罪中加入行为人当时应具有真实的盗窃意图要件即可。与司机声称自己是认知优先而实际上仅仅是认知侥幸的案件相比，要比证明该案件中的可归责的故意的证据更容易获得。

为了达到立法目的，过涵性规范经常施加许多不必要的惩

---

① 维克多·塔多思："政治与无罪推定"，载《刑法和哲学》（即将出版）。

② 《1982年（苏格兰）公民政府法案》第57条。

罚。因此，针对过涵性刑法立法的推定非常必要。这种必要性可来自于刑法理论的外部限制，亦可能是源于笔者在第2章阐述的内部限制。不必要的惩罚很难证明具有正当，因为刑罚的该当性是很个体化的。其实不能仅因为通过制定规范可以实现国家目的，就对公民施加刑罚制裁，从而迫使公民承担不必要的法律责任。对于遭受惩罚的每个个体，他们所承受的苦难和耻辱必须具有正当性。正如亨利·哈特十几年前所强调的那样，立法机关必须做到："在每次立法中用良心说话。制定的刑事制裁必须是针对那些违法者，且他们的违法行为应受到强烈谴责。因此，这种行为应受到整个共同体的道德谴责。"① 大利益难以通过其他方式实现的时候，才会考虑过涵性立法。尽管笔者认为这种情况将非常异常，但对于特定情况下是否应该允许过涵性立法，理性人会有不同的见解。但必须再次强调，犯罪化理论的应用本来就十分困难且争议不断。然而，一旦这些犯罪问题得以解决，克服了假定的案例就将成为令人遗憾的情况。国家应该不断探索，努力制定既能实现立法目的又涵涉范围不广的法律。

然而，我们的犯罪化理论的最后一个标准，不是为了提出针对涵涉过窄刑法的类似推定。有人可能认为，如果国家以同样的理由禁止某些行为，那么刑法就应当统一地适用于这些禁止的行为，这样才具有正当性。然而，国家应该平等地保护每个人的不受惩罚权，这只是一种理想状态。但是，如果惩罚两者存在相同的事由，那么刑法确实不应该制裁其中的一部分人而放纵另外一部分人。例如，如果某物质具有成瘾性，那么除非与该物质具有相同成瘾性的其他物质已经被禁止，禁止该种具有成瘾性物质的

① 亨利·哈特："刑法的目的"，载《法律与时代问题》第23期，1958年，第412页。

法律才是正当的。当然，两种物质具有的其他因素暂不考虑。[①] 严格审查标准虽然可以排除涵涉过窄的立法，但是笔者认为将中级审查的观念引入犯罪化理论，结果可能会更乐观。[②] 我们应当允许国家逐步解决这些问题，相对于惩罚不足，学者更应该担心的是滥罚。

涵涉过窄的规范在我们的犯罪化理论中并非完全没有问题。显然，中级审查标准对涵涉过窄刑事立法与过涵性刑事立法从不同的角度提出了质疑。过涵性刑事立法引发的问题主要是：为了实现某种目的，规范是否超过了必要的限度？国家的重大利益完全可以通过较少的刑罚，甚至不惩罚而实现。而涵涉过窄的规范引起的问题，在我们前面对波萨达斯案的分析中已经进行了研究。涵涉过窄的规范引起的问题，有助于我们确保国家是在致力于实现自己制定的目标。例如，禁止萨泰里阿教动物献祭仪式的立法，并非为了禁止对动物的残忍行为，因为很多对动物同等十分残忍的行为并没有被禁止。由此可以判断，该规范的目的并不是为了防止残害动物。[③] 事实上，一旦我们正确地确定了立法目的，那么在我们的犯罪化理论中，涵涉过窄的规范遭遇的抨击可能会比过涵性规范遭遇的抨击少。

由于引入中级审查的最终目的主要是为了创设针对过涵性立法的推定，但这并不意味着那些备受质疑的规范对实现国家目的是必要的。可以夸张地说，刑法只能作为最后的救济手段，并且

① 关于乔治·谢尔主张的容忍太狭窄的毒品立法的不同寻常的根据："论毒品去罪化"，载《刑事司法伦理》第22期，2003年，第30页。

② 当然在商业语境中，法院一直对范畴过狭的立法持谨慎态度。相关实例请参见辛辛那提市诉 Discovery 网络公司等案，507 U. S. 410（1993）。曾经许多学者指出："商业言论似乎比森特勒尔·哈德森需要更多的保护。"参见：理解混合语言：商业言论和表达行为的新型模式，《哈佛法律评论》第118期，2005年，第2853页。

③ 参见 LukumiBabalu Aye 教堂诉海厄利亚市，508 U. S. 520（1993）。

一些著名的学者也一致这样认为。[①] 笔者想提醒注意的是，许多非法律和非刑事手段同样可以确保规则的遵守。[②] 但是，很显然我们在此引入犯罪化理论的目的，并不是要求国家对可以实现国家目的的一系列替代措施逐个进行试验，从而发现这些措施的优势与不足。我们认为国家在决定采取战争手段之前，必须用尽一切替代性的非武力措施，但并不要求国家在制定犯罪时，亦必须用尽所有的其他的替代措施。[③] 另外，尽管最后手段要件很少被提及，但是大家都把该要件解释为：在采用刑事制裁之前，能降低犯罪的一切替代性措施必须用尽。[④] 然而，如果某法规具有重要的表达功能，那么与其他的替代性手段与刑罚相比，在阻止被禁止的行为方面的效果可能更好的事实其实并不具有决定性意义。[⑤] 具有重要表达功能的规范能通过犯罪化理论的审查，即使范畴不广泛的替代性措施在威慑犯罪中的作用也很大甚至更大。然而，至少我们犯罪化理论的最后限制是要求某些特定规范的替代性措施必须得到认可和评估。因此，在解决过罪化问题方面，替代方案是十分重要的工具——笔者将在下文予以论述。

前面的讨论表明，对立法，包括对刑法或其他法律的中级审查，具有极大的不确定性与复杂性。更确切地说，刑法必须满足

---

① 尼尔斯·嘉尔博格：“事实上人们经常声称犯罪化是立法者的最后手段。”参见尼尔斯·嘉尔博格：“犯罪化是最后手段”，载《俄亥俄州刑法学杂志》第2期，2005年，第523页。

② 关于更多精彩的论述，参见马克·R. 雷夫：《处罚、赔偿和法律》第一章，剑桥：剑桥大学出版社，2005年。

③ 关于对迈克尔·沃尔泽提出的正义的战争理论中的最后手段原则的批判，参见迈克尔·沃尔泽：《论战争》纽黑文：耶鲁大学出版社，2004年，第160页。

④ 相关实例请参见乔纳森·希珂谢科：《论犯罪化》，多德雷赫特：Kluwer学术出版社，1994年，第68页。

⑤ 参见道格拉斯·胡萨克：“刑法作为最后的手段”，载《牛津法律研究》第24期，2004年，第207页。

笔者所描述的外部约束。也就是说一项新罪的设定，需要是为了实现国家的重大利益，即直接促进国家利益的实现，而且不能超过实现国家目的必要的限度。正如笔者所指出的那样，我们提出的三个外部限制都存在解释上的困难。难道这些问题真的如此棘手，以至于犯罪化理论难以实施？单单通过几个要素是否能证明立法机关所青睐的结果具有正当性？笔者不这么认为。事实上，笔者认为把该标准适用于笔者在第 1 章第 I 节中所区分的相对新型的犯罪，不会产生令人惊讶的分歧。在美国刑事法典中，许多竞合的法律规范恰恰是一些最简单的犯罪。事实上，在其他的法律已有规定的情况下，仍然对被告的行为重复规制，其实已经表明，竞合性立法已经超出了国家实现其重大目标所必要的限度。虽然每个规范在单独考虑时似乎是合理的，但我们理论的最后限制条件主要是从实现立法目的出发，对不同方法进行评价。一个合理的替代性措施能减少竞合性立法。但由于受当前过度犯罪化环境的影响，减少竞合立法的方案可能会削弱诉辩交易的动力。不过如果简约主义犯罪化理论得以实施，那么国家则无需过分看重并强烈鼓励诉辩交易。综上所述，笔者的结论是：设置的与现行的犯罪竞合的新规范，要通过犯罪化理论的审查，将面临严峻考验。

辅助型犯罪也面临相同的境遇。虽然国家在进行信息收集及对由此可能导致犯罪的帮助行为进行禁止中具有合法利益，但国家是否可以以这种利益为根据，干预免受惩罚权？国家被禁止的行为通常伴有辅助性行为，但如果国家想以较为温和的方式实现立法目标，最好是只起诉那些违反国家明显禁止的行为。该项任务真如此难以完成？笔者并不坚持认为该两种行为均不能通过中级审查。特别是，正如我们所看到的，这些犯罪中的很多犯罪，都具有重要的表达功能——如果表达功能可以推动国家重大利益的实现，那么就必须承认这些犯罪的设定确实具有重要的表达功能。然而，举证责任依旧由认为这些法律具有正当性的一方承担。在笔者看来，只有制造风险的犯罪最有可能通过犯罪化标准的审查。笔者在下文，将论及风险预防犯。

对于构建和论证犯罪化理论这一艰巨任务，这仅是开始。尽管笔者已注意到几个问题，但笔者仍坚持认为该理论远远优于现行实践的做法和替代性措施。笔者亦将在第4章第I节中论述所有的替代方案。然而不得不再次提及，这些限制条件将很难实现。也许是笔者自己误用了这些理论，亦期学者对我的研究批评指正。正如我们所看到的，**森特勒尔·哈德森标准**已被证明难以适用到规制商业言论的法律规范中，并且外部限制原则在整个刑事实体法领域执行亦将会引发更多的争论。正如笔者前述所言，隐患总是存在于细节处。但并不认为该种争议是对犯罪化理论的反驳，当然更谈不上是致命的反驳。目前，我们缺乏评价刑事法规的体系，并且更进一步的辩论应围绕刑事法律立法展开。笔者认为对这一理论的误用，不应与理论本身的缺陷相混淆。我们对国家需要具备充分的理由才可以剥夺个人免受惩罚的权利具有共识。笔者提出的犯罪化标准，正好引出了国家采取刑事制裁剥夺个人权利前必须回答和重视的问题。

III. 预防风险犯罪

笔者从宪法思想中获得灵感，从而提出了犯罪化理论。根据犯罪化理论，笔者认为除非竞合或辅助型的刑事法规确实具有重要的作用，否则犯罪化理论的运用可能会导致这些犯罪的全面废止。虽然三类新型的犯罪都导致了过罪化现象，但其中预防风险的犯罪似乎不会受到影响。事实上，许多预防风险的犯罪都涉及刑事制裁的合法性问题。其实刑法如运用得当，不仅可以防止并减少危害的发生，而且亦可以防止并减少危害风险的产生。但刑法在何种情况下会达此目标？令人失望的是，学者对该问题的研究几乎未取得任何进展。但笔者在第I节和第II节中所提出的犯罪化理论，对问题的解决具有重大意义。要满足犯罪化理论的要件，那么国家若要制定一项刑事规范，必须是出于实现重大利益的考虑，必须能够直接推进国家目的的实现，并且不能超过实现该目的的必要限度。但若将此标准应用到预防风险的犯罪上，可能会与单独处理该类风险需要的方式一样遇到相似的复杂难题。遗憾的是，处理该类风险的其他方式和犯罪化理论中的其他问题一样，非常抽象且很难解释。

由于制造风险的犯罪属于未完成形态犯罪，所以首先对犯罪未完成形态与既遂形态进行严格界定是非常重要的。但究竟如何对犯罪既遂和未遂进行区别，学者并没有达成共识。① 笔者认为，如果某犯罪禁止的行为，在其实行的每个情况下都具有危害，那么该犯罪就是完成形态的犯罪。② 更确切地说，犯罪的完成形态就是被禁止行为的每个表征部分都会产生危害或邪恶时。③ 备受刑法理论学家推崇的大部分刑法原则，都是通过研究犯罪完成形态得以发展的，这并不为奇。严重的犯罪，如放火、强奸、谋杀和其他类似行为，都属于典型的完成形态的犯罪。该类犯罪不但

---

① 尽管学者很难具体解决该问题，但关于犯罪既遂与犯罪未遂之区别的不同观点还是存在的。譬如参见约书亚·德雷斯勒：《刑法精解》第4版，纽约：马修本德尔公司，2006年，第405页、第236页。

② 笔者比较倾向适用“危害或邪恶”短语进行表达。但是为了避免重复，笔者有时可能会省略“或邪恶”部分。

③ 但如果某人实施的犯罪行为具有正当化事由，那么根本就需要对危害进行净平衡。但针对现在笔者的论述目的，笔者忽略正当化事由给笔者的观点提出的新困难。

侵害他人权利，还会导致严重的伤害。① 当然，这些犯罪的危害程度也不完全相同。如果某犯罪禁止的并不是在该行为实施的所有情况下都能产生危害的行为，那么该犯罪属于未完成形态的犯罪。更确切地说，未完成形态的犯罪的每个动作部分，并不是都能造成危害或邪恶。尽管这些规范的设计初衷不是为了减少危害的发生，但除了危害结果外，还存在其他一些与危害结果一样不好的东西需要降低，这就是：可能转化为实害的危害风险。② 让我们把最终危害界定为某种未完成形态犯罪具有的风险所引起的危害。实施未完成形态的犯罪会导致风险，但却不一定会造成最终危害。所以，未完成形态的犯罪旨在降低可能引起最终危害发生的风险。

如果以该种方式理解完成形态的犯罪和未完成形态的犯罪的差异是非常可行的，那么要把特定的规范归入其中的某类，就只需要判断既定规范是禁止最终危害还是仅仅禁止最终危害出现的风险。正如乔治·弗莱彻阐述的那样，如果不对法律想要阻止的最终危害进行分类，那么我们很难对犯罪进行区分。③ 分类困境可通过几个例子进行说明。例如，禁止流浪和传播淫秽物品罪，

---

① 许多理论家认为，有极少数类似于强奸和盗窃这样核心犯罪实例并不具有危害性。相关实例请参见约翰·加德纳、史蒂芬·舒特：强奸的违法性，载杰里米·霍尔德主编：《牛津大学法理文集》（第 4 版），牛津：牛津大学出版社，2000 年，第 193 页；亚瑟·利普斯坦："超越危害原则"，载《哲学与公共事务》第 34 期，2006 年，第 215 页。显然两位学者都没有理解什么是"危害"，从而使他们认为他们论及的行为都不具有危害。譬如亚瑟·利普斯坦认为："应从普通意义上理解危害"。参见亚瑟·利普斯坦："超越危害原则"，载《哲学与公共事务》第 34 期，2006 年，第 218 页。

② 许多学者认为具有危害风险的行为也是有害的。参见克莱尔·芬克尔斯坦："风险是否是危害?"。

③ 乔治·弗莱彻：《对刑法的反思》，波士顿：小布朗出版社公司，1978 年，第 133 页。

难道流浪和传播淫秽物品行为本身有害？或是惩罚这些行为真的可以降低后续危害发生的可能性?[①] 如果没有方式认定危害，那么这些问题如犯罪化理论提出的其他无穷无尽的问题一样，是很难回答的。

制造风险的犯罪的三种典型类型：未遂、教唆和共谋。显然，这些未完成形态的犯罪旨在降低最终危害发生的风险。假设我们生活在这样一个世界里：人们的努力很难有预期效果，甚至连谋杀未遂亦不会增加任何人死亡的风险。在这个想象的理想世界里，国家将没有任何理由禁止犯罪未完成形态。显然，这个世界不同于现实世界。在我们生活的世界里，犯罪未完成形态很显然大大增加了实际危害发生的可能性。[②]

然而，各个州都超出了三种典型的未遂、教唆与共谋模式，制定了大量的附加型未完成形态犯罪。几乎所有的学者都认为其中的很多犯罪都具有正当性，对此立场笔者亦深表遗憾。[③] 然而，将预防风险的犯罪纳入美国刑法，其会潜在地扩大国家权力的范围。一些（实际的和可能的）犯罪，从极简主义的犯罪化理论角度审视，似乎是矛盾的，但如果从减少危害风险而不是防止危害本身的角度审视，又似乎是合理的。试设想，某规范惩罚毕业前辍学的高中生，笔者认为几乎每个人都会认为其不合理。没有人会认为该规范禁止的行为本身具有危害性。很显然，辍学行为不

---

① 乔治·弗莱彻：《对刑法的反思》，波士顿：小布朗出版社公司，1978 年，第 132 – 133 页。

② 只有当未遂事实上不可能实现时，笔者所论及的“可能世界”才类似于“现实世界”。但笔者忽略了该种不可能的未遂为犯罪化理论提出的难题。若要仔细讨论其中的复杂性，请参见 R. A. 达夫：《论犯罪未遂》，牛津：科学出版社，1996 年。

③ 对于为数极少的异议，请参见兰迪·E. 巴内特：恢复原状——刑事司法新模式，载兰迪·E. 巴内特、约翰·哈格尔主编：《评价犯罪》，剑桥：巴林杰出版公司，1977 年，第 349 页。

可能伤害到任何人，包括行为人本人。然而尽管如此，笔者仍认为无法顺利从高中毕业的学生具有极大的后续危害性。**在其他条件不变的情况下**，他们更可能成长为罪犯群体的头目。那么我们虚构的高中辍学罪为什么显得如此不合理？笔者在该部分的主要目标是建构一个框架，在该框架内，这样的类似问题会迎刃而解。在区分各种不同的犯罪未完成形态过程中，笔者主张运用四项不同的原则限制国家惩罚那些导致危害风险而非实际危害的行为人的权力。

前面两个原则非常清晰无需过多阐述。笔者称第一个原则为**重大风险要件**。首先，犯罪化标准要求刑法具有促进国家重大利益的目的。因为禁止微小危害不能使国家干预他人免受惩罚的权利正当化，因此，很明显阻止微小风险不能为犯罪化提供合理根据。事实上，由于几乎所有的行为都会制造不同程度的风险，所以刑法如果要防范细微风险，那么几乎人们的所有活动都会面临刑事责任的威胁。因此，除非惩罚某种行为是为了降低重大风险，那么犯罪化理论应该排除预防风险的犯罪。[①] 实际上，许多关于轻率与疏忽的法律定义，都对此要求有明确的规定。第一，根据《模范刑法典》，除非行为人确实无视某种巨大风险，否则不能轻易认为其轻率或疏忽。[②] 如果行为人仅仅因某些微小风险而遭受刑事制裁，那么刑法会惩罚可归责性比轻率还轻的个体。因此，刑法典对如此轻罪过的个体施加刑事责任的情况还是极少的。

---

① 请注意，“重大”在犯罪未遂的刑事立法理论中有双重含义。首先，国家制定一项刑事制裁法规，其目标必须是为了重大的国家利益。其次，禁止某项行为必须能够避免发生重大危害的重大风险。

② 参见《模范刑法典》§2.02（b）。尽管本条的语言通俗易懂，但仍有学者认为，重大风险要件与风险不正当要件并不是相互独立的。参见拉里·亚历山大：“非充要考量：刑事可归责性的统一概念”，载《加州法律评论》第88期，2000年，第934页。

第二，中级程度审查要求规范必须直接推进国家利益。当该审查原则适用于未完成形态犯罪时，就需要刑法中的禁止性规范必须能够实际减少最终危害发生的可能性。笔者把此第二原则称为预防要件。如果未完成形态犯罪的设定不能降低最终危害发生的概率，那么国家就不得再以预防危害为由通过未完成形态犯罪剥夺权利。例如，没有人会支持青少年宵禁法，除非该种禁令确实有助于减少青少年犯罪。即便当巨大风险要件与预防要件适用到具体案例时会引发争论，但笔者还是认为此两个原则在犯罪理论中仍然是非常必要的。没有人不会把此原则适用到旨在预防风险的犯罪化中。然而，正如我们所见，刑法典对预防风险犯罪的规定十分混乱。因此，是否所有的预防风险的犯罪都符合这些条件是不确定的。

在论述剩下的两个原则之前，首先必须简要说明两者之间的区别。正如笔者所指出的，对于各种预防风险的犯罪（达夫也把此类犯罪称为危险犯）的研究，无论关于分类还是关于正当性，R. A. 达夫都可谓功勋卓著。① 因此，笔者在本部分将集中分析达夫教授提出的两个重要的不同类别：直接与间接预防风险犯、显性和隐性预防风险犯。达夫教授认为："如果某种预防风险的犯罪，能保证危害被阻止而没有干预其他相关的人类不法行为，那么该种犯罪就是直接预防风险犯。"而"如果危害只有通过对主体或其他人的不法行为进行惩罚才能阻止"，那么这种犯罪就是间接预防风险犯。② 从建筑物的屋顶上向拥挤的街道扔砖，就属于典型的直接危险犯，而向重罪犯出售枪支就属于间接危险犯，

---

① 参见拉里·亚历山大："非充要考量：刑事可归责性的统一概念"，载《加州法律评论》第88期，2000年，第62页。

② 参见拉里·亚历山大："非充要考量：刑事可归责性的统一概念"，载《加州法律评论》第88期，2000年，第59页。

因为后者只有当枪支被滥用时才能引发危害。如果某种预防风险的犯罪“明确规定必须真实地创设了犯罪定义中规定的相关风险”，那么该种犯罪就是显性预防风险犯；而“如果犯罪定义中没有明确规定相关的风险（该种风险是该类犯罪被犯罪化的根据）”，那么该种犯罪就是隐性预防风险犯。如果某种犯罪属于隐性预防风险犯，那么即使某种行为没有造成某种风险，亦可能构成该罪。[①] 达夫教授认为，危险驾驶罪就是显性预防风险犯，而持有毒品罪就是隐性预防风险犯。显然，这些预防风险的犯罪都属于未完成形态犯罪，因为对于这些犯罪而言，即使行为人没有伤害任何人，包括没有伤害行为人本身，其行为亦能构成犯罪。

笔者开始论述达夫上述区分，即隐性风险预防犯和显性风险预防犯区分。二者的区别主要在于：如果被告没有实际造成某种相关风险，其是否能构成犯罪。如上述所言，达夫教授认为危险驾驶罪是显性预防风险犯的典型，因为如果没有造成风险，那么任何人都不可能是该罪禁止的危险驾驶行为的行为人。然而我们亦必须注意到，如果没有创设风险，亦没有人可“危险地站着”、“危险地呼吸”或“危险地微笑”，因为如果不存在风险，这些活动根本不会有危险。这些副词的使用把该规范转化成了达夫教授所谓的显性风险犯的典型实例。但这些犯罪并没有告诉我们什么危害会遭受危险。因此，笔者在达夫教授论证的基础上，进行了略有不同的区分。笔者的这种区分将更加明确，虽和达夫教授的理论有联系但却有差异。笔者认为，如果某刑法规范具体规定要

---

① 笔者指的是一般而非通常情形，由于既遂犯罪亦可能具有未完成形态，因此没有必要明确规定设置犯罪预防的最终危害。既遂的夜盗罪就是典型的例子。在此笔者不关注该问题的复杂性。参见杰里米·霍尔德：“隐秘故意的犯罪”，载 A. P. 斯密斯特、A. T. H. 史密斯主编：《危害与可归责性》，牛津：科学出版社，1996 年，第 153 页。

阻止的最终危害，那么该犯罪就是显性预防风险犯。相反，如果某刑法规范没有具体规定要阻止的最终危害，那么该犯罪就是隐性预防风险犯。按照笔者的观点，笔者认为达夫教授把危险驾驶当做显性预防风险犯的观点是不成立的。相反，笔者认为危险驾驶是隐性预防风险犯。原因很简单，因为如果没有创设某种风险，我们不能判断某种驾驶行为是否是危险驾驶，只有当行为人进行某规范禁止的行为时，我们才知道其创设了何种风险。由于规范本身并没有对可能造成最终危害的风险进行明确规定，所以笔者把类似这种犯罪行为归入隐性预防风险犯。把危险驾驶罪归入隐性预防风险犯很容易带来误解，因为危险驾驶罪能减少最终危害是显而易见的：危险驾驶罪制定的目的，就是为了降低交通事故的风险，避免造成不必要的人身伤害或财产损失。然而事实上，大家对规范意图防范最终危害的性质显然并无争议，但这种事实并不能把该规范转化成显性预防风险犯，因为规范本身没有明确规定最终危害。

如果进行全面分析，那么我们最习以为常的关于未完成形态犯罪的例子，实则都是基于预防最终危害。因此，未完成形态犯罪都是显性预防风险犯。再次分析犯罪未完成形态的三种典型模式：未遂、教唆和共谋。显然，犯罪未遂本身并不是犯罪，除非未遂意图实现的内容属于犯罪，那么未遂才是犯罪。意图实现的某种特定犯罪必须在起诉书中明确说明，而且一般还要指出未完成形态犯罪降低的最终危害。① 犯罪未完成形态中的教唆与共谋亦类似。亦即是说，共谋（或教唆）做某事本身并不是犯罪，除

① 作为实体法问题，共谋理论因违反该原则而受到“学者们的严厉批判，被认为违反了罪刑法定原则”。在普通法中，共谋需要对从事非法行为达成合意，但“非法”的范围可能比“犯罪”的范围更广泛。参见约书亚·德雷斯勒：《刑法精解》（第4版），纽约：马修本德尔公司，2006年，第465页。

非共谋（或教唆）要做的事情本身是犯罪。①

尽管所有规定的未遂、教唆和共谋等未完成形态犯罪是显性预防风险犯，但导致进一步过度犯罪化的大部分犯罪都是新出现的隐性预防风险犯。这些隐性预防风险犯的未完成形态犯罪，一般不明确规定旨在降低的最终危害。如果将我们的标准应用到这些犯罪，结果将被证明是一场噩梦。正如我们已经看到的，在犯罪化理论应用到特定犯罪出现的几个难点中，首要（和最经常）需要考虑的是：基于何因立法机关制定该规范？在显性预防风险犯的案例中，如谋杀未遂，对于基于何因立法机关要进行惩罚是有明确答案的。立法机关惩罚谋杀未遂的目的在于降低谋杀行为——此是惩罚谋杀未遂的最重大利益。当国家有明显的理由设置隐性预防风险犯，则立法目的并不是首要的问题，比如对于危险驾驶罪，任何人都会认同国家通过减少司机危险驾驶造成的碰撞事故，可获得重大利益。但是，该问题在隐性预防风险犯，即在立法利益不是十分明确的犯罪中，将很难解决。如果我们不知道设置该类犯罪要阻止的最终危害的本质是什么，则不能适用犯罪化标准的三个维度。我们不能确定国家是否通过该罪的设置获得了重大利益，法律是否直接推进了国家目的的实现，或该规范是否超出了实现立法目的必要的限度。简言之，我们的犯罪化标准必须建立在有根据之上。

这些困难并不是推定的。笔者再次分析持有毒品犯罪，即当下联邦法律中实施最频繁的犯罪。在论及罗德里格斯案支持的毒品杀人罪的严格责任时，笔者亦论及要对为什么持有毒品犯罪是

① 参见第1章，第Ⅳ部分。

施加刑事制裁的不正当性的典范进行详细论述。[①] 虽然笔者已对禁止毒品的整个体制提出过质疑，但现在笔者将对此问题进行更加详细的论述。持有毒品犯罪属于未完成形态犯罪，因为实施该犯罪的任一动作都不必然会发生危害。允许持有可卡因的社会，不会比根本不存在可卡因的社会具有更多的危害。可以设想，持有不合法的毒品是非法的，因为毒品的持有增加了引发最终危害的风险。但是，最终危害的属性并不是由某个罪本身界定的。因此，禁止持有毒品属于典型的隐性预防风险犯的例子。由此顺理成章地引发这样一种假设：该罪意图预防的最终危害是毒品的使用。毕竟，如果仅持有而未使用毒品，是不会导致任何危害的。然而使用仍然不是持有毒品犯罪意图防范的最终危害，因为使用与持有造成的最终危害同样很小。换句话说，毒品犯罪旨在减少毒品消费可能造成的后续危害，仍属于未完成形态犯罪。[②] 然而，最终危害的属性仍旧无法识别，更直言之，最终危害仍然非常不明确。由于这种不确定性，把我们的犯罪化理论适用于联邦法律执行最频繁的犯罪中，触遇到众多的不确定性。但这种困境在极简主义刑法理论看来，是根本不能容忍的问题，因为极简主义者把举证责任归于主张施加刑事责任的一方。

当然，罗德里格斯被捕，因为他不仅藏有非法毒品而且非法分销毒品。司法权认为该种犯罪比持有毒品犯罪更为严重。重要的是，目前上述所有对持有毒品犯罪提出的索赔请求，同等效力地适用于分销毒品犯罪。也就是说，分销毒品犯罪仍属于隐性预

---

① 更确切地说，如果存在使用毒品犯罪行为，则其可能有未完成形态。事实上，只有极少数州——更精确讲，大约 12 个州禁止使用非法毒品。

② 关于对销售毒品行为典型特征的讨论，请参见彼得奥尔德里奇："毒品交易"，载 A. P. 斯密斯特、A. T. H. 史密斯主编：《危害与可归责性》，牛津：科学出版社，1996 年，第 239 页。

防风险犯的未完成形态。当分销毒品犯罪行为实施时，危害亦不是必然发生。① 允许分销可卡因的社会并不比无可卡因的社会存在更多危害。可以设想，分销毒品是非法的，因为分销毒品会增加最终危害发生的可能性。② 但笔者再次重申，最终危害不是持有或使用，最终危害的性质未能识别。如果对法律意图禁止的持有、使用和分销毒品的最终危害取一个名字，将更方便问题的讨论。为避免引发疑问，笔者把此令人费解的危害定义为危害 X。③

在犯罪化理论中，隐性预防风险犯和显性预防风险犯之间的差异具有何种实践意义？该问题的答案涉及犯罪化理论中未完成形态犯罪的第三限制原则。笔者称该第三限制原则为“完成危害”要件。根据该原则，除非国家禁止故意、直接地导致同样危害的行为，国家不得为了减少某种危害的风险而禁止某项行为。换句话说，如果某种行为能导致某种不期望事件的风险，那么犯罪化理论不能使禁止该种行为的未完成形态犯罪具有正当化。

---

① 虽然销售毒品与持有毒品都属于未完成形态，两者具有一定共性。但其他销售非违禁品的犯罪之间就不具有共性，注意到该点至关重要。例如，行为人经常通过销售赃物侵犯受害人的财产权。许多法学家将财产权解释为权利集合，这种总括性的财产权通过现实的拥有某物品细化为更具体的权利。这些更具体的权利，如占有权、转让权和独占排他权等，其实就相当于“一捆棒”中的一根根“棍棒”。如果有人偷了笔者的车，并将之出售给他人，那么笔者的权利必然受到了侵犯，因为他不仅先盗窃车辆，而且随后未经笔者同意，在无权处分的条件下出售车辆。因此，销售赃物的犯罪同样侵犯了财产所有者的权利。不法的侵权行为确实是一种危害。如果这种分析是正确的，那么分销型犯罪就不要求是未完成形态；因为其可能并不是为了减少最终危害发生的可能性，而被禁止的行为可能本身就有害。但销售非法毒品犯罪在这方面可能有所不同。由于此类行为没有侵犯财产权（或实际上根本没有侵犯任何权利），因此，不要求这种行为的受害人都以笔者这样的方式受害：笔者被盗的车又被销售。尽管销售可卡因的行为，从罗德里格斯到亨德里克斯和班内特，都是无害的。但仅由于降低了不确定的最终危害发生的风险，仍然遭到禁止。

② 在此笔者使用单数而非复数，并非表明该类犯罪预防的最终危害仅一个。

③ 笔者调查了四种关于危害 X 内容的最恰当定义，参见道格拉斯·胡萨克：《将此合法化!》，伦敦：Verso 出版社，2002 年。

“完成危害”要件的重要性很容易被忽略，因为当未完成形态犯罪是非常明确的，那么“完成危害”一般情况下会被视为是理所当然的。在这种情况下，立法企图阻止的事件状态是具体明确的。除非该事件状态是直接且故意地导致了应当被犯罪化的危害，那么对犯罪未完成形态施加刑事责任就不具有正当性。正如笔者已经指出，对未遂犯施加刑事责任的前提是企图达至的目的是犯罪。企图实施的行为如果不是犯罪，那么行为人就不构成犯罪未遂。如果企图实施的行为不应承担刑事责任，那么就没有必要在刑法中为该行为设置一个独立的犯罪未遂。但是，如果犯罪未完成形态导致的风险是隐性的，则“完成危害”要件就极可能被我们忽略。如果根本不知道设置未完成形态犯罪旨在预防的最终危害是什么，我们极容易忽略“完成危害”要件。

“完成危害”要件的基本原理很简单。故意、直接行为导致的同样事件状态的行为，远比引起不期望事件状态风险的行为更恶劣。在任何主观罪过顺序中，轻率远比预谋（或故意）的可归责性轻。如果故意且直接造成某种结果的行为不应被犯罪化，则国家就没有任何理由为了防止行为人制造该种结果风险而对行为人的未完成行为形态进行制裁。如果故意地未能省钱，既不是亦不应该是犯罪行为，那么旨在阻止行为人从事未能省钱的可能增加风险的行为的未完成形态的犯罪，与“完成危害”原则完全不相容。因此，此种行为应被犯罪化理论排除在犯罪之外。

因为（根据假设）我们不知道这些禁止性规范意图预防的“完成危害”是什么，因此，我们不能确定某种具体的隐性预防风险的规范是否满足“完成危害”原则要件。据此，我们最确定的结论是：对隐性预防风险犯进行制裁的理论基础与“完成危害”原则相抵触。为了说明该点，我们再次回到持有毒品犯罪。该罪是隐性预防风险犯，其目的旨在减少危害 X 发生的可能性。

没有人能对其识别危害 X 的能力有自信，虽然许多人对危害 X 的识别提出了很多见解。如果我们希望能够准确地界定危害 X，则我们几乎别无选择，只能依赖支持该类犯罪的学者的观点。[①] 例如，以加利福尼亚州前总检察长丹尼尔·兰格伦的判断为例。丹尼尔·兰格伦预测废除毒品禁令将增加“无家可归、失业、福利、生产力下降、残疾赔偿、辍学、诉讼、医疗保健费用、慢性精神病、意外事故、犯罪、虐待儿童、忽视照顾儿童”等问题，从而强烈抗议“毒品合法化”。[②] 丹尼尔·兰格伦指称的使用毒品的这些后果，都可能是法律规定的某种危害 X。

笔者对这些禁止毒品的理由是否能通过中度审查持怀疑态度。这些支持禁毒的理由与犯罪化理论的第二个原则“预防风险”要件是否兼容？禁止非法毒品是否真能够降低丹尼尔·兰格伦提到的社会问题的风险？归纳的结论是危险的，但关于毒品犯罪问题的实证性证据确实比较少。[③] 例如，非法毒品的使用是否真会导致更多犯罪？很多犯罪学家对此持否定态度。比如詹姆斯·Q. 威尔逊是毒品合法化坚决反对者，其认为禁止毒品比允许使用毒品更可能引发更多的犯罪问题。威尔逊辩解认为：“通过法律强制禁止毒品使用，是否真能减少相关犯罪，目前是不确定的。相反，该种强制禁止可能会成为引发犯罪的根源。”[④] 其他学

---

① 丹尼尔兰格伦：“合法化将是错误”，载蒂莫西林奇主编：《禁止之后》，华盛顿哥伦比亚特区：Cato Institute，2000 年，第 179 页、第 180－181 页。

② 许多深度研究表明适度使用非法毒品的群体，整体上比禁毒者具有更强的适应心理。相关分析参见乔纳森·辛德勒、杰克布·洛克：“青少年吸毒与心理健康”，在《美国心理学家》第 45 期，1990 年，第 239 页。

③ 詹姆斯·Q. 威尔逊：“毒品与犯罪”，载迈克尔东瑞、詹姆斯·Q·威尔逊主编：《毒品与犯罪》，芝加哥：芝加哥大学出版社，1990 年，第 522 页。

④ 参见琳恩齐默尔、约翰摩根：《大麻毒品的神话与事实》，纽约：Lindesmith Center，1997 年，第 90 页。

者亦同样反驳认为：只要某些不定因素控制得当，大麻吸食者实际上比非吸食者犯罪的可能性更小。[①] 如果我们为该类犯罪设定较当前法律更高的正当化标准，且惩罚的依据建立在坚实的实证基础之上，则毒品犯罪的正当化会变得更加困难。

然而，我们假设丹尼尔·兰格伦的理论是正确的，也即假设不惩罚持有非法毒品将导致其所提到的各种社会问题。但即便如此，其反对毒品合法化的各种指控亦没有任何依据。我们疑惑的是，通过解决丹尼尔·兰格伦所列举的毒品合法化会引起的各种社会问题，国家是否能获得重大利益。并且他的诸多理论依据很明显具有家长主义烙印：禁止毒品合法化的目的在于阻止毒品适用者免受他们行为的负面结果的影响。笔者已对刑法家长主义提出过两大质疑：如出于打击犯罪而制止成年人的某些不良倾向，国家很难获得重大利益；以刑罚矫正犯罪行为，比其所医治的犯罪这种疾病本身更有害。而“完成危害”要件为证明丹尼尔·兰格伦的大部分说法欠缺说服力提供了更充分的依据。禁止持有毒品亦不具有正当化理由，因为故意且直接地导致生产力降低的毒品使用行为，既没有亦不应该犯罪化。既然没有人提议严厉禁止使工人生产力降低的行为，譬如故意辞职而导致失业的行为，因此仅增加可能导致产生更低的风险的行为，就不应该犯罪化。因为如果对引起不被期望结果风险的行为进行惩罚，而没有禁止直接且故意地导致该种结果的行为，那么此种犯罪化根据，就与未完成形态犯罪相关的犯罪化理论中的限制原则不相容。

上述论证是否表明，从犯罪化理论中的“完成危害”限制要

① 对于该问题早期的思想，请参见胡萨克：“合理的风险创设与过涵性立法”，载《布法罗刑法评论》，1998 年，第 599 页。笔者认为犯罪化理论应建立在有力且实际的基础上，而不是彻底地禁止过涵性刑事立法。

件角度来看，对隐性预防风险的持有毒品犯罪的惩罚不具有正当性？当然不是。因为“完成危害”限制要件只限制何种根据可作为对预防风险的犯罪进行制裁的可被接受的根据。对于持有毒品犯罪，或许存在其他的根据符合“完成危害”要件限制。丹尼尔·兰格伦列出了诸多自认为较有说服力的危害X的可能定义，譬如丹尼尔·兰格伦认为，除上述列举的可能导致的各种社会危害外，使用非法毒品还会导致虐待儿童现象的增加。笔者承认该理论使毒品禁止性规范完全符合“完成危害”限制要件。并且故意且直接地虐待儿童的行为亦应该视为犯罪。

其实论及至此，笔者还未完成与预防风险犯罪有关的犯罪化理论部分，在此，笔者将对此继续进行论述。该部分理论关系到犯罪化理论的第四个原则，亦即笔者称为的可归责性限制原则。该项限制原则亦很重要。通过对最后限制原则的研究，我们认为应该否定超越实现刑法目的太多但不必要的刑法规范。正如我们所见，该原则显然反对过涵性刑事立法。这种立场导致许多风险预防犯处境困难。试想，如果某法规属于过涵性立法，且其正当性根据仅适用于某些而不是全部被禁止行为的情况。既然未完成形态犯罪的目的在于减少最终危害发生的风险，但如果被告违反该规范却未增加最终危害发生的可能性，那么该种未完成形态犯罪就属于过涵性刑事立法。犯罪化理论怎能让该类人受惩罚？①笔者前述论及移动—机动车犯罪，并对认知侥幸和认识优先进行了分析。由于将认知侥幸与认知优先进行区分在实践中具有巨大困难，因此，笔者认为某些过涵性规范亦可能是正当的，笔者承认如果国家缺乏某些过涵性规范，将导致大量的目标无法实现，因此，我们必须很遗憾地容忍过涵性规范的存在。容忍过涵性立

① 参见第2章第1部分。

法是否意味着应保留持有毒品犯罪？很遗憾，对该问题不能作简单的回答。鉴于危害 X 的不确定性，我们很难轻易将认知侥幸和认知优先进行区分。换句话说，很难判断禁止毒品规范是否存在超越实现立法目的实际需要的范围。笔者再次认为目前最有可能完成的工作是：对法律旨在预防的最终危害 X 有哪些可能的种类；论述认知优先的行为人，如果没有增加危害 X 出现的可能性，其如何能犯罪；提出可以减少危害 X 且不超越限度的规范。对此，举证责任的分配将发挥重要的作用。主张持有毒品犯罪具有正当性的学者，必须提供关于危害 X 的不同说明，即说明认知优先的行为人如果没有增加危害 X 出现的可能性，则不能触犯该类犯罪，或说明不能制定规范惩罚基于认知侥幸的行为人而不惩罚认知优先的行为人。笔者怀疑拥护禁止毒品的人会遇到巨大挑战。但除非我们进行实际调查，否则亦仅仅是猜测。当下法律中运用的犯罪化理论是如此不具有批判精神，以至于未曾解决笔者提出的诸多问题和质疑。

为了进一步证实笔者的怀疑，让我们回到丹尼尔·兰格伦曾多次尝试想对笔者提出的危害 X 进行的界定。回想丹尼尔·兰格伦曾经的观点：使用非法毒品会增加虐待儿童的现象。笔者承认以该理由禁止毒品确实符合“完成危害”要件限制。假定禁止持有毒品不但满足“重大风险”限制原则，而且亦符合“预防风险”限制原则。但即便如此，丹尼尔·兰格伦的理由仍不能表明现有的毒品禁令不存在为实现立法目标有超过必要范围的问题。毕竟，绝大多数成年人可以并且做到了在使用毒品时，不会去虐待儿童。因此，该规范仍属于过涵性立法，可推定其不具有正当性。使用毒品者没有增加儿童被虐的风险，属于笔者前述所称的认知侥幸，但其他的则属于认知优先。到目前为止，该实例与移动—机动车辆犯罪或多或少具有一定相似性。但在此点上，该实例仍具有重大差异，且该差异对论证上述观点的正当性是至关重要的。笔者认为认知侥幸而没有增加儿童被虐风险的吸毒者，很容易与仅是认知侥幸的吸毒者区分开来。因此，制定规范降低毒品适用者虐待儿童的风险，并且同时不惩罚认知优先者，还是具有可能性。笔者认为受大家欢迎的规范将只禁止特定年龄段孩子的父母使用毒品。暂无孩子的成年人或孩子完全成年的父母，不应被禁止使用毒品。如果两类不同毒品的使用是非常容易区分时，因毒品使用者会增加儿童被虐的风险而惩罚所有毒品使用者的规范，显然就属于能实现丹尼尔·兰格伦所谓的目标，但却超过必要限度的立法。该类规范显然属于过涵性立法。除非有其他理由让我们相信，范畴狭窄的规范劣于范畴宽泛的过涵性立法，否则过涵性立法仍然会遭到批判。笔者的结论是：如果认同笔者提出的外部限制原则的犯罪化理论，那么就会认为上述危害 X 定义的运用，亦难以证明广泛禁止使用毒品的正当性。或许危害 X 的其他可能的含义能满足宽泛的禁止毒品的正当性，但不能苛求我们必须对每一个可能的理由都进行全面反驳之后，才有权对该罪的不正当性进行指责，因为正当性的举证责任应由赞成禁止毒品的一方承担。

很明显大量的猜测是必要的，因为借此表明隐性预防风险犯，例如禁止毒品的相关犯罪，与我们的犯罪化理论是不相符的。并且将许多竞合或辅助型毒品犯罪归为过涵性立法，显然已是毫无疑问的。在此之前，笔者还讨论过涵立法中存在的关于禁止持有毒品或在学校邻近区域散发毒品的严格责任问题。[①] 尽管被禁止的行为看来具有严重的可归责性，且非常有必要阻止该类

① 参见新泽西刑事审判量刑委员会：《关于新泽西州毒品自由区的犯罪与改革建议报告》，2005 年 12 月第 9 - 10 页。

行为，但在所有被指控的案件中没有一个案件涉及向未成年人销售毒品。[①] 对这些规范的解释很宽泛，以至于在市区的几乎所有的毒品犯罪都落入到了规范的调整范围内。[②] 在市区找一个距离校园1000英尺以上的区域几乎是不可能的，特别是联邦的法律就为该结论能作证。为达到该目标，联邦的法律起初禁止在校园里散发毒品，后来经修订，扩大到包括公共住房、公共或私人青少年中心、公共泳池或录像厅等区域。[③] 回想前述提及的案件，即便被告在监狱里散发毒品，但若恰好临近校区，同样会被认定为相关的毒品犯罪。[④] 但学生接触毒品的风险并不会在这种行为的影响下增加。很难想象学生会闯进监狱去获取药物。

正如笔者一直强调的，反对过涵性刑事立法可能会影响大量的刑事规范，毒品犯罪也不例外。为了进一步论证笔者的观点，笔者建议简要回顾控制枪支的管理法规。[⑤] 在当下美国，枪支和毒品一般被认为是制造危险的最重大的两大因素。但不像我们的毒品管制体系，毒品管制目的是完全禁止对毒品的分发与持有，而枪支管制政策的首要目标是“（保证）枪支不被危险的和不负责任的人持有。”[⑥] 换句话说，其主要目标是防止非法组织的成员拥有枪支。当然随着时间推移，美国已在更大范围内禁止拥有枪支的人员种类。第一个重要的《联邦枪支法》及《1934 年国家

---

① 参见理查德·辛格：“《模范刑法典》和法院回避犯罪意图的几种（可能仅一种）方式”，载《布法罗刑事法律评论》，2000 年，第 139 页、第 195 页、第 206 页。

② 21 U. S. C. § 860（2004）.

③ 新泽西州诉 Ogar 案 551 A. 2d. 1037（1989）。

④ 关于早期研究的观点，参见道格拉斯·胡萨克：“枪支和毒品—刑事制裁限制原则的案例研究”，载《法律与哲学》第 23 期，2004 年，第 437 页。

⑤ 詹姆斯·B·雅各布斯、金伯利·A. 波特：“避免枪支落入坏人之手—《布雷迪条例》与法规限制”，载《刑法与犯罪学期刊》第 86 期，1995 年，第 93 页。

⑥ 参见 2001 年《美国联邦法典》第 18 卷第 § 922 条的完整列表。

枪支管理条例》和《1938 年联邦枪支管理条例》，都禁止将枪支交易给逃犯或罪犯，或交易给被起诉指控为暴力犯罪的嫌疑犯。《1968 年枪支管制条例》和《1986 年枪支持有人保障法》、《1993 年布雷迪手枪暴力防治法》，通过将所有罪犯、未成年人、非法居留的外国人、非法吸毒者、依法宣判的精神病患者、开除军籍的人、任何放弃公民身份的人、因家庭暴力受到禁令的人等对象囊括其中，扩大了枪支法令禁止的人员数量。① 无数的配套规章，旨在加强枪支政策的实施效果，确保危险人员无法获取枪支。《1968 年枪支管制条例》要求买家证明他们的购买资格，但没有要求经授权的经销商核实对方所提供的资料的准确性。而《1993 年布雷迪手枪暴力防治条例》要求特许经营者必须对潜在的手枪购买者进行背景核查之后才能出售。② 这些配套规定，对于他们达到避免枪支落入坏人手中的目的，显然已经远远超过了必要的限度，但大家对此都熟视无睹。国家的一系列举措，已经使得危险人物要想获得枪支十分困难、耗时并且昂贵。遗憾的是该体系很容易被规避。《1993 年布雷迪手枪暴力防治条例》并不阻止“稻草采购”，规定无资格人士可以推举朋友或亲戚来替他们购买枪支。此外，符合资格的买家可以很容易地从无联邦许可的卖方处购得枪支。随后的立法采取了一系列措施，要求对不是从联邦特许经营者处购买的枪支，都要根据《1993 年布雷迪手枪暴力防治条例》扩大受调查的背景范围。几位学者认为：“枪支政策最

---

① 《1993 年布雷迪手枪暴力防治条例》所规定的强制性背景审查，在普林茨诉美国［521 U. S. 898 (1997)］案件中，被认为是违宪的。然而，所有在《1993 年布雷迪手枪暴力防治条例》效力范围内的州，如果州法律未明确规定背景审查的内容，那么这些州可以自愿实施背景审查。

② 菲利普 · J. 库克和延斯 · 路德维希：《枪支暴力：真实的代价》，纽约：牛津大学出版社，2000 年，第 12 页。

优先考虑的应是修复目前的枪支监管体系中存在的巨大漏洞，即弥补试图免除私人销售二手枪支但被许可的枪支经销商应该承担的背景核查义务的漏洞。”①

目前而言，枪支政策最重要的策略是通过避免枪支落入危险人物之手，来避免暴力事件发生的风险。但在作出禁止拥有枪支的决定之前，我们无论如何努力也无法确定哪些个体是危险的。因此，我们套用的思路是：如果某些人属于某一指定团体的会员，那么就有足够的根据认为其无资格获得枪支。该思路的弊端是显而易见的。对于大部分（甚至全部）所谓的危险团体，其中大量的成员根本不具有危险性，这些成员拥有枪支根本不会造成大量的危害风险。至少，不会比普通人制造更大的风险。② 如果笔者的推论成立，那么紧随的结论就是：我们目前的枪支管制制度属于过涵性立法。

让我们思考以下三个例子。《1993 年布雷迪手枪暴力防治条例》禁止所有的重罪犯拥有枪支，而不管是何种罪行或发生时间的长短。③ 但是，一位老人在 20 年前被判犯有内幕交易罪，他 20 年后私藏枪支行为所带来的风险根本不可能高于一个持有枪支的普通人。此外，违法使用管制物品的人将丧失枪支拥有资格。到

① 值得注意的是，加州最高法院裁定，某人尽管之前有重罪前科，但重罪犯并不意味着必然会对他人生命安全造成威胁，因此不能因为有犯重罪前科的人随身携带武器，就对他适用谋杀重罪的规定。参见检察官诉撒切尔，489 P. 2d 1361（1972）。

② 对具有“良好记录和声誉”的重罪犯，联邦法律同意放宽对这些人的枪支管制，但是根据该法规，自 1992 年以来从未有申请获得批准。

③ 当然，重罪犯还丧失了其他权利，如投票权。但很难想象，一旦实行高水平审查，该政策是否还可继续实施。正如一学者所指出，大量的论据从宪法角度反对剥夺重罪犯的公民权，但实际操作仅仅停留在空想层面。乔治 · P. 弗莱彻：“剥夺公民权的处罚——对适用种族廉耻的反思”，载《加州大学洛杉矶分校法学评论》第 46 期，1999 年，第 1895 页、第 1903 页。

底有何证据证明每个非法使用毒品的消费者（如大麻）更有可能滥用枪支？最后，所有非法居留的外国人都不得拥有枪支。亦没有证据表明，非法居留的外国人会比一般人造成更大的枪支暴力的风险。同样大部分非法移民，亦不会导致巨大的枪支危害风险。因此，该三个实例中的任何例外，都足以证明枪支管控立法过于宽泛。① 事实上，我们目前的枪支管制政策确实过于宽泛，但即便如此，仍无法改变部分民众的观念。在他们看来，我们国家当前需要更多而非渐少的枪支管制政策。因此，若重罪犯、吸毒者或非法居留的外国人，因非法拥有枪支遭受惩罚，公众是不会同情的。然而，过涵性法规应该是一个值得深度关注的问题。我们的犯罪化理论质疑，立法制定的规范为了达到目的，规定了比实际需要更广泛的犯罪范畴。因此，我们的犯罪化理论已经开始建构反对过涵性立法的设想。接下来笔者将提出建议，说明如何起草范围狭窄但同时又不妨碍减少枪支暴力这一重要目标实现的法规。

许多学者回应该难题时争辩：我们现有枪支管制制度是十分完美的。② 如果要对其进一步完善，可能只有完全禁止枪支的占有和销售了。换句话说，我们的枪支管制制度应该仿效毒品管控制度。但该观点只会加重过涵性立法的问题。当下枪支管理制度主要是为了避免枪支落入坏人之手，但过涵性立法导致的不公，

---

① 罗得岛前参议员查菲主张，整个美国应禁止生产、销售和持有（家庭）手枪。参见尼古拉斯迪克逊："为何美国应禁止手枪"，载《圣路易斯大学公共法律评论》第12期，1993年，第243页；底波拉·P. 斯蒂斯、米歇尔韦斯曼：《致命的后果》，纽约：哈珀柯林斯出版社，1991年。

② 参见加里·克勒克：《直面枪支问题：枪支及其管控》，纽约：Aldine De Gruyter，1997年，第9页。

其实已经使众多法规偏离了该目标，使规范似乎正鼓动进一步完全的禁止拥有枪支。首先，我们注意到，如果枪支成为了违禁品，任何人持有都是非法的，那么因此要被投入到犯罪法网的界限该有多宽！该项建议将瞬间让千万守法的美国人变成罪犯。虽然没有人知道确切的数字，但目前整个美国私人持有枪支的数量大约有 250 亿支。其中的 100 万支可能是手枪。据报道大约 40% 的家庭至少拥有一支枪，或约 26 % 拥有手枪。但是在这些众多的枪支持有者中，其实只有相对较少数曾实施过枪支犯罪。据加里・克勒克观察："如果为减少枪支的使用，不仅针对一些高风险分子，而且针对一般人群也不加区别地实行枪支限制，那么每一个被缴获（或从平民手中剥夺）的枪支，最终都会被认定为与犯罪有关。因此，可能接近 100% 的被上缴的枪支根本与刑事犯罪毫无关系。即便仅局限于手枪领域，亦有可能有超过 50% 的比例与犯罪无关。"① 假设国家将管控力量集中在"周六夜特别手枪"——犯罪分子偏爱的枪支类型上。该种禁止枪支的做法同样不可避免地涉及笔者在毒品政策中提到的代替性措施效果：罪犯会用更具杀伤力的枪支来替代那些遭到禁止的枪支。② 最重大的困难是：仅有 1% ~2 % 的枪支曾被用到暴力犯罪中。③ 该统计数据对那些担忧刑法过多和惩罚过多问题的人是一种警示。刑法极简主义显然并不赞成为防止他们其中任何人可能实施犯罪，从而

---

① 参见加里克雷克：《直面枪支问题：枪支及其管控》，纽约：Aldine De Gruyter，1997 年，第 114 – 117 页。

② 克勒克表示这是最真实的估计。参见加里克雷克：《直面枪支问题：枪支及其管控》，纽约：Aldine De Gruyter，1997 年，第 131 页。

③ 参见加里克雷克：《直面枪支问题：枪支及其管控》，纽约：Aldine De Gruyter，1997 年，第 21 – 22 页。

将50%甚至更多的无辜者认定为罪犯。由于对某项行为的突然禁止，大量的行为人将瞬间沦为罪犯，如毒品禁令的颁发使罪犯的数量迅速膨胀，并且这一数量还将数倍增长。

当然，在我们的刑事理论中，过涵性立法并不总是有害的。然而，正如克勒克指出的那样，拥有枪支率最高的群体往往是暴力性倾向最低的群体。该群体包括农村地区的居民，通常以一些收入较高的白人、中老年人及已婚夫妇居多。相反，枪支拥有率最低的群体往往拥有最高的暴力化倾向。该群体包括城市穷人、黑人和西班牙裔，其中年轻和未婚人士居多。但是性别是这个统一模式的唯一例外：男性更倾向于暴力和拥有枪支。[①] 其实问题的关键仍在于：小范围的统计可能会得出持枪者导致较高暴力风险的结论，但大范围持枪者的统计表明，大多数持枪者都是安全的，极少造成重大的危害风险。由此得出，枪支的暴力风险根本不适用于绝大多数人。除非根本无法指定一部范围狭窄且无损法律目的实现的法律，否则极简主义刑法理论必然会反对禁止上述特殊人群拥有枪支。基于该结论非常不乐观，笔者不得不再次强调，尽管笔者有前述言论，但对于既可以减少枪支的获取及枪支暴力的发生，又能够不动用处罚的策略，笔者并不拒绝。刑法极其特殊，尽管通过非刑事化手段实现国家重大目的具有正当性，但通过刑法解决该类问题则不一定具有正当性。

---

① 弗雷德里克·绍尔认为，所有的规则都现实地或潜在地存在立法不足或过度立法的问题。参见弗雷德里克·绍尔：《遵守规则》，牛津：Clarendon出版社，1991年，第32－33页的注释23（原文中着重强调）。如果绍尔是正确的，那么也就是说只要法律是由规则构成的，那么立法不足与过涵性立法的问题就是不可避免的。根绍尔的研究，在任何情况下，公平、信赖、效率、风险规避或权力分立等原则，都强烈反对范围过于宽泛或过于狭窄的法律规则，从而支持构建反过涵性立法的构想。

如果上述论证成立，那么许多隐性预防风险犯，如已经存在的持有毒品犯罪和还未成为现实的持有枪支犯罪，几乎完全可以认定都属于过涵性立法，并且可以推定此类立法根本不具有正当性。但这些犯罪中的少数比较例外，例如在道路上错误的一侧行驶的犯罪，相关规范已明确对该不法行为进行了界定，并且解决了界限与目的的协调问题。该罪的成立不属于过涵性立法，因为如果背离需要解决的相关问题，那么其本身亦是有危险的。除了该例外问题外，刑事实体法的改革究竟如何才能避免过涵性立法？笔者将简要论述可能采用的方案。[①] 首先，人们可以确信一点：若法律规定禁止某项行为，必定是由于该行为具有较大的危害风险。如果某人的行为仅仅增加了危害的风险，但却无充分理由让人信服该行为具有引发危害的高风险，那么作为一部优质的刑法，一般不会将此类行为认定为犯罪。虽然为进行实体刑法改革需进行的个性化测试程序繁琐，但通过测试得出的改革方案就不会出现过涵性立法的问题。第二种路径是要求犯罪的确定需有可归责性，以确保主要的危害风险是由所禁止的行为导致的。这些行为是“危险”的，亦是“不合理”的。例如危险的驾驶罪的设立就不属于过涵性立法。被告亦极少抱怨他们的危险驾驶行为没有导致任何重大风险。犯罪化理论亦不应该反对制定法律制裁不合理地占有或使用枪支或毒品的行为。[②]

---

① 参见 R. A. 达夫：《论犯罪未遂》牛津：科学出版社，1996 年，第 6 页。

② 一些学者警告认为：该种路径“可能使民主受到破坏多余对更宽泛的制定法的破坏”，因为其会给法律执行官员更多的自由裁量权。参见亚瑟·利普斯坦：“禁止与优先权”，载《法律理论》第 5 期，1999 年，第 259 页。

然而在下文中，笔者将简要阐述论证笔者的第三个解决方案。[①] 笔者倾向性的方案是：制定法律设立风险预防犯罪，仅在于制裁那些对预防的最终危害具有主观罪过的被告。该方案同样适用于对众所周知的未遂、教唆和共谋等未完成形态行为的刑事责任的追究。譬如不能根据某人企图实施某一犯罪行为而认定其有罪，除非其主观上具有实施该犯罪行为的意图。[②] 尽管许多这样的被告实际上最终并未如愿造成实际危害，但由于行为人的主观危害性，法律有足够的理由认为其具有承受刑罚的该当性。行为人故意实施犯罪，并且其实施的行为已明确表明该种企图，对此故意刑法应予以谴责并处以惩罚。显然，现有的法律并不要求行为人在实施隐性预防风险行为时具有导致最终危害的故意。也就是说，被告只要实施了任何与法律预防的最终危害有关的行为，法律就不过问其主观罪责性。甚至可以说，隐性预防风险犯对最终危害结果来讲，承担的是隐性的严格责任。以现有的毒品犯罪为例，刑法就会惩罚那些对最终危害 X 根本没有可归责性的行为，即惩罚那些连最起码疏忽都没有的行为人。[③] 又例如，人们往往能并且也确实因使用和持有非法毒品而招致刑事责任，尽管他们都不存在丹尼尔·兰格伦提到的任何危害的可归责性。如果学者们尝试支持以下毒品犯罪的刑事责任构成方式，则这种不公平是很容易消除的：除非行为人知道并且故意通过使用毒品造

---

① 其他的解决方案也可能存在。例如，被告虽然实施了犯罪行为，但是当时的情形表明，他们的行为根本不会增加法规预防的最终危害发生的风险，那么国家可以允许这些被告进行抗辩。但是对解决犯罪行为导致的问题来说，允许抗辩确实不是最佳的替代解决方案，不应该被置于首要位置。

② 参见 R. A. 达夫：《论犯罪未遂》牛津：科学出版社，1996 年，第 5 页。

③ 此外，对持有毒品罪的补充主要是通过设置竞合及辅助型犯罪的方式，如持有毒品用具罪等实现的。但这些补充性犯罪的范围甚至比毒品犯罪本身更宽泛。

成最终危害，并不计代价的追求该结果的发生，否则不应仅根据行为判断行为人是否应承担刑事责任。只要我们要求行为人对最终危害 X 的发生具有最低的主观罪责，实则代表我们毒品政策在正义方面的重大进步。

关于未完成形态犯罪正当与否的区分，涉及第四个亦是最后一个限制性原则。该原则应包括在预防风险犯的犯罪化理论中，笔者称之为可归责性限制原则。根据该原则，只有当行为人制造了危害风险，且行为人对其造成最终危害具有某种程度的可归责性，才能产生刑事责任。实施被禁止的行为增加了最终危害发生的可能性，但缺乏最低可归责性，则没有足够的理由对行为人施加惩罚。例如在草垛旁点燃火柴，增加了发生火灾的可能性，但并不能因点火这一行为就对行为人施加刑事责任。某人实施了被禁止的行为（例如点燃火柴）不必然要遭受惩罚，除非他们对法律预防的最终危害（例如火灾）具有可归责性。具有主观罪过的罪犯需承担刑事责任，但究竟如何论证其中的正当性，学者对此有不同的见解。事实上，很少有刑法惩罚未遂、教唆和共谋的未完成形态行为，除非该类行为明确表明当事人具有导致最终危害的强烈意图。但假设用明知替代故意作为对该类犯罪施加刑事责任的罪过程度要件，那么被告可能由于某些教唆行为而被认定为有罪。例如明知自己的行为会鼓动他人犯罪而仍去实施教唆行为，尽管其本人并未实际实施犯罪行为，但足以根据他的教唆行为来认定其应承担刑事责任，或者假定轻率符合对未完成形态的行为施加刑事责任的可归责性要求。据此，如果被告有意识地不顾重大且不合理的风险实施教唆行为，其行为可能会鼓动实施犯罪行为，那么被告的教唆行为具有罪责性。据笔者所知，学者一致认为除非被告主观上对发生最终危害的危险至少具有轻率，否则不能仅仅根据客观行为对未完成形态行为施加刑事责任。[①] 然而，正如笔者所指出，对预防风险的犯罪必须具有疏忽的罪过要件，是刑事实体法的重大创新。

可归责性要件的实施可解决许多达夫教授在解决预防风险犯的分类问题中的遗留问题。达夫教授把这些遗留问题称为间接预防风险犯。直接预防风险犯是指“如果不需要干预任何人类的不法行为，相关危害就能让某行为犯罪化”；如果“只有在中介因素或他人进一步的不法行为干预下，危害才能使某种行为犯罪化”，此即间接预防风险犯。[②] 制造危及生命的爆炸属于直接风险犯，而在公共场合携带致命的武器属于典型的间接风险犯。虽然达夫本人没有概括惩罚这些风险犯的正当性，[③] 但为预防风险犯的扩大化，许多学者反对将其他合法行为犯罪化，因为第三方极有可能利用这个机会实施犯罪。[④] 可归责性限制原则可以确保这些合法行为不会被犯罪化，除非被告本人对法律预防的最终危害具有可归责性。在这种情况下，第三方的行为构成犯罪。同样的分析亦适用于如果缺乏行为人的进一步行为，则危害不会出现的情况。行为人不应该因自己先行的无害行为而受到惩罚，除非他们对自己的先行行为是否会引发导致最终危害的后续犯罪至少具

---

① 参见格兰维尔·威廉姆斯：“轻率未遂问题研究”，载《刑事法律评论》，1983年，第365页。

② 参加R. A. 达夫：《论犯罪未遂》牛津：科学出版社，1996年，第62页。

③ R. A. 达夫：《论犯罪未遂》牛津：科学出版社，1996年，第64页。

④ 参见安德烈·冯·赫希：“危害原则扩—间接危害与公平归责原则”，载A. P. 斯密斯特和A. T. H. 史密斯主编：《危害与可归责性》，牛津：科学出版社，1996年，第259页。

有疏忽。[①]

可归责性要件在现实应用中并无多大价值。我们通过中级审查就可将超越实现立法目的必要限度的刑事法规排除。但是，现行未完成形态的犯罪不仅惩罚对最终危害缺乏可归责性的行为，同时亦惩罚为减少危害发生可能性而采取了有效的预防措施但未能避免结果发生的行为人。如果行为人属于认知优先的情况，并且造成的风险很容易识别，那么就不应受到惩罚。例如，如果特定的化学物质只有储存不当才具有危险性，那么法律就不应该禁止所有的持有行为。为实现立法目标而制定比实际需要更多的犯罪，此就属于不当禁止，必须通过附加适当的“除非”条款来限制其范围。更抽象地讲，当特定措施把危害发生的概率降低到被认为是重大危害风险的程度之下，那么如果还要对采取措施减低风险的认知优先者进行惩罚，就属于不合理的过涵立法。对所有人都毫不例外地施加惩罚，其中的正当理由到底是什么？仅仅是因为其中某部分人没有采取适当的预防措施？如果可能，刑事立法只能对制造相关风险的个体施加刑事责任，而且相关风险不是由那些采取了有效预防措施的个体制造出来。

在本节 I 中，笔者论及的是将第四种限制原则纳入犯罪化理论中，以限制预防风险犯罪的膨胀。首先，重大风险限制要件认为，只有为降低重大风险的犯罪才具有正当性。其次，预防风险限制要件认为，只有这种制裁实际上降低了最终危害发生的可能性，有关的犯罪才具有正当性。余下的两个限制原则比较复杂，

---

① 中毒案例最能全面呈现该问题的复杂性。贯彻该原则最著名的案例是检察官诉德茜娜案，该案例通过排除死亡是由于疏忽驾驶造成的，很好地适用并解释了该法规，参见检察官诉德希娜 138 NE2d 799（1956）。

笔者进行了更多的论述。第三个限制原则，笔者称之为“完成危害”限制要件，法律禁止故意地、直接导致危害的行为，若该立法被证明是合理的，那么出于预防危害风险的制裁也会同样被证明具有正当性。第四个要件是可归责性要件：只有当被告故意对最终危害造成风险具有主观罪责时，创设一个犯罪预防最终危害的风险才具有正当性。最后两种限制原则比前面两种限制原则更复杂，需要更为精细的分析。笔者提出的四个限制原则是从源于宪法中级审查标准的犯罪化的最一般理论中演化而来，且带有一定的独创性。这些限制原则允许国家实现未完成形态犯罪，比如未遂、教唆、共谋的一般目的：在危害出现之前惩罚危害风险，从而减少危害出现的可能性。和犯罪化理论的其他要素一样，这些原则在解释和适用于具体案件时，也会遇到很多困境。笔者不会淡化这些问题，在论述毒品和强制控制时，这些问题尤其让人感到棘手。但是刑法极简主义理论确实会因为这些困境而感到安慰，因为证明刑法的举证责任被全部分配给了国家，因此，在适用这四个原则时遇到的所有问题都能有助于抑制预防犯的增长。

笔者提出的犯罪化理论——抑或说笔者提出的犯罪化理论框架，到此已经完成：该理论包括第 2 章论及的内部限制原则和本章论及的外部限制原则。内部限制包括四个互相联系的原则，外部限制包括三个互相联系的原则。笔者对七个相互不同但又有重合的原则进行了论证，并对为什么我们应该接受七个原则展开了分析。当然，最让人感到有压力的挑战是为其中的每个原则赋予实质性内容。这是一项需要人付出终生努力的任务，事实上甚至可以说，是需要几代人付出终生努力的任务。只有当学者在判断这些原则如何被解释和适用于具体案件时协商达成一致，我们才有可能取得成功。学者的努力有助于让我们大家都认同刑法极简主义原则：缩小刑法和刑罚的范畴和规模。尽管要实现该理想还有很多艰巨的工作要做，但如果笔者的努力使犯罪化理论得到了发展，那么笔者的理论框架亦应被视为一个重大进步。笔者的最后任务是证明该理论框架符合该标准。

第 4 章　犯罪化的其他理论

美国很多刑事惩罚和刑法条文混乱不堪，这些现象或明显或不明显地有着相互关联。笔者认为现在出现的大量不公正结果是因为我们拥有过多的刑罚和刑法。尽管这些主张得到大家都赞同的直觉的支持，但我们仍需要规范的犯罪化理论来对这种主张进行阐述。在前两章中笔者已对这种理论作过论述。该理论有多个组成部分，其中包括一系列重叠但具有差异的限制原则，这些限制原则对国家追究其刑事责任的权力进行了限制。笔者认为其中一些限制来自刑法本身，另一些则源于备受争议的政治观点——关于在何种情况下，一些诸如不受惩罚的权利之类的重要权利可以被侵犯的政治观点。通过减少受刑法处罚的人数、减少刑罚的严厉性以及减少一般的刑事制裁，都可以完成该理论从而推进笔者提出的极简主义刑法的发展。

由于内部和外部限制因素很少，在刑法的规模和范围上消减此种内容是很难预期的。我们缺少关于诸如危害、不法行为和该当性的详细论证，并且已经发现适用中级审查对实际案例进行操作的困难。此外，就笔者所知的一些问题，法哲学家们有义务进一步寻找笔者所概述的犯罪化理论的缺点。到目前为止，笔者仍相信学者不会夸大这些困难的意义。虽然不能确定结果如何，但笔者仍然想对该问题进行阐述，据此帮助理解过罪化现象。因为权利受到所有刑事立法的影响，而且对此进行证明的证据也应该由国家提供。笔者非常自信地认为笔者下文论及的这些新的犯罪类型不可能被证明具有正当性。

尽管笔者的理论中仍有诸多问题没有解决，但到目前为止，美国显然没有实施过比其更好的犯罪化理论。没有人会相信刑法和刑罚的数量的增长是遵守可以被惯上理论的诸多原则的。正如威廉·斯顿茨所观察的："美国的刑法历史发展与任何貌似合理的规范理论—如果把那些太多的理论也算作规范理论，无任何关联。"① 笔者曾经论述过：我们现在的犯罪化理论，如果可以勉强称其为一种理论，具有严重的缺陷。宪法对于现在的刑法规范过于宽纵，于是带来了我们现在为之苦恼的过罪化问题。而且笔者坚决反对会在宪法和笔者的极简主义理论中引起不确定性的回应。根据这种回应，我们应该在一系列还没有形成理论的原则指导下，尽我们所能避免两种方式并且避免将二者混淆。笔者担心这种回应会造成灾难，并且只能维持现状。基于这种状况，我们应该记住这句格言："只有理论能击败理论"。学者在构建出一种比笔者提出的更加优越的观点前应该接受笔者的观点。

与笔者观点可以争锋的观点是否存在？这是笔者在本书最后一章中要论述的问题。在下文中，笔者论证并批判性地审视了法哲学家所构建的与笔者所提出的理论截然不同的导致刑罚过度的路径：经济学分析、功利主义和法律道德主义。② 这每种理由都产生了浩如烟海的著述，但笔者不会尝试对这些理论进行详尽的批评。笔者的结论很简单：反驳一个理论比为一个理论辩护更容易。笔者的理论在很多场合被攻击数次，但笔者相信与贬低对手

---

① 威廉·斯顿茨："刑法的政治病理学研究"，载《密歇根州法律评论》第 100 期，2001 年，第 505 页、第 508 页。

② 笔者认为有其他关于犯罪化的分析被解释。但是没有关于限制刑法的详细的理论分析，这在某种程度上令人吃惊。

理论相较，应更好地利用时间和空间对自己的理论进行解释和辩护。笔者希望能有足够的篇幅揭露这些替代性选择理论的不足，这些替代性理论虽然都可以反驳笔者的观点，然而在某种情况下，这些反驳却说服力不够。因此，笔者的目标是对原有的理论进行反思，从而阐明笔者的判断——犯罪化需要新路径。

除去本章的这一主题，笔者坦承这些关于刑事制裁范围和限度的具有竞争关系的刑法理论，导致了很多误解。正如笔者阐明的那样，除了杰里米·边沁，从古到今没有一个著名的法哲学家论及与犯罪化有关的理论。笔者对每个可替代性选择的犯罪化理论的共同短处进行了分析，发现这些分析过于简单，几乎没有资料证明现有刑罚的不公正性。这些理论中的两种观点——经济分析和功利主义，从更综合的规范理论角度追溯犯罪化的影响，并因此没有捕捉在刑事责任中特殊或不同的内容为何物。法律道德主义最好被解释为一种片面性理论，可以作为一个限制条件，但不能作为犯罪化的一般原则。笔者一直致力于研究笔者的理论和这些观点的不同之处，并将在比较中强调笔者的理论之优越性，尽管笔者亦不十分确定。但如果这些犯罪化理论中的缺点如笔者所述这般明显，我们应该更加倾向于容忍笔者为之辩护的理论的困难。笔者认为学者与其直接拒绝笔者的理论，还不如改进这个理论，并认同现在的犯罪化过度现象带来的困境。

笔者同样承认，对于选择何时分析这三种不同理论是有一些疑虑的。在笔者较为支持的理论被介绍的前后，亦应对反对理论进行同样的检视。如果这些不同的理论在提出笔者的理论之前被证实，笔者会延迟对笔者最原始观点的阐述。但在笔者的理论提出之后进行分析，那么这种分析显得虎头蛇尾。笔者最终采取后面这种方式。

I. 法律和经济学原理

笔者选择从不同寻常的法律经济学分析方法开始，对犯罪化的其他理论进行分析。在过去半个世纪中，在美国法律改革中，没有任何其他分析方法在法律改革中的影响可与经济分析方法相比，而且其在适用于民法中时，产生了数以万计的著述。然而，笔者把其描述为不同寻常的方法的简单原因是：该学派的深厚思想在刑事领域几乎没有一点贡献。该学派的传统学者在法律执行的最优先支出和最大化刑罚威慑的论述方面，已经取得进展。他们对这些事的立场，以数学公式的方法明确表示出来，其证明力超越其他哲学家的观点。[①] 然而，当我们转向谈论犯罪化时，这场运动的意义则大大降低了。[②] 除了数学的精确性外，很多法律经济学者坦率承认目前“没有纯粹的、完整的对‘犯罪’的定义。”[③] 仍然有一些学者提出了一些总原则，对刑事制裁提供论证。[④] 在下文中，笔者将重点集中于该学派最具说服力的代言人——理查德·波斯纳的观点，评价经济学在分析一般犯罪化理论时的优点和缺点。[⑤] 尽管基于波斯纳的贡献，法律的经济学分析取得了实质的

---

① 参见史蒂芬·萨维尔：《法律的经济分析基础》，剑桥：哈佛大学贝尔纳普出版社，2004 年，第 473 – 539 页。

② 乔治弗莱彻认为法律和经济运动的主导学者，“对实体刑法没有什么研究”。参见乔治·P. 弗莱彻：《美国、欧洲和世界刑法基本原理》（即将出版）。

③ 史蒂芬·萨维尔：《法律的经济分析基础》，剑桥：哈佛大学贝尔纳普出版社，2004 年，第 540 页。

④ 当代经济学家中首个做这样的尝试的是格雷·贝克尔。参见格雷·贝克尔：犯罪与刑罚：“经济学路径分析”，载《政治经济日报》第 76 期，1968 年，第 169 页。

⑤ 理查德·波斯纳：“刑法的经济学原理”，载《哥伦比亚法律评论》第 85 期，1985 年，第 1193 页、第 264 页。

进步，但对于现有实体法律的经济学分析的影响并不大。①

为什么要以不太受认同的观点开始分析？笔者认为有三个理由。首先，经济学分析一直被认为包含犯罪化理论。如果笔者理论的竞争对手如笔者预想的那样少，仅凭这个事实就足以使他们反思其理论。然而，笔者想证明他们的主要观点充斥着许多范围含糊不清的限定性条件，因此我们不应该把经济学分析方法看作笔者理论的真正竞争者。如果笔者的方法被视为一个理论框架，那么经济学分析则更为粗略。另外，我们应该从一般意义上去理解对经济学模型的众多呼吁。经济学分析似乎很吸引学者，因为这些学者反对通过道德规范对法律进行明确的评价。因此，他们想在其他理论的基本根据上建立刑法基本原理。这种动机不该被提倡和发扬。最后，犯罪的经济学分析中最有趣的是：如果不采用笔者理论中较具争议的部分，要对其进行反驳恐怕较难。特别是，经济学陈述了即使不承认刑法具有表达功能我们为什么仍然需要刑罚惩罚措施的原因。我们应拒绝这种经济学分析观点，虽然将面临着巨大压力。如果笔者是正确的，那么最有力的针对经济学分析方法的反面观点，将有助于笔者坚持自己的观点。但无论如何，刑法哲学家可从犯罪的经济学分析失败中受益良多。

在波斯纳的原始文献中，其主张“刑法的实体性原理应被赋予经济学含义，从而切实提高效率”。② 换句话说，波斯纳的主要观点是“从效率的概念中阐述基本的刑法禁例”。③ 更具体地分

---

① 有位后来的学者按传统惯例评价波斯纳的贡献，认为其“是我知道的唯一一篇在实体刑法中采用积极经济学观点的文章。”凯斯 · N. 海尔顿：“刑罚理论和刑法中的经济学”，载《法学经济学评论》第 1:2 期，2005 年，第 1 页。

② 理查德 · 波斯纳：“刑法的经济学原理”，载《哥伦比亚法律评论》第 85 期，1985 年，第 1194 页。

③ 理查德 · 波斯纳：“刑法的经济学原理”，载《哥伦比亚法律评论》第 85 期，1985 年，第 1195 页。

析，波斯纳认为：“在资本主义社会中，刑法的最主要功能是防止人们避开自愿的、补偿性的交换系统——也就是隐含的或明显的‘市场’。在该交换系统中，与其说市场是强迫性交易，不如说是更有效的资源配置方式。”① 效益是法律的最终目标，这是一种技术用语，等价于经济学中的价值最大化。根据波斯纳的观点，使效益最大化的方式是把资源放在其认为最有价值的人的手中。如果某个体愿意付出，那么该物品在其支配下会展现出更多价值。② 因此，波斯纳总结到：“仅从定义分析，市场的定义就是最有效的资源配置方式。”③ 波斯纳认为，应该禁止阻碍效益最大化的一系列无效行为。④

然而，在提出这个大胆的理论后，波斯纳立即在很多方面对该理论进行了推广。最令人瞩目的是波斯纳继续论证道：“然而，我非常不希望自己被理解为认为刑法的每一条款是否高效，或效率是或应该是立法和司法机关在创设和解释刑法规则时考虑的唯一社会价值。”⑤ 不幸的是，波斯纳对这个重要的限制条件没有详细说明：除了效益之外，刑法还应倡导什么价值？当二者冲突时，这些价值何时可以超越效益的考虑？应该如何定义和辩护？

---

① 理查德·波斯纳：“刑法的经济学原理”，载《哥伦比亚法律评论》第 85 期，1985 年，第 1195 页。

② 效率是否能最大化功利、福利或任何主观的效用是一个开放性问题。因此，经济学分析与功利主义不同。参见理查德·波斯纳：“刑法的经济学原理”，载《哥伦比亚法律评论》第 85 期，1985 年，第 1196 页的注释 9。

③ 理查德·波斯纳：“刑法的经济学原理”，载《哥伦比亚法律评论》第 85 期，1985 年，第 1195 页。

④ 理查德·波斯纳：“刑法的经济学原理”，载《哥伦比亚法律评论》第 85 期，1985 年，第 1195 页。

⑤ 理查德·波斯纳：“刑法的经济学原理”，载《哥伦比亚法律评论》第 85 期，1985 年，第 1194－1195 页。波斯纳后来总结认为：“大多不同的刑法学说能被该理论进行解释，好像刑法的客观对象是促进经济发展。”理查德·波斯纳：“刑法的经济学原理”，载《哥伦比亚法律评论》第 85 期，1985 年，第 1195 页。

波斯纳没有试图回答这些关键的问题，所以这些缺陷危及经济分析一般原理在刑法中的适用。从广义的情况看，如果其他价值数目很多，而且能补充效益价值，那么我们也只剩下没有意义的主张——经济学考虑应该在犯罪化判断中扮演不确定的角色。

除此限制条件外，波斯纳坚持认为："其理论为禁止偷窃等为牟私利的犯罪提供了简洁明了的经济学原理。"① 盗窃之所以被禁止，是因为其是一种"回避市场"的形式，并且于资源分配无益。如果笔者垂涎邻居的车子，那么自己去进行谈判交涉以定下价格，比在法庭上由法官决定价值多少要有效率的多。效率低下的行为应当被禁止，单纯的事后赔偿并不能达此效果。如果逃避市场者仅仅只被要求赔偿受害者损失，那么他们在选择是事前购买商品还是选择先拿走商品事后再付市场价格的过程中，毫无差别。用圭多·卡拉布雷西和道格拉斯·梅拉梅德的行话说，行为人会缺少尊重所有权和义务之间差别的动机——二者之间的区别在于对效益的考量区分。② 另外很显然，直到小偷在盗窃之后无偿地使用该财产一段时间之后，都不会被要求进行赔偿。甚至更为重要的是，由于查获的可能性比较低，因此，有相当一部分行凶者不会被要求赔偿。为了防止人们拿走财物（即使这些小偷被抓，并且也被迫在事后赔偿财产所有人），赔偿金必须比该物的市场价值大许多。被告在赔偿损害时，有时会附加一些额外费用到赔偿金，从而使被告愿意进行双方同意的交易。因为这些原

---

① 理查德·波斯纳："刑法的经济学原理"，载《哥伦比亚法律评论》第85期，1985年，第1196页。

② 参见圭多·卡拉布雷西、道格拉斯·梅拉梅德："财产规则、责任规则与不可让与：评大主教的观点"，载《哈佛法律评论》第85期，1972年，第1089页。

因，纯粹强制性的财富转换是缺乏效益的。[①]

很难说这种经济学理论是否应被解释为保留了笔者提出的任何受推崇的犯罪化理论所包含的内部限制。也许无效率的行为会被划为不法，那么市场规避可能被定义为终极危害或终极邪恶行为，并且刑事制裁应对此进行预防。但这种理论如何解释该当性限制原则，即刑罚应该是应得的原则？笔者曾经强调过，一个合理的该当性理论应该包括均衡原则——即罪刑相适应原则。与之相应，犯罪的严重性是罪犯的主观罪责发挥功能的部分结果。[②]经济学理论如何能够证明刑法赋予该当性理论非凡意义的正当性？[③] 这不仅是无效的行为是否应该受到惩罚的问题，而且是其应受到多重刑罚惩罚的问题。现行法典倾向于根据行为人是轻率、疏忽、明知或故意实施犯罪，而在量刑时增加其刑罚的严重程度。[④] 不可否认，许多学者认为刑法法典的主观罪责结构应该彻底地再反思。当然，刑法条文可能会增加[⑤]或减少[⑥]受到支持的主观罪过的数量。但问题仍未解决：当被告的行为比其他人更具有可归责性时，为什么要施加更严重的量刑？例如，为什么每个人都认为故意杀人比过失杀人应处更重刑罚。尽管经济学分析可

---

① 理查德·波斯纳：“刑法的经济学原理”，载《哥伦比亚法律评论》第85期，1985年，第1196页。

② 参见安德鲁·冯·赫希、尼尔斯·捷尔伯格：“测量犯罪的危害：现实标准的分析”，载《牛津法律研究杂志》第11期，1991年，第1页。

③ 参见肯尼斯·西蒙斯的讨论：“对精神状态的反思”，载《波士顿大学法律评论》第72期，1992年，第463页、第503－515页。

④ 参见道格拉斯·胡萨克：“刑法抗辩事由系列观点评析”，载《刑法论坛》第3期，1992年，第369页。

⑤ 参见阿兰·C. 迈克尔：“接受：迷失的精神状态”，载《南加利福尼亚法律评论》第71期，1998年，第953页。

⑥ 参见拉里·亚历山大：“可归责性的统一概念”，载《加利福尼亚州法律评论》第88期，2000年，第931页。

以对刑法应首先关注的可归责性要件提供一种貌似可信的解释，[①] 但却不能解释刑法为什么以其现有的方式关注罪责的问题，即为什么通过罪刑相适应的方式确保犯罪受到的刑罚是应得的。[②] 笔者认为这个问题对于刑法中的经济学分析是致命的。

然而在下文中，笔者提出把可归责性的考量暂时放一边，来检验波斯纳一般盗窃罪和具体盗窃罪中的犯罪化更为困难的问题。讨论这些问题具有重要的教育意义，因为如果经济学理论不能有效地解释财产侵权，那么其势必会在其他方面遭遇失败。预防盗窃的经济学原理并不像波斯纳提出的那样有说服力，原因有三个。第一，经济学原理没有清楚地解释，当盗窃犯对盗窃物品比财产所有人更觉得有价值时，为什么国家要禁止强制性财产转移？为什么某些盗窃不具有有效性？标准解释是因为各种各样的“二次成本”——尤其是财物安全保证和避免受害等的投入，使对盗窃的全面禁止具有正当化。[③] 然而，这种回答比较武断，因为“当这些二次成本被包括在内时，盗窃行为是无效的”仅仅只是一个信条。第二，波斯纳把经济学分析的范畴限于适用于实行市场经济的社会，这是值得注意的。这些限制是必要的，因为没有人会相信当市场不存在时，刑法会起到保护市场的作用。然而很显然，实行计划经济的社会也需要刑法。当经济活动由国家控

---

① 参见詹尼菲·S. 帕克：“犯罪意图的经济学分析”，载《弗吉尼亚法律评论》第 79 期，1993 年，第 265 页。

② 一位学者概括认为：“犯罪故意是一个没有内容的概念，其主要功能是区分两种行为的标签——即社会一直排斥或远离市场的行为和潜在地被社会希望的行为进行区分。”该学者通过这种总结就对刑法的经济学分析进行了肯定。参见肯尼斯·N. 海尔顿：“刑罚理论和刑法中的经济学”，载《法学经济学评论》第 1:2 期，2005 年，第 9 页。

③ 参见理查德·海森、理查德·麦克亚当：“对一个令人惊讶的复杂的盗窃案例的分析”，载《国际法学经济学评论》第 17 期，1997 年，第 367 页。

制时，证明干预不受惩罚的权利具有正当性的任务就十分艰巨。在生产资料公有制的国家，我们亦可以期望正当性的结构具有相对的相似性。尽管社会和文化的不同，会在不同的时间和地点使实体刑法多样化，但笔者强烈认为犯罪化的基本原则不会因为政治和经济因素而有本质的不同。第三，波斯纳自己也承认，其观点还有另一个“重要的限制条件”——即波斯纳认为：当强制性的财富转移行为是纯粹的转移行为时，这些强制性的财产转移行为才是无效的。波斯纳认为，当财产转移行为不是“生产性行为”，那么该行为就是纯粹的转移财产行为。[①] 如便携式电话之类的新技术，“从失败者的立场来看，也会引起各种各样的非自愿性财富转移行为。”[②] 但波斯纳认为，“这些发明是带来财富增长，而不是降低财富。”但为什么这些模糊的定义没有适用于新的可用于开锁或盗窃版权的材料装置？没有对何时转移财产是属于纯粹或不纯粹的实体性分析，很难判定波斯纳禁止强制转移财产的原理是否具有启发性。[③]

当然，波斯纳犯罪化理论最为明显的漏洞不在于对财产犯罪行为的应用，而是在不牵涉财产转移的暴力犯罪范围中的延伸适用。例如，当史密斯处于嫉妒或憎恶情况下打了琼斯，怎么能将这种行为界定为绕开市场的行为？波斯纳回答认为：“激情犯罪经常是对隐性市场的忽视。”[④] 我们再一次面对这个奇怪的修饰词

---

① 理查德·波斯纳：“刑法的经济学原理”，载《哥伦比亚法律评论》第 85 期，1985 年，第 1196 页。

② 理查德·波斯纳：“刑法的经济学原理”，载《哥伦比亚法律评论》第 85 期，1985 年，第 1196 页。

③ 参见拉文·K. 莱文逻基：“论犯罪的经济学理论”，载罗纳德·帕诺克、约翰·W. 查普曼编：《刑事司法》Nomos XXVII，1985 年，第 289 页。

④ 理查德·波斯纳：“刑法的经济学原理”，载《哥伦比亚法律评论》第 85 期，1985 年，第 1197 页。

“经常”。然而，更为重要的是，学者们经常会对“隐性市场”的本质感到非常惊讶——“隐性市场”认为，当公民故意强奸或杀人时，隐性市场就被“绕开”了。同时，学者也会对隐性市场的存在，是否能解释为什么杀人和强奸行为是并且应当受到禁止感到惊讶。①

如果存在如此明显的问题，那么在研究犯罪化理论时，为何要借助于经济学分析？当然，该法学流派也不为当代刑法哲学家所追捧。对此，笔者的立场是：法律经济学运动提出了一个经常被我们忽略的重要问题，即到底为什么我们需要刑法？就这个角度评价法律经济学运动，笔者认为其还是值得赞扬的。当公民故意地实施犯罪行为伤害他人，比如实施核心犯罪时，为何不简单地依靠民法中采用的补救措施？具有代表性的是，侵权法规定赔偿侵权行为给被害人造成的损失，如果以此相似的方式对待罪犯，那么以这种方式对罪犯的优势就非常明显。从理论上讲，如果不是必须施加刑罚，那么我们也无须纠结于如何才能推翻不应受惩罚权这样的问题。但从实践分析，如果国家能避免施加刑罚，那么就能节省成千上万美元。如果我们清楚地知道侵权救济是恰当还是不恰当的条件，我们也可以发现刑罚是正当还是不正当的情况。如果侵权救济被证明可适用于大规模的案件中，那么经济学原理与笔者下文支持的两种理论相比，就更加明显能遏制过度犯罪化。

但是，毫无疑问学者们否认赔偿机制可以代替刑罚。对这个问题的不同回答亦显示对刑事制裁范围限制应适用不同的方式。

① 正如有位学者注意到的那样：“一旦从交易的角度来思考整个世界，那么从交易的角度对刑法进行解释就不令人惊讶。这个问题源自最初始的基本问题。”朱尔斯·科尔曼：“犯罪和交易”，载《加利福尼亚法律评论》第88期，2000年，第925页。

其中一种方式是：把只能适用刑事制裁的损失种类具体化。特别是，当犯罪所引起的损失是无法赔偿的时候，即当赔偿是不可能的或赔偿是非常不恰当时，侵权救济就不能取代刑事惩罚。[①] 当犯罪行为缺乏确定的受害人时，就会造成一些不能赔偿的损失。叛国罪、伪造货币罪和国家公职人员贪污罪是最显著的例子。当受害人很容易确定时，杀人犯所引起的不能赔偿的损失最为明显，因此，这种行为是刑法最主要的禁止行为。如果把我们的判断标准扩大到确定的受害人之外，并把犯罪行为对第三方的影响也包括其中，那么就有数额巨大的损失是无法赔偿的。一个允许对攻击类的伤害行为进行事后补偿的制度，可能会给公众带来焦虑和恐慌。第三方因这些损失会获得多少补偿是很难回答的。根据这一思路，即使个体知道被害人会因某加害行为获得全部赔偿，还是会允许对某种行为进行惩罚。但是，如果该惩罚失败，导致对社会传统恐惧和害怕，那么该行为就应该犯罪化。[②] 然而，这种观点将刑事制裁扩大至过于广泛，太过于把有效与过度犯罪化做斗争的任务寄希望于经济学分析。很多因侵权行为造成的损失，会在其潜在牺牲者中引起巨大的恐慌。任何理性的乘客在乘坐交通工具时会考虑出事故的风险，但没有人会认为机动车偶然事故应由侵权行为转化为犯罪行为。核心的问题是：行为是否会或不会导致社会恐慌，极少与行为是否应该被犯罪化联系在一起。更普遍的是，损失不可赔偿论对刑事制裁是否具有正当性，不能进行合理的解释。

波斯纳自己对为什么金钱类刑罚不足以威慑犯罪行为进行了

---

① 对相关问题的讨论，参见马克·R. 莱夫：《刑罚、补偿和法律》，剑桥：剑桥大学出版社，2005 年，第 102 - 108 页。

② 参见罗伯特·诺兹克：《无政府状态、国家和乌托邦》，纽约：Basic Books，1974 年，第 69 页。

不同的解释。不可争论但令人悲伤的事实是：绝大多数人给他人造成了巨大损失，但缺少足够的财产对受害者进行补偿。[①] 结果是，很少有受害者可以获得补偿，贫穷的被告可能被强制要求以劳动来还债，但这一选择会遭遇实践和理论的双重障碍。根据波斯纳的观点，刑事制裁因此也就限于“偿付能力受限的侵犯权利的案件”。这意味着刑法主要是针对贫穷人而制定的，富人大多受侵权法的约束。[②] 当然，有很多侵权者确实有足够的偿付能力，但这个问题已经是由第三方保险金来解决。尽管侵权责任保险可行，但没有人同意犯人为了防止其触犯犯罪可以购买保险。一个可以购买“犯罪保险”的世界，会是一个社会秩序混乱的世界，会引发“严重的道德危机”。如果禁止购买犯罪保险，那么社会将会减少更多的犯罪。[③] 这是因为，很多罪犯都不能负担得起赔偿，同时又不能依靠保险进行赔偿，那么非货币形式的刑罚就会导致更多的对法律的服从。因此，国家就几乎不能行使追索权，而只能诉诸追究刑事责任和进行刑事惩罚。

大多数刑法学者藐视波斯纳的观点，那么其理论究竟错在哪里？假设（与事实相反）理性的可归责的不法行为人有充足的财富，但受到事后对受害人进行补偿的威慑。当然，经济学理论家坚持应优先追究民事责任的看法是正确的。犯罪化极简主义理论——包括在前两章笔者所概述的理论，当有一个涵涉范围不太广泛的其他惩罚措施可供选择，就应排除施加刑事制裁。如果具体

---

① 参见夏维尔书中关于被捕者贫困率的统计。史蒂芬·萨维尔：《法律的经济分析基础》，剑桥：哈佛大学贝尔纳普出版社，2004年，第544页。

② 理查德·波斯纳：“刑法的经济学原理”，载《哥伦比亚法律评论》第85期，1985年，第1204 – 1205页。

③ 理查德·波斯纳：“刑法的经济学原理”，载《哥伦比亚法律评论》第85期，1985年，第1203页。

的白领被告能够赔偿并愿意支付额外费用，那么为什么财产制裁措施不是对严重犯罪进行的恰当回应？笔者认为，不采用笔者理论中最具有争议的部分，即刑法具有表现功能的观点，很难反驳波斯纳的观点。单纯进行赔偿是否能传达刑事制裁本身具有的污点效应功能？如果国家在通过某种制裁措施表达谴责中具有重大利益，那么如何让对核心犯罪进行非惩罚性回应具有恰当性就将十分困难。

让笔者回到经济学分析路径是否对犯罪化理论中的内部限制原则持保留意见这个问题上，从而由此对上述论点进行拓展。犯罪行为是不法的行为，但刑法的中心除关注不法行为外，也关注危害或损失，这一事实显示支持让赔偿方式全部替代刑事责任方式是愚蠢的。有学者认为赔偿除威慑作用外，还把受害人放在优先于被告的位置。一些侵权法学者认为，侵权行为导致的损失可以用赔偿来抵消。[①] 无论这个观点在民法语境下有多么貌似合理，若要将其纳入刑法范畴，恐怕也是完全错误的。从某种意义上来分析，赔偿能抵消偷窃等犯罪行为带来的损害。但是，盗窃者仍然应该负刑事责任，不仅仅因为其行为引起了损失，更多的是因为这些行为不法。不法性是一种超越被告所造成的物质损失意外的东西，那么被告如何赔偿其盗窃行为的不法性？经深思熟虑而拿取财产和疏忽大意破坏财产的情况，是且应当是不同的。[②] 盗窃是公共违法行为，其破坏社会共同认可的价值。如果是这样，把受害者的物质地位置于优于盗窃行为的做法如何消解盗窃行为的不法性？如果要消解该盗窃行为的不法性，则需要在补偿之外

---

① 朱尔斯·科尔曼强烈支持纠正正义的概念（尽管随后有所改进）。参见朱尔斯·科尔曼：“侵权法和纠正正义”，载《印度法律杂志》第67期，1992年，第389页。

② 参见R.A.达夫：危险的犯罪化分析，载斯图尔特·格林、R.A.达夫编：《犯罪论：刑法分则论文集》，牛津：牛津大学出版社，2005年，第43页、第266页。

规定某些别的什么。如果该“某些别的什么”是公众谴责——其看起来还是比较合理的，那么经济学家也没有证明在理想世界中国家会摈弃刑罚，因为在理想的世界中，理性的被告拥有足够的资源，从而让其赔偿就已经具有威慑性。简言之，经济学分析没有为何时刑罚和刑事责任不具有正当性提供无缺陷的答案。

前述的考虑会为回应诉诸经济学理论的呼吁提供帮助。很多学者被这种探究方式所吸引，因为这些学者通过援引道德规范，从而反对法律所作的明显价值评价。道德规范具备不适合作为基础的种种特征，尤其是道德具有内在不确定性且极富争议性。[①]反之，效率被认为具有数学上的精确性。但这种经济学分析的动机是完全错位的。正如笔者之前论证的，犯罪化理论需要解决的基本问题是：是否及在何种情况下国家使公民受刑罚处罚才具有正当性。该问题引发了一个道德问题，并且只有道德答案才能回答这个问题。如果经济学分析有资格作为可行的回应，那么我们必须作出如下解释：效益为使公民受刑法制裁提供了道德上的正当化理由。[②] 然而，除非规避市场是不法的，否则阻止规避市场行为的必要性如何导致该当的刑罚是不明确的。换句话说，如果效率不能为干预不应被惩罚的权利提供道德上的正当化根据，那么作为一种犯罪化理论，经济学分析就不会产生谴责效果。如果笔者是正确的，那么关于刑法限制的最基本的道德问题，就不能通过假定对犯罪进行经济学分析可以避免道德争议而加以逃避。

---

① 根据某些经济学家的观点，关于报应原则的问题——即违反法律应受刑法惩罚的问题，是没有人可以准确地界定不正当行为是什么。参见路易斯·凯普罗、史蒂芬·萨维尔：《公平和福利》，剑桥：哈佛大学出版社，2002年，第303页。

② “但很具有典型性的是，法律方面的经济学家羞于为效率标准的吸引力辩论。”参见朱尔斯·科尔曼：《实践原则》，牛津：牛津大学出版社，2001年，第31页。

对于我们提出的原始问题，其只是从道德上进行了不同的回答。[①]

笔者总结认为：经济学分析劣于笔者的犯罪化理论。通过笔者对其几个缺点的分析，我们认为经济学分析作为犯罪化理论的资格还不能确定，甚至其还不具备作为一个理论框架的资格。笔者怀疑波斯纳已经意识到其理论作为刑事制裁根据的弱点，因为在波斯纳文章的最后几句中，几乎没有表现出作为一个学者在传达观点时典型的自信。波斯纳声称，其也仅仅证明了刑法经济学分析并非“像听起来那样奇怪”。[②] 笔者不认为他所谦虚的客观目标获得了成功。

II. 功利主义原理

一般而言，没有理论证明其对政治或法律思想的影响超过功利主义对政治和法律思想的影响。各种形式的功利主义学说都已被互相比较，因此，在这里笔者不作太多的探讨。一种对道德哲学家现已建立的几种功利主义的质疑性探讨，可能其自身亦需要质疑。[③] 简单起见，笔者认为功利主义者是结果论者。结果论者认为，当行为使功利最大化时，也就是说，当行为生产出比对手更多的功用时，行为被认为是正确的或者制度具有正当性。当功利主义被适用于犯罪化理论时，笔者认为该理论意味着：如果国家制定了大量的可以使功利最大化的禁止性规范，那么这种国家

---

① 参见罗纳德·德沃金：“为什么追求效率”，载《*Hofstra* 法律评论》第 8 期，1980 年，第 563 页。

② 理查德·波斯纳：“刑法的经济学原理”，载《哥伦比亚法律评论》第 85 期，1985 年，第 1230 页。

③ 布拉德·胡克对几种不同功利主义的分析，以及其最终支持的功利主义，参见布拉德·胡克：《理想的法典、真实的世界：道德的规则－结果理论》，牛津：牛津大学出版社，2000 年。

的立法就具有正当性。[①] 不同的功利主义传统会对其作出不同的解释。这一解释是不全面的，重要的原因在于其忽略了对神秘功利主义的实体内容的分析。如果负面效用被概念化为包含一切可能不利于提案的情况——也就是说，包括不能与合理的犯罪化理论应该包括的限制原则兼容的情况，那么任何合理的理论看起来都可以被视为功利主义。[②] 笔者会试图规避这种复杂现象。尽管某些反对观点可能会更有说服力地反对功利主义中一些观点，但笔者希望接下来的观点足够抨击任何自称功利主义的犯罪化理论。最起码笔者的评论应该让哲学家回答为什么他们所偏喜的功利主义理论要更优越于笔者提出的犯罪化理论。

一般而言，尽管功利主义具有突出的影响，但功利主义是否在刑法领域也有同样的影响是非常不清楚的。就笔者的判断而言，现在没有学者很严肃地提出要在刑法理论中实行功利主义。道德保守的哲学家表达的对功利主义的诸多保留意见中，最引人注目的是功利主义令人难以置信的严格要求个体为他人利益牺牲自己。[③] 看起来似乎是为了提高公共利益，人们被要求让自己的

---

① 虽然和经济学分析路径有混淆，但功利主义对犯罪化的立场与经济学分析路径是还是非常明显的区别。经济学路径禁止避开市场的无效行为，不管该交易能创造多少功利。参见理查德·波斯纳："刑法的经济学原理"，载《哥伦比亚法律评论》第 85 期，1985 年，第 1195 页。经济学分析抵制功利主义的原因很简单，即"传统对经济学的限制……不允许功利的人际比较"。参见理查德·波斯纳："刑法的经济学原理"，载《哥伦比亚法律评论》第 85 期，1985 年，第 1197 页。

② 有学者把功利主义进行如此广义的解释，这对证明笔者提出的犯罪化理论中的内部限制和外部限制是有重要作用的。然而，笔者不相信符合笔者理论的观点就将使包括正义在内的一切价值最大化。

③ 参见伯纳德·威廉姆斯：对功利主义的批判，载 J. J. C. 施密特、伯纳德·威廉姆斯：《功利主义的正反两面》，剑桥：剑桥大学出版社，1973 年，第 77 页。

利益位居次位。① 没有刑法理论家能或应该提倡在刑法中适用可与之相比的相同程度的牺牲。英美学者再继续追问：乐善好施的善良品质是否应该由刑法强制执行?② 即使功利主义学者明确提倡的把牺牲的等级融入法律的呼吁，亦没有被列入法律改革的名单。

然而功利主义的影响是重大的，因此，在正当辩护事由背景中，功利主义学者的思想看起来好像在刑法学理论中起中心作用。笔者把正当化事由解释为一种抗辩事由，这种抗辩事由是在被告的行为虽然触犯了某个犯罪但其行为却是允许的情况下适用。③ 例如，当被告的行为虽然满足了谋杀罪所有的构成要件，但其因正当防卫故意杀人，就属于这种情况。我们应如何判断犯罪行为是正当化的？某些学者认为所有的正当化事由都有一个共同的结构：当被告的行为产生的善与恶相平衡后有净余额，那么这种行为就是正当的。显然，这种正当化理论是不折不扣的功利主义，如果这些学者的观点是正确的，那么功利主义的推理解释了刑事责任的核心特征。尽管具体犯罪不是因为功利主义的原因而制定的，但功利主义可能会阐明某种犯罪行为的实施可能是允许的但不会招致刑事责任和刑罚的原因。④ 当然，人们也许会疑惑，为什么理论学者会考虑选择功利主义？也就是说，如果功利主义不是证明犯罪设置是否具有正当性的理论，且这些犯罪首先

---

① 参见谢莉·坎根：《道德的限制》，剑桥：克拉伦敦出版社，1991 年。当然，这种关于功利主义的影响经常引起分歧。相关内容参见皮特·莱顿："结果主义和道德需求的分离"，载《哲学和公共事件》第 13 期，1984 年，第 134 页。

② 参见麦考克尔·梅洛文、亚历山德拉·麦克考·史密斯：《拯救的义务》，Hanover，Vt.：Dartmouth Pub. Group，1993 年，第 267 页。

③ 对正义的进一步分析，参见道格拉斯·胡萨克："辩护对宽恕的优先权研究"，载《法律与哲学》第 24 期，2005 年，第 557 页。

④ 关于对正当化事由的功利分析的质疑，见道格拉斯·胡萨克："正当化事由和刑事责任的附属要件"，载《刑法和犯罪学杂志》第 80 期，1989 年，第 201 页。

应该证明是否具有正当性，那么为什么功利主义在正当化事由中竟如此具有吸引力？

然而，尽管功利主义在表面上推行不同寻常的乐善好施的美德，但是，功利主义仍对刑法的发展有阻碍作用。事实上，正如我们看到的，赫伯特·帕克和斯坦福·卡迪许基于功利主义的考虑，曾在上世纪 60 年代强烈地反对过度犯罪化。赫伯特·帕克和[①]斯坦福·卡迪许[②]中肯地认为，刑法惩罚私人之间达成共识的行为，其结果是没有效率且适得其反的。没有一个理性人会拒绝承认赫伯特·帕克和斯坦福·卡迪许的温和的消极观点：如果刑法不能进一步实现其目的，其造成的恶超过其实现的善，那么刑法是不正当的。目前，这些理论家没有继续支持功利主义犯罪化理论，也没有明确捍卫与功利主义的消极论并行的积极论——即当刑法能实现其目标，且实现的善超越其造成的恶，那么刑法就是正当的。[③] 换句话说，这些学者并不认为使刑事制裁正当化的条件是充要条件。杰里米·边沁至少在一个世纪前就接受后种观点，正是如此，所以帕克和卡迪许有充分的理由不采取这种激进的方式。[④] 在犯罪化理论的发展历史上，还没有法哲学家对犯罪化理论和刑罚理论细节的阐述可以与边沁阐述的全面性媲美。边沁（通常）一贯坚持这样的原则：当刑法产生的功利大于其产生的负效果时，那么刑法具有正当性。边沁的这个原则是历史上最好的、最全面的对犯罪化理论进行阐述的典范。边沁的成就不但

---

① 赫伯特·帕克：《刑事制裁的限制》，斯坦福：斯坦福大学出版社，1968 年。

② 斯坦福·卡迪许："过度犯罪化的危机"，载《美国政治和社会科学年报》第 374 期，1967 年，第 157 页。

③ 功利主义的支持者和反对者都倾向于比较优缺点，在刑法理论中，"危害"最好被认为是技术上的用语，而不是等同于有害和无用。

④ 杰里米·边沁：《道德和立法原理导论》，伦敦：Metheun，1982 年。

代表了功利主义对刑法理性思考的最高峰，而且也是该理论系统地分析犯罪化问题的最高峰。

边沁理论贡献的范围和广度，让后来的法哲学家得以探究该理论的优点和不足。尽管该理论具有相当大的优势，但公平地讲，该理论也有很多不足。几乎没有现代法哲学家会赞成适用每一个边沁用来判断犯罪人是否及在何种程度上应该因其行为受到惩罚的原则。例如，边沁认为："刑罚的严重性不但应该考虑被施加刑罚的个罪的获利，而且也应该把类似该罪的其他的且犯罪人可能已经实施但没有被侦察到的同种类的犯罪的获利进行考量。"① 该原则（包括其他原则）已被一个哲学家故意用于证明：刑罚功利主义理论产生"归谬证法"。

事实上，刑罚功利主义理论产生的不愉快的影响远远大于边沁自己已经认识到的这些影响。比如功利主义者只偏爱两种刑罚：集体刑或替代刑。当一个团体中的每个人因其中某一个成员的犯罪而被惩罚，这种刑罚就叫集体刑罚。集体刑罚普遍应用于军事训练中，当一个士兵触犯了规则，长官会惩罚他所在的那一队中所有的士兵。当一个人因他人所犯之罪而被惩罚，那么这种刑罚就是替代性刑罚。替代性刑罚典型地适用于当真正的罪犯难以被抓捕或阻止，但是该犯罪非常紧密地和另一个较容易确定的目标紧密相关的情况。当父母犯罪时，惩罚他们的子女可能会更加有效。在某些适当的情况下，我们不应该怀疑集体刑和替代刑的作用，集体刑和替代刑在提升某些功利目的，比如威慑效果方面有显著功效。但是，这些严厉的刑罚是刑法教科书中证明刑法不公正的典型例子，这种刑罚亦会惩罚无辜且不应受到谴责和责难的人。

笔者已提出犯罪理论应包含一系列内在和外在的限制原则。

---

① 杰里米·边沁：《道德和立法原理导论》，伦敦：Metheun，1982 年，第 170 页。

功利主义者可能会认为应保留其中的一部分限制原则。例如，他们能够轻易解释为什么刑事制裁不应被施加，除非刑事制裁是为了进一步达到他们的目的。但是集体性刑罚和替代性刑罚再一次证明了已被广为接受的观点：功利主义者很难证明这种刑罚的该当性原则。[①] 在近来的哲学史上，经常被引用的而且对于功利主义者而言具有较强冲击性的反例，主要是那些无辜之人因为某些功利性的目的而被惩处的情形。其中最著名的反例是麦克洛斯基反例。在麦克洛斯基反例中，某人犯下了在整个社会当中引起巨大不安的犯罪，[②] 真正的犯罪人不能被逮捕，所以另外一个人就被陷害而且被判刑，而有关当局知道这个人是无辜的。大家应对结果感到欣慰，因为公众被欺骗从而认为该人罪有应得。当我们面对麦克洛斯基反例时，大部分受访者都认为处罚一个有关当局明知是无辜的人，在道德上是难以让人容忍的，尽管这可以极大地增进功利性目的。几乎我们所有人都直觉地认为无辜之人有不受刑罚惩罚之权利——这种权利是功利性利益无法逾越的权利。[③] 麦克洛斯基反例中的大部分特征可能被（而且已经被）大家所重视。[④] 值得注意的是，针对功利性刑罚理论的反例往往也具有欺

---

① 并且功利主义者在证成罪刑均衡原则之时，还遭遇到难以说明的困难。参见安德鲁·冯·赫希、安德鲁·阿什沃斯：《适当量刑基本原则研究》，牛津：牛津大学出版社，2005 年。

② 参见 H. J. 麦克劳斯基：“刑罚的非功利性路径”，载《探寻》第 8 期，1965 年，第 249 页。

③ 关于对该异议是否造成了某种困难的深入研究，参见 C. I. 腾：《犯罪、罪责和刑罚》，牛津：牛津大学出版社，1987 年，第 18—32 页。

④ 特别是麦克洛基相反示例在激发向规制功利主义理论的转变中发挥了重要作用。参见约翰·罗尔斯：“规则的两个概念”，载《哲学评论》第 64 期，1955 年，第 3 页。对于笔者而言，在探讨规则 - 功利主义理论如何解决笔者所提出的问题时，笔者所遭遇的最大难题是如何构建那些应该被遵守的法规的内容。如果这些法规相较于其他可供选择的方法，能够使得功利性价值最大化，那么对于笔者所讨论的那些问题，则会更脆弱。然而笔者不能给予规制功利主义理论更多的关注。

骗性。可推测的是，对该事实的解释是，没有公民会公开地容忍惩罚那些不应该得到不当惩处和谴责之人，即使他相信功利性目的应该得到最大化。该种解释显示了如果功利性理论无视犯罪化理论必须满足的限制原则，那么功利性理论的主要追求会产生显著的不公平。①

刑罚功利性理论的缺陷已广为人知。② 当代的道德哲学家不愿意诉诸功利性理论来证成谁应该受到刑罚及受到何种程度的刑罚。在该问题上，该当性起着不可或缺的作用。然而，当我们将目光移转到犯罪化的问题时，这些困难似乎更不可能被克服。此外，理论家们往往倾向于成为具有选择性的功利主义者。例如，尽管 A. P. 斯密斯特和 G. R. 苏利文认为“报应主义才会决定谁应该被惩处以及受到何种程度的惩处”。但他们仍然认为：“功利主义理论亦对决定何种行为应该被刑罚的重任具有重要影响。”③ 但是为什么对后者的同情高于前者呢？如果功利主义不应该成为一种刑罚理论，但是为什么其又成功地成为了一种犯罪化的理论？笔者怀疑这种不一致的解释，至少部分会涉及哈特对整个法哲学、特别是犯罪学的巨大影响。哈特赞成刑罚具有一种“混

① 该观点为迈克尔·T. 卡西尔所赞同，参见迈克尔·T. 卡西尔：《丧失正义的法律》，纽约：牛津大学出版社，2006 年。

② 有些哲学家赞成存在这些缺陷。在论证刑罚正当性的过程中，没有哲学家会让功利主义理论承担更为核心的作用，其实例参见克里斯托弗·斯洛伯根：“刑法的文明”，载《范德比尔特法学评论》第 58 期，2005 年，第 121 页。在该文章中，克里斯托弗·斯洛伯根将该核心角色赋予给了一般预防。该理论的那些规范性困难能被哲学家更好地理解的事实，能帮助解释为什么功利主义与相关联的学科，比如犯罪学和经济学，相比更具有影响力。因为哲学家自己对于刑法的实际发展所起的作用不多，功利主义在刑事司法体系的构建所施加的影响相较哲学家而言更多。

③ 参见 A. P. 斯密斯特、G. R. 苏文利尔：《刑法理论与原则》，牛津：哈特出版社，2000 年，第 21 页。在该书第 3 版中增加了犯罪化扩大方式的论述。参见 A. P. 斯密斯特、G. R. 苏文利尔：《刑法理论与原则》（第 3 版），牛津：哈特出版社，2007 年。

合”的正当性理由。对此，哈特进行了广为人知的论证。哈特认为功利主义理论和报应主义可以融合在一起从而回答不同的问题。对于“谁应该接受刑罚”以及“在何种程度上受到刑罚”的问题，报应主义理论可能提供合理的答案。而对于“为什么某种行为应被法律禁止，为什么其应被视为犯罪或不法”的问题，功利主义理论可以提供最好的答案。①

尽管哈特的观点得到强有力的支持，但笔者相信我们不应该试图将刑罚的问题从其所涉及的犯罪化的问题中完全剥离出来。②笔者不断地强调，在我们没有足够的信息证明公民将受到何种惩罚之时，即我们不能够决定对公民进行惩罚的刑法内容时，我们是不能决定公民是否及在何种程度上应被惩罚。规定刑罚的法典是否认可笔者前述所提出的犯罪化理论必须满足的限制原则？如果我们的规范在通常情况下也违反了这些限制，那么可能没有这些规范会更好些。换句话说，如果我们不事先作出一些关于刑事制裁的范围和限度的假设，我们很难决定是否需要一个刑罚制度，以及在这个制度中间如何来分配刑罚。③ 实际上，笔者接下来将会论证一种反对功利主义的刑罚理论的意见，该反对意见对于反对施加不正当刑罚于无辜者而干预他人之权利的刑罚功利性

---

① H. L. 哈特：《刑罚与刑事责任》，牛津：牛津大学出版社，1968 年，第 3 页、第 6 页。

② 关于哈特的“综合”刑法理论的更好的详细研究，参见里奥·塞伯特：《刑罚与报应》，佛蒙特州伯灵顿：Ashgate 出版社，2006 年，第一章和第五章。

③ 哈特自己也认为，对于那些无辜之人不应该施加刑罚。哈特认为应把“核心案件”的刑罚界定为“违反法律规范的行为”，并且“该违法行为的实际上的违法者应对其行为应承担的责任”，从而使无辜之人不受刑罚惩罚。参见 H. L. 哈特：《刑罚与刑事责任》，牛津：牛津大学出版社，1968 年，第 4 页、第 5 页。因此，我们是否应该构建刑罚体系的最具有说服力的理由是（核心案件的）刑罚本身的定义确定。对于相关研究参见大卫·多林克：“关于报应主义的几点思考”，载《伦理学》第 101 期，1991 年，第 541 页。

理论具有决定性作用。同样，这种反对意见对犯罪化的功利性理论也具有致命的打击。

在本书中，笔者所采用的关于犯罪化的一般方法，是在概念层面在刑法和刑罚之间设置了一种紧密的联系。如果笔者对这种联系的设置是正确的，人们可以把对刑罚上的功利性理论的反对意见作为反对犯罪化的功利性理论的意见。在麦克洛基反例当中，这种转移仅仅需要轻微的改动。在一个案例中，一个人被不当惩罚，下文我们把其称为简。简成为功利性利益的牺牲品，尽管有关当局知道她是无辜的。然而，显而易见的是：简是否“无罪”取决于刑法的相关规定。

假如学者想通过修正刑法典的方式来弥补这种不正义，从而使简有罪。如果根据修订而设置的新罪，简是有罪的，简如果基于这种新罪的规定而有罪，那么其所受到的刑罚会产生极大的功利性价值。很显然，这种假设的犯罪几乎违反了犯罪化中的每一项限制原则。如果有学者认为制定这种新罪会弥补对于简的不正义，这种观点绝不会得到认同。笔者的观点亦是如此。相同的难题让我们拒绝功利性理论的继续存在，尽管它可以修改而成为针对犯罪化理论的反对意见，而不是作为刑罚理论的反对意见。在笔者经过修正后的例子中，这种对于权利的不当侵犯并非是对没有犯罪行为之人的刑罚。相反在前述假设中，针对该种犯罪，从而使简被认定为有罪，其对于权利的不当侵犯是因不应该存在的犯罪而使简受到惩罚。这种犯罪超出了刑罚制裁的合法边界。除非我们的犯罪化理论包含着某些资源能够避免这种假象性犯罪被制定在法律中，在没有这种基础的情况下，我们有理由凭借直观认识认为简被不公正地惩罚，这侵犯了她的权利且违反了刑罚该当性原则。

笔者独创性地认为，任何针对刑罚理论的有力反对意见都可以被阐述为对犯罪化理论的反对意见。为了证明此点，再回到笔者前文提到的严厉惩罚措施：集体性刑罚和替代性刑罚。尽管他们具有功利主义价值，但这些措施因为惩罚了明知是无罪之人而违反了该当性的原则。然而，一个人是否“无罪”取决于实体刑法的内容。想要保留这些措施当中的功利性价值而不愿意惩罚无辜之人的任何学者，可以通过将一些新的犯罪加入我们的刑法典而解决这个问题。一般而言，持该类观点的学者可能会认为，如果“当通过惩罚团队当中的所有人之时，功利性价值能实现，那么就应该禁止成为该团队成员”的情况，甚至可能认为应禁止“成为与被惩罚的犯罪者有关系的人从而提升功利性价值”。仅仅是立法者在立法之时的一笔，无辜之人就神奇地被变成有罪之人。当然，没有人会支持这些所谓的解决方法。[①] 任何认为集体性和替代性刑罚是非正义的学者，都不会支持把这些犯罪增加到刑法典中，即使受到惩罚的人亦因现存的犯罪被认为有罪。如果我们要坚决地捍卫那些不应该被刑罚惩罚之人的权利，那么犯罪的设定就不应该仅仅考虑功利性价值。此外，如果通过对实体性刑法内容的上述改变而惩罚一个人，那么我们那些最好的保护无辜之人的努力也会被轻易地否决。

尽管上述的那些关于假想性犯罪的例子是非常荒谬的，但是一些不那么极端的例子确实可以在实体法中找到。假设警察收到消息，在一个空的大楼（或者车辆当中）有人在使用毒品。他们进入了这栋楼，并且在地板上找到了毒品。但是，在这栋大楼当中的四个人都不认罪。在这种情况下，由于没有排除合理怀疑，任何人都不应该以持有毒品而定罪。为了保护无辜者，四个人都

① R. A. 达夫对罪责和清白的处遇进行了富有启发性的研究，参见 R. A. 达夫：《审判与刑法》，剑桥：剑桥大学出版社，1986 年，第 153—155 页、269 页。

应该被释放，尽管他们其中的一人或者数人可能是有罪的。然而，国家可以通过用另一种罪名施加集体性或替代性刑罚，从而轻易地回避该难题。罪名可以从实际持有毒品转变为推定持有毒品，而后者的界定可以使在这栋大楼的每个人都变成有罪。[①] 为了缓解这种修订的不正当性，新罪的规定中至少应包含过失的主观要件，从而避免所有的人被推定持有毒品而被认定为有罪。即除非行为人知道在这栋大楼里面有毒品，否则不能推定为持有毒品。笔者认为，以功利主义为根据，这种在法律层面的变化是有道理的——也即如果在这栋大楼里，没有人有犯罪动机，所有人都必须被释放，那么威慑的目标就得不到实现。从技术上说，不会有集体性或者替代性刑罚会被施加：每个人都仅仅会因他自己所犯的罪行而受到惩处，而不会因为他人的罪行而受到惩处。随着规范的变化，为什么针对集体性刑罚和替代性刑罚的反对意见会消失，这一点我们很难弄清楚。如果我们确实相信在上述例子中的三个人是无辜的，而且不应该受到惩处，那么即使我们知道法律为了认定他们的罪行而进行了修改，我们也不应该放弃我们的反对意见。大多类似的反对意见依然会存在，现在我们会指控**规范本身**是非正义的。该规范是不正当的，因为其忽视了犯罪化理论所要求的必须满足的限制，而且也因为从刑罚本身的角度来看，其将刑事责任施加于那些不应该被严惩以及不应该被责难的人身上。

如果上述所提及的观点是正确的，我们可以认为功利主义理论在犯罪化方面的阐述是具有缺陷的。更具体地说，那些拒绝功利主义在刑罚理论上应用之人，也会拒绝功利主义在犯罪化理论

---

① 每个州对推定持有的法律规定的具体内容是有很大不同的。新泽西州的例子请参见国家诉帕拉西奥案，545 A. 2d 764（1988）。

上的应用。那些接受功利主义的规范也很容易遭到同样的反对意见，反对功利主义理论在刑罚领域适用的主要原因在于：该理论允许对公民施加欠缺该当性的刑罚。对于那些被惩罚的个体，刑罚给他们带来的不正义，只能通过犯罪化理论包含的限制原则才能解释清楚。笔者的理论尊重这些限制原则，而功利主义理论，至少笔者论及的这些功利主义，是没有尊重这些限制原则的。

笔者相信上述的这些论据已足以降低人们对犯罪化功利性理论的信任，同时，也能够降低人们对基于此理论而产生的各种考虑因素的信任。尽管功利主义被认为广受大家欢迎，但是就某特定的行为是否应该被惩罚，大家却很难知道如何去进行功利性分析。细节问题还是由特定类型的功利主义理论决定。[①] 然而对具有争议的核心问题，我们很少能以功利性进行深入而详细的分析。[②] 大多数学者认为，那些实施了诸如纵火罪等严重犯罪行为的人，会产生比无效性更严重的无效性后果。对于那些食用垃圾食品的行为又如何？那些看电视的行为？笔者并不能否认对这些问题探究的合理性，但是否真地能确定这些行为产生的好处确实多于坏处？如果答案是否定的，那么为什么人们没有提出根据功利主义理论禁止这些行为？只有更精细的犯罪化理论，即包括了笔者主张的这些限制原则的犯罪化理论，可以有效地解决这些问题。在这样的问题上，功利主义分析似乎会得出违反直觉的答

---

① 当运用于刑法领域时，很多方法似乎都不太可行。例如**偏好性**功利主义认为：当某种行为能够较其他行为能满足更多的偏好之时，那么这个行为就是正确的。但是旨在决定是否应该禁止某特定行为之时，该观点的支持者是否真地认为我们应该将偏好性计算在内（或说应对偏好性进行衡量）？当我们在论证某人因某人之行为而对其进行惩罚的正当性时，是否真地应认为我们之所以惩罚该人仅仅是因为大部分人倾向于认为应该这样做？

② 存在可能的例外，该例外说明功利主义分析所面临的众多困难。参见 R. M. 哈雷："奴隶制的问题"，载《哲学与公共事务》第8期，1979年，第103页。

案。也只有在这时候，人们会直接怀疑这些独立的原则解决这些问题的可能性，并且会怀疑非功利性因素是否会影响决定。[①]

无论功利性理论会对这些行为作出怎样的裁决，当刑罚被加在这些等式之上时，计算方式将会发生变化。换句话来说，即使看电视仅仅会产生无效性，但是如果对该行为施加刑事制裁，则可能会产生更多坏处而不是好处。在进行功利性分析之时，功利主义者们并没有说明，犯罪之获益或者是施加给罪犯之刑罚的无效性，是否和罪行之恶性及刑罚所达到的社会利益平衡？[②] 例如，就是否该禁止性骚扰的行为，我们是否仅仅基于衡量犯罪人所获得的效益是否超出对被害者造成的损害而决定该罪行是否应被禁止？我们的计算是否应该包括该罪犯所遭受的刑罚的无效性？[③] 我们在何种可能的基础上，能够排除由违法者所增进的效用，和（或者）排除施加给违法者之刑罚的无效性？[④] 我们应该怎样排除这些问题的困扰？我们不能说因为不知道该种行为是犯罪行为，所以犯罪行为的结果不能以某种功利性方式计算。因为对于哪种行为是犯罪行为的问题，我们必须进行专门性的回答。要回答这个问题，笔者担心需要的是创造力而不是说服力。[⑤]

当我们再一次转向毒品犯罪之时，该问题似乎更加严重。假

---

① 参见丹·卡汗：“威慑的隐含野心”，载《哈佛法学评论》第 119 期，1999 年，第 414 页。

② 相关论述参见罗伯特·E. 库迪：《作为公共哲学的功利主义》，剑桥：剑桥出版社，1995 年，第九章。

③ 刑罚对犯罪者无效的讨论，参见德尔得丽·格拉希：《与刑罚相背》，纽约：纽约大学出版社，2005 年，第 24—38 页。

④ 约翰·海萨尼的著名观点认为应该从功利性算计中排除反社会性的偏好。参见约翰·海萨尼：“道德与合理行为论”，载阿玛蒂亚·森、伯纳德·威廉姆斯编：《超越功利主义》，剑桥：剑桥大学出版社，1983 年，第 39 页。

⑤ 参见多塞·D. 伊利斯：“故意侵权的经济学分析及评论”，载《国际法律与经济评论》第 3 期，1983 年，第 45 页。

设在一个案件中，A 的行为是否属于过罪化的行为？对于统一的功利主义理论而言，应该如何判断吸食像可卡因这样毒品的行为是否应该被禁止？[①] 大多数的使用者非常享受这些毒品。可以推定，他们的喜欢及其带来的效用，都必须被考虑到无偏见的结果主义的计算方式中。[②] 如果这些收益都被排除了，那么犯罪化就必须考虑其他因素。如果这些收益无法被计量，对于那些会对个人或社会造成很大问题的行为——例如吃甜甜圈或者玩电子游戏等行为，我们已有否定这些行为益处的先例。很明显，对于任何行为而言，如果其已不具有效用，那么其仅仅能产生负效用。然而，设想如果我们能够以某种方式决定特定毒品的食用仅仅能够产生负效用，那么在决定是否应该禁止这些毒品之时，是否有理由忽略数以百万计将会因违反该法而被惩罚的公民所遭受的刑罚？当学者在衡量我们关于毒品的政策之时，为什么后一个因素总是会被忽略？笔者无法回答这样的问题。

希望这些困扰能说服那些坚定的功利主义学者放弃他们的理论，或者以一种开放的心态用一些非功利性的限制原则来补充他们的理论。此种想法当然很理想主义，功利主义理论在几个世纪里，都显示出显著的弹性，其支持者们发展了众多的策略回应反对意见和假想反例。但是，如果笔者在此所指出的问题如果确实非常突出，那么犯罪化功利性理论就会遇到更多的麻烦。笔者相

---

① 有些学者以毫无依据的自信来回答该问题。例如某个学者认为：“对于使用者或者其他人而言，长期使用可卡因、海洛因、大麻、酒精、致幻剂、迷幻药、安非他命、烟草等物品，最终会产生更多的痛苦而不是快乐。”载斯蒂文·鲁鹏·福伊、柯提斯·布朗编辑：《毒品、道德与法律》，纽约：Garland 出版公司，1994 年，第 183 页、第 184 页。

② “实际上，对毒品控制进行政策分析的研究，完全忽视了服用非法药物具有好处的观点。”参见罗伯特·J. 麦古恩、彼得·鲁特：《毒品战争的异端邪说》，剑桥：剑桥大学出版社，2001 年，第 70 页。

信该理论不比笔者所提出的理论更好。

III. 法律道德主义原理

在犯罪化上，法律道德主义可能是最重要的一种能够与笔者所主张的理论抗衡的理论。不同于经济学分析和功利主义理论，法律道德主义是以刑法本身为视角，而并不是一种碰巧被卷入犯罪化领域的具有一般适用性的规范性理论。什么是法律道德主义?[①] 亦存在着众多不同的答案，但是我们不能指望一个单一的定义就能涵盖每一种被大众所认同的各种法律道德主义理论。[②] 笔者会将重点放置在米歇尔·摩尔所持有的观点上。在今日之美国，米歇尔·摩尔是刑法领域最杰出的哲学家。其不朽的专著《论刑法的谴责性》，对法律道德主义进行了最复杂的解释及前所未有的支持。[③]

虽然摩尔的法律道德主义构建非常简单，表面上看起来亦的确如此。实质上，摩尔认为非道德性（即可归责的不法性）已经能够充分地证明刑法的制定及对（不享有任何抗辩事由的）违反该刑法规范的行为人所施加的刑罚的正当性。值得赞扬的是，摩

① 乔尔·范伯格认为，法律道德主义接受不正当性限制原则但拒绝接受刑法旨在阻止危害或违法行为的限制要件。乔尔·范伯格认为："从一般狭义层面分析"，法律道德主义认为"如果一个行为本质上就是非道德的，即使他不会对行为人及其他人造成任何的损害，禁止这种行为也符合法律上的道德"。参见乔尔·范伯格：《无害的不正当行为》，纽约：牛津大学出版社，1987 年。

② 参见帕特里克·德夫林：《道德的法律强制》，牛津：牛津大学出版社，1965 年。德夫林勋爵应该是20 世纪最富有盛名的法律道德主义者，但是德夫林勋爵的观点应该被理解为结果主义，因为他相信在刑事制裁当中保留道德性对于保护社会而言至关重要。参见道格拉斯·胡萨克：《刑法哲学》，新泽西州：Rowman & Allanheld 出版社，1987 年，第八章。

③ 米歇尔·摩尔：《论刑法的谴责性》，牛津：牛津大学出版社，1997 年。

尔理解刑罚理论对犯罪化理论的重大影响。因此，摩尔对于法律道德主义的阐述是基于（或者说是等同于）他对报应主义的看法。摩尔认为，基于报应主义“我们有充分的理由应拥有刑罚体系（也就是刑法），我们也有充分的理由运用该体系，在特定的情况下将特定的刑罚施加于应该接受惩罚之人的身上。”① 结果主义考量因素在这个判断中没有起到任何作用：“对于一个违法者而言，道德的该当性是对他进行刑罚的充要根据。”② 与该理论一致的立法认为：“所有违反道德并且只有具有道德不法性的行为，才应该被刑法禁止。”③ 在下文中，笔者将批判性地对被如此解释的法律道德主义进行分析。④ 笔者将会指出其与笔者所构建的犯罪化理论的不同之处，并且论证笔者的理论更具有合理性。

然而，在开始之前，笔者需要强调摩尔观点的两个特点，也正是这两个特点使笔者认为摩尔的观点表面上看似很简单。第一，摩尔认为刑法应当执行先进的道德理论。从历史观点上看，法律道德主义者着迷于禁止所谓的性犯罪，例如猥亵、同性恋、卖淫或者诸如此类的行为。⑤ 因此，几乎没有法律道德主义者赞成在刑法或者刑事处罚上降低这些犯罪的数量。⑥ 然而，摩尔却

---

① 米歇尔·摩尔：《论刑法的谴责性》，牛津：牛津大学出版社，1997年，第104页。

② 米歇尔·摩尔：《论刑法的谴责性》，牛津：牛津大学出版社，1997年，第8页。

③ 米歇尔·摩尔：《论刑法的谴责性》，牛津：牛津大学出版社，1997年，第662页、第646页和第669页。

④ 关于详细的分析，参见道格拉斯·N. 胡萨克：“刑法中的报应主义”，载《圣地亚哥法学评论》第37期，2000年，第959页。

⑤ 参见帕特里克·德夫林：《道德的法律强制》，牛津：牛津大学出版社，1965年。

⑥ 针对报应主义的批判，请参见詹姆斯·Q. 怀特曼：“质疑报应主义”，载《布法罗刑法评论》第7期，2003年，第85页。

迫不及待地将他自己的关注点从这些传统的关注点当中脱离出来，例如他主张“道德对性行为应持中立的态度”。[①] 摩尔的第二个观点是：不道德性足够证成对行为进行刑事处罚，但人们不应该根据字面意思死板地去解释该观点。[②] 就像其他有理智的学者一样，摩尔也意识到即使在涉及对不道德因素进行考量时，也会有很多因素限制施加刑事制裁。这些因素包括合法性、可行性以及人类认知能力的有限性。[③] 但最重要的一点是：刑法应该保障公民享有不受国家恣意侵犯之基本自由。很多时候，允许自由选择之善要高于不法行为不受罚之恶。[④] 因为这些因素的限制，摩尔最终要禁止的具体行为种类与笔者的极简主义理论要禁止的行为种类相比，没有实质性的差异。[⑤] 因为摩尔不禁止传统的法律道德主义者要惩罚的诸多行为，因此，其把他自己描述为“具有自由主义色彩的法律道德主义者”。[⑥]

我们应该怎样来评价这种理论？法律道德主义者接受笔者所论证的刑法内部限制原则，认为这种限制是每一种合理的犯罪化理论都必须包括的。特别是当刑事不法行为本身具有可遣责性而

---

① 米歇尔·摩尔：《论刑法的谴责性》，牛津：牛津大学出版社，1997 年，第 662 页。

② 摩尔的解释是：“只有不道德性满足刑罚的合理性应具备的条件时，才具有罪责性。”参见米歇尔·摩尔：《论刑法的谴责性》，牛津：牛津大学出版社，1997 年，第 173 页。这种解释是否站得住脚引起了尖锐的讨论。参见里奥·塞伯特：《刑罚与报应》，佛蒙特州伯灵顿：Ashgate 出版社，2006 年，第 163 页。

③ 里奥·塞伯特：《刑罚与报应》，佛蒙特州伯灵顿：Ashgate 出版社，2006 年，第 68 页、第 661—665 页。

④ 里奥·塞伯特：《刑罚与报应》，佛蒙特州伯灵顿：Ashgate 出版社，2006 年，第 68 页、第 763—777 页。

⑤ 摩尔关于毒品犯罪的应对方法的分析，参见里奥·塞伯特：《刑罚与报应》，佛蒙特州伯灵顿：Ashgate 出版社，2006 年，第 778—第 795 页、第 271 页。

⑥ 里奥·塞伯特：《刑罚与报应》，佛蒙特州伯灵顿：Ashgate 出版社，2006 年，第 661 页。

刑事刑罚有存在之必要性时，其更为认可笔者提出的刑法内部限制原则。不可否认，法律道德主义者通常不认可刑事责任的施加必须以造成危害为前提这一限制原则。① 此外，他们也没有必要质疑笔者所主张的那种根植于刑法本身的限制原则：严重危害或恶意限制原则，但他们可能接受该原则的第二个内容：重大邪恶，因为法律道德主义认为刑法应该被设计来禁止邪恶，而且认为邪恶是与危害不一样的东西。按照这种法律道德主义的观点，不法性和邪恶限制原则是重复的。因为不法行为正好就是一种旨

---

① 摩尔对于危害原则的反对主要有两个部分。首先，他提出了三个反例——对于这些案例法律道德主义者都将其予以犯罪化。但是那些坚持危害限制原则的学者认为不应将其犯罪化。这些行为是：虐待动物、侮辱尸体及灭绝某种生物种类。其次，他断言危害限制原则是排他的。摩尔质疑究竟是什么理由使没有把刑事制裁的范围扩展至那些未造成危害但可归责的不法行为之上的决定具有正当性。当没有危害发生之时，为什么那些其他地方被视为具有重要作用的道德因素在这个问题上又被视为不重要？在下文中，笔者将试着对那些反对危害原则的异议进行简要的回答。

首先，笔者将快速回答那些针对危害限制的三个反例。首先，笔者认为接受危害原则的学者会拒绝被置于捍卫观点的位置上。正如我们所看到的，摩尔自己的理论相较于他的竞争性理论而言，在面对这三个反例时也处于更易受攻击的位置。然而，我们更应该直接阐述该三个反例。摩尔的第一个和第三个案例并没有提出什么不可克服的难题。如果一个学者为了证成刑罚的正当性，而认为危害不是必须发生在人类身上，那么虐待动物的行为也应该为法律所禁止。然而值得注意的是，对于非人类的动物的危害太常见了。基于同样的原理，我们也能得出灭绝某种生物种类的行为也应该被禁止。而针对第二个反例，即侮辱尸体的行为，其正当性的证明可能更为困难。笔者不想去细究在对此问题的各种可行的回答。也许死者遭到了伤害，或者生者因为侥幸生还而获得了利益。作为最后一种手段，那些坚持危害原则的人会认为刑事惩罚在这些案件当中并非正当。当人类的理性没有被影响时，那些保护尸体的规范可能更多的是一种戒律，而不是值得捍卫的禁止性规范。

摩尔反对危害原则的假想的理论难题实质上没有多少说服力。当没有危害发生时，摩尔质疑为什么道德原因与刑事立法基础没有多大关系。他质疑究竟什么东西能够使得这种排除是合理的。然而，实际上危害原则（或者其他任何原则）都并没有作出这种排除。笔者在这里坚持一种综合理论，即在行为被犯罪化之前，有一些内在或者外在的限制必须得到满足。然而，不正当性本身也并非充分要件。笔者认为对于合法地施加刑事制裁，不正当性和危害原则（或者是恶意）都是必须满足的条件。

在产生某种邪恶的行为。不管怎样，在犯罪化理论上，笔者的观点与法律道德主义者的观点最重要的不同点在于：法律道德主义者并不接受笔者所主张的犯罪化理论应有外部限制——这些外部限制是笔者参照宪法上所进行的中级审查标准得出来的。在重大公共利益缺失的情况下，不受刑罚惩罚之权利不应该受到干预，刑法规范必须旨在直接促进该利益的实现，刑法必须在必要的限度以内实现立法目的，而不得超出该限度。因此，笔者反驳法律道德主义理论的依据不是证成刑事责任合法性的危害或危害风险。笔者的观点会使得我们接受更精细的犯罪化理论，该理论相较于法律道德主义者否认施加不正当刑事制裁的理由而言，具有更为丰富的内容。

为什么认为非道德性已足够证成刑事责任和刑事刑罚的正当性？换句话说，我们为什么应支持法律道德主义的观点？摩尔回答认为，施加应受刑罚之价值不在于它的结果，而是仅仅完成了报应主义原则的价值。摩尔认为："惩罚有罪之人能够实现某种善——即正义，其他任何善的结果与此相比，均不重要。"① 其他能够佐证这种观点的是民法中的相关概念。丰富而令人印象深刻的哲学研究，对法律和经济运动进行了反映，并将侵权责任解释为矫正正义实现的一种工具。② 让人惊讶的是，几乎没有学者在讨论刑事责任之时采用类似的路径，即将刑事责任作为实行报应

---

① 里奥·塞伯特：《刑罚与报应》，佛蒙特州伯灵顿：Ashgate 出版社，2006 年，第 111 页。

② 朱尔斯·科尔曼对此亦有很好的论述，参见朱尔斯·科尔曼：《风险与违法行为》，剑桥：剑桥大学出版社，1992 年。也可参见欧内斯特·J. 万睿博：《私法论》，剑桥：剑桥大学出版社，1995 年。

正义原则的工具。①

基于三个理由，笔者认为报应正义原则的价值不足以证成对可归责的不法者施加惩罚的刑法规范的正当性。第一个原因笔者已经讨论过了，笔者在此不再重复。② 有些不法行为仅侵犯私人而不具有公共不法性，因此，这种行为不应该受到国家惩罚。不可否认，公共不法行为和侵犯个体的不法行为之间的界线是很难界定的。此亦正是法律道德主义者的难题。然而，除非界定该界线的问题能够说服我们放弃我们所作的全部努力，那么不法性并不是证明刑事责任及刑罚正当性的充要条件。很多令人不耻的不道德行为，并没有被刑法所禁止，而且也没有学者主张将其纳入刑法的规制范围。③ 例如，我们并不会对违约或者侵权行为进行刑事惩处，不是因为这些行为不具有不法性，而是在于这些不法行为是侵犯私人的行为。④ 正如我们所见，安东尼·达夫认为刑事责任理论必须首先明确阐明我们究竟是对谁或哪个主体具有承担责任的这种关系。⑤ 只有那些我们应当承担责任的人或者主体，才足以让我们对那些违反道德义务的过错负责。当一种不法行为仅仅是侵犯私人的行为，承担责任的方式应该由受害人来选择，被侵害者基于他自己真实的意愿不予追究违法者之责任的决定具有决定性。法律道德主义者消除了侵犯私人的不法行为与公共不

---

① 参见大卫·伍德："报应正义与矫正正义：刑法与私法"，载皮特·瓦尔格伦编辑：《法理学：纪念杰斯·巴亚普文集》，斯德哥尔摩法学院：《斯堪的纳维亚法学研究第》第48期，2004年，第541页。

② 参见第3章第II部分。

③ 参见里奥·卡茨："恶行与重罪—关于犯罪化的一个问题"，载《布法罗刑法评论》第6期，2003年，第451页。

④ 值得注意的是民事不法行为也具有危害性。参见约翰·克雷尼格：刑法性的危害他人，载《刑事司法伦理》第5期，1986年，第3页。

⑤ 参见R.A. 达夫：《国内和国际刑法中的责任》（即将出版）。

法行为之间的区别。[①] 如果没有这种区别，即使是自由法律道德主义者，也会被迫接受过于膨胀的刑法典。而通过比较，该法典比我们现在所面对的过度犯罪化的困境更加糟糕。

现在笔者将较为简要地阐述笔者反对法律道德主义第二个原因。之所以仅仅简要阐述，是因为该主张是可推断出的，而且其在笔者接下来的论证中不具有关键性作用。实现报应正义原则的价值，并不意味着合法的刑罚在本质上就是善的，也不意味着我们有理由施加这些刑罚。当然在一般情况之下，施加一种带有污名效应的刑罚，在本质上肯定是坏的。国家（以及其他任何人）都有理由不施加这种刑罚。然而，当刑罚被正当化的时候，刑罚从本质上来说亦就不是恶的。当然，这并不能得出那些在本质上不恶的东西在本质上就一定是善的。实现报应正义的价值可能仅仅否定了我们不惩罚的原因，但我们依然欠缺理由来证成施加这些已经被正当化的刑罚，因为施加正当化刑罚的事态可能并不能带来正面价值。因此，还需要其他的因素——不是某种刑罚本质上不恶，来证明刑罚的正当性。[②]

在下文当中，笔者将详细阐述笔者反对法律道德主义的第三个理由。笔者的论述将由两个彼此相关却有显著差别的部分组成，且每部分都着重说明为什么国家是实施刑罚最适合的工具。法律道德主义者亦一直试图阐述为什么执行报应正义原则的任务

---

① 同样，达夫认为法律道德主义者没有认识到刑事责任领域管辖权限制的意义。如果所有不法行为都是国家的事情，而且国家必须提供一种合理性将其予以刑犯罪化，那么就可能出现这种情况：一个德国人在德国偷了一个德国人的东西，那么英国基于英国的法律也应该对行为予以犯罪化。法律道德主义者的立场认为每个人及每一国家都应该对所有从道德角度来定义的不法行为予以适当关注。参见 R. A. 达夫：《民主的刑事责任》（即将出版）。

② 参见拉塞尔 · L. 克里斯多夫：“制止报应主义—‘正义’刑罚之非正义”，载《西北大学法学评论》第 96 期，2002 年，第 843 页。

会落到国家身上。[①] 首先，笔者将阐明可归责的不法者应承受的可能不是刑罚。其次，笔者将阐明当国家的刑罚具有正当性时，在证成刑罚的正当性过程中，结果主义的考量因素具有重要作用。笔者的极简主义理论包含结果主义的因素，同时，亦能够说明为什么刑罚应该由国家来施加。

摩尔针对质疑主要诉诸直觉进行解释。这些直觉主要源自于那些广为人知的实验。直觉亦主要是证明可归责的不法者受惩罚的事态优越于违法者不受惩罚的事态——即使在主观不法者受惩罚的事态中，功利主义的目标并没有实现。法律道德主义者从这些实验中得出结论，认为受访者对于刑法以及刑罚的根据都持有报应主义的信念，并且证明结果主义在证成刑罚的合理性过程中毫无作用。每个案例都涉及犯了滔天大罪之人，但是根据功利主义理论，这些人接受的刑罚却不具有正当性。[②] 换句话说，（除了能实现报应正义之外）通过刑罚不能使善得到弘扬。但是对于这些案例，一些著名的哲学家有不同的直觉认识。[③] 摩尔认为，承受正当的该当刑罚惩罚的事态，优越于承受的是非正当、非该当的刑罚事态（尽管正当的该当刑罚本质上也可能是非善的）。笔者赞成摩尔的观点，同时笔者亦赞成其关于将报应主义与结果主义相分离的观点：我们对每个事态的判断，并不依赖于功利性利

---

① 或许报应主义和复仇主义之间最鲜明的差异在于：国家所授予的处罚权限不一样。参见杰弗里·G·墨菲："报应主义中的国家利益"，载《当代法律问题》第5期，1994年，第283页。

② 摩尔所选取的具体案例是：国家诉钱尼案，447 P·2d 441（1970）。摩尔通常将重点放置在第一个人身上，他认为正因为该人对他所犯下的严重罪行感到内疚，才使得他认为自己应受惩罚。参见米歇尔·摩尔：《论刑法的谴责性》，牛津：牛津大学出版社，1997年，第145页。

③ 摩尔论证并回答了这些哲学家的问题。米歇尔·摩尔：《论刑法的谴责性》，牛津：牛津大学出版社，1997年，第83页—第188页。

益。对于这点，笔者也同意。此外，笔者还认为这些实验并没有证明法律道德主义者的主张和要求：没有证明为什么惩罚这些可归责的不法者时国家是正当的，亦没有证明当国家刑罚是正当的时，结果主义为什么毫无作用。

笔者将假定两个案例，并对两个案例进行对比从而说明笔者认为这些实验所展示的和没有展示的东西。在案例 1 中，某人很明显实施了具有可归责的不法行为，尽管他的行为还未构成犯罪。设想大卫实行了极凶恶的行为，但是由于某种原因，比如因立法的疏忽或因不存在有效的法律体系，所以导致大卫的行为不被禁止。那么即使从摩尔的观点出发，国家亦没有实现报应正义的法定职权。假设大卫所伤害的受害者的兄弟姐妹非常的愤怒，他们寻求报复。在这种情况下，他们要求大卫必须承受因其具有可归责的不法行为而导致的剥夺权利的污名效应带来的痛苦。当然，遭受的痛苦的程度必须与其行为造成的刑罚该当性程度适宜。大卫并没有受到国家刑罚的惩罚，但是其所遭受的痛苦达到了与接受国家刑罚相同的程度。在这里，笔者并不去探求受害者的兄弟姐妹的行为是否为法律所许可。可以肯定地说，他们的行为不为法律所许可。然而笔者的问题是我们报应性的直觉是否得到了满足？笔者认为答案是肯定的。① 如果基于报应正义的目的给了大卫他应受的刑罚，笔者相信报应的目标已经实现了。② 笔者认为，国家刑罚并不是唯一可能的（即使它是唯一被允许的方式）实现报应正义所欲实现之目的的方式。即使在那些国家欠缺对具有可归责的不法行为人进行惩罚的情况下，报应正义的需求也能够得到实现。

① 有关进一步详细的论证，请参见道格拉斯 · N. 胡萨克：“论惩罚过度”，载《哲学问题研究》第 18 期，1990 年，第 79 页。

② 当然报应产生了额外的要求。许多人不认为报应主义要求可归责的不法行为者应当以某种适当的方式回应那些他们为之负责的人。

在案件 2 中，琳达实施了具有可归责的不法的同样的行为。但却因为立法没有忽略该行为，所以在琳达实施行为之前，该行为已经被犯罪化。在国家逮捕之前，琳达被害人的兄弟姐妹进行了报复。笔者没兴趣探究被害人兄弟姐妹的报复行为，笔者的问题是：抛开琳达已经因其行为受到了恰当程度的痛苦的事实，我们的报复观念是否允许国家惩罚琳达？在所有这些思想中，我们必须承认通过对琳达进行惩罚我们不能获得好的结果，那么我们是否还应该坚持国家的刑罚是许可的？我认为是不允许的。如果笔者是正确的，我们的报应性观念只能允许具有可归责性的不法者承受他们的可归责的不法行为所对应的痛苦（或者接受他们的不法行为所对应的资格剥夺）。这些直觉知识并不认为可归责的不法行为人只能通过接受国家刑罚而得到其应受之刑罚。换句话说，即使当国家对于可归责的不法行为人具有法定职权时，我们的报应论也没有真正证明**国家刑罚**是必要的。

让笔者来阐述一个可能的误解，从而进一步说明笔者的观点。在案例 1 当中，大卫罪大恶极的行为恰好不是一个犯罪，在这里笔者提及罪刑法定原则（罪刑法定原则排斥事先没有规定为犯罪的行为受到惩罚），并不仅仅是因为该原则对刑事制裁的施加设置了障碍。[①] 案例 1 和案例 2，都对摩尔的观点提出了挑战，

① 法律道德主义者是否能够证成法无明文规定不为罪这一法律原则？假设国家由于疏忽没有将某种可归责的不法行为予以犯罪化。摩尔认为，国家有理由惩罚这种行为，但是基于此法律原则而产生的某种价值却不允许这样做。根据摩尔的观点，罪刑法定原则所具有的价值，将推翻那些认为不道德性也应该受到惩罚的与罪刑法定原则观点相异的原则。在许多情况下，摩尔也认为惩罚某个没有违背现行法律的人而产生的不正当性，被不惩罚导致的恶性所超越。他提到的这种现象的例子存在于纳粹时期的战争犯罪中。参见米歇尔·摩尔：《论刑法的谴责性》，牛津：牛津大学出版社，1997 年，第 187 页。但为什么这些价值应该以这种方式予以平衡现还尚未确定。

即对国家刑罚是可归责的不法行为人应得的惩罚的观点提出了挑战。作为一种替代性观点，笔者认为可归责的不法行为人应得的应该是一种会让行为人感到羞耻的权利剥夺或痛苦。法律道德主义者所提供的经验区别是模糊不清的。我们设想，如果一个可归责的犯罪人不承受刑罚，那么他就不会因他的犯罪而遭受痛苦。从直觉上来说，我们不能够接受这样的前景。笔者所举出的例子的主旨是为了把国家刑罚和遭受痛苦分离，描述的案件也是为了说明后者遭受了痛苦而前者没有遭受痛苦。当给行为人施加了会带来耻辱的权利剥夺，但却不是通过国家刑罚施加的，那么笔者和摩尔所共同赞成的报应直觉已经得到满足，因此，就不应允许再施加刑罚。

在评价摩尔提出的那种观点时，我们可以设想，除非一个人被惩罚，否则可归责的不法者不会遭受痛苦，因为我们认为只有国家才有权力如此令人害怕地处罚大卫和琳达。当然，笔者并不想挑战这种观点，笔者亦没有宽恕那些复仇心重的兄弟姐妹的行为。笔者的观点是：并非仅仅只有国家刑罚才能够满足报应正义的要求。如果我们否认受害者具有施加报复的职权，而只将实施刑罚的专有权力赋予国家（正如我们所做的那样），我们就不能从假定只有国家能够满足报应正义，从而得出令我们满意的理由。我们倾向于创制国家刑罚机构施加私人报复的理由，不能仅仅从完成报应正义原则的价值中推断出来。

支持笔者论点的另一种方法主要是：“适当”这一令人迷惑的关系，即报应主义者通常会诉诸“适当”来解释罪与罚之间的关系。正如当我们一看到某种残忍的情景，总会有一些适当或适合的东西对此作出否定性评价一样，我们亦会有理由假定对国家施加刑罚于罪犯亦有合适或恰当的东西对此进行反对。然而实际上，我们直觉上认为的“适当”并不真正地来自于罪与罚之间，而是存在于罪（作为可归责的不法性）与让人感到受辱的权利剥夺之间。我们有时会感觉直觉上确实有一个适当性存在于罪与罚之间，这是因为我们错误地认为只有国家才能施加适当程度的刑罚。那些赞成笔者在这里所阐述的直觉的人会拒绝这种假定。

法律道德主义之所以存在问题，是在于它没有提供足够的理由说明为什么国家可以制定刑法，并可以对那些违反刑法的人进行惩罚。[①] 如果笔者所得出的该结论是正确的——即倾向于通过国家刑罚而不是私人报复的理由不是仅仅从完成报应正义原则的价值当中推断出来的结论是正确的，那么是什么其他根据使刑法和刑罚具有正当性？为什么人们要创造刑事司法的机构，而完成其所开展的工作并不需要浪费时间、力气和代价？学者已经给出了很多可能的解释[②]，但是笔者所提倡的犯罪化理论提供了一种更为合理的解决方法。根据笔者理论中所包含有的外部限制原则，国家诉诸刑事制裁肯定是为了实现重大利益，而受到质疑的成文规范必须直接能够促进国家利益的实现。该限制是以结果主义为导向的，其朝向的是未来而不是回望过去。由于国家在适用刑事制裁之前，必须要致力于直接增进某种重大利益，因此，国家就必须保证有足够的理由使违法者接受刑罚。为什么国家在报

---

① 法律道德主义者当然会认为，能够保证报应正义持续起作用的最好方式就是仅仅赋予国家执行报应的职权。即使这是正确的，这种反驳在面对笔者下面这种异议之时，也没有说服力：实现报应正义的价值并不足以抵消笔者所论述的刑罚缺陷。

② 对于为什么只有国家才具有惩罚权的一个非工具主义的论点，可参见阿龙·阿雷尔：“为什么只有国家才能进行惩罚：私人对不当行为惩罚产生的不利”，载《卡多佐法学评论》（即将出版）。

应之中享有合法利益的问题，应该被纳入犯罪化本身的考量。由于法律道德主义者认为可归责的不法行为，是证明刑法及刑罚合理性的充要条件。但是，法律道德主义缺乏说明为什么国家在分配刑事正义方面应有所作为，而关于该问题，笔者的理论能够很好的阐明。

与法律道德主义者不同，笔者不相信仅仅将刑法和刑罚体系视为一种实行报应正义原则的工具就可以证明其正当性——即使笔者赞成颇有争议的直觉，即可归责的不法行为人受到惩罚的事态，比可归责的不法行为人没有被惩罚的事态更可取。在证成刑法和刑罚正当性的过程当中，以结果为导向的因素必须得到充分的考虑。摩尔仅仅告知了这些因素的一部分——当然，这也是非常重要的一部分。然而，为了完整地说明其原因，人们必须说明国家得刑罚带来的利益是值刑罚的投入的。摩尔以令人印象深刻的方式细述了这些利益的一部分：刑罚是通过对可归责的不法者施加其应得惩罚的实现报应正义的方式。但如果刑罚必须付出巨大代价，结果又如何？笔者将集中阐述三种这样的刑罚代价，其亦是刑罚的弊端。由于是由国家而不是由神管理，因此，因为刑罚的此三种代价，公民很不情愿创设刑事司法系统。首先，我们整个刑事司法系统所耗费的金钱是巨大的。[①] 我们的刑罚机构耗费了大量的金钱，而对于纳税人而言，他们可能更愿意用这些钱去实现其他一些有价值的事情，比如教育、交通、艺术或者诸如此类的东西。第二，我们的刑罚体系很容易出现错误。尽管我们

---

① 我们的刑事司法体系会产生很多额外的费用。在 2003 年，联邦和州监狱的花费就超过了 1,850 亿美元。参见美国司法部：《刑事司法数据原始资料》（2003）第 1 条第 1 款。

的出发点是好的，但在某些时候，刑罚一定会被错误地施加。[①]第三，刑罚制度所产生的权力一定会被滥用。官员们能够而且已经有官员超过他们的权限滥用刑罚，虽然有些是故意的有些是过失的。[②] 总之，这三种弊端使我们很难证成国家刑罚的合理性。[③]

对刑罚弊端的敏感性削弱了对刑罚正当性的论证。表面看起来，法律道德主义者认为，给可归责的不法行为人施加了刑罚，从而就增进了这个世界的固有价值，那么他们的任务就已经完成了，尽管罪犯接受的应受之刑罚并没有增进功利。[④] 笔者理解为什么报应主义者倾向于着重阐述这一重点，而结果主义者却不愿意承受这一点。但是，这并不足以证明刑法及刑罚制度的合理性，甚至对法律道德主义者来说，也是不足以证明刑法和刑罚的合理性。法律道德主义者不仅必须证明可归责的不法行为人所受刑罚在本质上并不是恶的，而且还必须阐明刑罚带来的价值足以抵消刑事司法制度不可避免地带来的弊端。也许只有在刑罚不存在上述弊端的假想世界里，报应正义才能够证成刑罚的合理性。例如在一个神圣的国度里，施加报应不会产生任何费用，没有无辜的人会受到刑罚惩罚，贪污腐败和滥用职权也不存在。很不幸的是，这样一个假想的世界与我们所居住的世界相差甚远。我们

---

① 参见“无罪工程：不正当定罪的原因和救济”，http：www · innocenceproject · com/causes/index · php；也可参见“错误判决研讨会综述”，载《金门大学法学评论》第 37 期，2006 年，第 1—217 页。

② 参见安东妮诉波扎案：“未受约束的警察：腐败、滥用职权及英雄主义”，Amherst，N · Y · ：Prometheus Books，2001。

③ 对于早期的观点，可参见道格拉斯 · 胡萨克：“为什么应该惩罚应受惩罚之人?”，载《理性》第 26 期，1992 年，第 447 页。

④ 当然，他们并不需要声称遵循报应正义原则具有巨大的价值，因此刑罚必须被施加于应受惩罚之人，尽管整个市民社会如康德假定的那样就会抵制这种做法。参见伊曼努尔 · 康德：《道德的形而上学》，剑桥：剑桥大学出版社，1996 年，第 474 页。

应该同情被要求出资建立仅仅实现报应正义的刑罚制度的公民。人们可能更愿意将他们缴纳的税金用于其他一些有价值的目的。[①]笔者认为，实现报应正义还不足以证明创制具有笔者所描述的那些可怕的缺陷的刑事司法制度的合理性。我们需要另外的一些东西来证成刑法与刑罚的合理性。

如果我们和摩尔都认为，社会不仅有权利而且有义务通过施加应得的刑罚而实现报应正义，那么遭遇的困难是不能解决的。[②]相同的问题还会同样出现。法律道德主义者不仅要证明施加刑罚是一项义务，也必须证明该义务是证明创设具有笔者前述三个缺陷的刑罚制度的正当性的充要条件。除非我们对该义务已经有所了解——即了解实现报应正义价值的程度，否则我们就不能正确评价最近所出现的诸多问题。以最近关于废除对于强奸罪诉讼时效所产生的争论为例。[③] 现在 DNA 证据已经能够让我们在犯罪发生的数年以后确定实施了强奸罪的罪犯。我们是否应该追诉那些我们现在已经能够确定的在数十年前犯下强奸罪的行为人？对于该问题，报应正义者基于其赋予报应正义的重要性程度不同，可能会有不同的回答。那些认为实现报应正义具有重大意义的学者，可能会认为时效法在面对可以确认强奸罪犯的可靠证据时应该让步。然而，如果实现报应正义的价值是微不足道的，那么诉讼

---

① 刑罚所带来的价值总额足以抵消创制刑事司法体系所不可避免地带来的缺陷的难题，只有在政治哲学而不是道德哲学的范畴内证成刑法和刑罚的合理性，才能够解决。笔者反对法律道德主义的另一种原因是：法律道德主义仅仅强调法律道德主义并忽视刑事司法的政治维度。

② 米歇尔·摩尔：《论刑法的谴责性》，牛津：牛津大学出版社，1997 年，第 91 页。

③ 参见维罗妮卡·萨尔瓦多："DNA 的意义：证明过去残酷强奸案的万灵药？" 载《乔治城法学期刊》第 90 期，2002 年，第 1009 页。

时效法的说服力就会变弱。即使我们有义务通过惩罚可归责的不法行为人来实现报应正义，我们仍然必须衡量该义务的说服力。

但如果要回答笔者之前所提出的问题，我们还必须证明刑罚可以产生额外的价值——一种被附加在实现报应正义价值之上的价值，其可以证明创制刑法和刑罚制度的合理性。笔者认为这种价值可以在笔者的犯罪化理论中的重大国家利益要件中找到。能够直接增加重大国家利益的方法，例如防止危害他人等，很明显是值得花费纳税人所缴纳的税金的。除非我们能够找到其他更好的方法来实现我们的重大利益，否则我们现在必须冒滥用职权和贪污腐败的风险。这些目标的进一步实现（希望理想地）能抵消刑罚的弊端并给公民足够的理由相信创制刑法体系具有合理性。[①] 如果笔者的认识是正确的，那么以结果主义为导向的考量因素在论证刑法与刑罚是合理的过程中将发挥无法替代的作用，并且亦证明法律道德主义者的观点是错误的。

还可以采纳以下这一最后方式论证笔者的观点。首先，让我们假设可归责的不法行为人具有消极的该当性。正如大家会认为的那样，具有消极该当性的行为人受到惩罚的事态在本质上是善的。同样，大家亦会认为，具有积极该当性的行为人会获得发展的事态在本质上亦是善的。当然，消极该当性和积极该当性中存在不对称。因此，剥夺那些具有消极该当性的行为人的价值，与奖励具有积极该当性的行为人的价值相比更高。[②] 当然，在对具

---

① 关于对善的结果是否能抵消刑罚的弊端的质疑，参见大卫·伍德："报应主义、降低犯罪和刑罚正当性"，载《牛津法学研究》第22期，2002年，第301页。

② 关于消极该当性与积极该当性不对称的论述，参见J. L. A. 迦西亚："该当性的两个概念"，载《法律与哲学》第5期，1986年，第219页。

有积极该当性的行为人进行奖励中，也会产生一些固有的价值，无论该固有价值是如何轻微。然而，我们不应该推断，只有国家才能通过对具有积极该当性的行为人施加刑罚才能实现该固有价值。我们也不能认为，该固有价值的程度，就能向纳税人证明国家创制刑事司法体系具有正当性。只有某些附加利益的获得——这亦是笔者的犯罪化理论所要求的，才能证成刑法和刑罚的正当性。

具有争议的是，笔者的批评仅仅是针对摩尔的法律道德主义进行的，笔者并没有反对法律道德主义的一般原理。必须承认的是，在解释刑法应该禁止哪些行为之时，不法行为确实扮演着重要的角色。[①] 当然，其他一些自称法律道德主义者的学者，可能采取公共不法和针对个体不法的这种观点，并会证明为什么针对个体的不法行为不应予以犯罪化。法律道德主义者亦会证明正当化的刑罚产生的是固有价值而不仅仅是负价值。在解释为什么国家应该创设刑事司法体系，尽管该刑事司法体系具有很多弊端时，法律道德主义也会为结果主义为导向的考虑因素留有一定空间。但是，没有学者为这种法律道德主义进行辩护，或者解释为什么这种不同的理论是法律道德主义的另外一种版本，尽管其与摩尔的理论不同。此外，我们还应该注意，该种理论引起的问题更少，且这种理论跟笔者构建的理论更接近。然而笔者并不是认为，比笔者提出的犯罪化理论更好的理论可能不会获得支持。笔者不知道这种主张怎样才能得到支持？笔者仅仅是认为，现在还没有比笔者提出的更好的理论存在。

---

① 也就是说，不正当性不应该仅仅被视为限制国家应对哪些行为予以犯罪化，同时还必须证明行为之所以应犯罪化是因为这种行为是一种可归责的行为，这样才具有合理性。

如果笔者是正确，法律道德主义——与笔者前面研究的两种犯罪化考量因素一样，是劣于笔者的理论。除非笔者忽视了某个具有可行性的竞争者，笔者断定笔者主张的犯罪化极简主义理论优于在漫长的法哲学历史上能够找到的可供选择的其他理论。在我们与正让我们陷于困境的过罪化问题做斗争中的过程中，如果要进一步实现正义，那么采用笔者的理论会比其他理论取得更大的成效。

案件目录

阿丁顿诉得克萨斯州，441 U. S. 418（1979）

艾伦诉伊利诺伊州，478 U. S. 364（1986）

阿特沃特诉拉格维斯塔市，533 U. S. 924（2001）

博尔格诉 Youngs 药物产品公司，464 U. S. 60（1983）

LukumiBabalu Aye 教堂诉海厄利亚市，508 U. S. 520（1993）

辛辛那提市诉 Discovery 网络公司等，507 U. S. 410（1993）

柯克尔诉佐治亚州，433 U. S. 584（1977）

联邦诉赫钦斯，575 N. E. 2d 741（Mass. 1991）

克雷格诉博伦，429 U. S. 190（1976）

住房与城市发展部诉拉克尔案，535 U. S. 125（2002）

美国就业司诉史密斯，494 U. S. 872（1990）

尤因诉加州，538 U. S. 11（2003）

佛罗里达律师协会诉 Went for it 公司，515 U. S. 618（1995）

Liquormatr 酒行公司诉罗德岛州，517 U. S. 484（1996）

大黄蜂广播公司协会诉美国，527 U. S. 173（1999）

格里斯沃尔德诉康涅狄格州，381 U. S. 479（1965）

汉莫林诉密歇根州，501 U. S. 957（1991）

霍洛威诉美国，526 U. S. 1（1999）

堪萨斯州诉亨德里克斯，521 U. S. 346（1997）

纳勒尔诉 DPP，（1973）AC 435.

兰伯特诉加州，355 U. S. 225（1957）

劳伦斯诉德克萨斯州, 539 U. S. 558 (2003)

密歇根州诉沃特华, 728 n. w. 2d 881 (2006)

密苏里州诉汉特尔, 459 U. S. 359 (1983)

摩尔诉 E. 克利夫兰市, 431 U. S. 494 (1977)

新泽西州诉艾弗里, 592 A. 2d 205 (1991)

新泽西州诉马丁, 573 A. 2d 1359 (1990)

新泽西州诉 Ogar, 551 A. 2d 1037 (1989)

新泽西州诉罗德里格斯, 645 A. 2d 1165 (1994)

帕尔可诉康涅狄格州, 302 U. S. 319, 326 (1937)

帕帕克里斯托诉杰克逊维尔市, 405 U. S. 156 (1972)

检察官诉德希娜, 138 N. E. 2d 799 (1956)

检察官诉米亚雷斯, 491 P. 2d 1115 (Cal. 1971)

检察官诉撒切尔, 489 P. 2d 1361 (1972)

平克顿诉美国, 328 U. S. 640 (1946)

波萨达斯德波多黎各协会 DBA 康达假日酒店诉波罗里格旅游公司等, 478 U. S. 328 (1986)

Posters 'N' Things 诉美国, 511 U. S. 513 (1994)

普林茨诉美国, 521 U. S. 898 (1997)

里贾纳诉奥克斯 (1986) 26 DLR (4th) 200.

雷诺诉美国民间自由联盟, 521 U. S. 844 (1997)

伦多诉课间剧院有限公司, 475 U. S. 41 (1986)

罗宾森诉加州, 370 U. S. 660 (1962)

罗伊诉韦德, 410 U. S. 959 (1973)

罗默诉埃文斯, 517 U. S. 620 (1996)

鲁宾诉库尔斯酿酒公司, 514 U. S. 476 (1995)

卢娜尔诉埃斯特尔, 445 U. S. 263 (1980)

肖诉 DPP, [1962] A. C. 220.

史密斯诉无名氏, 538 U. S. 84 (2003)

国家在 M. T. S. 的利益, 609 A. 2d 1266 (1992)

国家诉钱尼, 447 P. 2d 441 (1970)

国家诉帕拉西奥, 545 A. 2d 764 (1988)

美国农业部诉莫雷诺, 413 U. S. 528 (1973)

美国铁路退休局诉佛利兹, 449 U. S. 1 (1980)

美国诉贝利, 444 U. S. 394 (1980)

美国诉巴林特, 258 U. S. 250 (1922)

美国诉布洛克伯格, 284 U. S. 299 (1932)

美国诉布克尔, 533 U. S. 924 (2005)

美国诉美国石膏有限公司, 438 U. S. 422 (1978)

美国诉弗吉尼亚州, 518 U. S. 515 (1996)

美国诉沃登, 448 U. S. 242 (1980)

参考文献

1. 诺曼·阿布拉姆斯："论新型辅助犯罪"，载《刑法论坛》第1期，1989年。

2. 马修·阿德勒："法之表达功能论：怀疑性的概要分析"，载《宾夕法尼亚大学法律评论》第148期，2000年。

3. 拉里·亚历山大："义务论的阈值"，载《圣地亚哥法律评论》第37期，2000年。

4. 拉里·亚历山德拉："刑事可归责性的统一概念"，载《加利福尼亚州法律评论》第88期，2000年。

5. 拉里·亚历山大：《是否有言论自由》，剑桥大学出版社，2005年版。

6. 拉里·亚历山大："刑法哲学"，载朱尔斯·科尔曼和斯科特·夏皮罗主编：《法理学与法哲学牛津手册》，牛津：牛津大学出版社，2002年。

7. 彼得·奥尔德里奇："毒品交易"，载A. P. 斯密斯特、A. T. H. 史密斯主编：《危害与可归责性》，牛津：科学出版社，1996年。

8. 阿尔伯特. W. 阿尔舒勒："蚊子之力能够吞咽骆驼：比巴斯教授的道德选择分析"，载《康奈尔法学评论》第88期，2003年。

9. 美国律师协会：《刑法的联邦化》，1998年。

10. 大卫·安德森："威慑设想和扒手及绞刑"，载《美国法律和经济评论》第4期，2002年。

11. 伊利亚·安德森：《街头：种族、阶级和城市社区的变化》，芝加哥：芝加哥大学出版社，1990 年。

12.. 理查德·阿内森："公平原则和免费搭便车问题研究"，载《伦理》第 92 期，1982 年。

13. 巴格瓦特·阿修托什："宪法分析中的目的审查"，载《加利福尼亚法律评论》第 85 期，1997 年。

14. 安德鲁·阿什沃斯："刑法事业的失败?"载《法律评论季刊》第 116 期，2000 年。

16. 安德鲁·阿什沃斯：《刑法原则》，牛津：Clarendon Press，2003 年。

17. 安德鲁·阿什沃斯、露西亚·泽塔内尔："捍卫刑法：反思犯罪、程序和制裁的特征转变"（即将出版）。

18. 安德鲁·阿什沃斯、迈克尔·雷德梅恩：《刑事诉讼法》，牛津：牛津大学出版社，2005 年。

19. 亚历山德·巴克－博益丘克："撒谎者：《模范刑法典》§241.3 和《国家未宣示的虚假陈述法规》如何弥补《美国联邦法典》（18）的《虚假陈述法》第 §1001 的缺陷?"载《天普法律评论》第 78 卷，2005 年

20. 雷切尔·E. 巴尔科："重组陪审团：强制性量刑时代刑事陪审团扮演的宪法角色"，载《宾夕法尼亚大学法学评论评论》第 152 期，2003 年。

21. 阿哈龙. 巴拉科：《论法律目的解释》，普林斯顿：普林斯顿大学出版社，2005 年。

22. 雷切尔·E. 巴尔科："犯罪管理"，载《加州大学洛杉矶分校法律评论》第 52 期，2005 年。

23. 雷切尔·E. 巴尔科："三权分立与刑法"，载《斯坦福法

学评论》第58期，2006年。

24. 兰迪·巴内特："治疗毒品法的依赖症：禁毒法的负效应"，载杰弗瑞编：《毒品：我们应合法化、去罪化还是去管制化?》，纽约阿默斯特：Prometheus Books，1998年。

25. 兰迪·巴内特："恢复原状——刑事司法新模式"，载兰迪·E·巴奈特、约翰·哈格尔三世主编：《评价犯罪》，剑桥：巴林杰出版公司，1977年。

26. 兰迪·巴内特：《恢复失去的宪法：自由推定》，普林斯顿：普林斯顿大学出版社，2004年。

27. 特雷西·贝特曼："对禁止在距离学校规定距离内贩卖或持有管制物品之州立法的注释、效力、解释和适用"，载《美国判例及注释汇编》第2期，2000年。

28. 麦克·贝勒斯："刑事家长主义"，载罗兰·派诺克、约翰·查普曼：《法律限度》，纽约：Lieber – Atherton，1974年。

29. 萨拉·森·比勒："过罪化的多样性：从道德和标签角度到过度联邦化"，载《美国大学法律评论》第54期，2005年。

30. 萨拉·比尔："对此法律必须要做的是什么？影响（联邦）刑法发展的政治、社会、心理以及其他非法律因素"，载《布法罗刑法评论》第1期，1997年。

31. 格雷·贝克尔："犯罪与刑罚：经济学路径分析"，载《政治经济日报》第76期，1968年。

32. 劳伦斯·贝克尔："犯罪未遂与犯罪理论"，载《哲学与时事》第3期，1974年。

33. 威廉·贝内特：The Plea to Legalize Drugs Is a Siren Call to Surrender，载迈克尔·莱曼、加里·波特合编：《社会中的毒品》，Cincinnati：Anderson Pub. Co.，1991年。

34. 杰里米·边沁：《道德与立法原理》，伦敦：梅休因出版社，1970 年。

35. 哈罗德·伯曼：《苏联刑法与刑事诉讼法》（第 2 版），坎布里奇：哈佛大学出版社，1972 年。

36. 米歇尔·N. 伯曼：《刑罚的正当性》（即将出版）。

37. 赫尔曼·比安奇：废除刑罚："赞成与反对"，载安东尼·达夫和大卫·格兰德编：《审阅刑罚》，牛津：牛津大学出版社，1994 年。

38. 斯特凡诺·比巴斯："笼罩在控辩交易阴影下的审判"，载《哈佛法律评论》第 117 期，2004 年。

39. 路易斯·L. 比利昂尼斯："法律程序、宪法和实体刑法"，载《密歇根法律评论》第 96 期，1998 年。

40. 盖约拉·宾德：惩罚理论："道德还是政治?"，载《巴法罗法律评论》，2002 年。

41. 唐纳德·布莱克：《法律行为》，伦敦：学术出版社，1976 年。

42. 威廉·布莱克斯通：《英国法释义》第 4 卷，（1765 - 1769）。

43. 罗伯特·布兰顿、约翰·扬描述的几项的调查："公众与禁毒之战"，载《美国医学协会杂志》第 279 期，1998 年。

44. 阿尔弗雷德·布鲁姆斯坦、乔尔·沃尔曼编：《美国下降的犯罪率》，剑桥：剑桥大学出版社，2000 年。

45. W. S. 博德曼："协调和守法的道德义务"，载《伦理》第 97 期，1987 年。

46. 大卫·波阿斯："禁毒的后果分析"，载大卫·波阿斯：《禁毒危机》，华盛顿：Cato Institute，1990 年

47. 安东妮诉波扎案：《未受约束的警察：腐败、滥用职权及英雄主义》，Amherst，N. Y. ：Prometheus Books，2001。

48. 约翰·布雷斯韦特、菲利普·佩蒂特：《不仅限于该当性》，牛津：牛津大学出版社，1990 年。

49. 凯瑟琳·F. 布里克："安然的遗产"，载《布法罗刑事法评论》第 8 期，2004 年。

50. 凯瑟琳·布里克："联邦刑法改革：隐性成本、虚幻好处"，载《布法罗刑事法评论》第 2 期，1998 年。

51. 达里尔·K. 布朗："反思过罪化"（即将出版）。

52. 凯利·D. 布朗奈尔、凯瑟琳·伯特尔·霍根：《食品大战》，纽约：麦格劳希尔集团，2004 年。

53. 理查德·伯格："罪责是否该当刑罚?"，载《哲学杂志》第 79 期，1982 年。

54. 布拉德·布什曼、安吉拉·斯达克："禁果与污染的水果：警告标签对电视暴力的影响"，载《实验心理学杂志》第 2 期，1996 年。

55. 圭多·卡拉布雷西、道格拉斯·梅拉梅德："财产规则、责任规则与不可让与：评大主教的观点"，载《哈佛法律评论》第 85 期，1972 年。

56. 欧文·彻梅尔斯基：《宪法：原则和政策》，纽约：Aspen 出版社，1997 年。

57. 爱德华·K. 程："法律的结构和规范行为之谜"，载《西北大学法学评论》第 100 期，2006 年。

58. 拉塞尔·L. 克里斯多夫："制止报应主义—'正义'刑罚之非正义"，载《西北大学法学评论》第 96 期，2002 年。

59. 罗素·L. 克里斯托弗："检察官的困境：辩诉交易与刑

罚”，载《福德姆法学评论》第 72 期，2003 年。

60. 斯坦利·阿金和约翰·C. 科菲：“‘非法’意味着‘犯罪’吗?：反思美国法律中侵权与犯罪之区别的消失”，载《波士顿大学法律评论》，1991 年。

61. 杰伊·S. 科恩：《沉迷麻醉》，纽约：杰瑞米·P. 塔契尔/普特南出版社，2001。

62. 雪莉·F. 柯布：“监禁的自由：为何该自由异于其他自由?”载《纽约大学法律评论》第 69 期，1994 年。

63. 朱尔斯·科尔曼：“犯罪和交易”，载《加利福尼亚法律评论》第 88 期，2000 年。

64. 朱尔斯·科尔曼：《实践原则》，牛津：牛津大学出版社，2001 年。

65. 朱尔斯·科尔曼：《风险与不法行为》，剑桥：剑桥大学出版社，1992 年。

66. 朱尔斯·科尔曼：“侵权法和纠正正义”，载《印度法律杂志》第 67 期，1992 年。

67. 托妮·L. 康纳：“论青少年宵禁：以基本权利为代价迎合政治”，载《西弗吉尼亚州法律评论》，2007 年。

68. 菲利普·J. 库克和延斯·路德维希：《枪支暴力：真实的代价》，纽约：牛津大学出版社，2000 年。

69. 约翰·科丁汉姆：“报应主义的不同形式”，载《哲学季刊》第 29 期，1979 年。

70. 约翰·达利：“通过提供监禁的严苛程度减少犯罪的可能前景”，载《法律与政策》第 8 期，2005 年。

71. 克拉伦斯·达罗：《我人生的叙说》，纽约：查尔斯斯克里布纳出版社，1932 年。

72. 肯尼斯·卡尔普·戴维斯：《自由裁量正义》（第3版），乌尔班纳：伊利诺伊大学出版社，1976年。

73. 迈克尔·戴维斯："为什么犯罪未遂该当的刑罚比犯罪既遂该当的刑罚更轻？"，载《法律和哲学》第5期，1986年。

74. 诺拉·V. 迪蒙雷特尔："附加损害：不得就毒品犯罪重新起诉"，载《维拉诺瓦大学法律评论》第47期，2002年。

75. 诺拉·V. 德默莱特勒："防止国内流放：限制附带判决结果的必要性"，载《斯坦福法律和政治评论》第11期，1999年。

76. 德博拉·德诺："公众舆论的危险"，载《霍夫斯特拉法律评论》第28期，2000年。

77. 德博拉·W. 邓诺："为何《模范刑法典》中性侵规定应被替换"，载《俄亥俄州刑法期刊》第1期，2003年。

78. 帕特里克·德夫林：《法律的道德强制》，伦敦：牛津大学出版社，1965年版。

79. 约翰·L. 迪亚蒙德："道德神话与刑法学理中的错误"，载《美国刑法评论》第111卷第34期，1996年版。

80. 苏珊·狄默科："惩罚主义与信任"，《法律与哲学》第27卷第16期，1997年。

81. 尼古拉斯·迪克森："拳击、家长式主义及法律道德主义"，载《社会理论与实践》第27期，2001年。

82. "为什么应当在美国禁止手枪，"《圣路易斯大学公法评论》第243卷第12期，1993年。

83. 大卫·多林克："关于报应主义的几点思考"，载《伦理学》第101期，1991年。

84. 沙龙·多洛维奇："自由民主中的合法惩罚"，载《巴法罗法律评论》，2004年。

85. 约书亚·德雷斯勒：《刑法精解》（第 4 版），纽约：马修本德尔公司，2006 年。

86. 唐纳德·狄普斯："对危害原则的自由批判"，载《刑事司法伦理》1998 年。

87. 唐纳德·狄普斯："过度犯罪化、自由裁量权和豁免：可能的退出策略的调查"，载《宾夕法尼亚州立大学法学评论》（即将出版）

88. 马库斯·杜博尔：《警察权力：美国政府家长主义和基础》，纽约：哥伦比亚大学出版社，2005 年。

90. 马库斯·杜博尔："持有范式：刑事程序分则和警察权力模型"，载安东尼·达夫、斯图尔特·格林编：《界定犯罪：刑法分则论文集》，牛津：牛津大学出版社，2005 年。

91. 马库斯·杜博尔："宪法中的罪与罚"，载《黑斯廷斯法律期刊》第 55 期，2004 年。

92. R. A. 达夫："犯罪、禁令和刑罚"，载《应用哲学杂志》第 19 期，2002 年。

93. R. A. 达夫：《论犯罪未遂》牛津：科学出版社，1996 版。

94. R. A. 达夫："国内和国际刑法中的责任"（即将出版）。

95. 安东尼·达夫和斯图尔特·格林编：《界定犯罪：刑法分则论文集》，牛津：牛津大学出版社，2005 年。

96. R. A. 达夫："民主的刑事责任"（即将出版）。

97. R. A. 达夫：《刑罚、交流和社区》，牛津：牛津大学出版社，2001 年。

98. 安德鲁·冯·赫希："刑罚、赎罪与国家"，载马特·马特拉维斯编：《刑罚与政治理论》，牛津：哈特有限公司，1999 年。

99. R. A. 达夫：《审判与刑法》，剑桥：剑桥大学出版社，

1986 年。

100. 杰拉尔德·德沃金：“论德夫林的正确性：法律与道德的强制执行”，载《威廉与玛丽法律评论》，1999 年。

101. 罗纳德·德沃金：《认真对待权利》，剑桥：哈佛大学出版社，1977 年。

102. 罗纳德·德沃金：“德夫林勋爵与道德实现”，载罗纳德·德沃金：《认真对待权利》，剑桥：哈佛大学出版社，1977 年。

103. 罗纳德·德沃金：为什么追求效率，载《Hofstra 法律评论》第 8 期，1980 年。

104. 乔尔·德怀尔：《永恒的监狱机器》，博尔德：维斯特维尔出版社，2000 年。

105. 米奇厄尔利：《了解大麻：科学证据下的新形象》，牛津：牛津大学出版社，2002 年。

106. 威廉·埃德蒙森：《服从法律的义务》，兰哈姆，马里兰州：菲尔德出版社，1999 年。

107. 斯蒂文·鲁鹏·福伊、柯提斯·布朗编辑：《毒品、道德与法律》，纽约：Garland 出版公司，1994 年

108. 多塞·D. 伊利斯：“故意侵权的经济学分析及评论”，载《国际法律与经济评论》第 3 期，1983 年。

109. 阿米·N. 伊利：“注意：检察官的自由裁量权具有伦理上的必要性—阿什克罗夫特备忘录削减了检察官‘寻求正义’的职责”，载《康奈尔法学评论》第 90 期，2004 年。

110. 杰弗里·费根：“刑事制裁遏制毒品罪犯吗?”，载多利斯、克雷格：《毒品和刑法正义：评析公共政策举措》，Thousand Oaks：Sage Publications，1994 年。

111. 大卫. 劳伦霍尔德：“在新罕不什尔州，喝一杯啤酒会

使青少年被逮捕”，载《华盛顿邮报》，2006 年。

112. 林德赛・法摩尔：《刑法：传统和法律秩序：犯罪和苏格兰法的精神》，剑桥：剑桥大学出版社，1977 年。

113. 大卫・法林顿：“发展的犯罪学与聚焦风险的预防”，载马克・马奎尔、罗德・摩根、罗伯特：《牛津犯罪学手册》，2002 年。

114. 联邦调查局：《美国的犯罪》2005 年。

115. 乔尔・范伯格：“刑罚的表达功能”，载《行为与责任》，普林斯顿：普林斯顿大学出版社，1970 年。

116. 乔尔・范伯格：《对他人的危害：刑法道德限制》牛津：牛津大学出版社，1984 年。

117. 乔尔・范伯格关于“防卫限度”的探讨：《危害自己》，牛津：牛津大学出版社，1986 年。

118. 乔尔・范伯格：《无害的不法行为：刑法的道德界限》，纽约：牛津大学出版社，1988 年。

119. 乔尔・范伯格：《对他人的冒犯》，纽约：牛津大学出版社，1985 年。

120. 杰米・费尔纳：“刑罚与偏见：毒品战争中的种族偏见”，载《人权观察》，2000 年。

121. 克莱尔・O. 芬克斯德：《风险是否是危害?》2003 年。

122. 克莱尔・O. 芬克斯德：“实证主义和犯罪的概念”，载《加利福尼亚法律评论》第 88 期，2000 年。

123. 约翰・菲尼斯：《自然法与自然权利》，牛津：克拉伦登出版社，1980 年。

124. 乔治・费舍尔：《控辩交易的胜利：美国辩诉交易历史》，斯坦福：斯坦福大学出版社，2003 年。

125. P. J. 菲兹格拉德：“犯罪概念”，载《刑事法律评论》，

1960 年。

126. 乔治·P. 弗莱彻：《刑法基本概念》，纽约：牛津大学出版社，1998 年。

127. 乔治·P. 弗莱彻：“剥夺公民权的处罚——对适用种族廉耻的反思”，载《加州大学洛杉矶分校法学评论》第 46 卷，1999 年。

128. 乔治·P. 弗莱彻：《模范刑法典》的原理，载《布法罗刑事法学评论》第 2 期，1998 年。

129. 乔治·弗莱彻：“刑法理论的下降和上升”，载《布法罗刑法评论》第 1 期，1998 年。

130. 乔治·弗莱彻：《美国、欧洲和世界刑法基本原理》(即将出版)。

131. 乔治·弗莱彻：《反思刑法》，波士顿：小布朗公司出版，1978 年。

132. 富勒《法律的道德性》，剑桥：哈佛大学出版社，1968 年。

133. 罗纳德·盖纳：“联邦刑法典改革：过去与未来”，载《布法罗刑法评论》，1998 年。

134. J. L. A. 迦西亚：“该当性的两个概念”，载《法律与哲学》第 5 期，1986 年。

135. 约翰·加德纳：“论刑法总则”，载达夫、安东尼达夫主编：《哲学与刑法》，剑桥：剑桥大学出版社，1998 年。

136. 约翰·加德纳、史蒂芬·舒特：“强奸的不法性”，载杰里米·霍尔德主编：《牛津大学法理散文》，牛津：牛津大学出版社，2000 年。

137. 大卫·加兰德：《美国大规模监禁：社会原因和社会后

果》，伦敦：赛奇出版社，2001 年。

138. 艾伦 · 格温斯："是否存在绝对权力?"，载《哲学季刊》第 31 期，1981 年。

139. 德尔得丽 · 格拉希：《与刑罚相背》，纽约：纽约大学出版社，2005 年。

140. 罗伯特 · E. 库迪：《作为公共哲学的功利主义》，剑桥：剑桥出版社，1995 年。

141. 斯蒂芬 · 戈特利布："重大政府利益：宪法判决中必不可少的要素"，载《波士顿大学法律回顾》第 68 期，1988 年。

142. 斯蒂芬 · 戈特利布："导论：推翻公共价值分析"，载史蒂芬 E. 戈特利布编：《宪法中的公共价值》，密西根大学出版社，1993 年。

143. 玛丽 · 戈特沙尔克：《监狱和绞刑架：美国大规模监禁政治》，纽约：剑桥大学出版社，2006 年。

144. 希拉里 · 格林："不死的法律：历史上未实施的刑事法律在非刑事立法中的运用"，载《耶鲁法律和政策评论》第 16 期，1997 年。

145. 莱斯利 · 格林："法律、协作和共同利益"，载《牛津法律研究杂志》第 3 期，1983 年。

146. 斯图尔特. 格林："论欺骗"，载《法律和哲学》第 23 期，2004 年。

147. 斯图尔特 · 格林：《撒谎、欺骗和偷窃：白领犯罪的道德论》，牛津：牛津大学出版社，2006 年。

148. 斯图尔特 · 格林："为什么撕掉床垫标签是犯罪：过度犯罪化和行政犯的道德内涵"，载《埃默里法律杂志》第 46 期，1997 年。

149. 托马斯·安德鲁·格林：《良心判决：英国刑事审判陪审团》，芝加哥：芝加哥大学出版社，1985 年。

150. 海曼·格罗斯：《刑事正义论》，纽约：牛津大学出版社，1979 年。

151. 塞缪尔·R. 格罗斯："1989 年至2003 年美国的免罪"，载《刑法与犯罪学期刊》第 59 期，2005 年。

152. 杰拉尔德·冈瑟：The Supreme Court，1971 Term—Forward：In Search of Evolving Doctrine on a Changing Court：A Model for a Newer Equal Protect，载《哈佛法律评论》第 86 期，1972 年。

153. 蒂亚·霍尔："论音乐盗版和音频家庭录音法"，载《杜克法学与技术评论》，2002 年。

154. 维多·哈尔沃森："让十个有罪之人自由比让一个无辜者被指控犯罪更好吗"，载《刑事司法伦理》第 23 期，2004 年。

155. 基恩·汉普顿："刑罚的道德教育论"，载《哲学和公共事务》第 13 期，1984 年。

156. 伯纳德.E. 哈考特："危害原则的衰退"，载《刑法和犯罪学杂志》，1999 年。

157. 伯纳德·E. 哈考特："在关于监禁与犯罪、失业、贫困以及其他社会指标之间的关系之实证研究中，是否应合并精神病住院治疗和监狱人口比率?" （即将公开出版，参见网址 ssrn. com/abstract_ id =880129）。

158. 哈德·I. 特罗特·哈迪："刑事专利侵权"，载《威廉与玛丽权利法案期刊》，2002 年。

159. R. M. 哈雷："奴隶制的问题"，载《哲学与公共事务》第 8 期，1979 年。

160. 阿龙·阿雷尔："为什么只有国家才能进行惩罚：私人

对不当行为惩罚产生的不利”，载《卡多佐法学评论》（即将出版）。

161. 大卫·哈里斯：“汽车大战：第四修正案遭遇高速公路法遭遇的困境”，载《乔治华盛顿法学评论》，1998 年。

162. 约翰·海萨尼：“道德与合理行为论”，载阿玛蒂亚·森和伯纳德·威廉姆斯编辑：《超越功利主义》，剑桥：剑桥大学出版社，1983 年。

163. 哈特：《法律、自由和道德》，纽约：年代图书出版社，1963 年。

164. 哈特：《惩罚与责任》，牛津：牛津大学出版社，1969 年。

165. 亨利·哈特：“刑法的目的”，载《法律与时代问题》第 23 期，1958 年。

166. 理查德·海森、理查德·麦克亚当：“一个令人惊讶的复杂的盗窃案例分析”，载《国际法学经济学评论》第 17 期，1997 年。

167. 凯斯·霍金斯：《作为最后手段的法律：管理机构中的起诉决定》，牛津：牛津大学出版社，2002 年。

168. 基恩·海曼：“上瘾是慢性、复发性疾病吗”，载飞利浦·海曼、威廉·布鲁斯伯格合：《毒品和毒品政策》，剑桥；哈佛大学出版社，2001 年。

169. 奥利弗·W. 霍姆斯：“法律的道路”，载《哈佛法律评论》，1897 年。

170. 布拉德·胡克：《理想的法典、真实的世界：道德的规则－结果理论》，牛津：牛津大学出版社，2000 年。

171. 杰里米·霍尔德：“隐秘故意的犯罪”，载 A. P. 斯密斯特、A. T. H. 史密斯主编：《危害与可归责性》，牛津：科学出版社，1996 年。

172. 杰里米·霍尔德：《宽恕犯罪》，牛津：牛津大学出版社，2004 年。

173. 享御·惠更斯：“刑法中的致病和非致病因素”，载《密歇根法学评论》第 101 期，2002 年。

174. 阿兰·亨特：《控制道德：道德规范的社会史》，剑桥：剑桥大学出版社，1999 年。

175. 海蒂·赫德：“到底什么是不法性?”，载《当代法律问题》第 5 期，1994 年。

176. 道格拉斯·胡萨克：“论惩罚过度”，载《哲学问题研究》第 18 期，1990 年。

177. 道格拉斯·胡萨克：“论‘但每个人都那样做!’作为抗辩事由”，载《公共事务季刊》第 10 期，1996 年

178. 道格拉斯·胡萨克：“核心犯罪外的犯罪”，载《塔尔萨法律评论》，2004 年。

179. 道格拉斯·胡萨克：“刑法作为最后的手段”，载《牛津法律研究》第 24 期，2004 年。

180. 道格拉斯·胡萨克：《毒品与权利》，剑桥：剑桥大学出版社，1992 年。

181. 道格拉斯·胡萨克：“枪支和毒品—刑事制裁限制原则的案例研究”，载《法律与哲学》第 23 期，2004 年。

182. 道格拉斯·胡萨克：“刑法重要吗?”，载《俄亥俄州刑法期刊》第 1 期，2003 年。

183. 道格拉斯·胡萨克：“正当化事由和刑事责任的附属要件”，载《刑法和犯罪学杂志》第 80 期，1989 年。

184. 道格拉斯·胡萨克："法律家长主义"，载休·拉福莱特编：《牛津实用手册》，牛津：Clarendon 出版社，2002 年。

185. 道格拉斯·胡萨克：《将此合法化!》，伦敦：Verso 出版社，2002 年。

186. 道格拉斯·胡萨克："宽恕事由的自由论分析"，载《俄亥俄州刑法杂志》，2005 年。

187. 道格拉斯·胡萨克："犯罪化限制和刑法总则"，载史蒂芬·舒特、斯密斯特主编：《刑法总则理论》，牛津：牛津大学出版社，2002 年。

188. 道格拉斯·胡萨克："不作为、因果关系和责任"，载《哲学季刊》第 30 期，1980 年。

189. 马歇尔、R. A. 达夫："犯罪化和公共违法性"，载《加拿大法学杂志》，1998 年。

190. 道格拉斯·胡萨克：《刑法哲学》，新泽西州：Rowman & Allanheld 出版社，1987 年。

191. 道路拉斯·胡萨克："合理的风险创设与过涵性立法"，载《布法罗刑法评论》，1998 年。

192. 道格拉斯·胡萨克："刑法中的报应主义"，载《圣地亚哥法学评论》第 37 期，2000 年。

193. 道格拉斯·胡萨克："刑法抗辩事由系列观点评析"，载《刑法论坛》第 3 期，1992 年。

194. 道格拉斯·胡萨克："辩护对宽恕的优先权研究"，载《法律与哲学》第 24 期，2005 年。

195. 道格拉斯·胡萨克："为什么应该惩罚应受惩罚之人?"，载《理性》第 26 期，1992 年。

196. 道格拉斯·胡萨克、安德鲁·冯·赫希："可归责性和法律认识错误”，载史蒂芬·舒特、约翰·加德纳和杰里米·霍德尔编：《刑法中的行为和价值》，牛津：克拉伦登出版社，1993 年。

197. 道格拉斯·胡萨克、斯坦顿皮尔：“我们社会的危机问题之一：美国最高法院裁决中毒品的危害的表象和证据”，载《当前的毒品问题》，第 25 期，1998 年。

198. 凯斯·N. 海尔顿：“刑罚理论和刑法中的经济学”，载《法学经济学评论》第 1：2 期，2005 年。

199. 调查安然公司”，载《华尔街日报》，2001 年 11 月 30 日，第 A14 版。

200. 杰克逊法官：“联邦检察官”，载《美国司法协会杂志》第 24 期，1940 年。

201. 詹姆斯·杰克布斯：《枪支管制是否有效》，牛津：牛津大学出版社，2002 年。

202. 詹姆斯·B. 雅各布斯：《酒后驾车：美国困境》，芝加哥：芝加哥大学出版社，1989 年。

203. 詹姆斯·B. 雅各布斯、金伯利·A. 波特：《仇恨犯罪：刑法和身份政治》，纽约：牛津大学出版社，1998 年。

204. 詹姆斯·B. 雅各布斯、金伯利·A. 波特：避免枪支落入坏人之手—《布雷迪条例》与法规限制，载《刑法与犯罪学期刊》第 86 期，1995 年。

205. 尼尔斯·嘉尔博格：“犯罪化是最后手段”，载《俄亥俄州刑法学杂志》第 2 期，2005 年。

206. 尼尔斯·嘉尔博格：“我们需要什么样的刑法”，载安妮卡·斯奈尔斯编：《警惕惩罚》，奥斯陆：斯堪的纳维亚犯罪学研究委员会，1995 年。

207. 菲利普·詹金斯：《道德恐慌：现代美国儿童性骚扰者

概念转变》，纽黑文：耶鲁大学出版社，1998 年。

208. 海客·荣格："刑事司法——以欧洲为视角"，载《刑事法学评论》，1993 年。

209. 约翰·M. 容克："犯罪化和犯因性"，载《加州大学洛杉矶分校法律评论》，1972 年。

210. 斯坦福·卡迪许："过度犯罪化的危机"，载《美国政治和社会科学年报》第 374 期，1967 年。

211. 斯坦福·卡迪许、斯蒂芬·斯卡尔：《刑法及其诉讼程序》适用手册，纽约：阿斯彭出版社，2001 年。

212. 谢莉·坎根：《道德的限制》，剑桥：克拉伦敦出版社，1991 年。

213. 丹·卡汗："威慑的隐含野心"，载《哈佛法学评论》第 119 期，1999 年

214. 丹. 卡汗："何为可替性制裁措施?"，载《芝加哥大学法律评论》第 63 期，1996 年。

215. 伊曼努尔·康德：《道德的形而上学》，剑桥：剑桥大学出版社，1996 年。

216. 路易斯·凯普罗、史蒂芬·萨维尔：《公平和福利》，剑桥：哈佛大学出版社，2002 年。

217. 尼尔·库马尔·凯特尔："共谋论"，载《耶鲁法学期刊》第 112 期，2003 年

218. 里奥·卡茨的相关讨论："犯罪是否有折扣?"（即将出版）。

219. 里奥·卡茨："恶行与重罪—关于犯罪化的一个问题"，载《布法罗刑法评论》第 6 期，2003 年。

220. 赖安·S. 金和马克·摩尔；《大麻战争：20 世纪 90 年

代毒品战争的转型》，［2005 年 05 月］ http：//www. sentencingproject. org/pdfs/waronmarijuana. pdf。

221. 加里·克勒克：《直面枪支问题：枪支及其管控》，纽约：Aldine De Gruyter，1997 年。

223. 苏珊·R. 克莱因：“重新界定刑法和民法的界限”，载《布法罗法律评论》第 85 期，1999 年。

224. 约翰·克雷尼格：“犯罪性的危害他人”，载《刑事司法伦理》第 5 期，1986 年。

225. 拉文·K. 莱文逻基：“论犯罪的经济学理论”，载罗纳德·帕诺克、约翰·W. 查普曼编：《刑事司法》Nomos XXVII 1985 年。

226. 托马斯·科尼格、迈克尔·拉斯塔德：“该受刑罚的‘刑事侵权’行为”，载《密歇根大学法律改革杂志》第 31 期，1998 年。

227. 大卫·科佩尔、克里斯托弗·C. 利特：“共产主义、新共和主义与枪支：评禁止携带武器案”，载《马里兰法学评论》第 56 期，1997 年。

228. 唐纳德·T. 克雷默编：《囚犯的权利》（第二版），科罗拉多州斯普林斯：麦格劳希尔出版社，1993 年。

229. 马休·H. 克莱默：“法律和道德义务”，载马丁·戈尔丁、威廉·埃德蒙森编辑：《布莱克韦尔法律哲学和法律理论指南》，牛津：布莱克威尔出版社，2005 年。

230. 尼古拉·莱西：“意外事件、连贯性和观念主义”，载达夫、安东尼达夫主编：《哲学与刑法》，剑桥：剑桥大学出版社，1998 年。

231. 尼古拉·莱西：《国家的刑罚》，伦敦：劳特利奇出版社，1988。

232. 伟恩·R. 拉费弗：《刑法》第 3 版，St. Paul：West Pub. Co，2000 年。

233. 李英宰："犯过度刑罚的宪法权利"，载《弗吉利亚法律评论》，第 91 期，2005 年。

234. 阿兰·莱斯勒："上瘾是不容忽视的脑疾病"，载《科学》第 278 期，1997 年。

235. 戴维·刘易斯：《公约》，剑桥：哈佛大学出版社，1969 年。

236. 伊利亚·利希滕贝格："警察自由裁量权和交通执法：男性的政府?"，载《克利夫兰州法学评论》第 50 期。

237. 亚当·利普泰克："社会债务是前罪的最低成本"，载《纽约时报》，2006 年。

238. 亚当·利普泰克："对于更多的犯人来说，生活就意味着在监狱服刑直至死去"，载《纽约时报》，2005 年。

239. 韦恩·洛根："事后溯及条款和刑罚的法理基础"，载《美国刑事法律评论》第 35 期，1998 年。

240. 埃里克·路纳："毒品例外论"，载《维拉诺瓦大学法律评论》第 47 期，2002 年。

241. 埃里克·路纳："过度犯罪化现象"，载《美国大学法律评论》第 54 期，2005 年

242. 埃里克·路纳："刑法的过分扩张"，载恩·希利主编：《直接去监狱：对所有事情都予以犯罪化》，华盛顿特区：Cato 研究所，2004 年。

243. 埃里克·路纳所支持的透明的警察权模式："有原则地执行刑法典"，载《布法罗刑法评论》第 4 期，2000 年。

244. 丹尼尔·兰格伦："合法化将是错误"，载蒂莫西林奇主编：《禁止之后》，华盛顿哥伦比亚特区：Cato Institute，2000 年。

245. 杰拉尔德·林奇：Towards a Model Penal Code，Second (Federal?)：The Challenge of the Special Part，载《布法罗刑法评论》第 2 期，1998 年。

246. J. D. 马博特："论弗卢教授的刑罚观"，载 H. B. 埃克顿编：《刑罚的哲学》，麦克米伦：圣. 马丁出版社，1969 年。

247. J. D. 马博特："论刑罚"，载 H. B. 埃克顿编：《刑罚的哲学》，麦克米伦：圣马丁出版社，1969 年。

248. 罗伯特·J. 麦古恩和彼得·鲁特：《毒品战争的异端邪说》，剑桥：剑桥大学出版社，2001 年。

249. 玛丽·马格瑞特·麦肯兹：《柏拉图论刑罚》，伯克利：加利福尼亚大学出版社，1981 年。

250. S. E. 马歇尔、R. A. 达夫："犯罪化和公共违法性"，载《加拿大法学杂志》，1998 年。

251. 托尼·马萨罗："耻辱、文化和美国刑法"，载《密歇根州法律评论》第 89 期，1991 年。

252. 尼尔·科尔曼、麦凯布："州宪法和实体刑法"，载《天普法律评论》第 71 期，1998 年。

253. H. J. 麦克劳斯基："刑罚的非功利性路径"，载《探寻》第 8 期，1965 年。

254. 苏珊·P. 麦克沃伊等："在导致住院的车祸中手机所扮演的角色：个案交叉研究"，载《英国医学杂志》，2005 年。

255. 彼得·麦克威廉姆斯：Ain't Nobody's Business If You Do，洛杉矶：Prelude 出版社，1993 年。

256. 特蕾西·米尔斯："社会组织和禁毒法的执行"，载

《美国刑法评论》第 35 期，1999 年。

257. P. J. 梅托："伪证罪悖论：对国会撒谎的法律执行不足"，载《奎尼皮雅克法律评论》第 25 期，2007 年。

258. 麦考克尔·梅洛文、亚历山德拉·麦克考·史密斯：《拯救的义务》，Hanover, Vt.: Dartmouth Pub. Group，1993 年。

259. 亚伦·C. 迈克尔："接受：迷失的精神状态"，载《南加利福尼亚法律评论》第 71 期，1998 年。

260. 亚伦·C. 迈克尔："宪法性清白"，载《哈佛法学评论》第 112 期，1999 年。

261. 约翰·斯图尔特·米尔：《论自由》（普通版），E. P. Dutton，1951 年。

262. 艾里克·J. 米勒："纵容毒瘾：毒品法院和司法干涉主义的虚假允诺"，载《俄亥俄州法学期刊》第 65 期，2004 年。

263. 丽莎·J. 米切尔："评论：清空壁橱：使用日落条款清理杂乱的刑法典"，载《埃默里法律杂志》第 54 期，2005 年。

264. 杰拉尔丁·奥萨特·摩尔："以成本－收益分析界定过罪化：以刑事版权法为例"，载《美国大学法律评论》第 54 期，2005 年第 783 页。

265. 米歇尔·摩尔：《行为与犯罪》，牛津：牛津大学出版社，1993 年。

266. 米歇尔·摩尔：《法律因果关系》，纽约：牛津大学出版（即将出版）。

267. 米歇尔·摩尔：《论刑法的谴责性》，牛津：牛津大学出版社，1997 年。

268. 赫伯特·莫里斯："家长主义刑罚论"，载《美国哲学季刊》第 18 期，1981 年。

269. 赫伯特·莫里斯："公民与刑罚"，载《Monist》53 期，1968 年。

270. 史蒂芬·摩尔斯："原因、结果和刑事责任"，载《伊利诺伊州大学法律评论》，2004 年。

271. 斯特凡·J. 莫斯："不能控制的冲动和非理性的人类"，载《弗吉尼亚法律评论》第 88 期，2002 年。

272. 杰弗里．墨菲："马克思主义和报应论"，载《哲学和公共事务》第 2 期，1973 年。

273. 杰弗瑞．墨菲："报应主义、道德教育和自由国家"，载《刑事司法伦理》第 4 期，1985 年。

274. 杰弗里·G. 墨菲："报应主义中的国家利益"，载《当代法律问题》第 5 期，1994 年。

275. 杰弗里·墨菲、朱尔斯·科尔曼：《法律的哲学》，新泽西 Rowman & Allanheld 出版社，1984 年。

276. 汉普顿、杰弗里·J. 墨菲：《宽容和仁慈》，剑桥：剑桥大学出版社，1988 年。

277. 大卫·F. 马斯托：《美国疾病：麻醉控制的起源》（第 3 版），牛津：牛津大学出版社，1999 年。

278. 伊桑纳德尔曼简短而经典的评价："美国禁毒：代价、后果和替代措施"，载《科学》第 245 期，1989 年。

279. 伊桑："严肃考虑禁止毒品的替代性措施"，载杰佛逊·费斯：《如何合法化毒品》，新泽西州：Jason Aronson，1998

280. 丹尼尔·S. 奈根：《威慑与剥夺资格》，载迈克尔·东瑞编：《犯罪与惩罚手册》，牛津：牛津大学出版社，1998 年。

281. 亚历山大·那塔泊夫："论执行不足"，载《福德姆法律评论》第 75 期，2006 年。

282. 新泽西刑事审判量刑委员会：《关于新泽西州毒品自由区的犯罪与改革建议报告》，2005 年。

283. C. S. 尼诺：“刑罚的合意论”，载《哲学和公共事务》第 12 期，1983 年。

284. 詹姆斯·L. 诺兰：《重塑公正：美国毒品法院运动》，普林斯顿：普林斯顿大学出版社，2001 年。

285. 持有禁止性物品的刑事责任，《哥伦比亚法律评论》，1977 年。

286. 罗特：“论废止”，载《哈佛法律评论》，第 119 期，2006 年。

287. 理解混合语言：“商业言论和表达行为的新型模式”，《哈佛法律评论》第 118 期，2005 年。

288. 罗伯特·诺兹克：《无政府状态、国家和乌托邦》，纽约：Basic Books，1974 年。

289. 迈克尔·埃德蒙·奥尼尔：“当检察官不起诉：联邦起诉率下降的趋势”，载《圣母大学法学评论》第 79 期，2003 年。

290. 朱莉·R. 奥沙利文：“白领犯罪的变化：联邦刑事‘法典’的耻辱—阻碍案例研究的规范”，载《刑法与犯罪学杂志》第 96 期，2006 年。

291. 约翰·欧贝迪克：“在道德的空间中迷失：限制和违反的区别及其在权利理论中的地位”，载《法律和哲学评论》第 23 期，2004 年。

292. 马克·奥斯勒：“其改变一切：现需要指导性的、以目标为导向的原则指导联邦检察官的自由裁量权”，载《瓦尔帕莱索法律评论》第 39 期，2005 年。

293. 赫伯特·帕克：《刑事制裁的限制》斯坦福：斯坦福大

学出版社，1968 年。

294. 德里克·帕菲特：《理性与人性》，牛津：牛津大学出版社，1984 年。

295. 詹尼菲·S. 帕克：“犯罪意图的经济学分析”，载《弗吉尼亚法律评论》第 79 期，1993 年。

296. 斯坦通·皮尔、查尔斯·巴夫、阿奇·布罗兹凯：《质疑十二步强制疗法》，Tucson：Sharp 出版社，2000 年。

297. 罗利·M. 帕金斯、罗纳德·N. 博伊斯：《刑法学》（第 3 版），米尼奥拉，纽约：Foundation 出版社，1982 年.

298. 莫瑞斯·派特森：《公共商品和公共部门》，伦敦：麦克米伦出版社，1972 年。

299. 苏珊·皮尔彻：“无认识、自由裁量权与公平告知—直面刑法中的‘明显无认识’”，载《美国法律评论》第 33 期，1995 年。

300. 艾伦·S. 博得格尔：“我们是否需要‘Beanie Baby’欺诈条款?”，载《美国大学法律评论》第 49 期，2000 年。

301. 埃伦·S. 波德戈拉：“何塞·帕迪拉和玛莎·斯图尔特：谁应该被指控犯罪?”，载《宾夕法尼亚州法学评论》第 109 期，2005 年。

302. 理查德·波斯纳：“刑法的经济学原理”，载《哥伦比亚法律评论》第 85 期，1985 年。

303. 圣扎迦利·普赖斯：“作为结构规则的从宽规则”，载《福德姆法律评论》第 72 期，2004 年。

304. 底波拉·P. 斯蒂斯和米歇尔·韦斯曼：《致命的后果》，纽约：哈珀柯林斯出版社，1991 版。

305. 参见皮特·莱顿：“结果主义和道德需求的分离”，载

《哲学和公共事件》第 13 期，1984 年。

306. 托德 · D. 拉科夫："附和合同：以重构为主题"，载《哈佛法学评论》第 96 期，1983 年。

307. 约翰 · 罗尔斯：《政治自由主义》，纽约：哥伦比亚大学出版社，1993 年。

308. 约翰 · 罗尔斯："规则的两个概念"，载《哲学评论》第 64 期，1955 年。

309. 约瑟夫 · 拉兹："自治、宽容和危害原则"，载露丝 · 加文逊编：《当代法律哲学问题》，牛津：牛津大学出版社，1987 年。

310. 约瑟夫 · 拉兹："表达自由和人格认同"，载约瑟夫 · 拉兹：《民主领域内的伦理：法律和政治的道德》，牛津：克莱伦敦出版社，1994 年。

311. 约瑟夫 · 拉兹：《自由的道德性》，牛津：克莱伦敦出版社，1986 年。

312. 约瑟夫 · 拉兹：《实践理性和规范》（第 2 版），普林斯顿：普林斯顿大学出版社，1990 年。

313. 马克 · R. 雷夫：《处罚、赔偿和法律》，剑桥：剑桥大学出版社，2005 年。

314. 大卫 · 理查兹：《性、毒品、死亡和法律：浅析人权与过度犯罪化》，渥太华：菲尔德出版社，1982 年。

315. 亚瑟 · 利普斯坦："超越危害原则"，载《哲学与公共事务》第 34 期，2006 年。

316. 亚瑟 · 利普斯坦："禁止与优先权"，载《法律理论》，1999 年。

317. 朱利安 · V. 罗伯茨等人编：《刑罚民粹主义和公众意见》，纽约：牛津大学出版社，2002 年。

318. 迈克尔·卡希尔："美国刑法典的加速退化"，载《黑斯廷斯法律期刊》第 56 期，2005 年。

319. 迈克尔·卡希尔："《模范刑法典》能再次拯救美国免于自身危害吗?"，载《俄亥俄州刑法杂志》第 1 期，2003 年。

320. 约翰·达利："刑法是否有威慑力？行为科学调查"，载《牛津法律研究杂志》第 24 期，2004 年。321. 约翰·达利：《公正、责任和谴责》，博尔德：Westview 出版社，1995 年。.

322. 约翰·达利："构建刑事法律对则的威慑作用：尽最大努力时却产生罪糟糕的结果"，载《乔治敦法律杂志》第 91 期，2003 年。

323. H. 劳伦斯·罗斯：《正视酒后驾驶》，纽黑文：耶鲁大学出版社，1992 年。

324. 杰奎琳·E. 罗斯："令人诅咒的诸多罪名：多重刑罚问题分析"，载《美国刑法杂志》第 29 期，2002 年。

325. 纳尔逊·E. 罗斯、斯科特·E. 松德比："重罪谋杀规则：一个处在宪法十字路口的规则"，载《康奈尔大学法律评论》第 70 期，1985 年。

326. 弗雷德里克·绍尔著：《遵守规则》，牛津：Clarendon 出版社，1991 年。

327. 巴里·谢克、彼得·诺伊菲尔德、吉姆德威尔：《实际无罪》，纽约：Signet 出版社，2001 年。

328. 乔纳森·希珂谢科：《论犯罪化》，多德雷赫特：Kluwer 学术出版社，1994 年。

329. 斯蒂芬·J. 斯丘胡福尔："保护社会的两个体系"，载《当代法律杂志》第 7 期，1996 年。

330. 斯蒂芬·J. 舒尔霍夫、艾琳·H. 内格尔进行了论述：

"《联邦量刑指南》下的辩诉交易：规避《指南》及后米斯特雷塔时代的动态发展"，载《西北大学法学评论》第 91 期，1997 年。

331. 乌兹·西格尔和亚历克斯·斯坦："模糊恶性与刑事程序"，载《圣母大学法学评论》第 81 期，2006 年。

332. 瑞埃姆牛·瑟戈夫："正当事由、合理性和认识错误——法律认识错误是否是宽恕事由？其可能是正当事由！"，载《法律和哲学》第 25 期，2006 年。

333. 罗斯·莎佛尔·兰达："刑罚能实现道理教育？"载《法律和哲学》第 10 期，1991 年。

334. 罗斯·莎佛尔·兰达："自由主义与家长制"，载《法学理论》第 11 期，2005 年。

335. 史蒂芬·萨维尔：《法律的经济分析基础》，剑桥：哈佛大学贝尔纳普出版社，2004 年。

336. 乔纳森辛德勒和杰克布洛克："青少年吸毒与心理健康"，载《美国心理学家》第 45 期，1990 年。

337. 乔治·谢尔："论超越中立"，剑桥：剑桥大学出版社，1990 年版。

338. 乔治·谢尔："论毒品去罪化"，载《刑事司法伦理》第 22 期，2003 年。

339. 乔治·谢尔：《论谴责性》，牛津：牛津大学出版社，2006 年。

340. 罗杰·夏纳："刑法理论的结构和重建"（即将出版）。

341. 罗杰·夏纳：《商业表达自由论》，伦敦：牛津大学出版社，2003 年。

342. 史蒂芬·舒特："有宪法限制与无宪法限制：英美刑法

对比研究”，载《布法罗刑事法律评论》第1期，1998年。

343. 玛丽·席格勒：“借助美德之光：监狱强奸与性格堕落”，载《爱荷华州法律评论》，第91期，2006年。

344. 美联社斯密斯特：“严格责任总是错误吗?”，载《严格责任评论》，牛津大学出版，2005年。

345. A. P. 斯密斯特、安德鲁·冯·赫希：“反思冒犯原则”，载《法律理论》，2002年

346. 安德鲁·斯密斯特、安德鲁·冯·赫希编：《不文明：控制犯罪行为》，牛津：哈特出版公司，2006年。

347. A. P. 斯密斯特和G. R. 苏文利尔：《刑法理论与原则》，牛津：哈特出版社，2000年。

348. A. P. 斯密斯特和G. R. 苏文利尔：《刑法理论与原则》（第3版），牛津：哈特出版社，2007年.

349. 约翰·西蒙斯：《正当性与合法性：权利和义务论文集》，剑桥：剑桥大学出版社，2001年。

350. 约翰·西蒙斯：《道德原则与政治义务》，普林斯顿：普林斯顿大学出版社，1979年。

351. 肯尼斯·西蒙斯：“社区价值对公正该当性的重要意义：刑法、刑罚根据和民主”，载《霍夫斯特拉法律评论》第28期，2000年。

352. 肯尼斯·西蒙斯的讨论：“对精神状态的反思”，载《波士顿大学法律评论》第72期，1992年。

353. 理查德··辛格：“《模范刑法典》和法院回避犯罪意图的几种（可能仅一种）方式”，载《布法罗刑事法律评论》，2000年。

354. 理查德·辛格：“犯意的死灰复燃（III）——严格刑事

责任的兴和衰落”，载《波士顿大学法律评析》，1989 年。

355. 理查德·辛格和道格拉斯·胡萨克：“无罪和无罪之人：最高法院和赫伯特·帕克之后的犯罪意图”，载《布法罗刑事法律评论》第 2 期，1999 年。

356. 克里斯托弗·斯洛伯根：“刑法的文明”，载《范德比尔特法学评论》第 58 期，2005 年。

357. 克里斯托弗·斯洛博金：“公正仅是我们的公正？以社会科学为视角理解刑事实体法”，载《刑法与犯罪学杂志》第 87 期，1996 年。

358. 斯蒂芬 . D. 史密斯：“危害原则是非自由?”，载《美国法理学杂志》，2006 年。

359. 菲利普·索珀：《尊重伦理》，剑桥：剑桥大学出版社，2002 年。

360. 菲利普·索珀：“法律理论和权威要求”，载《哲学与公共事务》第 18 期，1989 年。

361. 杰弗里·斯坦登：“联邦刑法改革的经济学视角”，载《布法罗刑事法学评论》第 2 期，1998 年。

362. 斯特凡·J. 莫斯：“不能控制的冲动和非理性的人类”，载《弗吉尼亚法律评论》第 88 期，2002 年。

363. 詹姆斯·斯蒂芬：《英国刑法史》，1883 年。

364. 凯利斯特拉德：《理解白领犯罪》（第 2 版），Lexis - Nexis，2006 年。

365. 唐·斯图尔特：《加拿大刑法的宪章正义》，多伦多：卡斯韦尔出版社，2006 年。

367. 威廉·斯顿茨：“对质疑刑法病理的回应”，载《密歇根法学评论》第 101 期，2002 年。

368. 威廉·斯顿茨："恐怖后的地方警务分析"，载《耶鲁法律评论》，2002 年。

369. 威廉·斯顿茨："刑法的政治病理学研究"，载《密歇根州法律评论》第 100 期，2001 年。

370. 廉·斯顿茨："控辩交易与刑法的逐渐消失"，载《哈佛法学评论》第 117 期，2004 年。

371. 威廉·斯顿茨："刑事司法的政治宪法"，载《哈佛法律评论》第 119 期，2006 年。

372. 威廉·斯顿茨："实体、程序及民事法律和刑事法律的界限"，载《当代法律杂志》第 7 期，1996 年。

373. 珍妮·苏克："刑法对家庭的干预"，载《耶鲁法学杂志》第 116 期，2006 年。

374. 雅各布：《支持禁毒》，纽约：教师/帕特南，2003 年。

376. 卡斯·桑斯坦："法律的表达功能"，载《宾夕法尼亚大学法律评论》第 144 期，1996 年。

377. 罗伯特·斯威特、爱德华·哈瑞斯："支持毒品去罪化的道德和宪法因素"，载杰佛逊·费斯：《如何合法化毒品》，新泽西州：1998 年。

378. "错误判决研讨会综述"，载《金门大学法学评论》第 37 期，2006 年。

379. 维克多·塔多思：《刑事责任》，牛津：牛津大学出版社，2005 年。

380. 维克多·塔多思："家暴特征：自由语境下的解释"，载斯图尔特·格林、达夫编：《犯罪论：刑法分则论文集》，牛津：牛津大学出版社，2005 年。

381. 维克多·塔多思："政治与无罪推定"，载《刑法和哲学》，2007 年。

382. 詹姆斯·斯黛西·泰勒编：《个人自治》，剑桥：剑桥大学出版社，2005 年。

383. 珍妮弗·特姆金：《强奸罪及诉讼程序》，牛津：牛津大学出版社，2002 年。

384. C. I. 腾：《犯罪、罪责和刑罚》，牛津：牛津大学出版社，1987 年。

385. “无罪工程：不正当定罪的原因和救济”，http：www·innocenceproject·com/causes/index·php。也可参见“错误判决研讨会综述”，载《金门大学法学评论》第 37 期，2006 年。

386. 桑德拉·格拉·汤普森：“白领的警察部队：刑法理论中‘举报责任’规范”，载《威廉与玛丽·比尔权利杂志》，第 11 期，2002 年。

387. 朱迪斯·汤姆森：“对权利的几点反思”，载《亚利桑那州法律评论》第 19 期，1977 年。

388. 迈克尔·东瑞：《犯罪思考：美国刑法文化中的理性与感性》，纽约：牛津大学出版社，2004 年。

389. 汤姆·泰勒：《人类为什么遵守法律》，纽黑文：耶鲁大学出版社，1990 年。

390. 维罗妮卡·萨尔瓦多：“DNA 的意义：证明过去残酷强奸案的万灵药?”，载《乔治城法学期刊》第 90 期，2002 年。

391. 德克·凡·其尔·斯米特：《认真对待终身监禁》，海牙：克卢沃国际法律出版社，2002 年。

392. 安德烈·冯·赫希：“危害原则分析—间接危害与公平归责原则”，载 A. P. 斯密斯特、A. T. H. 史密斯主编：《危害与可归责性》，牛津：科学出版社，1996 年。

393. 安德烈·冯·赫希《过去或现在的犯罪》，新泽西：罗格斯大学出版社，1987 年。

394. 安德鲁·冯·赫希、安德鲁·阿什沃斯：《适当量刑基本原则研究》，牛津：牛津大学出版社，2005 年。

395. 安德鲁·冯·赫希、尼尔斯·捷尔伯格：“测量犯罪的危害：现实标准的分析”，载《牛津法律研究杂志》第 11 期，1991 年。

396. 安德鲁·冯·赫希，凯·A. 纳普、迈克尔·唐瑞：《量刑委员会及其指南》，波士顿：东北大学出版社，1987 年。

397. 安德鲁·冯·赫希等编：《恢复性司法和刑事司法：相互抵触或相互融合?》，牛津：哈特出版社，2003 年。

398. 吉里米·沃尔德伦：《法律和分歧》，牛津：克拉伦登出版社，1999 年。

399. 杰里米·沃尔德伦：《立法的尊严》，剑桥：剑桥大学出版社，1999 年。

400. 塞缪尔·沃克：《大众司法：美国刑事司法历史》（第 2 版），纽约：牛津大学出版社，1999 年.

401. 迈克尔·沃尔泽：《论战争》纽黑文：耶鲁大学出版社，2004 年。

402. 欧内斯特·J. 万睿博：《私法论》，剑桥：剑桥大学出版社，1995 年。

403. 利夫·温那：权利的性质，载《哲学与公共事务》第 33 期，2005 年。

404. 艾伦韦·特海默：《同意与性关系》，剑桥：剑桥大学出版社，2003 年。

405. 彼得·维斯腾：《同意的逻辑》，伯灵顿，佛蒙特州：阿什盖特出版，2004 年。

406. 彼得·威斯顿：“刑法中的两个合法性规则”，载《法律和哲学》第 26 期，2007 年。

407. 詹姆斯·Q. 怀特曼：《严酷的正义：刑事惩罚及美国和欧洲之间不断加剧的分歧》牛津：牛津大学出版社，2003 年。

408. 詹姆斯·Q. 怀特曼：“质疑报应主义”，载《布法罗刑法评论》第 7 期，2003 年。

409. 伯纳德·威廉姆斯：“对功利主义的批判”，载 J. J. C. 施密特、伯纳德·威廉姆斯编：《功利主义的正反两面》，剑桥：剑桥大学出版社，1973 年。

410. 格兰维尔·威廉姆斯：《刑法总则》，伦敦：史蒂文斯父子出版社，1961 年。

411. 格兰维尔·威廉姆斯：“犯罪的定义”，载《当代法律杂志》第 8 期，1955 年。

412. 格兰维尔·威廉姆斯：“轻率未遂问题研究”，载《刑事法律评论》，1983 年。

413. 格兰维尔·威廉姆斯：《刑法学教科书》，伦敦：史蒂文 & 桑斯，1983 年。

414. 詹姆斯·Q. 威尔逊：“毒品与犯罪”，载迈克尔东瑞、詹姆斯·Q. 威尔逊主编：《毒品与犯罪》，芝加哥：芝加哥大学出版社，1990 年。

415. 詹姆斯·威尔森：“反毒品合法化”，载《评论》第 89 期，1990 年。

416. 詹姆斯·威尔森：《道德感》，纽约：自由出版社，1993 年。

417. 马文·沃尔夫冈、尼尔·艾伦·维纳：《刑法暴力》，贝弗利山出版社，1982 年。

418. 大卫·伍德：“报应主义、降低犯罪和刑罚正当性”，载《牛津法学研究》第 22 期，2002 年。

419. 大卫·伍德：“报应正义与矫正正义：刑法与私法”，载皮特·瓦尔格伦编辑：《法理学：纪念杰斯·巴亚普文集》，斯德哥尔摩法学院：《斯堪的纳维亚法学研究第》第 48 期，2004 年。

420. 基甸·亚菲：“条件性意图和罪过”，载《法律理论》，2004 年。

421. 里奥·塞伯特：《刑罚与报应》，佛蒙特州伯灵顿：Ashgate 出版社，2006 年。

422. 琳恩齐默尔和约翰摩根：《大麻毒品的神话与事实》，纽约：Lindesmith Center，1997 年。

423. 富兰克林·E. 齐姆林：《美国青少年司法》，纽约：牛津大学出版社，2005 年。.

424. 富兰克林·E. 齐姆林：《急剧下降的美国犯罪率》，牛津：牛津大学出版社，2006 年

425. 富兰克林·E. 齐姆林、戈登·霍金斯：《犯罪不是问题：美国的致命暴力》，纽约：牛津大学出版社，1997 年。

426. 大卫·M. 兹洛特尼克：“与犯罪作战中的战争：国会对司法量刑自由裁量权的攻击”，载《南卫里公会大学法学评论》第 57 期，2004 年。

索　引*

* 索引中的页码为原著书中页码。

译后散记

《过罪化及刑法的限制》和《刑法哲学》为美国著名刑法哲学家道格拉斯·胡萨克教授所作。道格拉斯·胡萨克教授著述颇丰，是世界著名刑法学家，美国著名学府罗格斯大学哲学系教授，在刑法学上有着突出的学术成就和贡献，享有崇高的世界声誉。他的很多作品曾发表在各大顶尖的法学评论上，且被翻译成10多种语言广为传播。

《过罪化及刑法的限制》被美国牛津出版社于2008年出版。何为“过罪化”？简言之，就是国家制定太多刑法，把很多不需要或不应当作犯罪进行处理的行为当作犯罪进行了处理，导致国家刑罚权过度扩张。因此，实体刑法的巨大扩张和刑罚使用的急剧增长，导致大量当代刑罚的不公正。这当然只是表面上的原因，隐藏其后的是多种政治因素、社会因素和文化因素的干扰。通常情况下，学者们局限于传统的犯罪化理论，自觉或不自觉地不断为政府提出各种刑罚的正当化事由。而政治人士过于依赖刑法的威慑力来治国理政，或者为了争取更多选民的支持，不顾后果地迎合增加罪名、加重刑罚的民间舆论。如此一来，无论是学者还是政治人士都在一定程度上忽略了刑法的限制问题。由此，也导致美国刑法的过罪化。特别是刑法中增加的竞合性犯罪、预防风险罪和辅助性犯罪引起的过罪化，导致刑罚过度化。对此，胡萨克教授强调刑法的犯罪化应受到限制。

胡萨克教授的犯罪化限制理论包括两部分：内部限制和外部限制。从系统论的角度分析，刑法是一个系统，有其自身的运行法则，因此，其必然受到内部运行规则的限制。同时，刑法系统仅仅是社会系统的法律系统的亚系统。因此，刑法的运行，包括刑法的犯罪化，必然受到外部系统的约束。所以，胡萨克教授提出的外部限制和内部限制原则，切合了刑法作为系统的特点，非常具有合理性。胡萨克教授不仅提出了这个框架，而且对外部限制和内部限制进行了详细而具体的论述，并提出了七个限制原则。其中，犯罪化外部限制原则共包括三个限制原则或称三个限制要素：第一，不论制定的法律是为达成何种目标，其都必须是为了实现政府重大利益；第二，制定的法律必须能直接提高利益；第三，为了实现国家的目的，制定的法律不能超过必要的限度。犯罪化内部限制原则通过刑法本身来限制刑罚权，共包括四个限制要素。其主要内容是：重大危害或邪恶限制、不法性限制、该当性限制和举证责任约束。当然，这两种限制，彼此之间并不总是那么泾渭分明，有时是交叉或者重叠的。正是在这样两种限制的共同作用下，刑罚的扩张化趋势才能受到阻碍，刑法不公的形象才能随之扭转。

《过罪化及刑法的限制》是基于美国刑法中的过罪化现象而进行的分析，并在现象分析的基础上，提出了避免这种现象的理论构架。相较于此，胡萨克的《刑法哲学》则是纯粹的对当今刑法中的理论进行的反思。所以作者在《刑法哲学》的“导言”部分，就开宗明义地树立了自己的立场：反思当代刑法理论。以海洋法系的刑法体系为脉络，胡萨克教授对刑事责任理论、罪过理论、正当辩护事由、刑罚正当性理论进行的深刻的反思。反思是我们时代法学理论研究的主流，因此，进行反思并不标新。但更为重要的是，胡萨克教授在解构刑法传统理论的基础上，进行了建构，这就更进一步赋予了反思和《刑法哲学》意义。

一般而言，打破一个东西是容易的，而要重新建设则更为困难。因此，胡萨克教授之《刑法哲学》的意义亦根植于其对被他打破的理论进行的建构性思考。比如胡萨克对传统的客观主义立场持批评态度，认为“无行为即无犯罪”思想固然有一定的合理性，但是却无法解决不作为犯、身份犯等责任问题。为此，他提出了“无行为的刑事责任”的命题，并主张以“控制原则”取代犯罪构成中的行为要件。根据控制论，行为人只应对其能控制的事态承担刑事责任。只要行为人对事态应该控制，而且能够控制，却没有控制而致事态发生了，就应该让其承担刑事责任。采用控制论，就能解释不作为犯、事态犯、无意识犯的责任问题，从而避免诸多理论上的分歧。在这本书中，胡萨克教授虽然没有构建宏观大理论，但对刑法传统理论进行虽亦，反思没有对各种法律主义或者对某个基本问题表明立场，但是，胡萨克对刑法中的微观问题进行了深入的反思和剖析，比如对转移的故意、非完成形态犯罪的本质和正当、故意无知、法律认识错误和罪过、部分正当辩护事由、刑事责任中的“轻微违反”辩护事由、“已受足够惩罚”抗辩事由、动机和刑事责任的关系等的分析，都非常具有前沿性。

两本译著的同时出版，无疑是浩大的工程。在此期间，我多次与中国法制出版社的编辑袁笋冰主任联系。袁笋冰先生认真、负责和耐心的出版态度，令人敬佩。两本书能同时呈现给中国的读者，袁笋冰先生付出了很多努力。如今所有工作均已完成，即将付梓之际，特此感谢袁笋冰先生辛苦的付出。另外，还要感谢中国法制出版社的罗莎小姐在审阅《过罪化及刑法的限制》这本书的过程中的辛苦付出。罗莎小姐对本书个别词句的处理，提出了宝贵的意见，特此感谢。也感谢中国法制出版社给予的支持和赞助。

我要感谢道格拉斯·胡萨克教授。在翻译过程中，有很多我实在把握不准且在中文中很难找到对应的字词，几次与道格拉斯·胡萨克教授联系，他都给予了详细而耐心的解读。在我开始阅读《过罪化及刑法的限制》时，对于诸多存疑或者难以理解的地方，我给胡萨克教授去过很多邮件。胡萨克教授亦都给予了认真且详细的诠释。在正式翻译《过罪化及刑法的限制》和《刑法哲学》时，就有关翻译的疑难之处，又给胡萨克教授写了几十封邮件。尤其是在翻译《刑法哲学》这本书时，遇到很多生僻的概念和术语，胡萨克教授都给予了认真的解释。即使是对于他本身引用的其他学者的资料中的生僻术语，教授都进行了详细的分析，甚至给我了提供了其他学者适用这些术语的资料。甚至可以说，两本书的顺利翻译，和胡萨克教授的热情帮助是分不开的。

我还应感谢西南政法大学五位学子的辛苦付出。首先，感谢西南政法大学的彭俊旭同学。彭俊旭同学的计算机水平和英语水平都很好。在翻译的过程中，遇到很多电脑上的问题，比如 PDF 文档的处理及 word 文档的处理，彭俊旭同学都提供了很多帮助。基于彭俊旭同学的英语很好，我曾诚邀其参与《刑法哲学》的翻译，但恰逢其要参加司法考试，所以错失和彭俊旭同学合作的机会。其次，感谢西南政法大学研究生王秀苗同学。王秀苗同学对《过罪化及刑法的限制》的最终定稿，进行了辛苦的文字校对。

为了认真地校对这本书的文字，在2014年国庆期间，王秀苗同学放弃了休假的机会。再次，感谢西南政法大学研究生尹丹丹和孙仁玲同学。在完成《刑法哲学》的过程中，我每翻译完一部分内容，都让尹丹丹和孙仁玲同学分别进行文字校对。这个过程要逐字逐句地认真阅读，并发现其中的文字错误，因此，费时较多，较为辛苦。尹丹丹和孙仁玲同学在进行文字校对的过程中，还提出了一些文字处理的建议。从这个意义上说，尹丹丹和孙仁玲同学是《刑法哲学》的第一位最忠实的读者。最后，感谢西南政法大学研究生石娟同学，在我翻译《刑法哲学》的过程中，帮我处理了一些日常事务以及其他工作中的事务，这为我不中断地翻译《刑法哲学》提供了很大帮助。

曾经异想天开地认为，自己本科学习的是英语，且通过英语专业八级考试，所以翻译法学专著应是轻车熟路之事。在我真正翻译专著和译文时，才深切意识到没有实践就没有发言权的道理，更不能臆想地对没有践行过的事情枉下结论。翻译专业文献，不同于翻译一个故事或一则新闻等的普通英语翻译。这其中是通过外文在表达一种专业，涉及太多的专业术语和知识背景，所以翻译实际上至少涉及两种专业。同时，加之不同国家法律文化差异很大，所以法律本身的差别亦很大。而文化是不可能人为地或自然而然地转化为另一种文化，所以翻译能最大限度地作文字的转化，但不能进行文化的转化。因此，翻译无论作何种努力，都不免带有翻译的痕迹。当然，如果进行大幅度的加工或者诠释，能消解一些翻译的痕迹，但这并不是严格意义上的翻译，而是读后的诠释。所以要把其他国家的法学专著翻译成中文，且翻译成如同中国法学学者写的文章那样易懂，绝非易事。在翻译

《过罪化及刑法的限制》和《刑法哲学》时，我深切地感受到这种转化的压力。无疑在翻译的过程中，我希望能尽力做好。但译文中不免亦会存在可供读者批评和指正的地方，敬请读者谅解。

姜　敏

二〇一五年二月

图书在版编目（CIP）数据

过罪化及刑法的限制／（美）胡萨克著；姜敏译．—北京：中国法制出版社，2015.1

书名原文：Overcriminalization：the limits of criminal law

ISBN 978－7－5093－6010－1

Ⅰ.①过… Ⅱ.①胡…②姜… Ⅲ.①刑法－法律适用－研究 Ⅳ.①D914.05

中国版本图书馆 CIP 数据核字（2015）第 013759 号

北京市版权局著作权合同登记图字：01－2014－8072

策划编辑　袁笋冰　　责任编辑　罗莎　　封面设计　蒋怡

过罪化及刑法的限制

GUOZUIHUA JI XINGFA DE XIANZHI

著者／（美）胡萨克

经销／新华书店

印刷／河北省三河市汇鑫印务有限公司

开本／880×1230 毫米 32　　印张／12.25　字数／293 千

版次／2015 年 3 月第 1 版　　2015 年 3 月第 1 次印刷

中国法制出版社出版

书号 ISBN 978－7－5093－6010－1　　定价：42.00 元

北京西单横二条 2 号　　值班电话：66026508

邮政编码 100031　　传真：66031119

网址：http：//www.zgfzs.com　　**编辑部电话：66075800**

市场营销部电话：66033393　　**邮购部电话：66033288**

（如有印装质量问题，请与本社编务印务管理部联系调换。电话：010－66032926）